职务犯罪侦查实务丛书

职务犯罪侦查流程与规范

何旭光 郑凯 著

中国检察出版社

图书在版编目（CIP）数据

职务犯罪侦查流程与规范/何旭光，郑凯著.—北京：中国检察出版社，2015.9

（职务犯罪侦查实务丛书）

ISBN 978-7-5102-1470-7

Ⅰ.①职… Ⅱ.①何…②郑… Ⅲ.①职务犯罪-刑事侦查 Ⅳ.①D914

中国版本图书馆 CIP 数据核字（2015）第 183182 号

职务犯罪侦查流程与规范

何旭光　郑　凯　著

出版发行	中国检察出版社
社　　址	北京市石景山区香山南路 111 号（100144）
网　　址	中国检察出版社（www.zgjccbs.com）
编辑电话	（010）88953709
发行电话	（010）68650015　68650016　68650029
经　　销	新华书店
印　　刷	三河市西华印务有限公司
开　　本	720mm×960mm　16 开
印　　张	41.75 印张　插页 4
字　　数	818 千字
版　　次	2015 年 9 月第一版　2015 年 9 月第一次印刷
书　　号	ISBN 978-7-5102-1470-7
定　　价	98.00 元

检察版图书，版权所有，侵权必究
如遇图书印装质量问题本社负责调换

出版说明

职务犯罪是一种严重的犯罪，它不仅侵害国家机关的管理职能，影响正常的工作秩序，而且往往给国家、公民人身、财产造成极大危害，严重败坏了党纪国法，严重损害了政府的形象和公众利益。因此，严厉打击贪污贿赂、渎职侵权等职务犯罪，对于维护党和政府形象、保护公民人身财产权益具有重要意义。对贪污贿赂、渎职侵权等职务犯罪进行立案侦查，是宪法和法律赋予检察机关的神圣职责。而要切实履行好惩治腐败的职责，严厉打击职务犯罪，就必须提高职务犯罪侦查的能力和效率。最高人民检察院及相关职能部门曾多次下发文件，对加强职务犯罪调查取证能力、证据审查运用能力、询问讯问能力、法律应用能力等法律监督能力提出了明确要求和具体部署。为此，最高人民检察院政治部、反贪污贿赂工作总局和中国检察出版社，先后组织出版了一批关于加强和提高职务犯罪侦查能力和业务技能方面的图书。这些图书的出版适应了检察人员学习和提高业务技能的需要，深受广大基层干警的欢迎。

为了更好地服务于基层检察干警，满足基层检察干警的办案需要，我们在充分调查研究的基础上组织编写了《职务犯罪侦查实务丛书》。《职务犯罪侦查实务丛书》紧紧围绕检察机关查办贪污贿赂、渎职侵权犯罪案件的实际需要，从**刑事实体、办案程序、证据认定、查账实务、文书填制、笔录制作、法律法规**等方面进行选题布局，以满足侦查人员对实体与程序、流程与规范、证据认定、查账技巧、文书填制、笔录制作、措施运用等方面素养与技能提高的需求。丛书选题布局合理，品种齐全，内容丰富，特别是丛书立足于实务、来源于实务、面向基层，结合近年来的侦查办案实践和最新颁布的法律法规及司法解释，突出了职务犯罪侦查办案的技能技巧性、办案程序的规范性，强调其对于侦查能力培养和提高的实用性、可操作性，因而在出版发行后，深受广大基层干警的欢迎、好评，被认为是侦查办案人员不可或缺的一套常查常用、应知应会的办案技能参考用书。应广大基层干警要求，我们组织作者在原丛书的基础上，根据新修订的法律法规和司法解释，充分吸收近年来侦查实践的成功经验和理论研究的最新成果，对丛书进行了全面的修订、整合，以飨读者。本次修订后，丛书的主要分册有：

1. 《职务犯罪侦查指引》
2. 《职务犯罪侦查流程与规范》
3. 《职务犯罪证据解构》
4. 《职务犯罪侦查办案一本通》
5. 《反贪查账实务与技巧》

本册是《职务犯罪侦查流程与规范》，由何旭光、郑凯撰写。何旭光、郑凯是湖南省人民检察院检察官，长期从事职务犯罪侦查和案件管理工作，有丰富的反贪侦查、反渎职侵权侦查和案件管理工作经验。

本书基于职务犯罪侦查规范化建设、提高职务犯罪侦查水平的目的，在全面梳理和整合现行法律、法规、司法解释、规范性文件和各地职务犯罪侦查规范化建设成果的基础上，以反贪侦查、反渎职侵权案件侦查的流程与规范为纲，详解了职务犯罪侦查办案中的线索受理、管辖、初查、立案、强制措施（拘传、取保候审、监视居住、拘留、逮捕）的使用、侦查措施（讯问、询问、查询、调取、查封、扣押物证、书证、视听资料、电子证据、冻结存款、汇款、搜查、鉴定、勘验、检查、辨认、通缉、边控、追逃）、证据的收集与审查、侦查工作一体化与侦查指挥、侦查协作与配合、刑事司法协助与个案协查、侦查羁押期限、侦查终结、补充侦查、侦查阶段诉讼参与人的权利义务、执法办案风险评估预警、办案安全与办案纪律、诉讼档案的整理与归档等各个环节的流程与操作规范，在各章节后还附录了流程图和法律文书、工作文书，使反贪侦查、反渎职侵权案件侦查的整个流程、每个环节该如何操作，法律文书和工作文书如何制作，法律、制度怎么规定等都一目了然，突出了可操作性、实用性、指导性。

本书不仅可以作为职务犯罪侦查部门办案人员所必备的工具书，对其他具有侦查职能的部门和人员也有较强的参考与借鉴作用。

《职务犯罪侦查实务丛书》
编　委　会

总　目　录

- **第一章　线索受理** ……………………………………………（ 1 ）
  - 第一节　案件线索的来源和受理 …………………………（ 1 ）
  - 第二节　线索信息收集整理 ………………………………（ 3 ）
  - 第三节　线索管理 …………………………………………（ 4 ）
  - 第四节　线索的审查处理 …………………………………（ 5 ）
  - 第五节　保护与奖励 ………………………………………（ 7 ）
  - 第六节　责任追究 …………………………………………（ 8 ）
- **第二章　管辖** ……………………………………………（ 25 ）
  - 第一节　立案管辖 …………………………………………（ 25 ）
  - 第二节　级别管辖 …………………………………………（ 27 ）
  - 第三节　牵连管辖 …………………………………………（ 28 ）
  - 第四节　地域管辖 …………………………………………（ 29 ）
  - 第五节　指定管辖 …………………………………………（ 30 ）
  - 第六节　专门管辖 …………………………………………（ 32 ）
- **第三章　初查** ……………………………………………（ 43 ）
  - 第一节　初查的主体 ………………………………………（ 43 ）
  - 第二节　初查的任务和内容 ………………………………（ 44 ）
  - 第三节　初查的启动 ………………………………………（ 44 ）
  - 第四节　初查的实施 ………………………………………（ 46 ）
  - 第五节　初查终结程序及处理 ……………………………（ 47 ）
  - 第六节　初查的其他要求 …………………………………（ 49 ）
- **第四章　立案** ……………………………………………（ 70 ）
  - 第一节　立案的条件和标准 ………………………………（ 70 ）
  - 第二节　立案的方式 ………………………………………（ 71 ）
  - 第三节　立案的程序 ………………………………………（ 73 ）
  - 第四节　不予立案的处理 …………………………………（ 77 ）
  - 第五节　立案监督 …………………………………………（ 78 ）
- **第五章　强制措施** ………………………………………（ 95 ）
  - 第一节　拘传 ………………………………………………（ 95 ）

第二节　取保候审 …………………………………………………（101）
  第三节　监视居住 …………………………………………………（110）
  第四节　拘留 ………………………………………………………（117）
  第五节　逮捕 ………………………………………………………（121）
第六章　侦查措施 ………………………………………………………（191）
  第一节　讯问犯罪嫌疑人 …………………………………………（191）
  第二节　询问证人、被害人 ………………………………………（218）
  第三节　查询 ………………………………………………………（234）
  第四节　调取物证、书证、视听资料、电子证据 ………………（242）
  第五节　查封、扣押、冻结涉案财物、书证、视听资料、电子证据 …（250）
  第六节　搜查 ………………………………………………………（305）
  第七节　鉴定 ………………………………………………………（313）
  第八节　勘验、检查 ………………………………………………（324）
  第九节　辨认 ………………………………………………………（334）
  第十节　特殊侦查措施 ……………………………………………（339）
第七章　刑事诉讼证据 …………………………………………………（385）
  第一节　刑事诉讼证据概述 ………………………………………（385）
  第二节　刑事诉讼证据的收集 ……………………………………（396）
  第三节　刑事诉讼证据的审查 ……………………………………（402）
  第四节　非法证据排除 ……………………………………………（412）
第八章　侦查一体化与侦查指挥 ………………………………………（418）
  第一节　侦查一体化 ………………………………………………（418）
  第二节　侦查指挥 …………………………………………………（427）
第九章　侦查协作与侦查配合 …………………………………………（444）
  第一节　侦查协作 …………………………………………………（444）
  第二节　侦查配合 …………………………………………………（447）
第十章　刑事司法协助与个案协查 ……………………………………（456）
  第一节　刑事司法协助的一般规定 ………………………………（456）
  第二节　刑事司法协助的程序 ……………………………………（460）
  第三节　几种具体的涉外刑事司法协助 …………………………（462）
  第四节　涉港澳刑事个案协查 ……………………………………（465）
第十一章　侦查羁押期限 ………………………………………………（468）
  第一节　侦查羁押期限概述 ………………………………………（468）
  第二节　侦查羁押期限的计算 ……………………………………（469）
  第三节　延长侦查羁押期限 ………………………………………（469）

第四节　重新计算侦查羁押期限 ……………………………………（472）
　　第五节　侦查羁押期限监督 ………………………………………（474）
第十二章　侦查终结 ……………………………………………………（496）
　　第一节　侦查终结的条件 …………………………………………（496）
　　第二节　侦查终结的程序 …………………………………………（498）
　　第三节　侦查终结后的处理 ………………………………………（501）
　　第四节　侦查特殊情形处理 ………………………………………（504）
　　第五节　查封、扣押、冻结款物的处理 …………………………（505）
第十三章　补充侦查 ……………………………………………………（538）
第十四章　侦查阶段诉讼参与人的权利义务 …………………………（544）
　　第一节　侦查阶段犯罪嫌疑人的权利义务 ………………………（544）
　　第二节　侦查阶段证人的权利义务 ………………………………（551）
　　第三节　侦查阶段律师的权利义务 ………………………………（553）
　　第四节　侦查阶段法定代理人的权利义务 ………………………（558）
　　第五节　侦查阶段被害人的权利义务 ……………………………（560）
　　第六节　侦查阶段鉴定人的权利义务 ……………………………（561）
　　第七节　侦查阶段翻译人员的权利义务 …………………………（562）
第十五章　执法办案风险评估预警、办案安全与办案纪律 …………（587）
　　第一节　侦查阶段执法办案风险评估预警 ………………………（587）
　　第二节　办案安全 …………………………………………………（595）
　　第三节　办案纪律 …………………………………………………（603）
第十六章　执法办案监督及责任追究 …………………………………（612）
　　第一节　执法办案内部监督 ………………………………………（612）
　　第二节　人民监督员监督 …………………………………………（615）
　　第三节　案件管理部门的监督 ……………………………………（618）
　　第四节　检务督察监督制约机制 …………………………………（621）
　　第五节　执法过错责任追究 ………………………………………（622）
第十七章　诉讼档案的整理与归档 ……………………………………（637）
　　第一节　立卷 ………………………………………………………（637）
　　第二节　归档 ………………………………………………………（641）
后记 ………………………………………………………………………（645）

目 录

第一章 线索受理 （1）
第一节 案件线索的来源和受理 （1）
一、案件线索的来源 （1）
二、案件线索的受理 （1）
第二节 线索信息收集整理 （3）
一、收集线索的主要途径 （3）
二、案件线索收集整理需要注意的问题 （4）
第三节 线索管理 （4）
一、管理的部门 （4）
二、专人管理 （4）
三、线索备案 （5）
第四节 线索的审查处理 （5）
一、线索的审查处理 （5）
二、不立案举报线索的审查处理 （6）
三、举报答复 （7）
第五节 保护与奖励 （7）
第六节 责任追究 （8）
附件：
一、线索受理流程图 （9）
二、法律文书、工作文书格式样本 （9）

第二章 管辖 （25）
第一节 立案管辖 （25）
一、贪污贿赂犯罪案件 （25）
二、国家工作人员的渎职侵权案件 （25）
三、国家机关工作人员利用职权实施的其他重大犯罪案件 （25）
四、其他有关案件范围的分工规定 （26）
第二节 级别管辖 （27）
一、最高人民检察院的管辖范围 （27）

二、省级人民检察院的管辖范围 …………………………（27）
三、市级人民检察院的管辖范围 …………………………（27）
四、基层人民检察院的管辖范围 …………………………（27）
五、级别管辖的其他规定 …………………………………（28）

第三节　牵连管辖 …………………………………………（28）
一、为主侦查 ………………………………………………（29）
二、并案处理 ………………………………………………（29）

第四节　地域管辖 …………………………………………（29）
一、犯罪嫌疑人工作单位所在地检察院管辖 ……………（29）
二、犯罪嫌疑人工作单位所在地以外的检察院管辖 ……（29）
三、地域管辖的其他情形 …………………………………（30）

第五节　指定管辖 …………………………………………（30）
一、指定管辖的条件 ………………………………………（30）
二、指定管辖的方式 ………………………………………（31）

第六节　专门管辖 …………………………………………（32）
一、军事检察院管辖规定 …………………………………（32）
二、铁路运输检察院的管辖规定 …………………………（32）
三、新疆生产建设兵团检察机关管辖规定 ………………（33）

附件：
法律文书、工作文书格式样本 ……………………………（33）

第三章　初查 …………………………………………………（43）
第一节　初查的主体 ………………………………………（43）
第二节　初查的任务和内容 ………………………………（44）
一、初查的任务 ……………………………………………（44）
二、初查的内容 ……………………………………………（44）

第三节　初查的启动 ………………………………………（44）
一、启动初查的条件 ………………………………………（44）
二、启动初查的程序 ………………………………………（45）

第四节　初查的实施 ………………………………………（46）
一、初查的基本要求 ………………………………………（46）
二、初查的主要措施 ………………………………………（46）
三、初查的协查 ……………………………………………（47）
四、初查的期限 ……………………………………………（47）

第五节　初查终结程序及处理 ……………………………（47）

一、初查终结的程序 ………………………………………（47）
　　二、初查终结后的处理 ……………………………………（48）
 第六节　初查的其他要求 ……………………………………（49）
 附件：
　　一、初查流程图 ……………………………………………（49）
　　二、法律文书、工作文书格式样本 ………………………（49）

第四章　立案 …………………………………………………（70）
 第一节　立案的条件和标准 …………………………………（70）
　　一、事实条件 ………………………………………………（70）
　　二、刑事责任条件 …………………………………………（71）
　　三、立案的标准 ……………………………………………（71）
 第二节　立案的方式 …………………………………………（71）
　　一、以人立案 ………………………………………………（71）
　　二、以事立案 ………………………………………………（72）
 第三节　立案的程序 …………………………………………（73）
　　一、以人立案的程序 ………………………………………（73）
　　二、以事立案的程序 ………………………………………（76）
 第四节　不予立案的处理 ……………………………………（77）
　　一、对被害人控告的案件处理 ……………………………（77）
　　二、对不服不立案决定的复议 ……………………………（77）
　　三、对被害人控告以外的不立案案件的处理 ……………（77）
　　四、移送有管辖权的主管机关处理 ………………………（77）
　　五、不予立案处理的归档保存 ……………………………（77）
 第五节　立案监督 ……………………………………………（78）
　　一、人民监督员的监督 ……………………………………（78）
　　二、同级党委的监督 ………………………………………（78）
　　三、控告人的监督 …………………………………………（78）
　　四、上级人民检察院的监督 ………………………………（78）
　　五、侦查监督、公诉部门的监督 …………………………（78）
　　六、案件管理部门的监督 …………………………………（79）
 附件：
　　一、立案流程图 ……………………………………………（79）
　　二、法律文书、工作文书格式样本 ………………………（79）

第五章　强制措施 （95）

第一节　拘传 （95）
一、拘传与传唤 （95）
二、拘传的适用对象 （96）
三、拘传的适用条件 （96）
四、拘传的通报、报告和许可 （97）
五、拘传前的准备 （98）
六、拘传的决定 （99）
七、拘传的执行 （99）
八、拘传的时限和次数 （99）
九、拘传的到案地点 （100）
十、拘传后的讯问 （100）
十一、拘传后的告知 （100）
十二、拘传后的处理 （100）
十三、拘传的要求 （101）

第二节　取保候审 （101）
一、取保候审的适用范围 （101）
二、取保候审的启动 （102）
三、取保候审的通报、许可 （103）
四、取保候审的决定 （104）
五、取保候审的保证方式 （104）
六、取保候审的执行 （106）
七、取保候审的期限 （107）
八、取保候审的变更 （107）
九、取保候审的解除 （108）
十、取保候审的要求 （109）

第三节　监视居住 （110）
一、监视居住的特征 （110）
二、监视居住的适用条件 （110）
三、监视居住的通报、许可 （111）
四、监视居住的决定 （112）
五、监视居住的执行 （112）
六、监视居住的期限 （113）
七、监视居住的变更 （113）
八、监视居住的解除 （114）

九、指定居所监视居住 …………………………………… (115)
十、监视居住的要求 ……………………………………… (117)

第四节　拘留 …………………………………………………… (117)
一、拘留的适用条件 ……………………………………… (117)
二、拘留的通报、报告和许可 …………………………… (118)
三、拘留的决定 …………………………………………… (119)
四、拘留的执行 …………………………………………… (119)
五、拘留后的讯问 ………………………………………… (119)
六、拘留后的通知 ………………………………………… (120)
七、拘留时的告知 ………………………………………… (120)
八、拘留的期限 …………………………………………… (120)
九、拘留后的处理 ………………………………………… (120)
十、对申请变更拘留的处理 ……………………………… (120)
十一、拘留的要求 ………………………………………… (121)

第五节　逮捕 …………………………………………………… (121)
一、逮捕的适用范围 ……………………………………… (121)
二、逮捕的适用条件 ……………………………………… (122)
三、逮捕的通报、报告和许可 …………………………… (124)
四、逮捕的决定 …………………………………………… (125)
五、不予逮捕的情形 ……………………………………… (127)
六、逮捕的执行 …………………………………………… (128)
七、逮捕后的讯问 ………………………………………… (129)
八、逮捕后的告知 ………………………………………… (129)
九、逮捕后的通知 ………………………………………… (129)
十、逮捕后的侦查羁押期限 ……………………………… (129)
十一、异地羁押 …………………………………………… (129)
十二、逮捕的变更 ………………………………………… (130)
十三、逮捕的撤销 ………………………………………… (131)
十四、逮捕的解除 ………………………………………… (131)
十五、逮捕的羁押必要性审查 …………………………… (132)
十六、逮捕的要求 ………………………………………… (132)

附件：
一、本章流程图 …………………………………………… (132)
　1. 适用强制措施流程图 ………………………………… (132)
　2. 拘传流程图 …………………………………………… (132)

3. 取保候审流程图 …………………………………………（133）
  4. 监视居住流程图 …………………………………………（133）
  5. 拘留流程图 ………………………………………………（133）
  6. 逮捕流程图 ………………………………………………（133）
 二、法律文书、工作文书格式样本 ………………………………（133）

第六章　侦查措施 …………………………………………………（191）

第一节　讯问犯罪嫌疑人 …………………………………………（191）
 一、讯问的目的和任务 ……………………………………………（191）
 二、讯问前的准备 …………………………………………………（191）
 三、讯问的实施 ……………………………………………………（193）
 四、讯问同步录音录像 ……………………………………………（195）
 五、讯问的指挥与协调 ……………………………………………（197）
 六、讯问后的处理 …………………………………………………（197）
 七、讯问的要求 ……………………………………………………（198）
附件：
 一、本节流程图 ……………………………………………………（198）
  1. 讯问犯罪嫌疑人同步录音录像流程图 …………………（198）
  2. 讯问犯罪嫌疑人流程图 …………………………………（198）
 二、法律文书、工作文书格式样本 ………………………………（198）

第二节　询问证人、被害人 ………………………………………（218）
 一、询问的目的任务 ………………………………………………（218）
 二、询问前的准备 …………………………………………………（218）
 三、询问的实施 ……………………………………………………（220）
 四、询问同步录音录像 ……………………………………………（221）
 五、询问后的处理 …………………………………………………（221）
 六、询问的要求 ……………………………………………………（221）
附件：
 一、询问证人、被害人流程图 ……………………………………（222）
 二、法律文书、工作文书格式样本 ………………………………（222）

第三节　查询 ………………………………………………………（234）
 一、查询的任务 ……………………………………………………（234）
 二、查询的对象 ……………………………………………………（234）
 三、查询的方式 ……………………………………………………（234）
 四、查询前的准备 …………………………………………………（235）

五、查询的实施 ………………………………………… (235)
　　六、查询后的处理 ……………………………………… (236)
　　七、查询的要求 ………………………………………… (236)
附件：
　　一、查询流程图 ………………………………………… (236)
　　二、法律文书、工作文书格式样本 …………………… (236)
第四节　调取物证、书证、视听资料、电子证据 ………… (242)
　　一、调取的任务 ………………………………………… (242)
　　二、调取的对象 ………………………………………… (242)
　　三、调取的范围 ………………………………………… (242)
　　四、调取的方式 ………………………………………… (242)
　　五、调取前的准备 ……………………………………… (243)
　　六、调取的程序 ………………………………………… (243)
　　七、调取的要求 ………………………………………… (243)
　　八、调取后的保管及处理 ……………………………… (244)
附件：
　　一、调取流程图 ………………………………………… (244)
　　二、法律文书、工作文书格式样本 …………………… (244)
第五节　查封、扣押、冻结涉案财物、书证、视听资料、电子证据 … (250)
　　一、查封、扣押、冻结的任务 ………………………… (250)
　　二、查封、扣押、冻结的对象 ………………………… (250)
　　三、查封、扣押、冻结的范围 ………………………… (250)
　　四、查封、扣押、冻结前的准备 ……………………… (250)
　　五、查封、扣押、冻结的程序 ………………………… (251)
　　六、查封、扣押、冻结的期限 ………………………… (252)
　　七、查封、扣押、冻结的解除 ………………………… (252)
　　八、查封、扣押、冻结后的保管及使用 ……………… (253)
　　九、查封、扣押、冻结的要求 ………………………… (254)
　　十、查封、扣押、冻结款物的处理 …………………… (255)
附件：
　　一、查封、扣押、冻结流程图 ………………………… (256)
　　二、法律文书、工作文书格式样本 …………………… (256)
第六节　搜查 ………………………………………………… (305)
　　一、搜查的任务 ………………………………………… (305)
　　二、搜查的对象 ………………………………………… (305)

三、搜查的分类 …………………………………………（305）
四、搜查前的准备 ………………………………………（305）
五、搜查的实施 …………………………………………（306）
六、特殊搜查 ……………………………………………（307）
七、搜查后的处理 ………………………………………（307）
八、搜查的要求 …………………………………………（308）
附件：
一、搜查流程图 …………………………………………（308）
二、法律文书、工作文书格式样本 ……………………（308）
第七节　鉴定 …………………………………………………（313）
一、鉴定的目的 …………………………………………（313）
二、鉴定的对象 …………………………………………（313）
三、鉴定的种类 …………………………………………（313）
四、鉴定的方式 …………………………………………（313）
五、鉴定前的准备 ………………………………………（313）
六、鉴定的程序 …………………………………………（314）
七、对鉴定意见的审查 …………………………………（314）
八、鉴定意见的告知 ……………………………………（315）
九、补充鉴定或重新鉴定 ………………………………（315）
十、鉴定的要求 …………………………………………（315）
附件：
一、鉴定流程图 …………………………………………（316）
二、法律文书、工作文书格式样本 ……………………（316）
第八节　勘验、检查 …………………………………………（324）
一、勘验、检查的任务 …………………………………（324）
二、勘验、检查的分类 …………………………………（324）
三、勘验、检查的人员 …………………………………（324）
四、勘验、检查的笔录制作 ……………………………（324）
五、勘验、检查的要求 …………………………………（325）
附件：
一、勘验、检查流程图 …………………………………（326）
二、法律文书、工作文书格式样本 ……………………（326）
第九节　辨认 …………………………………………………（334）
一、辨认的目的 …………………………………………（334）
二、辨认的主持、主体及对象 …………………………（334）

三、辨认的分类 …………………………………… (334)
　　四、辨认前的准备 ………………………………… (334)
　　五、辨认的实施 …………………………………… (335)
　　六、辨认笔录的制作 ……………………………… (335)
　　七、辨认的要求 …………………………………… (335)
　附件：
　　一、辨认流程图 …………………………………… (336)
　　二、法律文书、工作文书格式样本 ……………… (336)
　第十节　特殊侦查措施 ……………………………… (339)
　　一、技术侦查 ……………………………………… (339)
　　二、通缉 …………………………………………… (341)
　　三、边控 …………………………………………… (343)
　　四、追逃 …………………………………………… (344)
　附件：
　　一、本节流程图 …………………………………… (348)
　　　1. 技术侦查流程图 ……………………………… (348)
　　　2. 追逃流程图 …………………………………… (348)
　　　3. 通缉流程图 …………………………………… (348)
　　　4. 边控流程图 …………………………………… (348)
　　二、法律文书、工作文书格式样本 ……………… (349)

第七章　刑事诉讼证据 ………………………………… (385)
　第一节　刑事诉讼证据概述 ………………………… (385)
　　一、刑事诉讼证据的概念 ………………………… (385)
　　二、刑事诉讼证据的特点 ………………………… (393)
　　三、刑事诉讼证据的分类 ………………………… (395)
　第二节　刑事诉讼证据的收集 ……………………… (396)
　　一、证据收集的原则 ……………………………… (396)
　　二、证据收集的方法 ……………………………… (396)
　第三节　刑事诉讼证据的审查 ……………………… (403)
　　一、证据审查的原则 ……………………………… (403)
　　二、证据审查的步骤 ……………………………… (404)
　　三、证据审查的方法 ……………………………… (405)
　　四、证据审查的内容 ……………………………… (406)
　第四节　非法证据排除 ……………………………… (412)

一、非法证据排除的定义 …………………………………… (412)
二、非法证据排除程序的启动 ……………………………… (412)
三、非法证据排除的调查 …………………………………… (413)
四、非法证据排除的情形 …………………………………… (414)
五、证据的补正与解释 ……………………………………… (415)

第八章 侦查一体化与侦查指挥 ……………………………… (418)
第一节 侦查一体化 …………………………………………… (418)
一、侦查一体化的依据 ……………………………………… (418)
二、侦查一体化的职能 ……………………………………… (419)
三、侦查一体化的范围 ……………………………………… (420)
四、侦查一体化的功能 ……………………………………… (420)
五、侦查一体化的原则 ……………………………………… (421)
六、侦查一体化的方式 ……………………………………… (421)
第二节 侦查指挥 ……………………………………………… (427)
一、侦查指挥的原则 ………………………………………… (427)
二、侦查指挥的方法 ………………………………………… (428)
三、侦查指挥的内容 ………………………………………… (429)

附件：
一、本章流程图 ……………………………………………… (432)
  1. 侦查一体化运行流程图 ………………………………… (432)
  2. 专项侦查行动流程图 …………………………………… (432)
  3. 专案侦查流程图 ………………………………………… (432)
  4. 参办流程图 ……………………………………………… (432)
  5. 督办流程图 ……………………………………………… (432)
  6. 提办流程图 ……………………………………………… (432)
  7. 交办流程图 ……………………………………………… (432)
  8. 指定侦查流程图 ………………………………………… (432)
二、法律文书、工作文书格式样本 ………………………… (432)

第九章 侦查协作与侦查配合 ………………………………… (444)
第一节 侦查协作 ……………………………………………… (444)
一、侦查协作的原则 ………………………………………… (444)
二、侦查协作的内容 ………………………………………… (445)
三、侦查协作的程序 ………………………………………… (446)
四、侦查协作的要求 ………………………………………… (447)

第二节　侦查配合 …………………………………………… (447)
　　　一、侦查配合的内容 ……………………………………… (447)
　　　二、侦查配合的事项及程序 ……………………………… (449)

第十章　刑事司法协助与个案协查 ………………………………… (456)
　　第一节　刑事司法协助的一般规定 ………………………… (456)
　　　一、刑事司法协助的依据 ………………………………… (456)
　　　二、刑事司法协助的原则 ………………………………… (456)
　　　三、刑事司法协助的范围 ………………………………… (457)
　　　四、刑事司法协助的办理机关 …………………………… (458)
　　　五、刑事司法协助的途径 ………………………………… (458)
　　　六、刑事司法协助的期限与费用 ………………………… (459)
　　第二节　刑事司法协助的程序 ……………………………… (460)
　　　一、检察机关向外国提供司法协助的一般程序 ………… (460)
　　　二、检察机关向外国提出司法协助请求的一般程序 …… (461)
　　第三节　几种具体的涉外刑事司法协助 …………………… (462)
　　　一、境外缉捕 ……………………………………………… (462)
　　　二、境外追缴赃款赃物 …………………………………… (464)
　　　三、境外取证 ……………………………………………… (465)
　　第四节　涉港澳刑事个案协查 ……………………………… (465)
　　　一、协查的内容 …………………………………………… (465)
　　　二、协查的程序 …………………………………………… (466)
　　　三、协查的方式 …………………………………………… (467)

第十一章　侦查羁押期限 …………………………………………… (468)
　　第一节　侦查羁押期限概述 ………………………………… (468)
　　第二节　侦查羁押期限的计算 ……………………………… (469)
　　第三节　延长侦查羁押期限 ………………………………… (469)
　　　一、延长侦查羁押期限的情形 …………………………… (469)
　　　二、延长侦查羁押期限的程序 …………………………… (471)
　　第四节　重新计算侦查羁押期限 …………………………… (472)
　　　一、重新计算侦查羁押期限的条件 ……………………… (472)
　　　二、重新计算羁押期限的程序 …………………………… (473)
　　　三、重新计算羁押期限的要求 …………………………… (473)
　　第五节　侦查羁押期限监督 ………………………………… (474)
　　　一、侦查羁押期限的提示及通报 ………………………… (474)

二、侦查羁押的告知和听取意见 ……………………………… (475)
三、超期羁押的投诉和纠正 …………………………………… (475)
四、侦查羁押必要性审查 ……………………………………… (476)
五、侦查羁押的定期检查和通报 ……………………………… (476)
六、超期羁押的责任追究 ……………………………………… (476)

附件：
　一、本章流程图 ………………………………………………… (476)
　　1. 延长侦查羁押期限流程图 ……………………………… (476)
　　2. 重新计算侦查羁押期限流程图 ………………………… (476)
　二、法律文书、工作文书格式样本 …………………………… (476)

第十二章　侦查终结 ……………………………………………… (496)

第一节　侦查终结的条件 ……………………………………… (496)
一、案件事实、情节清楚 ……………………………………… (496)
二、证据确实、充分 …………………………………………… (497)
三、法律手续完备 ……………………………………………… (497)
四、案件定性准确 ……………………………………………… (497)

第二节　侦查终结的程序 ……………………………………… (498)
一、侦查终结前的审查 ………………………………………… (498)
二、听取律师意见 ……………………………………………… (499)
三、撰写侦查终结报告 ………………………………………… (499)
四、集体研究讨论 ……………………………………………… (499)
五、制作法律文书 ……………………………………………… (500)
六、报送备案审查 ……………………………………………… (500)
七、提出检察建议 ……………………………………………… (500)
八、整卷归档 …………………………………………………… (500)
九、侦查终结的要求 …………………………………………… (500)

第三节　侦查终结后的处理 …………………………………… (501)
一、移送审查起诉 ……………………………………………… (501)
二、移送审查不起诉 …………………………………………… (502)
三、撤销案件 …………………………………………………… (502)

第四节　侦查特殊情形处理 …………………………………… (504)
一、犯罪嫌疑人长期潜逃的处理 ……………………………… (504)
二、犯罪嫌疑人患严重疾病丧失诉讼行为能力的处理 ……… (504)
三、出现自然灾害等不可抗力情形的处理 …………………… (505)

四、同案犯罪嫌疑人在逃的处理 …………………… (505)
　第五节　查封、扣押、冻结款物的处理 …………………… (505)
　　一、处理的程序 …………………………………………… (505)
　　二、处理的要求 …………………………………………… (506)
　附件：
　　一、侦查终结流程图 ……………………………………… (507)
　　二、法律文书、工作文书格式样本 ……………………… (507)

第十三章　补充侦查 …………………………………………… (538)
　　一、补充侦查概述 ………………………………………… (538)
　　二、补充侦查的条件 ……………………………………… (539)
　　三、补充侦查的程序 ……………………………………… (539)
　　四、补充侦查的要求 ……………………………………… (540)
　附件：
　　一、补充侦查流程图 ……………………………………… (540)
　　二、法律文书、工作文书格式样本 ……………………… (540)

第十四章　侦查阶段诉讼参与人的权利义务 ………………… (544)
　第一节　侦查阶段犯罪嫌疑人的权利义务 ………………… (544)
　　一、犯罪嫌疑人的权利 …………………………………… (544)
　　二、犯罪嫌疑人的义务 …………………………………… (550)
　第二节　侦查阶段证人的权利义务 ………………………… (551)
　　一、证人的权利 …………………………………………… (551)
　　二、证人的义务 …………………………………………… (553)
　第三节　侦查阶段律师的权利义务 ………………………… (553)
　　一、律师的权利 …………………………………………… (553)
　　二、律师的义务 …………………………………………… (556)
　第四节　侦查阶段法定代理人的权利义务 ………………… (558)
　　一、法定代理人的权利 …………………………………… (558)
　　二、法定代理人的义务 …………………………………… (560)
　第五节　侦查阶段被害人的权利义务 ……………………… (560)
　　一、被害人的权利 ………………………………………… (560)
　　二、被害人的义务 ………………………………………… (560)
　第六节　侦查阶段鉴定人的权利义务 ……………………… (561)
　　一、鉴定人的权利 ………………………………………… (561)
　　二、鉴定人的义务 ………………………………………… (561)

职务犯罪侦查流程与规范

第七节 侦查阶段翻译人员的权利义务 …………………………… (562)
  一、翻译人员的权利 ………………………………………………… (562)
  二、翻译人员的义务 ………………………………………………… (562)
附件：
  法律文书、工作文书格式样本 …………………………………… (562)

第十五章 执法办案风险评估预警、办案安全与办案纪律 ……… (587)
第一节 侦查阶段执法办案风险评估预警 ………………………… (587)
  一、评估预警的原则 ………………………………………………… (587)
  二、评估预警的级别 ………………………………………………… (588)
  三、评估预警的范围及内容 ………………………………………… (588)
  四、评估预警的程序 ………………………………………………… (592)
  五、侦查阶段执法办案风险的化解 ………………………………… (593)
  六、评估预警的注意事项 …………………………………………… (593)
第二节 办案安全 …………………………………………………… (595)
  一、办案安全概述 …………………………………………………… (595)
  二、初查的安全防范 ………………………………………………… (598)
  三、传唤、拘传的安全防范 ………………………………………… (598)
  四、讯问的安全防范 ………………………………………………… (598)
  五、询问证人的安全防范 …………………………………………… (599)
  六、看管的安全防范 ………………………………………………… (600)
  七、监视居住的安全防范 …………………………………………… (600)
  八、提押、提审的安全防范 ………………………………………… (601)
  九、搜查的安全防范 ………………………………………………… (602)
  十、配合执行逮捕、拘留以及追逃的安全防范 …………………… (602)
  十一、执行押解的安全防范 ………………………………………… (602)
第三节 办案纪律 …………………………………………………… (603)
  一、线索受理、初查环节的办案纪律 ……………………………… (603)
  二、立案环节的办案纪律 …………………………………………… (604)
  三、刑事强制措施环节的办案纪律 ………………………………… (604)
  四、采取侦查措施环节的办案纪律 ………………………………… (605)
  五、侦查工作中的保密纪律 ………………………………………… (607)
  六、公正廉洁执法方面的纪律 ……………………………………… (607)
附件：
  一、侦查办案风险评估预警流程图 ………………………………… (608)

二、法律文书、工作文书格式样本 …………………………………（608）

第十六章　执法办案监督及责任追究 ……………………………（612）
　第一节　执法办案内部监督 ………………………………………（612）
　　一、监督对象和监督内容 ………………………………………（612）
　　二、监督责任主体和监督职责 …………………………………（613）
　　三、监督措施和监督方式 ………………………………………（614）
　第二节　人民监督员监督 …………………………………………（615）
　　一、人民监督员的设置和选任机关 ……………………………（616）
　　二、监督的内容 …………………………………………………（616）
　　三、监督的程序 …………………………………………………（616）
　第三节　案件管理部门的监督 ……………………………………（618）
　　一、案件受理 ……………………………………………………（618）
　　二、办案流程管理 ………………………………………………（618）
　　三、接待辩护人和诉讼代理人 …………………………………（620）
　　四、案件质量评查 ………………………………………………（620）
　　五、案件统计信息管理 …………………………………………（621）
　第四节　检务督察监督制约机制 …………………………………（621）
　第五节　执法过错责任追究 ………………………………………（622）
　　一、责任追究范围 ………………………………………………（622）
　　二、责任追究程序 ………………………………………………（624）
　附件：
　　本章有关法律文书、工作文书格式样本 ………………………（625）

第十七章　诉讼档案的整理与归档 ………………………………（637）
　第一节　立卷 ………………………………………………………（637）
　　一、立卷的内容 …………………………………………………（637）
　　二、立卷的原则 …………………………………………………（637）
　　三、立卷的方法 …………………………………………………（638）
　　四、立卷的顺序 …………………………………………………（638）
　　五、立卷的要求 …………………………………………………（639）
　　六、立卷的程序 …………………………………………………（640）
　第二节　归档 ………………………………………………………（641）
　　一、归档的要求 …………………………………………………（641）
　　二、视听资料的归档 ……………………………………………（641）
　　三、同步录音录像的归档 ………………………………………（642）

四、电子公文的归档 …………………………………………（643）
　附件：
　　案卷整理、归档流程图 ………………………………………（644）
后记 ………………………………………………………………（645）

第一章　线索受理

职务犯罪案件线索是指检察机关受理或发现的，反映国家工作人员涉嫌职务犯罪、为破案提供脉络和途径的相关信息或材料。案件线索的受理是指检察机关的举报中心和侦查部门对案件线索的接受、收集和处理。案件线索受理要坚持专门工作和群众路线相结合的原则，依靠群众，方便举报，保障案件线索来源渠道畅通；要依法、及时、高效处理，防止有案不立、压案不查；对案件线索要实行统一管理，归口办理，分级负责，严格依法依规进行并接受内部和社会的监督制约。

第一节　案件线索的来源和受理

一、案件线索的来源

检察机关职务犯罪案件线索的主要来源有：

1. 本院举报中心移送给侦查部门的机关、团体、企事业单位和公民的报案、控告或举报；
2. 国家权力机关和上级检察机关等执法单位交办、督办的；
3. 纪检、监察机关、审判机关、行政执法等机关移送的；
4. 检察机关侦查部门直接接受的报案、控告或举报；
5. 检察机关侦查部门在调查和办案中发现的案件线索；
6. 下级人民检察院上报的案件线索；
7. 发案单位移交的涉嫌犯罪的线索；
8. 犯罪嫌疑人投案自首的。

二、案件线索的受理

1. 单位、公民直接向人民检察院报案、举报、控告或自首的，都应当接受，由部门负责人或其指定的专人接待，并应当制作《受理案件登记表》，逐件登记举报人和被举报人的基本情况、举报的主要内容。对于不属于人民检察院管辖的应当向其说明情况，亦可先行受理再移送有管辖权的机关或部门。

2. 对当面口头报案、举报、控告的，接受举报的工作人员应当制作《接受报案、控告、举报笔录》。对于自首的，应当制作《自首笔录》。笔录都须经本人阅读或宣读无误后，由举报人、控告人或自首人逐页签名或盖章。对于电话举报的，应当询问清楚，如实制作笔录，必要时可以录音。举报人、控告人不愿公开姓名的，应当为其保密。

3. 接受报案、举报、控告的工作人员，应当告知报案人、控告人、举报人必须实事求是，如实提供情况以及诬告应负的法律责任。但是要严格区分错告与诬告的界限，依法保护举报人的合法权益。只要不是捏造事实，伪造证据，故意陷害他人，即使控告、举报的事实有出入，甚至错告，也不能认定为诬告。

4. 接受当面举报时，应尽可能问清下列情况：（1）被举报人的姓名、性别、工作单位、职务等基本情况；（2）被举报人犯罪时间、地点、手段、情节、结果、职权和业务范围、上级主管部门等情况；（3）发案单位的地址、电话等情况。对署名书面举报，经审查认为内容不清的，可以再次约举报人面谈或要求继续补充材料。

5. 对采用电话形式举报的，工作人员应当准确、完整地记录举报人的姓名、地址、电话和举报内容。举报人不愿提供姓名等个人信息的，应当尊重举报人的意愿。

6. 反映被举报人有下列情形之一，必须采取紧急措施的，工作人员应当在接收举报后立即提出处理意见并层报检察长审批：（1）正在预备犯罪、实行犯罪或者在犯罪后即被发觉的；（2）企图自杀或者逃跑的；（3）有毁灭、伪造证据或者串供可能的；（4）其他需要采取紧急措施的。

7. 职务犯罪举报线索实行分级管辖。上级人民检察院可以直接受理由下级人民检察院管辖的举报线索，经检察长批准，也可以将本院管辖的举报线索交由下级人民检察院办理。下级人民检察院接收到上级人民检察院管辖的举报线索，应当层报上级人民检察院处理。收到同级人民检察院管辖的举报线索，应当及时移送有管辖权的人民检察院处理。

8. 举报线索一般由被举报人工作单位所在地人民检察院管辖。认为由被举报犯罪地人民检察院管辖更为适宜的，可以由被举报犯罪地人民检察院管辖。几个同级人民检察院都有权管辖的，由最初受理的人民检察院管辖。在必要的时候，可以移送主要犯罪地的人民检察院管辖。对管辖权有争议的，由其共同的上一级人民检察院指定管辖。

9. 根据《人民检察院举报工作规定》，侦查部门直接受理的案件线索，应当自收到之日起七日以内移送举报中心。

10. 在工作中发现的属侦查部门初查或侦查的案件线索，应及时或侦查终结后填写《案件线索信息登记表》，经侦查部门负责人审查后报线索专管员统一管理。办案中发现的线索，经检察长批准，可以直接办理，但应当在发现之日起五日内移送举报中心备案；特殊情况下，经侦查部门负责人审核，报检察长同意，可在案件立案或结案的三日之内补办登记。

11. 侦查部门受理纪检监察机关、本院控告申诉检察部门转来的行政执法机关的移送案件，应当按规定审查随案移送的证据材料和已扣押、收缴的赃款、赃物是否随案移送。按规定应当随案移送而未随案移送的，不予受理。

12. 在案件线索受理过程中，发现被举报人是检察人员或者是检察人员近亲属的，或者与检察人员近亲属有利害关系的，或者与检察人员有其他关系，可能影响公正处理案件的，检察人员应当自行回避，举报人或单位有权要求他们回避。检察人员接受被举报人员或其委托人员的请客、送礼，违反规定会见被举报人或者其委托人，应依法追究法律责任，举报人或单位有权要求其回避。

第二节 线索信息收集整理

发现并收集职务犯罪案件线索，是开展侦查工作的前提和基础。侦查部门要采取多种形式广泛收集案件线索信息，建立案件线索信息库，不断予以完善整理，提高线索信息价值，奠定查办职务犯罪案件的基础。

一、收集线索的主要途径

（一）群众举

群众举报是职务犯罪案件线索的首要来源。检察机关要充分利用电视、报纸、网络、微博、微信等媒体，进行经常性的宣传，使全社会认知和了解检察机关的性质和任务。在加大办案力度增强群众对举报信心基础上，高度重视发动群众举报工作。通过对职务犯罪的署名举报优先受理、优先查处；落实举报奖励办法，通过建立情报信息员等制度收集职务犯罪案件信息；及时向署名举报人反馈查处情况，为署名举报人保守秘密；聘请举报有功人员为检察工作信息联络员等措施，扩大案件线索信息来源。

（二）调查找

从预防和服务经济建设切入，到投资大、管理乱的重点部门、行业、单位，如权力集中的部门、资金密集行业、垄断性高的行业、竞争激烈的行业、管理松懈的单位等，开展基础调查发现犯罪线索。

（三）案中挖

侦查人员要牢固树立侦查意识和深挖意识，在案件办理中要善于从行贿人、受贿人、作案手段、资金起落点、搜查扣押物品、查账、鼓励自首立功等多角度深挖，找准各类案件的发案规律和特点，从而发现新的职务犯罪案件线索。

（四）部门移

按照建立反腐败整体格局的要求，首先，建立健全与法院、工商、税务、审计、纪检监察等执法执纪部门的联系、通报、共享、移送案件线索的制度，及时收集和发现职务犯罪案件线索。其次，侦查部门要加强与内部的侦查监督、公诉、监所等业务部门的配合，形成获取案件线索的合力。

（五）网络寻

侦查人员要有信息线索意识，关注一段时期的新闻和舆论热点，加强与媒体或从业人员的联系，充分利用公共信息网，从社会事件、相关部门通报、处理的相关事件中寻找案件线索。

二、案件线索收集整理需要注意的问题

案件线索信息的收集要围绕犯罪构成要件和侦查工作的需要收集，包括涉嫌犯罪事实信息的收集；相关行业和重点部门发案破案规律；涉嫌犯罪的单位、个人的有关背景、业务、会计、工商登记等资料；被举报人的年龄、文化程度、兴趣爱好、社会关系、性格特点，等等。

对已收集的信息要定时清理、分类、评估筛选，并及时地对有价值的信息进行跟踪了解，不断充实和完善。

把案件线索管理信息化建设作为科技强侦的重要内容，依托现代信息技术，对案件线索信息进行科学分类、分层、整合，建立案件资料、典型案例、侦查谋略、社会公共信息等信息数据库，努力形成一整套程序规范、处理快捷、查询检索方便的案件线索管理系统。

第三节　线索管理

一、管理的部门

根据《人民检察院举报工作规定》，人民检察院举报中心负责统一管理举报线索。本院检察长、其他部门或者人员接收的职务犯罪案件线索，应当自收到之日起七日以内移送举报中心。侦查部门自行发现的案件线索和有关机关或者部门移送人民检察院审查是否立案的案件线索，由侦查部门审查。

二、专人管理

1. 人民检察院侦查部门应当指定专人管理案件线索。管理人员负责案件线索的受理、举报信件的收阅、登记、呈报、转办、移送、保管、备案、统计、答复和当面或电话举报的接待、接办、记录、录音等工作，对案件线索要统一编号逐件登记，严格按照规定办理线索流转，严防泄露或遗失举报材料。

2. 侦查部门应重视案件线索信息库建设，应当建立案件线索数据库，指定专人将举报人和被举报人的基本情况、举报线索的主要内容以及办理情况等逐项

录入专用计算机。多次举报的举报线索,有新的举报内容的,应当在案卡中补充完善,及时移送有关部门;没有新的举报内容的,应当在案卡中记录举报时间,标明举报次数,每月将重复举报情况通报有关部门。

3. 侦查部门应当定期清理案件线索,对线索的查办和反馈情况进行分析,查找存在问题,及时改进工作,完善管理制度。

4. 侦查部门应当定期对案件线索进行分类统计,综合分析群众反映强烈的突出问题以及群众举报的特点和规律,提出工作意见和建议,向上级人民检察院和本院检察长报告。

三、线索备案

1. 人民检察院对于直接受理的大要案线索实行分级备案的管理制度。对不属于本院管辖的要案线索应当移送有管辖权的检察院。科级干部涉嫌职务犯罪的线索报市、州人民检察院备案。县、处级干部要案一律呈报省级人民检察院备案,其中涉嫌犯罪金额特别巨大或者犯罪后果特别严重的,层报最高人民检察院备案,厅、局级以上干部要案线索一律层报最高人民检察院备案。

2. 大要案线索的备案、移送,应当逐案填写《大要案登记表》和《线索备案表》,将有关线索材料和拟处理意见,报上级人民检察院侦查部门备案。备案应当在受理后七日以内办理;情况紧急的,应当在备案之前及时报告。

3. 上级人民检察院对下级人民检察院备案的要案材料,应当及时进行审查,如有不同意见,应当在十日内将审查意见通知报送备案的下级人民检察院。下级人民检察院应当按照上级人民检察院的意见办理。下级人民检察院认为情况复杂,单独办理有困难,需要上级人民检察院支持帮助的,应当在拟处理意见中说明。

第四节 线索的审查处理

一、线索的审查处理

1. 侦查部门收到举报中心移送的举报线索,应当在三个月以内将处理情况回复举报中心;下级人民检察院接到上级人民检察院移送的举报材料后,应当在三个月以内将处理情况回复上级人民检察院举报中心。

2. 侦查部门应当在规定时间内书面回复查办结果。回复文书应当包括下列内容:(1)举报人反映的主要问题;(2)查办的过程;(3)作出结论的事实依据和法律依据。

举报中心收到回复文书后应当及时审查,认为处理不当的,提出处理意见报

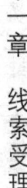

检察长审批。

3. 举报中心对移送侦查部门的举报线索，应当加强管理、监督和跟踪。举报中心对移送本院有关部门和向下级人民检察院交办的举报线索，可以采取实地督办、网络督办、电话督办、情况通报等方式进行督办。

4. 对上级人民检察院交办的举报线索，承办人民检察院应当在三个月以内办结。情况复杂，确需延长办理期限的，经检察长批准，可以延长三个月。延期办理的，由举报中心向上级人民检察院举报中心报告进展情况，并说明延期理由。法律另有规定的，从其规定。

5. 办案部门应当在规定期限内办理上级人民检察院交办的举报线索，并向举报中心书面回复办理结果。回复办理结果应当包括举报事项、办理过程、认定的事实和证据、处理情况和法律依据以及执法办案风险评估情况等。举报中心应当制作交办案件查处情况报告，以本院名义报上一级人民检察院举报中心审查。交办案件查处情况报告应当包括下列内容：（1）案件来源；（2）举报人、被举报人的基本情况及反映的主要问题；（3）查办过程；（4）认定的事实和证据；（5）处理情况和法律依据；（6）实名举报的答复情况。

6. 上级人民检察院举报中心收到下级人民检察院交办案件查处情况报告后，应当认真审查。对事实清楚、处理适当的，予以结案；对事实不清、证据不足、定性不准、处理不当的，提出意见，退回下级人民检察院重新办理。必要时可以派员或者发函督办。

二、不立案举报线索的审查处理

1. 举报人不服侦查部门的不立案决定向人民检察院反映，具有下列情形之一的，举报中心应当对不立案举报线索进行审查，但依照规定属于侦查部门和侦查监督部门办理的除外：（1）举报中心移送到侦查部门，经侦查部门初查后决定不予立案的；（2）领导机关或者本院领导批示由举报中心审查的。

2. 审查不立案举报线索，原则上由同级人民检察院举报中心进行。同级人民检察院举报中心认为由上一级人民检察院举报中心审查更为适宜的，应当提请上一级人民检察院举报中心审查。上一级人民检察院举报中心认为有必要审查下级人民检察院侦查部门的不予立案举报线索的，可以决定审查。

3. 审查不立案举报线索的范围应当仅限于原举报内容。对审查期间举报人提供的新的职务犯罪线索，举报中心应当及时移送有管辖权的人民检察院侦查部门审查办理。

4. 审查期间，举报人对不立案决定不服申请复议的，控告检察部门应当受理，并根据事实和法律进行审查，可以要求举报人提供有关材料。认为需要侦查部门说明不立案理由的，应当及时将案件移送侦查监督部门办理。举报人申请复议，不影响对不立案举报线索的审查。但承办人认为需要中止审查的，经举报中心负责人批准，可以中止审查。中止审查后，举报人对复议结果不服的理由成立，继续审查有必要的，不立案举报线索审查应当继续进行。

5. 不立案举报线索审查终结后，应当制作审查报告，提出处理意见。

6. 举报中心审查不立案举报线索，应当自收到侦查部门决定不予立案回复文书之日起一个月以内办结；情况复杂，期满不能办结的，经举报中心负责人批准，可以延长两个月。

7. 举报中心审查不立案举报线索，应当在办结后七日以内向上一级人民检察院举报中心备案。对侦查部门重新作出立案决定的，举报中心应当将审查报告、立案决定书等相关文书，在立案后十日以内报上一级人民检察院举报中心备案。

8. 举报人不服下级人民检察院复议决定提出的申诉，上一级人民检察院控告检察部门应当受理，并根据事实和法律进行审查，可以要求举报人提供有关材料，认为需要侦查部门说明不立案理由的，应当及时将案件移送侦查监督部门办理。

三、举报答复

1. 人民检察院举报中心和侦查部门共同负责做好实名举报答复工作。

2. 实名举报应当逐件答复。除联络方式不详无法联络的以外，应当将处理情况和办理结果及时答复举报人。

3. 对采用走访形式举报的，应当当场答复是否受理；不能当场答复的，应当自接待举报人之日起十五日以内答复。

4. 答复可以采取口头、书面或者其他适当的方式。口头答复的，应当制作答复笔录，载明答复的时间、地点、参加人及答复内容、举报人对答复的意见等。书面答复的，应当制作答复函。邮寄答复函时不得使用有人民检察院字样的信封。

第五节 保护与奖励

一、各级人民检察院应当依法保护举报人及其近亲属的安全和合法权益。

二、各级人民检察院应当采取下列保密措施：

（一）举报线索由专人录入专用计算机，加密码严格管理，未经检察长批准，其他工作人员不得查看。

（二）举报材料应当放置于保密场所，保密场所应当配备保密设施。未经许可，无关人员不得进入保密场所。

（三）向检察长报送举报线索时，应当将相关材料用机要袋密封，并填写机要编号，由检察长亲自拆封。

（四）严禁泄露举报内容以及举报人姓名、住址、电话等个人信息，严禁将举报材料转给被举报人或者被举报单位。

（五）调查核实情况时，严禁出示举报线索原件或者复印件；除侦查工作需要外，严禁对匿名举报线索材料进行笔迹鉴定。

（六）其他应当采取的保密措施。

三、人民检察院受理实名举报后，应当对举报风险进行评估，必要时应当制定举报人保护预案，预防和处置打击报复实名举报人的行为。

四、举报人向人民检察院实名举报后，在人身、财产安全受到威胁向人民检察院求助时，举报中心或者侦查部门应当迅速查明情况，向检察长报告。认为威胁确实存在的，应当及时通知当地公安机关；情况紧急的，应当先指派法警采取人身保护的临时措施保护举报人，并及时通知当地公安机关。

五、举报人确有必要在诉讼中作证时，应当采取以下保护措施：

（一）不公开真实姓名、住址和工作单位等个人信息；

（二）采取不暴露外貌、真实声音等出庭作证措施；

（三）禁止特定的人员接触举报人及其近亲属；

（四）对举报人人身和住宅采取专门性保护措施；

（五）其他必要的保护措施。

六、对打击报复或者指使他人打击报复举报人及其近亲属的，经调查核实，应当视情节轻重分别作出处理：

（一）尚未构成犯罪的，提出检察建议，移送主管机关或者部门处理；

（二）构成犯罪的，依法追究刑事责任。

七、对举报人因受打击报复，造成人身伤害或者名誉损害、财产损失的，应当支持其依法提出赔偿请求。

八、举报线索经查证属实，被举报人构成犯罪的，应当对积极提供举报线索、协助侦破案件有功的举报人给予一定的精神及物质奖励。举报奖励工作由举报中心具体承办。

第六节　责任追究

一、在举报线索管理工作中，发现检察人员有违法违纪行为的，应当提出建议，连同有关材料移送本院纪检监察部门处理。

二、具有下列情形之一，对直接负责的主管人员和其他直接责任人员，依照检察人员纪律处分条例等有关规定给予纪律处分；构成犯罪的，依法追究刑事责任：

（一）利用举报线索进行敲诈勒索、索贿受贿的；

（二）滥用职权，擅自处理举报线索的；

（三）徇私舞弊、玩忽职守，造成重大损失的；

（四）为压制、迫害、打击报复举报人提供便利的；

（五）私存、扣压、隐匿或者遗失举报线索的；

（六）违反举报人保护规定，故意泄露举报人姓名、地址、电话或者举报内容等，或者将举报材料转给被举报人、被举报单位的，或者应当制定举报人保护预案、采取保护措施而未制定或者采取，导致举报人受打击报复的；

（七）故意拖延，查处举报线索超出规定期限，造成严重后果的；

（八）隐瞒、谎报、未按规定期限上报重大举报信息，造成严重后果的。

附件：

一、线索受理流程图

二、法律文书、工作文书格式样本

1. 线索登记表
2. 接受报案、控告、举报笔录
3. 线索审查评估意见表
4. 接受投案自首笔录
5. 提请移送案件线索意见书
6. 案件线索登记分流审批表
7. 批准/不批准移送案件（线索）通知书
8. 移送案件线索通知书
9. 移送线索通知书
10. 交办案件线索通知书
11. 大要案登记表
12. 线索备案表
13. 案件材料移送清单
14. 缓查线索登记审批表

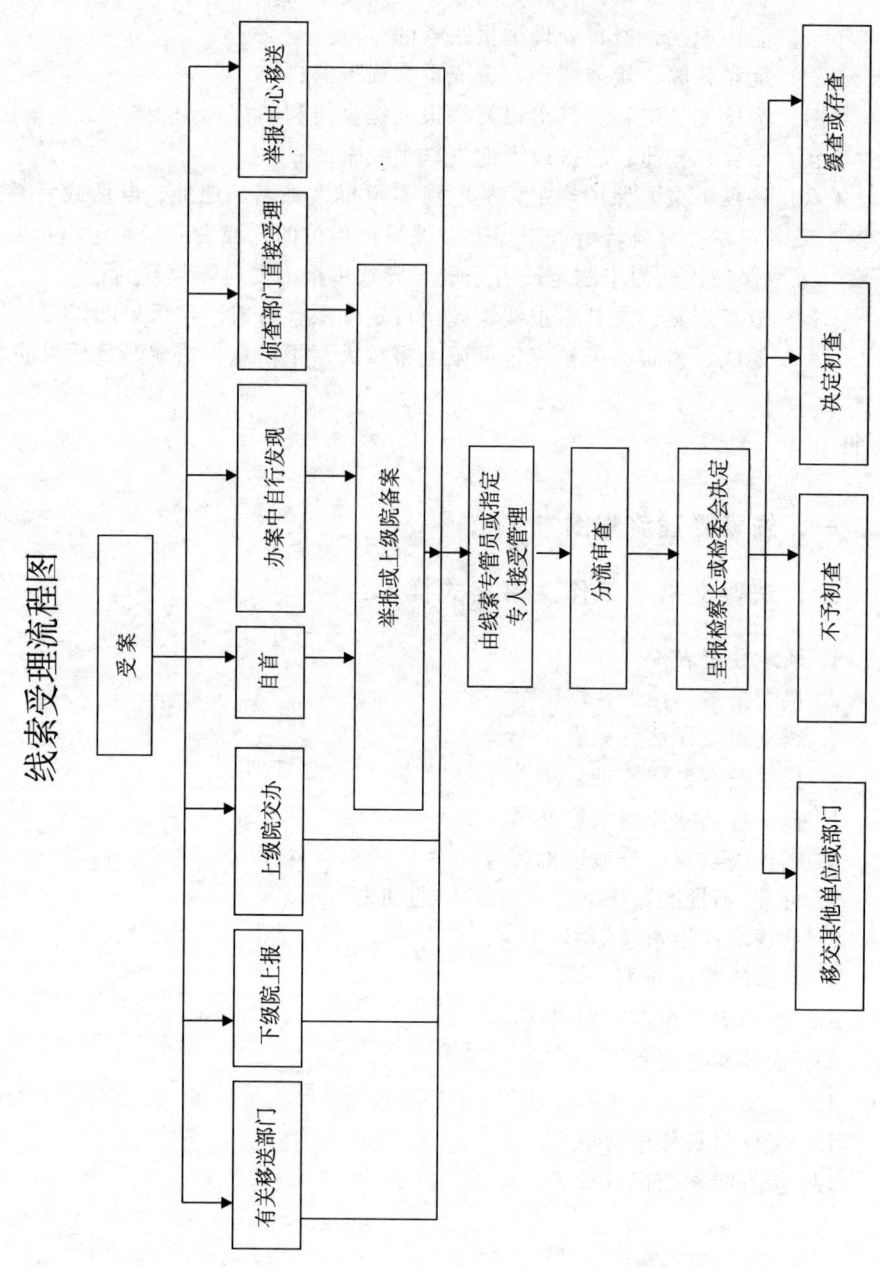

××人民检察院
线 索 登 记 表

线索来源				时 间		
举报（控告、报案、自首）人	姓名		性别		出生年月		文化程度	
	工作单位				职务	
	住址				联系电话	
被举报人	姓名		性别		出生年月		文化程度	
	工作单位				职务	
	住址				联系电话	
是否要案						
涉嫌的主要问题						
承办人意见						
处理结果						

××人民检察院
接受报案、控告、举报笔录

时　　间：＿＿年＿＿月＿＿日＿＿时＿＿分至＿＿时＿＿分
地　　点：＿＿＿＿＿＿＿＿＿＿＿＿＿＿＿＿＿＿＿＿＿＿＿
报案、控告、举报事由：＿＿＿＿＿＿＿＿＿＿＿＿＿＿＿
接谈人：＿＿＿＿＿＿＿＿＿＿＿＿＿＿　记录人：＿＿＿＿＿
报案、控告、举报人姓名：＿＿＿＿＿＿性别：＿＿年龄：＿＿＿
工作单位、职务：＿＿＿＿＿＿＿＿＿＿＿＿＿＿＿＿＿＿＿
现 住 址：＿＿＿＿＿＿＿＿＿＿＿＿＿＿＿＿＿＿＿＿＿＿
联系方式：＿＿＿＿＿＿＿＿＿＿＿＿＿＿＿＿＿＿＿＿＿＿

　　问：我们是××人民检察院的工作人员（出示工作证件，讲明报案、控告、举报的相关法律规定）。我们对你大胆揭露犯罪行为表示肯定，希望你反映问题实事求是、客观、准确。我国法律规定，故意捏造事实、伪造证据诬陷他人，造成严重后果，是要负相应的法律责任的，你听明白了吗？
　　答：＿＿＿＿＿＿
　　问：＿＿＿＿＿＿
　　答：＿＿＿＿＿＿

（以下为末页内容）
＿＿＿＿＿＿＿
以上记录我看过（向我宣读过），和我说的相符。

报案（控告、举报人）：
（要求逐页签名）

　　　　　　　　　　　　　　　　　　　　接谈人：
　　　　　　　　　　　　　　　　　　　　记录人：
　　　　　　　　　　　　　　　　　　　　　年　月　日

××人民检察院
线索审查评估意见表

线索来源	
线索性质	
线索主要内容摘要	
网络评估情况（有/无可查性）	
人工评估情况（有/无可查性）	
承办人意见	
局领导意见	
分管副检察长意见	
检察长意见	
备注	

××人民检察院
接受投案自首笔录

时间：_____年___月___日___时___分至___时___分
地点：_____
接案人：_____ 记录人：_____
投案人姓名：_____ 性别：____ 年龄：_____
工作单位、职务：_____
是否人大代表、政协委员：_____
住址：_____ 联系方式：_____
内容：_____
_____
_____
（以下为末页内容）_____
_____
_____

（投案人亲笔书写"以上笔录我看过（向我宣读过），和我说的相符"，并逐页签名）

             投案人：（签名、指印）
               年　月　日

接案人亲笔签名：　　　　　　记录人亲笔签名：

××人民检察院
提请移送案件线索意见书

检　　报〔　〕××号

被举报人基本情况：

犯罪嫌疑人（涉案人）____，男（女），____年____月____日出生，身份证号码_____，籍贯____，____族，____文化程度，职业（或工作单位及职务）____，职级____，政治面貌____（是否属于人大代表、政协委员等），住址_____等。

案件来源涉及的犯罪事实：

移送案件的理由和法律依据：

当否？请批示。

承办人：
年　月　日

××人民检察院
案件线索登记分流审批表

编号： 　　　　　　　　　　　　　分类：

受理形式				受理时间	
举报人	性别		年龄		职务	
	单位			电话	
被举报人	性别		年龄		党派		职务	
	单位			人大代表		涉嫌性质	
主要案情								
承办意见								
科（室）领导意见								
局长审批意见								
检察长批示								

××人民检察院
批准/不批准移送案件（线索）通知书

××人民检察院：

你院提请移送的××案件线索，经我院研究，批准移送，请于（时限）内办理案件线索移送手续。（/不批准移送）

（院印）

年 月 日

××人民检察院
移送案件线索通知书

检 移 〔 〕 号

报(报案、控告、自首)人_____于___年___月___日举报(报案、控告、自首)的_____一案,我院已于___年___月___日收到。

___年___月___日

第三联 附卷

××人民检察院
移送案件线索通知书

检 移 〔 〕 号

_____于___年___月___日举报(报案、控告、自首)_____一案,我院于___年___月___日移送于你单位。

___年___月___日
(院印)

第二联 送接收单位

××人民检察院
移送案件线索通知书
(存 根)

检 移 〔 〕 号

案　　由_____
当 事 人_____性　别_____出生年月_____
单位及职务_____
住　　址_____
控告(举报、报案、自首)人_____
送达单位_____
移送时间_____
移送原因_____
批 准 人_____
承 办 人_____
填 发 人_____
填发时间_____

第一联 统一保存

第一章 线索受理

人民检察院 移送线索通知书（回执）

检移通〔　〕号

_____ 人民检察院/部门：

你院/部门 ___ 年 ___ 月 ___ 日以 _____ 检 _____ 移通〔20　〕 ___ 号移送的涉嫌 _____ 线索，我已于 ___ 年 ___ 月 ___ 日收悉。

（有关机关/部门）
　年　月　日
　　（印）

第三联　有关机关或部门接收线索后退回附卷

人民检察院 移送线索通知书

检移通〔　〕号

_____：

现将 _____ 涉嫌 _____ 线索移送你 _____，如发现涉嫌职务犯罪，请及时与 _____ 联系。

人民检察院/部门
　年　月　日
　　（印）

第二联　送达有关机关或者部门

人民检察院 移送线索通知书（存根）

检移通〔　〕号

案由
涉案人基本情况（姓名、性别、年龄、身份证号、工作单位及职务、住址、是否人大代表、政协委员）
送达单位
移送原因
批准人
承办人
填发人
填发时间

第一联　统一保存

××人民检察院 交办案件线索通知书

检交 [ ] 号

××人民检察院：
＿＿年＿＿月＿＿日你院交办的举报（报案、控告、自首）人＿＿＿＿一案，我院已于＿＿年＿＿月＿＿日收到。

年　月　日
（院印）

第三联　附卷

××人民检察院 交办案件线索通知书

检交 [ ] 号

＿＿＿＿＿＿：
＿＿年＿＿月＿＿日举报（报案、控告、自首）人＿＿＿＿一案，我院于＿＿年＿＿月＿＿日交办于你单位。

年　月　日
（院印）

第二联　送接收单位

××人民检察院 交办案件线索通知书（存根）

检交 [ ] 号

案由	
当事人	出生年月
性别	
单位及职务	
住址	
控告（举报、报案、自首）人	
送达单位	
交办时间	
交办原因	
批准人	
承办人	
填发时间	

第一联　统一保存

××人民检察院
大要案登记表

编号：　　　　　　案件性质：　　　　　　（局公章）

犯罪嫌疑人姓名		性别		年龄	
政治面貌		工作单位及职务			
是否人大代表（政协委员）			案件来源		
立案单位			作案时间		
涉案金额		同案犯人数		追回赃款	
是否在逃		赃款去向		个人所得	
简要案情					
办理情况	立案	拘留	逮捕	侦查终结	移送起诉（不起诉）	撤案
日期						
备注						

填表人：　　　审核人：　　　院领导：　　　填表日期：

××人民检察院
线索备案表

填报单位：　　　　　　　　　检 线备〔　〕号

线索来源			受理时间		
被举报人基本情况	姓名		性别		年龄
	工作单位		职务		级别
	现住址				
涉嫌主要问题					
受理检察院自侦部门意见					
受理单位检察长意见					
上级检察院自侦部门意见	（市院意见） （省院意见） （高检院意见）				
上级院检察长批示					
备注					

××人民检察院
案件材料移送清单

案件名称：

案件统一编号：

编号	材料名称	数量	特征	备注
移交人	年 月 日			
接收人	年 月 日			

注：本清单一式两份，一份案管部门保存，一份交案件承办部门。

××人民检察院
缓查线索登记审批表

检[ ]线缓字第[ ]号

基本情况	线索来源	反贪登记文号		受案案由	
	举报人	举报移送文号			
	被举报人	单位		职务（级别）	
		单位		职务（级别）	
主要内容					
缓查原因					
承办人意见					
侦查科长意见					
线索专管员意见					
局长意见					
备注					

注：复印件送举报中心备案。

第二章 管 辖

本章所说的管辖，是指人民检察院依法在受理刑事案件方面的职权范围上的分工，即人民检察院依照法律规定立案受理刑事案件以及最高人民检察院、地方各级人民检察院、专门人民检察院之间在直接受理立案侦查案件上的分工。主要包括人民检察院管辖的刑事案件范围、报请省级以上人民检察院决定立案侦查的具体程序、分级立案侦查制度，以及级别管辖、牵连管辖、地域管辖、指定管辖、专门管辖等。

第一节 立案管辖

立案管辖主要是根据《中华人民共和国刑事诉讼法》（以下简称《刑事诉讼法》）第十八条的规定，同时《人民检察院刑事诉讼规则（试行）》（以下简称《刑诉规则（试行）》）第八条、第九条明确了人民检察院直接立案受理的刑事案件类型，主要包括贪污贿赂犯罪、国家机关工作人员的渎职犯罪、国家机关工作人员利用职权实施的侵犯公民人身权利和民主权利的犯罪以及国家机关工作人员利用职权实施的其他重大的犯罪案件。

一、贪污贿赂犯罪案件

贪污贿赂犯罪主要是指刑法分则第八章规定的贪污贿赂犯罪及其他章中明确规定依照刑法分则第八章相关条文定罪处罚的犯罪案件。共13个罪名。

二、国家工作人员的渎职侵权案件

国家工作人员的渎职侵权案件是指刑法分则第九章规定的渎职犯罪案件和刑法分则第四章规定的国家机关工作人员利用职权实施的侵犯公民人身权利和民主权利的犯罪。包括非法拘禁、非法搜查、刑讯逼供、暴力取证、虐待被监管人、报复陷害、破坏选举七个具体罪名。

三、国家机关工作人员利用职权实施的其他重大犯罪案件

《刑事诉讼法》第十八条第二款规定："对于国家机关工作人员利用职权实施的其他重大的犯罪案件，需要由人民检察院直接受理的时候，经省级以上人民检察院决定，可以由人民检察院立案侦查。"此条规定赋予了人民检察院对立案

活动、侦查活动实施个案监督的权力，充分发挥了人民检察院的法律监督职能，解决了司法实践中有案不立、有罪不究、以罚代刑的问题。

检察机关立案侦查此类案件必须符合以下条件：（一）犯罪的主体限于国家机关工作人员。（二）国家机关工作人员利用自己的职权或者与职务有关的便利条件，实施了除贪污贿赂犯罪、渎职犯罪以及侵犯公民人身权利和民主权利犯罪之外的其他重大犯罪行为。"重大犯罪案件"是指在当时、当地具有较大影响，严重损害了国家、人民的利益或者损害了党和国家机关的声誉，且公安机关不便立案侦查或者不予立案侦查，由人民检察院立案侦查更为适宜的刑事案件。（三）应当经过省级以上人民检察院决定，省级以上人民检察院也可以自行决定对这类案件立案侦查，交由下级人民检察院进行侦查或自行侦查。

检察机关对国家机关工作人员利用职权实施的其他重大的犯罪案件立案侦查的，在司法实践中主要有以下几类案件：

1. 有关机关对于国家机关工作人员犯罪案件有案不立、有罪不究，经人民检察院通知立案仍未依法追究的案件；

2. 以罚代刑，降格处理，经人民检察院督促后仍不纠正的案件；

3. 对于是否构成犯罪，认识不一致，而人民检察院认为应当依法追究刑事责任的案件；

4. 一案数罪，既有属于人民检察院立案管辖，又有属于公安机关或其他部门管辖的，由人民检察院管辖更为适宜或者后者坚持不受理的案件；

5. 对案件管辖发生争议，而有管辖权的机关拒不侦查或者长期拖延不予立案侦查的案件；

6. 与需要追究徇私舞弊行为相关联的案件；

7. 在特殊情况下，由特定组织交由人民检察院直接立案侦查的案件等。

四、其他有关案件范围的分工规定

（一）监所检察部门

检察机关监所检察部门负责监管场所发生的贪污贿赂、渎职侵权等职务犯罪案件的立案侦查工作。

（二）民事行政检察部门

民事行政检察部门对在办理民事行政抗诉案件过程中发现的审判人员职务犯罪案件线索，经检察长同意，可以进行初查；经初查，符合立案条件的，经检察长批准，可以直接立案侦查。民事行政检察部门对审判人员在办理民事行政案件中有贪污受贿、徇私舞弊、枉法裁判行为的，依法享有侦查权。

（三）林业检察部门

检察机关林业检察部门负责立案侦查或者协助反贪污贿赂局、反渎职侵权局查办林业系统的职务犯罪案件。

（四）其他业务部门

监所检察部门和民事行政检察部门负责侦查的案件，如属于重大、复杂或者跨地区犯罪案件，应当报告检察长，检察长可以将案件交由反贪污贿赂部门或者渎职侵权检察部门办理，监所检察部门或者民事行政检察部门予以配合。

人民检察院其他业务部门在实施法律监督工作中，发现涉嫌职务犯罪行为的，报经检察长同意后，可以进行初查。经初查，认为应当立案追究刑事责任的，应当移送反贪污贿赂部门或者渎职侵权检察部门办理。

第二节　级别管辖

级别管辖是指各级人民检察院在直接受理立案侦查案件权限上的分工，人民检察院对直接受理的案件实行分级立案侦查的制度。

一、最高人民检察院的管辖范围

最高人民检察院作为我国最高检察机关，主要对全国性的重大职务犯罪案件进行立案侦查。具体来说，最高人民检察院一般负责中央国家机关、事业单位、人民团体及其所属单位厅局级以上领导干部的职务犯罪案件、中央国有企业同等级别领导干部的职务犯罪案件以及地方副省级以上干部职务犯罪案件的立案侦查。

二、省级人民检察院的管辖范围

省、自治区、直辖市人民检察院主要对全省（自治区、直辖市）性的重大职务犯罪案件进行立案侦查。具体来说，省、自治区、直辖市人民检察院一般负责对本辖区厅局级及省直机关处级干部贪污贿赂、渎职侵权等职务犯罪案件进行立案侦查。

三、市级人民检察院的管辖范围

分、州、市人民检察院主要对本辖区的重大职务犯罪案件进行立案侦查，本辖区县处级干部职务犯罪案件一般由分、州、市人民检察院进行立案侦查。

四、基层人民检察院的管辖范围

基层人民检察院主要对本辖区的职务犯罪案件进行立案侦查。

五、级别管辖的其他规定

上级人民检察院可以根据需要直接立案侦查或者组织、指挥、参与侦查下级人民检察院管辖的案件，也可以将本院管辖的案件指定下级人民检察院立案侦查；下级人民检察院认为案情重大、复杂，需要由上级人民检察院立案侦查的案件，可以请求移送上级人民检察院立案侦查。

确定级别管辖时，应注意对具有特定身份的犯罪嫌疑人的管辖：犯罪嫌疑人属于县级以上地方各级人民代表大会代表的，经本级人民代表大会常委会同意后，由同级人民检察院侦查，必要时也可以请求移送上级人民检察院侦查；对于有特殊身份的犯罪嫌疑人，包括县（处）级以上领导干部和各方面有代表性的知名人士中的犯罪嫌疑人，在特殊情况下，可以按照干部管理权限的规定，由与干部管理权限的机构相应的同级人民检察院侦查。

在案件线索受理阶段就要注意级别管辖问题，一旦在立案后发现管辖有误，则必须先撤销案件后移送有管辖权的检察机关。

第三节　牵连管辖

牵连管辖即公安机关、检察机关侦查刑事案件涉及另一方管辖的案件时在管辖上分工的规定。《刑事诉讼法》第十八条规定："刑事案件的侦查由公安机关进行，法律另有规定的除外。贪污贿赂犯罪，国家工作人员的渎职犯罪，国家机关工作人员利用职权实施的非法拘禁、刑讯逼供、报复陷害、非法搜查的侵犯公民人身权利的犯罪以及侵犯公民民主权利的犯罪，由人民检察院立案侦查。对于国家机关工作人员利用职权实施的其他重大的犯罪案件，需要由人民检察院直接受理的时候，经省级以上人民检察院决定，可以由人民检察院立案侦查。"

刑诉法对公安机关、检察机关侦查刑事案件进行了分工，但是在侦查实践中，经常遇到牵连管辖的问题，即同一犯罪嫌疑人实施了涉及检察机关和公安机关管辖的两类犯罪案件的情形。对此《刑诉规则（试行）》第十二条规定："人民检察院侦查直接受理的刑事案件涉及公安机关管辖的刑事案件，应当将属于公安机关管辖的刑事案件移送公安机关。如果涉嫌主罪属于公安机关管辖，由公安机关为主侦查，人民检察院予以配合；如果涉嫌主罪属于人民检察院管辖，由人民检察院为主侦查，公安机关予以配合。对于一人犯数罪、共同犯罪、多个犯罪嫌疑人实施的犯罪相互关联，并案处理有利于查明案件事实和诉讼进行的，人民检察院可以对相关犯罪案件并案处理。"由此可见，牵连管辖的处理方式主要有按管辖规定由管辖机关为主侦查和由检察机关进行并案处理两种。

一、为主侦查

涉及公安机关、检察机关两个机关管辖的刑事案件，原则上应当分别由两个机关各自管辖属于自己管辖的案件。检察机关立案侦查直接受理的案件时发现犯罪嫌疑人还犯有其他应由公安机关管辖的普通刑事犯罪，应当将属于公安机关管辖的刑事案件移送公安机关。如果涉嫌主罪属于公安机关管辖，由公安机关为主侦查，人民检察院予以配合；如果涉嫌主罪属于人民检察院管辖，由人民检察院为主侦查，公安机关予以配合。

二、并案处理

当并案处理有利于查明案件事实和诉讼进行的，人民检察院可以对相关犯罪案件并案处理。也就是说，检察机关立案侦查贪污贿赂犯罪、渎职侵权犯罪等属于检察机关直接受理的案件时发现犯罪嫌疑人还犯有其他应当由公安机关管辖的普通刑事犯罪，并案处理有利于查明案件事实和诉讼进行的，可以直接将该犯罪嫌疑人实施的其他普通刑事案件或者共同犯罪案件中其他犯罪嫌疑人实施的普通刑事案件并案侦查。

第四节 地域管辖

地域管辖是指同级不同地的人民检察院对直接受理案件侦查权的分工。

一、犯罪嫌疑人工作单位所在地检察院管辖

《刑诉规则（试行）》第十五条规定了不同地区的同级人民检察院之间对直接受理案件立案侦查管辖权以犯罪嫌疑人工作单位所在地来划分的制度，即"国家工作人员职务犯罪案件，由犯罪嫌疑人工作单位所在地的人民检察院管辖"。国家工作人员职务犯罪案件，由犯罪嫌疑人工作单位所在地管辖，这是划分地域管辖的一般性原则。

二、犯罪嫌疑人工作单位所在地以外的检察院管辖

《刑诉规则（试行）》第十五条同时也规定了犯罪嫌疑人单位所在地管辖的例外情况，即"国家工作人员职务犯罪案件，如果由其他人民检察院管辖更为适宜的，可以由其他人民检察院管辖"。也就是说，如果根据职务犯罪案件或犯罪嫌疑人的情况，由其他人民检察院立案侦查更为适宜的，也可以由其他人民检察院立案侦查。"更为适宜"在实践操作当中主要是指：（一）案件的主要犯罪地不在犯罪嫌疑人的工作单位所在地；（二）在犯罪嫌疑人工作单位所在地查处

不方便；（三）犯罪嫌疑人工作单位所在地的人民检察院与案件有牵连，不利于公正查处。具有上述情形之一的，可以移送上级人民检察院管辖，也可以移送上级人民检察院指定的其他人民检察院管辖。

三、地域管辖的其他情形

《刑诉规则（试行）》第十七条对地域管辖作了补充规定，即"几个人民检察院都有权管辖的案件，由最初受理或者发现犯罪的人民检察院管辖。必要时，可以由主要犯罪地的人民检察院管辖"。"必要时"主要是指最初受理的人民检察院不是主要犯罪地的人民检察院，但如果由主要犯罪地的人民检察院管辖，将更有利于查清全部犯罪事实、抓获涉嫌犯罪嫌疑人或者侦查活动的顺利进行等情形。"主要犯罪地"是指一人在不同地区犯一罪，其中的主要犯罪行为实施地；一人在不同地区犯数罪，其中最严重罪行的实施地；共同犯罪案件中，主犯的犯罪行为实施地。

单位涉嫌的职务犯罪案件一般由犯罪地检察机关管辖。如果由被告单位所在地的人民检察院管辖更为适宜的，也可以由被告单位所在地的人民检察院管辖。

第五节　指定管辖

指定管辖是指对于管辖不明、情况特殊以及上级人民检察院需要改变管辖的案件，由上级人民检察院依照法律规定，指定其辖区内的下级人民检察院对案件行使管辖权。

一、指定管辖的条件

在职务犯罪侦查实践中，经常会遇到一些疑难、复杂、牵涉面广、侦查阻力大的特殊案件，需要对案件管辖进行统一组织、协调。对此，《刑诉规则（试行）》第十四条规定："上级人民检察院在必要的时候，可以直接立案侦查或者组织、指挥、参与侦查下级人民检察院管辖的案件，也可以将本院管辖的案件指定下级人民检察院立案侦查；下级人民检察院认为案情重大、复杂，需要由上级人民检察院立案侦查的案件，可以请求移送上级人民检察院立案侦查。"《刑诉规则（试行）》第十八条规定："上级人民检察院可以指定下级人民检察院立案侦查管辖不明或者需要改变管辖的案件。人民检察院在立案侦查中指定异地管辖，需要在异地起诉、审判的，应当在移送审查起诉前与人民法院协商指定管辖的相关事宜。分、州、市人民检察院办理直接立案侦查的案件，需要将属于本院管辖的案件指定下级人民检察院管辖的，应当报请上一级人民检察院批准。"因此，指定管辖一般适用于案情重大复杂、管辖不明、有管辖权检察院不宜管辖或者上级人民检察院认为需要等情形。

二、指定管辖的方式

指定管辖的方式指指定管辖的具体表现形式,侦查实践中人民检察院指定管辖可以分为三种情况:

(一)上级人民检察院将属于本院立案侦查的案件指定下级人民检察院管辖

人民检察院变更管辖主要有三种情况:

1. 上级人民检察院在必要的时候,可以直接立案侦查下级人民检察院管辖的案件;

2. 上级人民检察院可以将本院管辖的案件指定下级人民检察院立案侦查,且分、州、市人民检察院需要将属于本院管辖的案件指定下级人民检察院管辖的,应当报请上一级人民检察院批准;

3. 下级人民检察院可以请求上级人民检察院立案侦查属于自己管辖的案情重大、复杂的案件。

(二)上级人民检察院以指定的方式改变下级人民检察院的案件管辖

司法实践中,可能出现有管辖权的检察院不适宜或者不能正常行使管辖权的情形,为了保证及时有效查处犯罪和侦查活动的顺利进行,刑诉规则赋予上级人民检察院以指定的方式改变下级人民检察院的案件管辖的权力,此种情形下,应当由上级人民检察院指定其他下级人民检察院管辖。不适宜或者不能正常行使管辖权的情形主要包括:

1. 本院检察长需要回避的;

2. 本院工作人员涉嫌职务犯罪,按照分级管辖的规定属于本院管辖的;

3. 犯罪嫌疑人是当地党委、人大、政府、政协领导成员或者特定关系人的;

4. 犯罪嫌疑人是当地人民法院、公安、国家安全、司法行政机关领导成员的;

5. 有管辖权的人民检察院认为不适宜由本院侦查,或者由于客观因素难以办理,提请改变管辖,经审查确有必要的;

6. 上级人民检察院认为有管辖权的人民检察院不适宜继续办理,有必要改变管辖的。

(三)上级人民检察院以指定的方式确定管辖不明的案件

上级人民检察院可以指定下级人民检察院立案侦查管辖不明的案件。管辖不明的案件有两类:1. 该案件的管辖在法律中没有明确规定;2. 对该案件应由谁管辖存在争议。在执行指定管辖时,还要注意和人民法院审判管辖相对应的问题。《刑事诉讼法》第一百七十二条规定:"人民检察院认为犯罪嫌疑人的犯罪事实已经查清,证据确实、充分,依法应当追究刑事责任的,应当作出起诉决定，按照审判管辖的规定，向人民法院提起公诉，并将案卷材料、证据移送人民法院。"为了保证人民检察院指定管辖既能适应侦查活动的需要，又能与人民法院的审判管辖相对应，人民检察院在立案侦查中指定异地管辖，需要在异地起诉、审判的，应当在移送审查起诉前与人民法院协商指定管辖的相关事宜。

第六节 专门管辖

专门管辖是指军事检察院、铁路运输检察院等专门人民检察院与地方人民检察院之间，以及专门人民检察院之间在直接受理刑事案件管辖上的分工。

《刑诉规则（试行）》第十九条规定："军事检察院、铁路运输检察院等专门人民检察院的管辖以及军队、武装警察与地方互涉刑事案件的管辖，按照有关规定执行。"

《刑诉规则（试行）》规定专门管辖按照有关规定执行，那么根据《办理军队和地方互涉刑事案件规定》、《关于中国人民武装警察部队人员犯罪案件若干问题的规定》、《新疆生产建设兵团各级人民检察院案件管辖权的规定》等有关规定可以确定专门检察机关案件管辖的规定：

一、军事检察院管辖规定

1. 发生在营区的案件，由军事检察院立案侦查，其中犯罪嫌疑人不明确且侵害非军事利益的，查明犯罪嫌疑人属于地方人员的，移交地方人民检察院处理；发生在营区外的案件，由地方人民检察院立案侦查，查明犯罪嫌疑人属于军人的，移交军事检察院处理。

2. 军人入伍前涉嫌犯罪需要依法追究刑事责任的（需与服役期内犯罪一并审判的除外），由地方人民检察院管辖。

3. 军人退出现役后，发现其在服役期内涉嫌犯罪的，由地方人民检察院处理；但涉嫌军人违反职责罪的，由军事检察院处理。

4. 军地互涉案件管辖不明确的，由军队军区级以上单位军事检察院与地方人民检察院协商确定；管辖有争议或情况特殊的案件，由解放军军事检察院报请最高人民检察院指定管辖。

5. 中国人民武装警察部队人员（包括干部、战士和在编职工）职务犯罪案件，由地方县以上人民检察院管辖。

二、铁路运输检察院的管辖规定

铁路运输系统发生的职务犯罪案件由铁路运输检察院立案侦查。具体而言，就是铁路运输系统中发生的贪污贿赂犯罪，国家工作人员的渎职犯罪，国家机关工作人员利用职权实施的非法拘禁、刑讯逼供、报复陷害、非法搜查的侵犯公民人身权利的犯罪以及侵犯公民民主权利的犯罪由铁路运输检察院立案侦查。

三、新疆生产建设兵团检察机关管辖规定

1. 兵团所属的国家工作人员职务犯罪案件,属检察机关管辖的,由兵团检察机关立案侦查。

2. 对于兵团所属的国家工作人员与地方国家工作人员共同实施的职务犯罪案件,依据主要犯罪地或者在共同犯罪中起主要作用的犯罪嫌疑人工作单位所在地确定侦查管辖。

3. 兵团检察机关与新疆地方检察机关对案件管辖有争议的,由自治区人民检察院决定。

附件:

法律文书、工作文书格式样本

1. 申请指定管辖案件意见书
2. 拟交办、指定管辖案件意见书
3. 指定管辖决定书
4. 指定管辖案件审查意见书
5. 批准指定管辖决定书
6. 不予批准指定管辖决定书
7. 报送案件意见书
8. 移送案件意见书
9. 移送案件通知书

××人民检察院
申请指定管辖案件意见书

检申指〔　〕号

××人民检察院：

犯罪嫌疑人＿＿＿＿＿＿涉嫌＿＿＿＿＿犯罪一案，（因……），现提请你院批准指定管辖，现报告如下：

一、犯罪嫌疑人基本情况

犯罪嫌疑人＿＿＿，男（女），＿＿＿年＿＿＿月＿＿＿日出生，身份证号码＿＿＿，籍贯＿＿＿，＿＿＿族，＿＿＿文化，职业＿＿＿＿（或工作单位及职务），职级＿＿＿，政治面貌＿＿＿（如是人大代表、政协委员，一并写明），住址＿＿＿等。

二、涉嫌犯罪事实与证据情况

＿＿＿＿＿＿＿＿＿＿＿。

三、提请指定管辖理由与依据

＿＿＿＿＿＿＿＿＿＿＿。

依据《中华人民共和国刑法》第××条之规定，×××的行为已涉嫌××犯罪，应当追究刑事责任，依据《人民检察院刑事诉讼规则（试行）》第××条之规定，特提请××人民检察院将此案指定我院管辖。

特此报告。

××人民检察院
年　月　日

××人民检察院
拟交办、指定管辖××案件意见书

　　被初查人或犯罪嫌疑人基本情况：（包括姓名、性别、出生日期、身份证号码、籍贯、民族、文化程度、工作单位及职务、政治面貌、住所、家庭情况、社会经历、是否属于人大代表、政协委员等）_____
_____。

　　案件基本情况：_____
_____。

　　拟交办、指定管辖的理由和意见：_____
_____。

　　当否，请批示。

承办人：

年　月　日

××人民检察院
指定管辖决定书

检指辖〔 〕 号

_____人民检察院：

犯罪嫌疑人_____涉嫌_____一案，根据《人民检察院刑事诉讼规则（试行）》第____条的规定，经本院审查，指定你院管辖。

年 月 日
（院印）

第三联 送达被指定管辖的人民检察院

检指辖〔 〕 号

××人民检察院
指定管辖决定书

_____人民检察院：

犯罪嫌疑人_____涉嫌_____一案，根据《人民检察院刑事诉讼规则（试行）》第____条的规定，经人民本院审查，指定_____检察院管辖。

年 月 日
（院印）

第二联 送达其他对管辖有争议的人民检察院

检指辖〔 〕 号

××人民检察院
指定管辖决定书
（存 根）

案由_____
犯罪嫌疑人基本情况（姓名、性别、年龄、身份证号码、工作单位、住址、是否人大代表、政协委员）_____
送达单位_____
被指定管辖单位_____
批准人_____
承办人_____
填发人_____
填发时间_____

第一联 统一保存

××人民检察院
指定管辖案件审查意见书

检 指 审〔　　〕　号

被初查人或犯罪嫌疑人____，男（女），____年____月____日出生，身份证号码_____，籍贯____，____族，____文化程度，职业（或工作单位及职务）____，职级____，政治面貌____（是否属于人大代表、政协委员等），住址_____，家庭情况、社会经历等情况。

案件基本情况：_____
_____。

报请机关的理由和意见：_____
_____。

审查意见后的意见：_____
_____。

当否？请批示。

承办人：
年　月　日

××人民检察院
批准指定管辖决定书

检 指辖准 〔 〕 号

_____人民检察院：

_____涉嫌_____一案指定管辖，我院决定予以批准。

××人民检察院

年 月 日

第二联 送达报请的下级人民检察院

检 指辖准 〔 〕 号

××人民检察院
批准指定管辖决定书
（存 根）

检 指辖准 〔 〕 号

案由

涉案人基本情况（姓名、性别、年龄、身份证号、工作单位及职务、住址、是否人大代表、政协委员）

送达单位

批准人

承办人

填发人

填发时间

第一联 统一保存

××人民检察院
不予批准指定管辖决定书

检不指辖〔 〕 号

_____人民检察院：

你院报请对_____涉嫌_____一案指定管辖，因_____，我院决定不予批准。

××人民检察院

年 月 日

第二联 送达报请的下级人民检察院

××人民检察院
不予批准指定管辖决定书
（存根）

检不指辖〔 〕 号

案由
涉案人基本情况（姓名、性别、年龄、身份证号、工作单位及职务，住址，是否人大代表、政协委员）
送达单位
不批准理由
批准人
承办人
填发人
填发时间

第一联 统一保存

××人民检察院
报送案件意见书

检 报〔 〕号

一、犯罪嫌疑人基本情况

犯罪嫌疑人____，男（女），____年____月____日出生，身份证号码____，民族____，籍贯____，____文化，政治面貌____（如是人大代表、政协委员，一并写明具体级、届代表、委员及代表、委员号），工作单位____，职务____，职级____，住址____，____前科等。（案件有多名犯罪嫌疑人的，应按涉嫌犯罪情节轻重逐一写明。）

二、案件来源与涉嫌犯罪事实

犯罪嫌疑人××涉嫌××犯罪一案……（写明案由和案件来源，案件来源具体为自首、单位或者公民举报、上级交办、有关部门移送、本院其他部门移送以及办案中发现等）。犯罪嫌疑人××_____（写明涉嫌主要犯罪事实）。

三、报送的原因和理由

经依法审查查明，犯罪嫌疑人××涉嫌××犯罪一案，因（具体写明报送的原因与理由）_____
_____。
根据《人民检察院刑事诉讼规则（试行）》第××条之规定，应将犯罪嫌疑人××涉嫌××犯罪一案报送××院（上级院）办理。

妥否，请批示。

承办人：
年 月 日

××人民检察院
移送案件意见书

检 移〔 〕 号

一、犯罪人嫌疑人基本情况

犯罪嫌疑人____,男（女）,____年____月____日出生,身份证号码____,____族,籍贯____,____文化,政治面貌____（如是人大代表、政协委员,一并写明具体级、届代表、委员及代表、委员号）,工作单位____,职务____,职级____,住址____,____前科等。（案件有多名犯罪嫌疑人的,应按涉嫌犯罪情节轻重逐一写明。）

二、案件来源与涉嫌犯罪事实

犯罪嫌疑人××涉嫌××犯罪一案,____（写明案由和案件来源,案件来源具体为自首、单位或者公民举报、上级交办、有关部门移送、本院其他部门移送以及办案中发现等）。

犯罪嫌疑人××____（写明涉嫌主要犯罪事实）。

三、移送的原因和理由

经本院依法审查查明,犯罪嫌疑人××涉嫌××犯罪一案,因____（具体写明移送原因与理由）,本案不属于本院管辖。

根据《人民检察院刑事诉讼规则（试行）》第十八条之规定,建议将犯罪嫌疑人××涉嫌××犯罪一案移送××人民检察院（接收院）办理。

承办人：
年 月 日

××人民检察院
移送案件通知书

检 移通〔　〕号

××人民检察院：

　　我院办理的××涉嫌××犯罪一案，因＿＿＿＿＿＿原因，根据《人民检察院刑事诉讼规则（试行）》第十八条，现移送你院依法办理。

××人民检察院
（院印）
年　月　日

第三章 初 查

初查是指人民检察院在立案前对案件线索材料依法进行的审查,包括必要的调查,以判明是否有犯罪事实或犯罪嫌疑人存在,是否需要立案侦查的专门司法活动。

第一节 初查的主体

一、举报线索的初查由侦查部门负责。但性质不明、难以归口处理的案件线索可以由举报中心进行初核。

二、在刑罚执行和监管活动中发现的应当由人民检察院直接立案侦查的案件线索,由监所检察部门负责初查。

对于重大、复杂的案件线索,监所检察部门可以商请侦查部门协助初查;必要时也可以报检察长批准后,移送侦查部门初查,监所检察部门予以配合。

三、各级人民检察院初查的分工,按照检察机关直接立案侦查案件分级管辖的规定确定。

最高人民检察院负责全国性的重大贪污贿赂犯罪案件、省部级干部和中央国家机关司局级干部犯罪线索的初查;省级人民检察院负责全省性的重大贪污贿赂犯罪案件和厅级干部犯罪案件线索的初查;市州人民检察院负责本辖区的重大贪污贿赂犯罪案件、本辖区内县处级干部犯罪案件线索的初查;基层人民检察院负责本辖区内科级干部、一般干部等犯罪案件线索的初查。

根据需要,上级人民检察院在必要时,可以直接初查或者组织、指挥、参与下级人民检察院的初查,可以将下级人民检察院管辖的案件线索指定辖区内其他人民检察院初查,也可以将本院管辖的案件线索交由下级人民检察院初查;下级人民检察院认为案情重大、复杂,需要由上级人民检察院初查的案件线索,可以提请移送上级人民检察院初查。

第二节　初查的任务和内容

一、初查的任务

初查的主要任务是：收集必要的线索、事实、证据和材料，以判明和确定被控告人、被举报人是否有犯罪事实并需要追究其刑事责任（是否符合立案条件），是否作出立案决定。

二、初查的内容

（一）调查相关人员基本情况。以确定其主体身份和社会关系。

1. 调查被控告人、被举报人的基本情况，包括被控告人、被举报人的个人及其家庭情况，如年龄、住址、籍贯、文化程度、简要经历、任职情况、工作权限等。

2. 相关涉案人员的基本情况。

3. 调查被控告人、被举报人、相关涉案人员的主要社会关系。

（二）调查被控告人、被举报人的职责和职权范围。以确定其利用职权的条件和内容。

（三）调查被控告人、被举报人所在单位权力运行是否规范、管理是否有序、生产经营活动是否正常以及其他不正常的行为和事实。

（四）调查被控告、被举报事实情况，包括线索材料所反映的问题是否属实、是否符合犯罪构成的条件、是否利用职务便利以及职权的影响力、是否达到犯罪程度、是否具有依法不追究刑事责任的情形等情况。

第三节　初查的启动

一、启动初查的条件

初查是职务犯罪侦查的特定诉讼环节。《刑事诉讼法》规定的立案前的审查包括两种方式：一是立案前对举报材料的书面审查，以确定是否属于本院管辖、应由哪个部门负责调查、侦查，当然，侦查部门也可以对举报材料进行书面审查，对符合立案条件的可以直接立案侦查，不需要经过初查环节；二是对举报材料所反映的事实进行调查，以确定是否符合立案条件，是否作出立案决定，即初查。初查从侦查机关通过各种途径获取犯罪嫌疑信息时启动，初查时可以采用除拘留、逮捕、搜查、扣押、冻结之外的非限制人身和财产的调查措施。因此，初查的启动的条件是有别于立案条件，它具有独立性的启动条件：一是管辖条件。

即举报所反映的事实是否属于检察机关管辖的范围。二是举报反映的事实是否涉嫌犯罪。因此有必要启动初查程序来调查举报所反映的事实是否存在以及存在的事实是否涉嫌犯罪，是否达到刑法所规定的立案条件。

二、启动初查的程序

（一）报请审批。侦查部门对举报线索进行审查后，认为有犯罪事实需要初查的，应由侦查人员制作《提请初查报告》，并附案件线索材料、线索评估意见、初查计划等内容，经侦查部门负责人审核，报请检察长批准或检察委员会决定。未经检察长或检察委员会批准，任何人不得擅自开展初查。

（二）制作初查计划。检察长或者检察委员会决定初查的，承办人员应当制作初查工作方案和初查安全预案，经侦查部门负责人审核后，报检察长审批。

《初查计划》主要应包括以下内容：

1. 涉案人员基本情况和有关背景资料。包括所有犯罪嫌疑人、重要知情人的基本情况及犯罪嫌疑人的家庭成员、社会关系等背景资料。

2. 案件线索来源及涉嫌的主要问题。写明案件线索的具体来源，详细列明线索材料中反映的每一个可能成案的案件线索。

3. 案件线索成案的可行性分析。着重分析线索内容的真实性、查找证据的难易程度，评估每一个重要案件的线索可查价值。

4. 初查所需要解决的主要问题。根据线索列明初查所要查明的主要问题和每个问题所要查找的关键证据。

5. 初查方向及突破口的选择。"突破口"应当是经初查后很有可能成为获取立案证据的线索，线索较多的案件应当有两个以上的突破口，并说明具体理由。

6. 初查的步骤、方法和谋略。

（1）根据具体案情和下一步工作需要详细写明工作步骤、每一步骤的工作方法和初查中可以运用的谋略；

（2）对于初查中可能遇到的特殊情况、突发情况等应当有相应的应急工作方案。

7. 向侦查转换的条件。根据初查方向及突破口的选择预测向侦查转换的最佳时机与条件。

8. 初查的人员配备、分工、组织领导。

9. 安全防范预案、办案纪律、保密要求。主要应当包括以下内容：明确办案人员的配备、分工和在个案安全防范方面的职责，在检察机关询问证人、接触被查对象时的安全措施，对重大、突发性事件的应急预案；明确办案人员的办案纪律，保密责任，保密的具体措施等。

10. 注意事项。如避免给犯罪嫌疑人的名誉造成负面影响、避免影响企业的正常生产经营等。

第四节　初查的实施

一、初查的基本要求

1. 初查中的调查取证、询问等工作应由检察人员2人以上依法进行。

2. 初查原则上应当秘密进行，防止暴露初查对象、初查意图和初查内容，并严格控制知情范围。

3. 初查一般不得擅自接触初查对象。对拟公开进行初查或者因初查工作需要必须接触初查对象的，应当经检察长批准。

4. 初查不得对被查对象采取限制人身自由的强制措施，不得查封、扣押、冻结初查对象的财产，不得进行搜查，不得给被查人、被查单位造成不良影响。不得采取技术侦查措施。

5. 参与初查的检察人员应符合《刑事诉讼法》以及《刑诉规则（试行）》有关回避的规定。

二、初查的主要措施

1. 初查应当主动与举报人取得联系，并进一步听取举报人的意见，以减少多头、重复举报和上访。举报人要求为其保密的，应当在各个工作环节上为举报人做好保密工作。

2. 在初查过程中，可以审查报案、控告、举报、自首材料，接谈举报人或者其他知情人，进行必要的调查和收集涉案信息，可以进行询问、查询、勘验、鉴定、调取证据材料等不限制被查对象人身、财产权利的措施，可以请纪检监察、审计等有关机关协助调查，可以请举报人、可靠知情人和有关单位协助调查。

3. 根据初查工作的需要，经检察长批准，可以通过公安、法院、工商、税务、海关、审计、国资、财政、金融、保险、电信等部门了解掌握有关信息，收集证据；可以通过有关单位和组织了解掌握有关单位和个人的基本情况及相关事宜；可以视情依法调取有关的书证、物证、视听资料，并应当出示《调取证据通知书》。

4. 初查中，可以商请纪检监察、审计等专门部门配合调查；可以按照《人民检察院侦查协作的暂行规定》委托外地人民检察院代为获取相关证据材料；经检察长批准，可以提前介入纪检监察、审计等部门的调查工作。渎职侵权案件线索的初查，必要时，可对与犯罪有关的场所、物品、人身、尸体进行勘验或者检查，也可以对文证资料进行鉴定。

5. 初查时应当作好《询问笔录》。对无条件形成笔录的，应做好工作记录并由参加调查人签名备案。

6. 未经必要审查和调查，不得接触被查对象。经过必要审查和调查，具有下列情形之一的，经检察长批准，可对被查对象进行谈话：（1）初查对象自首的；（2）司法机关、行政执法机关及其他单位党政组织调查后移送的；（3）有知情人证实有犯罪事实的；（4）有其他材料表明有犯罪事实的；（5）因交办、督办等应当进行谈话调查的；（6）渎职犯罪中的过失犯罪，或者危害结果比较明确的。

7. 交办、督办线索在规定的期限内完成初查的，应当向交办、督办部门上报阶段性工作情况。

三、初查的协查

根据初查工作需要，人民检察院可以商请有关部门配合调查。初查可以商请纪检监察机关协助调查，但不得借用"两规"、"两指"措施控制被查对象，检察不得参与其他机关对违法违纪人员的看管。

对案件进行初查的人民检察院可以委托其他人民检察院协助调查有关事项，委托协助调查应当提供初查审批表，并列明协助调查事项及有关要求。接受委托的人民检察院应当按照协助调查请求提供协助；对协助调查事项有争议的，应当提请双方共同的上级人民检察院协调解决。

四、初查的期限

1. 交办、督办线索的初查期限为交办、督办部门规定的期限。
2. 一般线索的初查期限为三个月。
3. 重大、疑难、复杂线索的初查期限为六个月。
4. 特殊情况下，线索的初查期限由检察长决定。

第五节　初查终结程序及处理

一、初查终结的程序

侦查部门对举报线索进行初查后，承办人应当制作《初查结论报告》，提出处理意见，经侦查部门负责人审核后，报检察长决定。必要时可以进行集体讨论，以决定初查后的处理。

1. 认为有犯罪事实需要追究刑事责任的，提请批准立案侦查，制作《提请立案报告》。（具体操作程序见立案一章）

2. 对具有下列情形之一的，提请批准不予立案：（1）具有《刑事诉讼法》第十五条规定情形之一的；（2）认为没有犯罪事实的；（3）事实或者证据尚不符合立案条件的。

3. 有下列情形之一的可以提请以犯罪事实立案：（1）有证据证明有犯罪事实存在，但犯罪嫌疑人尚未确定的；（2）犯罪造成的危害后果可能进一步扩大的；（3）证据可能发生变化或者必须通过侦查手段取证，以确定危害后果或者查获犯罪嫌疑人的。

4. 初查中，由于受客观条件的限制，一时难以查明事实，但有再查可能的线索，可中止初查。侦查人员应填写《中止初查登记表》报检察长批准。线索材料由专人保管，《中止初查登记表》复印件应送本院举报中心备案。中止初查情况消失后，侦查人员应当及时提请检察长批准恢复初查。

5. 接收举报中心移送的案件线索，认为不具备初查条件，可暂存缓查。列入缓查的案件线索，须填写《缓查线索登记表》，报检察长批准。缓查线索应由专人负责保管，并将《缓查线索登记表》复印件送举报中心备案。对署名举报线索，一般不得列入缓查。

二、初查终结后的处理

1. 初查不立案的备案。对上级人民检察院交办、指定管辖或者按照规定应当向上级人民检察院备案的案件线索，应当在初查终结后十日以内向上级人民检察院报告初查结论。上级人民检察院认为处理不当的，应当在收到备案材料后十日以内通知下级人民检察院纠正。

2. 实名举报的答复。对于实名举报，经初查决定不立案的，侦查部门应当制作不立案通知书，写明案由和案件来源、决定不立案的理由和法律依据，连同举报材料和调查材料，自作出不立案决定之日起十日以内移送本院举报中心，由举报中心答复举报人。必要时可以由举报中心与侦查部门共同答复。对举报人签署真实姓名并留有联系方式的实名举报案件、单位举报和单位移送案件，应件件有初查结果，件件答复举报人。答复举报人可以口头答复，也可以书面答复。口头答复举报人的，应当约见举报人，就目前查明的情况、现行的法律和处理意见，耐心细致地做好答复工作。同时告知举报人，如有不服，可向本院控告申诉部门申请复议。口头答复的，应当将答复情况及举报人意见记明笔录，并由举报人签字或盖章。

3. 案件线索处理情况的答复。对于其他机关或者部门移送的案件线索，经初查决定不立案的，侦查部门应当制作不立案通知书，写明案由和案件来源、决定不立案的理由和法律依据，自作出不立案决定之日起十日以内送达移送案件线索的单位。

4. 对错告、诬告陷害的处理。对于属于错告的，如果对被控告人、被举报人造成不良影响的，应当自作出决定之日起一个月以内向其所在单位或者有关部门通报初查结论，澄清事实。对于属于诬告陷害的，应当移送有关部门处理。

第六节　初查的其他要求

一、初查涉及县、处级以上干部的案件线索，应符合分级管辖的规定，在决定初查前，应向同级党委主要领导报告，不得扩大请示报告的范围；涉及非本辖区党委管理的县、处级以上干部的犯罪线索，在决定初查前，应向上级人民检察院报告，并向有干部管理权限的党委主要领导通报。

二、对本院举报中心移送的举报材料，应在一个月内填写《举报材料查处情况回复单》，将查处情况回复举报中心。

三、下级人民检察院接到上级人民检察院移送的举报材料后，应当在三个月内将初查情况回复上级人民检察院。

四、举报中心移交给侦查部门的举报线索，侦查部门初查后，认为不构成犯罪或不属于检察机关管辖需要转给其他机关处理的，应当退回举报中心办理。

五、决定不予立案，但被查对象涉嫌其他犯罪的，或违反了党纪、政纪、治安处罚等党纪、政纪、法规的，应制作《移送案件通知书》，按管辖规定，及时移送有关部门处理。

六、初查终结后，相关材料应当立卷归档。立案进入侦查程序的，对于作为诉讼证据以外的其他材料应当归入侦查内卷。

附件：

一、初查流程图

二、法律文书、工作文书格式样本

1. 提请初查报告
2. 初查计划
3. 安全防范工作预案
4. 初查结论报告
5. 接触初查对象审批表
6. 调（借）阅案卷通知书
7. 调取证据通知书
8. 调取证据清单
9. 委托协查函
10. 退回线索审批表

11. 合并线索审批表
12. 延长初查期限审批表
13. 中止初查审批表
14. 恢复初查审批表
15. 案件线索查处情况回复函
16. 关于××线索初查结论的批复
17. 不立案通知书

第三章 初查

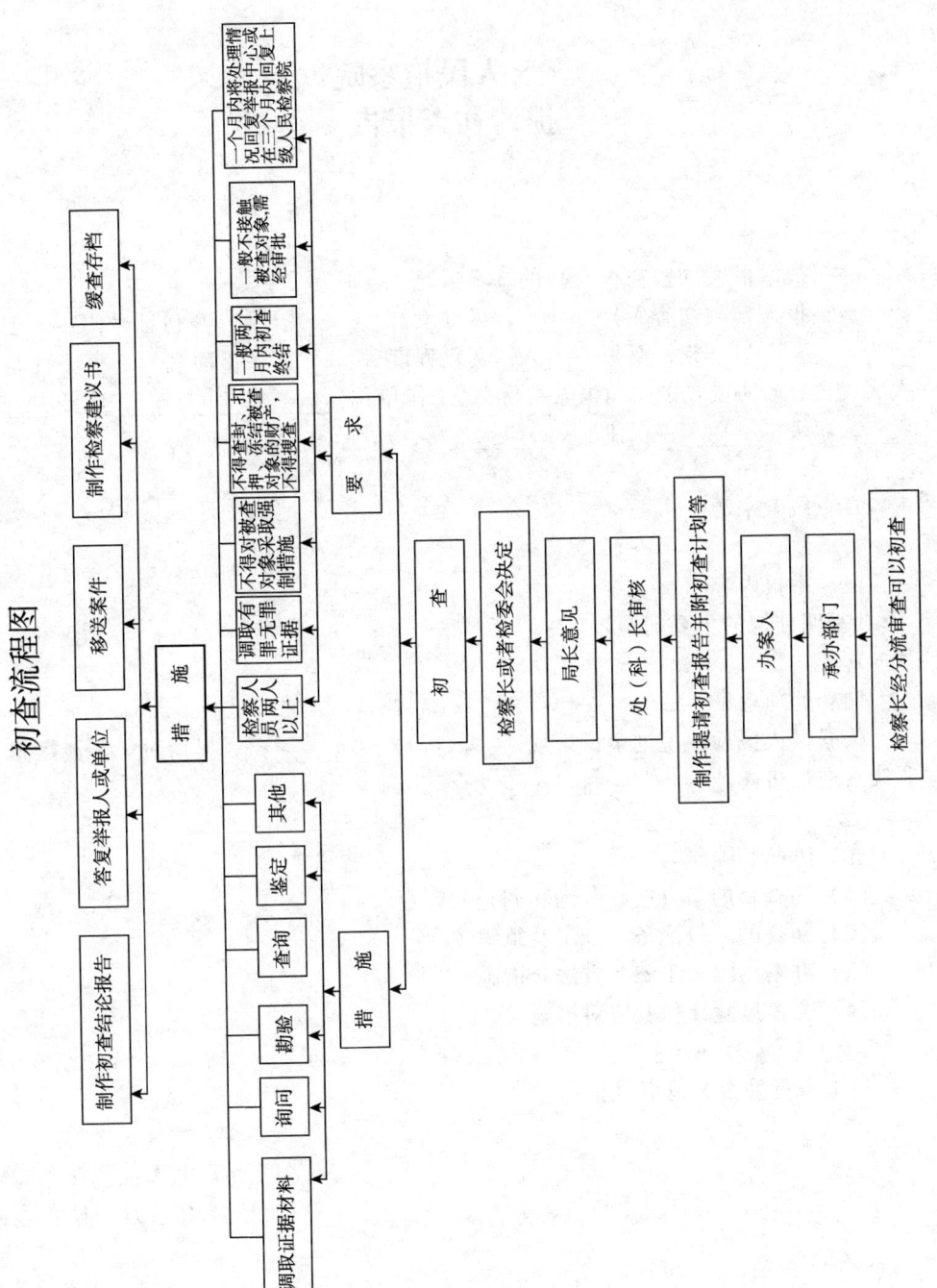

××人民检察院
提请初查报告

检 初查〔　　〕号

一、被举报人（被初查人）的基本情况

被举报人（被初查人）＿＿＿＿＿，男（女），＿＿＿＿＿出生，身份证号码：＿＿＿＿＿＿＿，＿＿＿＿族，籍贯＿＿＿＿＿，文化程度＿＿＿＿＿，政治面貌＿＿＿＿＿＿＿（是人大代表、政协委员的，写清其身份），工作单位＿＿＿＿＿＿＿＿＿＿，职务＿＿＿＿，职级＿＿＿＿＿＿，现住址＿＿＿＿＿＿＿＿＿等。

二、线索来源

三、举报内容
（写明涉嫌的主要问题）

四、处理意见
依据《人民检察院刑事诉讼规则（试行）》第＿＿＿＿＿条，提请对××涉嫌犯罪线索进行初查。

五、初查工作方案
（1）初查目的、方向、范围和调查的问题
（2）初查的人员配备、分工及组织领导
（3）办案期限、步骤、方法和措施
（4）办案风险评估及应对措施

以上意见妥否，请审示。

承办人：
年　月　日

被初查人×××涉嫌××一案
初 查 计 划

一、涉案人员基本情况和有关背景资料

包括所有被初查人、重要知情人的基本情况（参照《提请初查报告》中的"基本情况"行文）及被初查人的家庭成员、社会关系等背景资料。

二、案件线索来源及涉嫌的主要问题

参照《提请初查报告》写明案件线索的具体来源，详细列明线索材料中反映的每一个可能成案的案件线索及对查案有帮助的违法违纪问题。

三、案件线索成案的可行性分析

着重从线索内容的真实性、犯罪嫌疑人的可能性及查找证据的难易程度等方面分析每一个重要案件的线索可查价值。

四、初查所需要解决的主要问题

根据线索列明初查所要查明的主要问题和每个问题所要查找的关键证据。

五、初查方向及突破口的选择

根据具体案情确定初查方向和突破口（"突破口"应当是经初查后很有可能成为立案依据的线索；线索较多的案件应当有两个以上的突破口），并说明具体理由。

六、初查的步骤、方法和谋略

（一）根据具体案情和下一步工作需要详细写明工作步骤、每一步骤的工作方法和初查中可以运用的谋略；

（二）对于初查中可能遇到的特殊情况、突发情况等应当有相应的应急工作方案。

七、向侦查转换的条件

根据初查方向及突破口的选择预测向侦查转换的最佳时机与条件。

八、初查的人员配备、分工、组织领导

根据工作需要和工作人员的特点将每一项初查任务分配到人。

九、安全防范预案、办案纪律、保密要求

主要应当包括以下内容：明确办案人员的配备、分工和在个案安全防范方面的职责，在检察机关询问证人、接触被查对象时的安全措施，对重大、突发性事件的应急预案；明确办案人员的办案纪律，保密责任，保密的具体措施等。

十、注意事项

充分考虑到具体办案中的其他注意事项，如避免给犯罪嫌疑人的名誉造成负面影响、避免影响企业的正常生产经营等。

承办人：（二人以上）
　　　　　　年　　月　　日

××涉嫌××案安全防范工作预案

一、被初查人（证人）基本情况

二、被初查人（证人）健康状况和精神状况

了解掌握被询问人的健康状况和精神状况，如患有疾病应特别写明。

三、人员配备、分工及职责

明确案件承办人、司法警察或负责看管人员的配备、分工、职责以及安全防范的具体措施。

四、安全措施

1. 环境准备。询问前对询问场所进行细致检查，消除不安全因素。
2. 医护准备。对患有严重疾病的，应准备必要的救治药品，制定相应的救治预案或请医护人员到场监护。

五、突发事件处理

可能出现安全问题预想及对策。对办案中出现的安全隐患和安全事故处理、报告的方法；针对询问过程中被询问人可能出现异常情况的应急措施。

承　办　人：

安全督查员：

年　月　日

××人民检察院
初查结论报告

检 初结〔 〕 号

初查对象_____，性别_____，出生日期_____，身份证号码_____ _____，出生地_____，_____族，_____文化程度，职业_____（或工作单位及职务）_____，职级_____，政治面貌_____ ____（如是人大代表、政协委员，一并写明具体级、届代表、委员及代表、委员号），住址_____，_____前科等。（案件有多名初查对象的，应按涉嫌犯罪情节轻重逐一写明。）

初查对象_____涉嫌_____犯罪的案件线索，_____（写明案由和案件来源，案件来源具体为自首、单位或者公民举报、上级交办、有关部门移送、本院其他部门移送以及办案中发现等）；_____，经检察长决定，我们开始进行初查，_____（简要写明所采取的初查措施及初查经过）。现已初查终结。

经初查查明：_____（详细写明每条案件线索经初查后构成犯罪、不构成犯罪或者无法获取犯罪证据等情况）。

初查查明上述事实，_____（写明认定上述事实的证据或理由），可以认定。

综上所述，我们认为，初查对象_____涉嫌_____犯罪的案件线索，经初查_____（写明符合或者不符合立案条件的具体理由），符合立案条件（或者不符合立案条件）。根据《中华人民共和国刑事诉讼法》第十八条、第一百零七条之规定，提请立案侦查（或者根据《中华人民共和国刑事诉讼法》第十五条、第一百一十条之规定，提请不予立案）。

需要说明的问题：_____（对于初查中发现的问题应逐一说明）。

当否，请领导批示。

承办人：
年 月 日

××人民检察院
接触初查对象审批表

案　　由			线索来源			
初查对象		性别		年龄		民族
籍　　贯		文化程度			政治面貌	
工作单位及职务						
家庭住址						
涉嫌主要问题						
承办人意见						
科（室）领导意见						
局领导意见						
检察长意见						

××人民检察院 调（借）阅案卷通知书

检调〔　〕　　号

我院因办案需要，需要调（借）阅
　　　　　　　　案的案卷　　　册，请协助办理。

年　月　日
（院印）

资料名称	册数	调（借）出单位经办人签字	检察院经办人签字	办理日期
调（借）出				
归还				

第三联 附卷

××人民检察院 调（借）阅案卷通知书

检调〔　〕　　号

我院因办案需要，需要调
　　　　　　　　案的案卷　　　册，请协助办理。

年　月　日
（院印）

第二联 送达调（借）出单位

××人民检察院 调（借）阅案卷通知书（存根）

检调〔　〕　　号

案由
送达单位
案卷文号
批准人
承办人
填发人
填发时间
备注

第一联 统一保存

××人民检察院 调取证据通知书（存根）

检调证〔　〕　号

案由　
涉案人基本情况（姓名、性别、年龄、工作单位、住址、身份证号码、是否人大代表、政协委员）　
调取证据名称　
证据持有人（单位）　
批准人　
承办人　
填发人　
填发时间　

第一联　统一保存

××人民检察院 调取证据通知书（副　本）

检调证〔　〕　号

　　　　　：
　　根据《中华人民共和国刑事诉讼法》第五十二条之规定，本院需要对在你处的下列证据材料：

　　予以调取。请将上列证据材料于　　年　　月　　日前送交我院。

　　　　　　　　　　　年　　月　　日
　　　　　　　　　　　　（院印）

本通知已收到。
证据持有人（单位）：
　　　　　　　　　　　年　　月　　日

第二联　附卷

××人民检察院 调取证据通知书（副　本）

检调证〔　〕　号

　　　　　：
　　根据《中华人民共和国刑事诉讼法》第五十二条之规定，本院需要对在你处的下列证据材料：

　　予以调取。请将上列证据材料于　　年　　月　　日前送交我院。

　　　　　　　　　　　年　　月　　日
　　　　　　　　　　　　（院印）

第三联　送交提供证据的单位或个人

××人民检察院 调取证据通知书（回　执）

　　　　　人民检察院：
　　　　　号调取证据通知书收悉，现将证据通知书收悉，现将证据材料送交你院。

　　　　　　　　　　　年　　月　　日
　　　　　　　　　　（签名或盖章）

第四联　由提供证据的单位或个人提供证据退回后附卷

制作说明

一、本文书依据《中华人民共和国刑事诉讼法》第五十二条第一款、第一百七十一条的规定制作。为人民检察院向有关单位和个人收集、调取证据时使用。人民检察院在案件初查工作中也可以使用该文书。

二、本文书共四联,第一联统一保存备查,第二联附卷,第三联送达提供证据的单位或个人,第四联由被调取证据的单位或个人如实填写并签名或盖章退回后附卷。

××人民检察院
调取证据清单

编号：
第 页 共 页

编号	名 称	数量	特征	备注

提供人：

办案人：

年 月 日

（院印）

注：本清单一式三份，一份附卷，一份交证据材料持有人，一份交证据材料保管人员。

制作说明

一、本文书是人民检察院向有关单位和个人收集、调取证据时所开列的清单。在调取证据较多的情况下配合《调取证据通知书》使用。

二、填写清单时每一个证据填记一行。填写完毕后，在空余表格处画截止线，以示结束。

三、本文书一式三份，一份统一保存备查，一份附卷，一份交提供证据的单位或个人。三份清单使用同一编号。

××人民检察院
委托协查函

××检××协函〔××〕××号

_____人民检察院：

　　我院因初查_____涉嫌_____犯罪一案，需委托你院协助调查，请予以支持协助。

　　具体协查内容是：_____
_____
_____。

××人民检察院
年　月　日

××人民检察院
退回线索审批表

线索来源		被初查人名称	
受理日期		案　由	
审查结论			
法律依据			
承办人意见			
科（室）领导意见			

××人民检察院
合并线索审批表

原线索名称	
现线索名称	
承办人意见	
科(室)领导意见	
局领导意见	

××人民检察院
延长初查期限审批表

案由		初查开始时间				
被初查人		性别		年龄		民族
工作单位、职务						
延长初查的期限与理由						
承办人意见						
科（室）领导意见						
局领导意见						
检察长意见						
备注						

××人民检察院
中止初查审批表

检中初〔　〕号

初查对象基本情况	姓名		性别		年龄		文化程度	
	工作单位及职务							
	现住址							
线索来源				反映问题性质				
受理日期				初查部门				
初查日期								
线索涉及的主要问题								
初查进展情况及存在问题								
处理意见及依据								
处理结果								
承办人意见								
科（室）领导意见								
局领导意见								
检察长意见								

××人民检察院
恢复初查审批表

检 恢初〔 〕号

初查对象基本情况	姓名		性别		年龄		文化程度	
	工作单位及职务							
	现住址							
线索来源				反映问题性质				
受理日期				初查部门				
初查日期				中止初查日期				
线索涉及的主要问题								
前期初查及当前线索情况								
处理意见及依据								
处理结果								
承办人意见								
局领导意见								
检察长意见								

××人民检察院
案件线索查处情况回复函

检 线查复〔　　〕　　号

　　　　　　　　（案件线索来源部门或单位）：

　　你　　　　移送我局的　　　　案件线索材料，经查，　　　　（包括结论以及作出结论的法律依据）。

　　如有不同意见，请按有关规定办理。

（局印）

年　月　日

（案件线索来源部门或单位）

第二联 送达案件线索来源部门或单位

检 线查复〔　　〕　　号

××人民检察院
案件线索查处情况回复函
（副　本）

检 线查复〔　　〕　　号

　　　　　　　　（案件线索来源部门或单位）：

　　你　　　　移送我局的　　　　案件线索材料，经查，　　　　（包括结论以及作出结论的法律依据）。

　　如有不同意见，请按有关规定办理。

（局印）

年　月　日

（案件线索来源部门或单位）

年　月　日

（注：此件正本已收到）

第一联 附卷

××人民检察院
关于××线索初查结论的批复

检 复 字〔   〕号

_____（下一级人民检察院名称）：

你院××号关于××线索初查结论报告收悉。经审查，_____。

此复

年 月 日
（院章）

××人民检察院
不立案通知书

检不立〔 〕 号

_____控告人（单位）控告_____涉嫌_____一案，经本院审查认为，根据《中华人民共和国刑事诉讼法》第_____条的规定，决定不予立案。

特此通知。如果不服本决定，可以在收到本通知书后十日以内向本院申请复议。

年 月 日
（院印）

第三联 送达控告人

××人民检察院
不立案通知书
（副 本）

检不立〔 〕 号

_____控告人（单位）控告_____涉嫌_____一案，经本院审查认为，根据《中华人民共和国刑事诉讼法》第_____条的规定，决定不予立案。

特此通知。如果不服本决定，可以在收到本通知书后十日以内向本院申请复议。

年 月 日
（院印）

第二联 附卷

××人民检察院
不立案通知书
（存 根）

检不立〔 〕 号

控告单位或控告人_____
被控告人基本情况（姓名、性别、年龄、住址、身份证号码、工作单位，是否人大代表、政协委员）_____
不立案原因_____
批准人_____
承办人_____
办案单位_____
填发人_____
填发时间_____

第一联 统一保存

第四章 立 案

立案是刑事诉讼活动开始的标志,也是检察机关查办职务犯罪案件必经的独立诉讼程序。职务犯罪侦查中的立案,是指人民检察院依照管辖范围,对自行发现或者对于报案、控告、举报和自首的材料进行审查后,认为有犯罪事实需要追究刑事责任时,决定启动侦查程序的一种刑事诉讼活动。因此,立案是启动职务犯罪侦查的前提条件,也为侦查、采取强制措施和侦查措施提供合法依据。立案可以保证及时、准确打击和遏制、预防职务犯罪,也为职务犯罪的侦查、起诉、判决等诉讼活动打下基础,同时检察机关对认为没有犯罪事实或者虽有犯罪事实但依法不需要追究刑事责任的情形依法不予立案,有利于保护公民的人身权利和民主权利不受侵犯。

根据我国法律规定,人民检察院根据具体的案件情况既可以对犯罪嫌疑人立案,也可以对涉嫌犯罪的事实立案。立案的主要任务是:发现犯罪事实或犯罪嫌疑人;审查已接受的报案、控告、举报或自首材料是否有犯罪事实存在,是否需要追究刑事责任。

为了加强对职务犯罪案件立案侦查的监督,防止侦查权的滥用,切实提高案件质量,2005年,最高人民检察院先后制定了《关于省级以下检察院对直接受理立案侦查案件作撤案、不起诉决定报上一级人民检察院批准的规定(试行)》、《人民检察院直接受理立案侦查案件立案、逮捕实行备案审查的规定(试行)》,明确规定省级以下检察机关对已经立案侦查的职务犯罪案件决定撤案、不起诉的,必须报上一级检察机关批准;对职务犯罪案件决定立案、逮捕的,必须报上一级检察机关备案审查。

第一节 立案的条件和标准

立案条件是决定立案的法定理由和依据。根据法律规定,检察机关认为有犯罪事实需要追究刑事责任的应当立案;认为没有犯罪事实,或者犯罪事实显著轻微,不需要追究刑事责任的不予立案。因此,立案必须同时具备两个条件:

一、事实条件

立案的事实条件就是认为有犯罪事实,有犯罪事实即事实条件。是指根据已有的证据材料能够证明犯罪行为已经发生和存在,"犯罪事实"包含四个方面:

一是这种事实是职务犯罪事实，而不是一般的违法或违纪行为。二是从主观认识和判断上认为有犯罪事实，此处的犯罪事实不要求一定是已经掌握的确定的犯罪事实。三是有一定证据证明存在犯罪事实。也就是说，检察机关作出认为有犯罪事实的判断是基于一定的证据，而不是凭主观臆断或凭空猜测。四是基于一定证据认定有犯罪事实存在的证据证明力达到足以认定"有犯罪事实"的程度。

二、刑事责任条件

立案的刑事责任条件是认为需要追究刑事责任，是指已经发生的犯罪事实，依法必须追究刑事责任。需要追究刑事责任是法律条件，检察机关必须依据法律的规定，对行为人行为的社会危害性是否达到应当受到刑罚处罚的程度进行准确判断。

检察机关经审查后发现如果没有犯罪事实或者法律规定不予追究的犯罪事实，就不应当立案。已经立案的，应当依法撤销案件。

三、立案的标准

立案标准是衡量或决定能否立案的尺度，也是罪与非罪的界限。立案标准实质是对刑法规定的犯罪构成要件和刑事诉讼法规定的立案条件的具体化，要注意区分立案条件与立案标准，职务犯罪案件的立案条件都是相同的，但不同种的职务犯罪案件有不同的立案标准，职务犯罪案件立案标准一般是采用数额加情节的方式确定。职务犯罪案件具体的立案标准参见最高人民检察院于1999年9月16日制定的《人民检察院直接受理立案侦查案件立案标准的规定（试行）》以及2006年7月26日公布实施的《关于渎职侵权犯罪案件立案标准的规定》。

第二节　立案的方式

人民检察院职务犯罪侦查的立案有以人立案和以事立案两种方式：

一、以人立案

以人立案，是指人民检察院对犯罪嫌疑人明确，而犯罪事实尚未彻底查明的案件而决定立案的一种方式。

适用以人立案应注意把握相应的条件，一是应有明确的犯罪嫌疑人。二是应有犯罪事实。即根据已有的证据材料能够证明犯罪行为已经发生和存在。具体包括三层意思：（1）危害社会的行为已经发生，包括危害行为的预备、未遂、中止和既遂；（2）危害社会的行为已经达到构成犯罪的程度；（3）有证据证明存在犯罪事实。三是需要追究刑事责任。即依据法律规定，行为人行为的社会危害

职务犯罪侦查流程与规范

性已经达到应当受到刑罚处罚的程度。

二、以事立案

以事立案,是指人民检察院依照管辖范围,对发现的职务犯罪线索,或者对报案、控告、举报和自首等材料,经过审查或初查认为存在犯罪事实,需要追究刑事责任,而犯罪嫌疑人尚未确定的案件,所依法作出的立案决定。以事立案是《刑事诉讼法》规定的一种刑事立案方式。以事立案对事不对人,运用以事立案能够使查案工作及时进入侦查程序,有利于侦查人员依法及时使用侦查手段获取证据,查明案情,防止证据灭失和制止犯罪危害进一步扩大,对推动职务犯罪侦查工作的开展具有十分积极的意义。

根据最高人民检察院反贪污贿赂总局、渎职侵权检察厅《关于检察机关职务犯罪侦查部门以犯罪事实立案的暂行规定》,以事立案的案件范围为贪污、挪用公款、私分国有资产和私分罚没财物犯罪案件;滥用职权、玩忽职守等渎职犯罪案件,以及国家机关工作人员利用职权侵犯公民人身权利、民主权利的案件。

以事立案案件应当符合三个基本条件:一是案件属于检察机关管辖;二是存在犯罪事实且需要追究刑事责任,但犯罪嫌疑人不能确定;三是案件经审查具有下列情形之一的:

1. 必须通过侦查措施取证的;
2. 证据可能发生变化或者灭失的;
3. 犯罪造成的危害后果可能进一步扩大的。

需要注意的是,以事立案因只是对事进行侦查,没有特定的犯罪嫌疑人,在这一阶段不存在对特定的对象的人身和财产采取限制性措施问题。所以,《关于检察机关职务犯罪侦查部门以犯罪事实立案的暂行规定》对侦查手段和强制措施的运用作了规定:以事立案的,在确定犯罪嫌疑人之前,不得对涉案人员采取强制措施,不得查封、扣押、冻结涉案对象的财产。确定犯罪嫌疑人后,不需要另行立案,直接转为收集犯罪嫌疑人实施犯罪证据的阶段,依法全面使用侦查手段和强制措施。

第三节　立案的程序

一、以人立案的程序

（一）提请立案

检察机关通过对报案、控告、举报和犯罪嫌疑人自首的材料的书面审查和必要的调查，认为有犯罪事实需要追究刑事责任应当立案的，由案件承办人制作《提请立案报告》。《提请立案报告》应当写明犯罪嫌疑人基本情况、案件来源、初查经过、涉嫌犯罪事实及证据、立案侦查的理由和法律依据以及承办人意见等。

（二）决定立案

案件承办人制作《提请立案报告》后经侦查部门负责人审核并报检察长或检察委员会研究决定，经批准后决定立案的，应当以案为单位制作《立案决定书》，由检察长签名或盖章，并加盖人民检察院印章。在立案侦查中，发现新的犯罪嫌疑人需要并案侦查的，由承办人制作补充立案报告，经检察长批准后，制作《补充立案决定书》，由检察长签名或盖章，并加盖人民检察院印章。

人民检察院发现犯罪事实或者犯罪嫌疑人而决定立案的，适用《刑事诉讼法》第一百零七条的规定；人民检察院对于报案、控告、举报和自首材料，经审查后决定立案的，适用《刑事诉讼法》第一百一十条的规定。

（三）制作侦查计划和安全防范预案

侦查计划是指对职务犯罪案件实施侦查活动的全面谋划，是组织、指导侦查工作的依据和行动指南，是侦查活动的具体行动方案，决定侦查的任务、方向、范围、内容、方法、步骤等。客观全面、切实可行的侦查计划能体现侦查活动的程序合法性，能合理调配人力和物力，能为领导侦查指挥提供依据，有利于侦查人员宏观调控侦查活动。侦查计划对于保证严格执法、提高办案质量和效率，具有十分重要的意义。

侦查计划由案件侦查承办人制定，经部门负责人审核、检察长批准后实施。侦查计划主要包括以下内容：

1. 犯罪嫌疑人和涉案人员的基本情况。

2. 侦查方案。侦查方案应包括分析判断案情、确定侦查时间、侦查范围、侦查方向和侦查突破口以及对需要采取的方法、步骤、强制措施、侦查措施作出的有预见性的分析判断。

3. 侦查力量配备和人员的职责分工。根据侦查任务的安排，选择适合的人员，确认参与办案人员各自的职责。各办案人员要分工明确，相互合作，这样才能进行高效率的侦查活动。包括询问、讯问人员，调查取证人员，承办采取强制措施、侦查措施人员，同步录音录像人员，律师会见安排人员以及侦查指挥、综合协调、协作协查人员等的配备与分工。

4. 时间安排。侦查活动要有大致的时间安排，侦查人员要尽量按进度侦查，防止出现超期限办案等违反程序的侦查活动。

5. 安全防范预案。安全防范预案是针对侦查过程中可能出现的安全隐患提出的安全防范措施，安全防范预案可以单独制作，作为侦查计划的附件，也可以在侦查计划中列明，其主要内容有：

（1）明确案件承办人、司法警察等人员的配备、分工、职责以及安全防范的具体措施；

（2）对侦查过程中询问、讯问证人、涉案人员、搜查、勘验检查、采取强制措施等环节可能出现的安全隐患提出具体详尽的安全防范措施预案；

（3）对重大、突发性事件的应急预案；

（4）了解掌握被讯（询）问人的健康状况和精神状况，对患有严重疾病的，应准备必要的救治药品，制定相应的救治预案或请医护人员到场监护；

（5）对办案中出现的安全隐患和安全事故必须妥善处理、及时报告。

6. 保密方案。侦查方案中应当有具体的保密方案，规范与明确以下内容：

（1）案件承办人以及参与人员的保密责任。

（2）保密的具体措施。保密措施应反映《人民检察院办案工作的保密规定》的主要内容。

（3）就可能存在的泄密隐患提出预案，对重大突发性事件作出应急预案。

7. 办案纪律。

8. 其他注意事项。

由于职务犯罪案件各有其特点，因此侦查计划应结合具体案情和案件特点来制定。做到重点突出，可操作性强，同时应当根据案件进展情况适时调整侦查计划，侦查计划有重大调整的，应及时书面报告部门负责人审核或检察长批准。因侦查工作需要，也可以就讯问、询问、取证、搜查、追逃、追赃等某项重要问题、重要事项制定专项方案。

（四）立案的报备和审查

1. 立案的报备。省级以下（含省级）人民检察院办理直接受理侦查案件，决定立案的，应当在决定立案之日起三日以内，将立案备案登记表、提请立案报告和立案决定书一并报送上一级人民检察院备案。

2. 备案的审查。上一级人民检察院相对应的部门应当指定专人审查下级人民检察院报送的备案材料，对案件是否属于作出立案决定的检察机关管辖、是否符合立案条件、是否有其他应当立案的犯罪嫌疑人等进行审查。对于需要补报有关案件材料的，上一级人民检察院应当在收到备案材料之日起三日以内责成下级人民检察院补报。下级人民检察院应当在收到上一级人民检察院通知之日起三日以内，按要求报送。

上一级人民检察院在审查备案材料过程中，可以向下级人民检察院了解案件事实、证据和适用法律等情况。

上一级人民检察院应当在收到备案材料之日起三十日以内，提出是否同意下级人民检察院立案的审查意见。认为下级人民检察院的立案决定错误的，或者发现下级人民检察院有应当立案而未立案情形的，应当在报经检察长或者检察委员会决定后，书面通知下级人民检察院纠正。上一级人民检察院也可以直接作出决定，通知下级人民检察院执行。

3. 审查意见的执行。下级人民检察院应当执行上一级人民检察院的决定，并在收到上一级人民检察院的书面通知或者决定之日起十日以内将执行情况向上一级人民检察院报告。下级人民检察院对上一级人民检察院的决定有异议的，可以在执行的同时向上一级人民检察院报告。

（五）立案的通报和请示

1. 立案的通报和报告

人民检察院决定对人民代表大会代表立案的，应当按照规定程序向该代表所属的人民大会主席团或者常务委员会进行通报。

（1）对担任本级人大代表的犯罪嫌疑人立案，直接向本级人大主席团或常委会通报情况。

（2）对担任上级人大代表的犯罪嫌疑人立案，向该代表所属的人大同级的人民检察院通报情况。

（3）对担任下级人大代表的犯罪嫌疑人立案，可以直接向该代表所属的人大主席团或常委会通报情况，也可以委托该代表所属的人大同级的人民检察院通报情况；对担任乡、民族乡、镇的人大代表的犯罪嫌疑人立案，由县级人民检察院报告乡、民族乡、镇的人民代表大会。

（4）对担任两级以上人大代表的犯罪嫌疑人立案，分别按照上述方式通报情况。

（5）对担任办案单位所在省、市、县（区）以外的其他地区人大代表的犯罪嫌疑人立案，应当委托该代表所属的人大同级的人民检察院通报情况。担任两级以上人大代表的，应当分别委托该代表所属的人大同级的人民检察院通报情况。

2. 要案的请示

按照最高人民检察院1999年制定的《关于检察机关反贪污贿赂工作若干问题的决定》第二十一条及2000年制定的《关于加强渎职侵权检察工作的决定》

第二十三条的规定，对县处级以上领导干部涉嫌职务犯罪的要案线索决定立案的，应向党委请示，同时要向上一级检察院备案或者报告。上级检察机关加强协调。

二、以事立案的程序

1. 提请立案。采取以事立案方式侦查的案件，侦查人员对案件材料审查后，认为有犯罪事实需要追究刑事责任的，应当制作《提请立案报告》，报检察长批准后制作《立案决定书》。《提请立案报告》除写明案件来源、初查经过、犯罪事实及证据、立案侦查的理由和法律依据以及承办人意见外，对现行情况下不能确定犯罪嫌疑人的情况应当进行详细阐述，因未确定犯罪嫌疑人，犯罪嫌疑人的基本情况不用写明。

2. 确定犯罪嫌疑人。采取以事立案方式侦查的案件，经过侦查，有证据证明犯罪事实为确定的犯罪嫌疑人实施的，应当制作《确定犯罪嫌疑人报告》。写明案由、犯罪嫌疑人的基本情况、涉嫌的犯罪事实及认定的主要证据、承办人意见等，经部门负责人审核后，报请检察长或者检察委员会决定。

3. 确定犯罪嫌疑人之前，不得对涉案人员采取强制措施，不得查封、扣押、冻结涉案对象的财产。

4. 确定犯罪嫌疑人后，不需要另行立案，直接转为收集犯罪嫌疑人实施犯罪证据阶段，依法全面使用侦查手段和强制措施。

5. 采取以事立案方式侦查的案件，经过侦查，没有发现犯罪嫌疑人的，应当终止侦查；发现案件不属于本院管辖的，应当依照有关规定移送有管辖权的机关处理；确定犯罪嫌疑人后发现具有刑事诉讼法第十五条规定的情形之一的，应当撤销案件。

6. 采取以事立案方式侦查的案件，立案、确定犯罪嫌疑人、终止侦查、侦查终结，应当报检察长批准或检察委员会研究决定。

7. 采取以事立案方式侦查的案件，应当分别在作出立案、终止侦查和侦查终结决定后的三日以内报上一级人民检察院备案，重大案件报省级人民检察院备案，特大案件层报最高人民检察院备案。上级人民检察院收到备案材料后应当及时进行审查，发现问题应当及时予以纠正。

第四节 不予立案的处理

根据法律规定,人民检察院对不予立案的应当视情形分别作出如下处理:

一、对被害人控告的案件处理

为了保护被害人的权利,人民检察院决定不予立案的,如果是被害人控告的,应当制作《不立案通知书》,写明案由和案件来源、决定不立案的原因和法律依据,由侦查部门在十五日内送达控告人,同时告知本院控告检察部门,该规定的适用范围只限于"被害人控告"的案件,即被害人对侵犯自己合法权益的犯罪行为向人民检察院控告,要求追究侵害人刑事责任的案件。

二、对不服不立案决定的复议

对于被害人控告的案件,检察机关作出不予立案决定后,控告人如果不服,可以在收到不立案通知书后十日以内申请复议。对不立案的复议由人民检察院控告检察部门受理。控告检察部门应当根据事实和法律进行审查,并可以要求控告人、申诉人提供有关材料,认为需要侦查部门说明不立案理由的,应当及时将案件移送侦查监督部门办理。

三、对被害人控告以外的不立案案件的处理

对于被害人控告以外的其他报案、举报和自首的案件线索,人民检察院决定不予立案后,人民检察院也可以将不立案的原因通知报案人、举报人和自首人。

四、移送有管辖权的主管机关处理

人民检察院认为被举报人的行为未构成犯罪,决定不予立案,但需要追究其党纪、政纪责任的,应当移送有管辖权的主管机关处理。

五、不予立案处理的归档保存

决定不予立案的,承办人应当及时整理案卷材料,归档保存。

第五节　立案监督

检察机关侦查部门在对职务犯罪案件立案侦查时，应当接受法律规定的内外监督。

一、人民监督员的监督

人民监督员经过监督认为人民检察院办理直接受理立案侦查案件具有应当立案而不立案或者不应当立案而立案情形的，由人民监督员办事机构或者专人移送侦查监督部门处理。在人民监督员履行监督职责过程中，侦查部门案件承办人应当积极配合，向人民监督员介绍案情，说明处理决定的理由和依据，如实回答人民监督员提出的问题，必要时可以向人民监督员出示相关案件材料，或者播放相关视听资料。

二、同级党委的监督

人民检察院对县处级以上领导干部涉嫌职务犯罪的要案线索，决定立案的，要向同级党委请示报告。

三、控告人的监督

人民检察院对被害人控告的职务犯罪案件决定不予立案的，应当在十五日以内将不立案通知书送达控告人，并说明案件不立案的理由，控告人对不立案决定不服的，可以在收到不立案通知书后十日以内申请复议。

四、上级人民检察院的监督

下级人民检察院应当在决定立案侦查之日起三日内，将立案侦查情况报送上一级人民检察院备案审查。上一级人民检察院认为下级人民检察院立案决定错误的，应当经检察长或者检察委员会决定后，书面通知下级人民检察院纠正，或者直接作出相关决定，通知下级人民检察院执行。

五、侦查监督、公诉部门的监督

人民检察院侦查监督部门或者公诉部门发现本院侦查部门对应当立案侦查的案件不报请立案侦查的，应当提出报请立案侦查的建议，报经分管检察长同意后，送侦查部门。侦查部门同意立案侦查的，应当在报经检察长批准作出立案决定后将立案决定书复印件送侦查监督部门或者公诉部门；侦查部门不同意立案侦查的，应当书面说明不立案理由，报分管检察长同意后回复侦查监督部门或者公诉部门。侦查监督部门或者公诉部门认为不立案理由不能成立的，应当报分管检察长同意后，报请检察长决定。

六、案件管理部门的监督

案件管理部门通过对立案法律文书的集中保管和统一开具，以及对办案流程的监控，对本级检察院直接立案侦查案件的立案进行监督。案件管理部门发现本院侦查部门或者侦查人员在立案中存在法律文书使用不当或者有明显错漏以及侵害当事人诉讼权利的，对于情节轻微的，可以向办案部门或者办案人员予以口头提示；对于情节较重的，应当向办案部门发送案件流程监控通知书，提示办案部门及时查明情况并予以纠正；情节严重的，应当向办案部门发送案件流程监控通知书，并向检察长报告。侦查部门收到案件流程监控通知书后，应当在十日以内将核查情况书面回复案件管理部门。

附件：

一、立案流程图

二、法律文书、工作文书格式样本

1. 受理案件登记表
2. 立案备案登记表
3. 提请批准直接受理书
4. 批准直接受理决定书
5. 不批准直接受理决定书
6. 提请立案报告
7. 立案决定书
8. 补充立案报告
9. 补充立案决定书
10. 提请批准并案侦查报告
11. 批准并案侦查决定书、通知书
12. 提请立案报告（以事立案）
13. 确定犯罪嫌疑人报告（以事立案）
14. 提请以事立案终止侦查报告

立案流程图

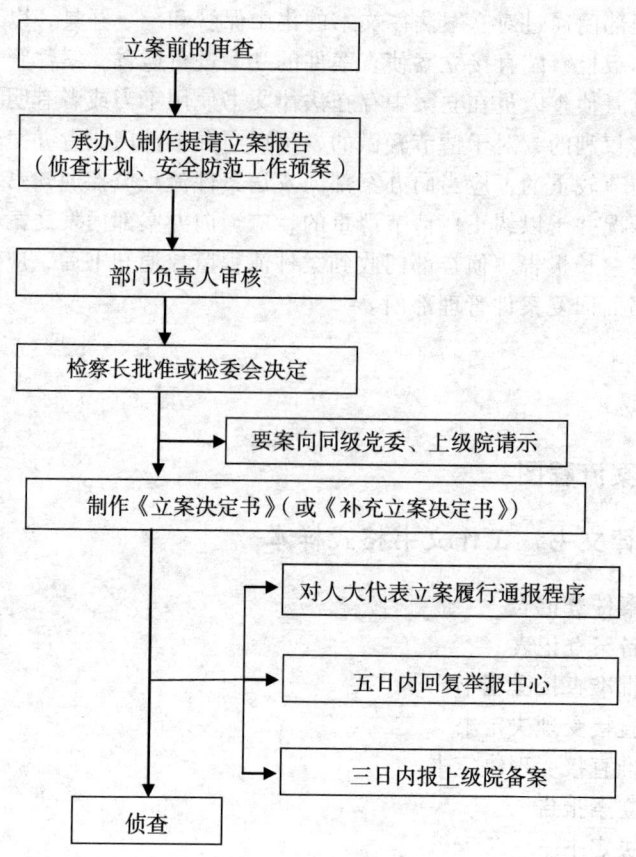

××人民检察院
受理案件登记表

统一受案号		案件类别		
移送单位		受理日期		
主要犯罪嫌疑人/当事人姓名		强制措施	罪 名（案 由）	
案卷册数		承办部门		
案管部门意见				
备 注			接收人	

立案备案登记表

编号：　　　　　　　　　　局印章：

犯罪嫌疑人姓名		性别		年龄	
政治面貌		单位			
部门		职务与职级			
是否人大代表（政协委员）				案件来源	
受案日期		初查日期		立案案由	
立案日期		立案数额（万元）		是否共同犯罪	
同案犯人数		是否数罪		是否在逃	
采取强制措施种类与日期					
简要案情					
立案的理由及法律依据					
办案单位			承办人		
备注					

填表人：　　　　审核人：　　　　主管副检察长：　　　　填表日期：

第四章 立案

人民检察院 提请批准直接受理书

检请受〔 〕号

_____人民检察院：

我院经_____发现犯罪嫌疑人_____涉嫌_____一案，根据《中华人民共和国刑事诉讼法》第十八条的规定，我院认为需要直接受理。特提请批准。

年　月　日
（院印）

附：案件情况报告

第三联：逐级上报省级以上人民检察院

人民检察院 提请批准直接受理书
（副本）

检请受〔 〕号

_____人民检察院：

我院经_____发现犯罪嫌疑人_____涉嫌_____一案，根据《中华人民共和国刑事诉讼法》第十八条的规定，我院认为需要直接受理。特提请批准。

年　月　日
（院印）

附：案件情况报告

第二联：附卷

人民检察院 提请批准直接受理书
（存根）

检请受〔 〕号

案由
犯罪嫌疑人基本情况（姓名、性别、年龄、工作单位、住址、身份证号码、是否人大代表、政协委员）

提请批准直接受理理由

送达单位
批准人
承办人
填发人
填发时间

第一联：保存

人民检察院 批准直接受理决定书

检准受〔　〕　号

人民检察院：

你院_____号提请批准直接受理书收悉。根据《中华人民共和国刑事诉讼法》第十八条的规定，经审查，决定批准你院对犯罪嫌疑人_____涉嫌_____一案直接受理。

　　　　　　　　　年　月　日
　　　　　　　　　　（院印）

第三联　送达提请直接受理的人民检察院

人民检察院 批准直接受理决定书
（副　本）

检准受〔　〕　号

人民检察院：

你院_____号提请批准直接受理书收悉。根据《中华人民共和国刑事诉讼法》第十八条的规定，经审查，决定批准你院对犯罪嫌疑人_____涉嫌_____一案直接受理。

　　　　　　　　　年　月　日
　　　　　　　　　　（院印）

第二联　附卷

人民检察院 批准直接受理决定书
（存　根）

检准受〔　〕　号

案由
犯罪嫌疑人基本情况（姓名、性别、年龄、工作单位、住址、身份证号码、是否人大代表、政协委员）

批准理由
送达单位
批准人
承办人
填发时间

第一联　统一保存

84

人民检察院 不批准直接受理决定书

检 不准受 [ ] 号

人民检察院：

你院_____号提请批准直接受理书收悉。第_____号根据《中华人民共和国刑事诉讼法》第十八条的规定，经审查，决定不批准你院对_____涉嫌_____一案直接受理。

年　月　日
（院印）

第三联 送达提请直接受理的人民检察院

人民检察院 不批准直接受理决定书
（副　本）

检 不准受 [ ] 号

人民检察院：

你院_____号提请批准直接受理书收悉。第_____号根据《中华人民共和国刑事诉讼法》第十八条的规定，经审查，决定不批准你院对_____涉嫌_____一案直接受理。

年　月　日
（院印）

第二联 附卷

人民检察院 不批准直接受理决定书
（存　根）

检 不准受 [ ] 号

案由
涉案人基本情况（姓名、性别、年龄、工作单位、住址、身份证号码、是否人大代表、政协委员）

不批准理由
送达单位
批准人
承办人
填发人
填发时间

第一联 统一保存

第四章　立案

××人民检察院
提请立案报告

检 请 立 〔   〕 号

初查对象的基本情况：……（姓名，性别，出生日期，身份证号码，出生地，民族，文化程度，职业或工作单位及职务、职级，政治面貌，如系人大代表、政协委员，一并写明具体级、届代表、委员及代表、委员号，现住址，工作简历。有多名初查对象的，按涉嫌犯罪情节轻重逐一写明）。

线索来源及涉嫌的主要问题：××涉嫌××犯罪的案件线索……（写明案由和线索来源，来源具体为举报、自首、自行发现、有关部门移送、上级交办等）。_____，经检察长决定，开始初查。……（简要写明所采取的初查措施及初查过程）。现已初查终结。

经初查查明：……（详细叙写每一线索经初查后构成犯罪）。

初查查明上述事实……（写明认定上述事实的证据或理由）可以认定。

综上所述，××涉嫌××犯罪的案件线索，经初查……（写明符合立案条件的具体理由），符合立案条件。依照《中华人民共和国刑事诉讼法》第一百一十条和《人民检察院刑事诉讼规则（试行）》第一百七十六条第一款之规定，提请立案侦查。

需要说明的问题：
……（如与本案线索有关且需要说明的问题逐一说明）。

当否，请批示。

承办人：
年 月 日

附：1. 侦查计划（略）
    2. 侦查安全防范预案（略）

××人民检察院
立案决定书

检立〔 〕 号

根据《中华人民共和国刑事诉讼法》第××条的规定，本院决定对_____涉嫌_____一案立案侦查。

检察长（印）
　　年　月　日
（院印）

第二联 附卷

××人民检察院
立案决定书
（存　根）

检立〔 〕 号

案由
涉案人基本情况（姓名、性别、年龄、身份证号码、工作单位、住址、是否人大代表、政协委员）
批准人
承办人
办案单位
填发人
填发时间

第一联 统一保存

××人民检察院
补充立案报告

检 补立〔 〕 号

一、犯罪嫌疑人基本情况

犯罪嫌疑人____,男(女),____年____月____日出生,身份证号码____,____族,籍贯____,____文化,政治面貌____(是人大代表、政协委员的,写清其身份),工作单位____,职务____,住址____等。

二、案件来源及新发现的共同犯罪嫌疑人情况_____
_____。

三、事实与证据情况_____
_____。

四、补充立案侦查的理由和法律依据_____
_____。

承办人:
年 月 日

××人民检察院
补充立案决定书

检补立〔 〕 号

犯罪嫌疑人＿＿＿＿＿涉嫌＿＿＿＿＿一案，本院已于＿年＿月＿日立案。经侦查，犯罪嫌疑人＿＿＿＿＿涉嫌共同犯罪，根据《中华人民共和国刑事诉讼法》第××条的规定，本院决定对犯罪嫌疑人＿＿＿＿＿补充立案，并案侦查。

检察长（印）

年 月 日

（院印）

第二联 附卷

××人民检察院
补充立案决定书
（存　根）

检补立〔 〕 号

案由＿＿＿＿＿
涉案人基本情况（姓名、性别、年龄、身份证号码、工作单位、住址、是否人大代表、政协委员）＿＿＿＿＿案件
并人＿＿＿＿＿
批准人＿＿＿＿＿
承办人＿＿＿＿＿
办案单位＿＿＿＿＿
填发人＿＿＿＿＿
填发时间＿＿＿＿＿

第一联 统一保存

××人民检察院
提请批准并案侦查报告

检　并侦〔　〕　号

××人民检察院（上级人民检察院）：

　　我院在办理犯罪嫌疑人××涉嫌××犯罪一案中……（简要表述符合并案的情形），需要并案侦查，现提请你院批准：

　　1. 案件基本情况_____
_____。

　　2. 涉嫌犯罪的事实及证据情况_____
_____。

　　3. 并案侦查的理由和依据_____
_____。

特此报告。

××人民检察院
（院印）
年　月　日

第四章 立案

××人民检察院
并案侦查通知书

检并侦〔 〕 号

（相关人民检察院）：

___年___月___日，（提请并案查院名称）提请将___案并___案并案侦查。经研究，我院同意将上述案件并案侦查，交由___侦查。请及时办理相关材料交接手续。特此通知。

××人民检察院
（院印）
年 月 日

第三联 送达并案相关单位

××人民检察院
批准并案侦查决定书

检并侦〔 〕 号

（提请人民检察院）：

___年___月___日你院提请将___案与___案并案侦查，经研究，我院同意将上述案件并案，交由___侦查。请及时办理相关材料交接手续。

××人民检察院
（院印）
年 月 日

第二联 送达提请并案侦查单位

××人民检察院
批准并案侦查决定书
（副 本）

检并侦〔 〕 号

（提请人民检察院）：

___年___月___日你院提请将___案与___案并案侦查，经研究，我院同意将上述案件并案，交由___侦查。请及时办理相关材料交接手续。

××人民检察院
（院印）
年 月 日

第一联 附卷

91

××人民检察院
提请立案报告

（限以事立案时使用）

检　请立字〔　〕　号

检察长意见：
签名 年　月　日
侦查部门负责人意见：
签名 年　月　日

案由：

案件来源：

简要案情：

结论意见：

承办人：
年　月　日

××人民检察院
确定犯罪嫌疑人报告

（限以事立案时使用）

检 立确字〔 〕 号

检察长意见：
签名 年　月　日
侦查部门负责人意见：
签名 年　月　日

案由：

犯罪嫌疑人基本情况：

涉嫌犯罪事实及认定犯罪的主要证据：

结论（包括拟对犯罪嫌疑人采取的强制措施和侦查手段）：

承办人：
年　月　日

职务犯罪侦查流程与规范

××人民检察院
提请以事立案终止侦查报告

检 终 侦〔   〕 号

以事立案的时间和案由：_____
_____
_____。

事实和证据：_____
_____
_____。

终止侦查的理由和结论：_____
_____
_____。

承办人：

年 月 日

第五章　强制措施

　　强制措施是指人民检察院在职务犯罪侦查中,为了保证侦查工作的顺利进行,防止犯罪嫌疑人继续实施危害社会的行为,依法对犯罪嫌疑人所采取的暂时限制或者剥夺其人身自由的方法和手段。

　　侦查与强制措施有着紧密的联系。侦查既是刑事诉讼程序中一个独立的、必经的诉讼阶段,又是一种诉讼活动,是依法进行的专门调查工作和依法采取的强制措施,适用强制措施是为了保障侦查活动的顺利进行。强制措施具有以下特点:

　　1. 适用对象的单一性。强制措施的适用对象只能是犯罪嫌疑人,对被害人、证人等与案件有关的人员不能采取强制措施。

　　2. 适用的普遍性。强制措施在侦查过程中普遍适用,任何案件的侦查都需要采取一种或多种强制措施。

　　3. 目的的特定性。强制措施的目的是通过限制犯罪嫌疑人的人身自由来保障侦查活动的顺利进行,防止犯罪嫌疑人逃跑、自杀、串供、毁灭证据以及进行其他干扰侦查的活动。

　　4. 采用的临时性。任何强制措施都有一定的时间限制,不能无期限采用。不同的强制措施在侦查过程中可能交替出现。

　　5. 严格的程序性。采取强制措施必须符合法定的程序要求,遵守法定条件和相关规定,注意保护被适用对象的合法权益。

第一节　拘　　传

　　拘传是指人民检察院在职务犯罪侦查中,对未被拘留、逮捕的犯罪嫌疑人,依法强制其到指定地点接受讯问的一种法定强制措施。拘传是强制措施中最轻微的一种。

一、拘传与传唤

　　拘传和传唤的目的基本相同,即按照法律规定要求犯罪嫌疑人或者被告人到案接受讯问,但二者属于两种不同的法律行为。

　　1. 法律性质不同

　　拘传是一种刑事强制措施,可以通过使用戒具的方式强行将犯罪嫌疑人、被告人扭送到传唤地点。传唤是采用一般的通知方式,即要求犯罪嫌疑人、被告人到指定地点接受讯问,其本身不具有人身强制性。

2. 强制程度不同

拘传可以派员将犯罪嫌疑人、被告人强制到案接受讯问,必要时可以使用戒具。而传唤是通知犯罪嫌疑人、被告人自行按通知要求到案。拘传是较为严厉的、强制性的措施,而传唤是一般的、较为和缓的措施。一般传唤在前,拘传在后。

3. 拘传不必以传唤为前提

人民检察院既可以对经传唤后无故不到的犯罪嫌疑人、被告人采取拘传措施,也可以不先经过传唤而直接拘传犯罪嫌疑人、被告人。

二、拘传的适用对象

根据《刑事诉讼法》第六十四条、《刑诉规则(试行)》第七十八条规定,人民检察院进行拘传的适用对象只能是立案后未被羁押的犯罪嫌疑人,具体包括:

1. 未被采取任何强制措施的犯罪嫌疑人;
2. 已被采取取保候审或监视居住的犯罪嫌疑人。

对已被采取了拘留或逮捕措施的在押犯罪嫌疑人可以随时在看守所提审,无须拘传;对证人不能拘传;在初查阶段对未立案的被调查对象不能适用拘传。

三、拘传的适用条件

在司法实践中,人民检察院适用拘传的条件如下:

(一)经依法传唤,无正当理由而不到案的犯罪嫌疑人。"无正当理由"是指不具有不能到案的理由,即不具有身患重病、外出等不可抗拒的原因。一般来说,"正当理由"包括以下几类情况:

1. 正患有严重疾病的,包括犯罪嫌疑人患有的严重疾病导致其不能行动,或者属于传染性疾病,或者传唤可能导致其疾病加重的情形;
2. 家中突发紧急事件不能脱身的,如亲属死亡、失踪或病重急需送医院抢救、家中突发火灾、被盗等情形;
3. 因受重大自然灾害的阻挡不能前往,即必须是客观存在的自然现象并导致犯罪嫌疑人本人的能力无法加以克服的状态,如地震、水灾等;
4. 正在进行紧急公益事务的,即犯罪嫌疑人正在从事的劳务或工作与社会公共利益密切相关,并且这些公益事务是较为重要的、必须进行下去的,如抢险、救灾等;

5. 在到案途中遇到意外事件的干扰，无法正常到案的，即指犯罪嫌疑人遇到了无法预见、不能抗拒的情况，如车祸、被伤害或者被抢劫等。

（二）因侦查工作需要，对某些犯罪嫌疑人虽未经传唤，也可以直接拘传。这里的"侦查工作需要"，一是指犯罪嫌疑人可能存在干扰侦查的情况，如犯罪嫌疑人串供、转移赃物、隐匿、伪造、毁灭证据或者逃跑等。二是指为了防止上述妨碍刑事诉讼活动顺利进行的行为发生而需要采取拘传措施。

（三）根据已掌握的证据材料，犯罪嫌疑人的罪行显著轻微，不需要采取拘留、逮捕措施，但问题尚未查清的犯罪嫌疑人。

（四）根据已掌握的证据材料，需要追究刑事责任，但不够判处徒刑以上刑罚的犯罪嫌疑人。

（五）需要查清罪行、追究刑事责任，虽然犯罪嫌疑人患有疾病或有其他理由，但适宜采取拘传措施的。

四、拘传的通报、报告和许可

（一）通报

1. 人民检察院拘传担任本级政治协商会议委员的犯罪嫌疑人，直接向本级政治协商会议主席团或常务委员会通报。

2. 拘传担任上级政治协商会议委员的犯罪嫌疑人，应当立即层报该委员所属的政治协商会议同级的人民检察院，由其负责通报。

3. 拘传担任下级政治协商会议委员的犯罪嫌疑人，可以直接向该委员所属的政治协商会议主席团或者常务委员会通报，也可以委托该委员所属的政治协商会议同级的人民检察院通报；拘传担任乡、民族乡、镇的政治协商会议委员的犯罪嫌疑人，由县级人民检察院通报乡、民族乡、镇的政治协商会议。

4. 拘传担任两级以上政治协商会议委员的犯罪嫌疑人，分别按照以上规定通报。

5. 拘传担任办案单位所在省、市、县（区）以外的其他地区政治协商会议委员的犯罪嫌疑人，应当委托该委员所属的政治协商会议同级的人民检察院通报；担任两级以上政治协商会议委员的，应当分别委托该委员所属的政治协商会议同级的人民检察院通报。

（二）报告和许可

1. 担任县级以上人民代表大会代表的犯罪嫌疑人因系现行犯被拘传的，人民检察院应当立即向该代表所属的人民代表大会主席团或者常务委员会报告；因为其他情形需要拘传的，人民检察院应当报请该代表所属的人民代表大会主席团或者常务委员会许可。

2. 人民检察院拘传担任本级人民代表大会代表的犯罪嫌疑人，直接向本级人民代表大会主席团或常务委员会报告或者报请许可。

3. 拘传担任上级人民代表大会代表的犯罪嫌疑人，应当立即层报该代表所属的人民代表大会同级的人民检察院报告或者报请许可。

4. 拘传担任下级人民代表大会代表的犯罪嫌疑人，可以直接向该代表所属的人民代表大会主席团或者常务委员会报告或者报请许可，也可以委托该代表所属的人民代表大会同级的人民检察院报告或者报请许可；拘传担任乡、民族乡、镇的人民代表大会代表的犯罪嫌疑人，由县级人民检察院报告乡、民族乡、镇的人民代表大会。

5. 拘传担任两级以上人民代表大会代表的犯罪嫌疑人，分别按照以上规定报告或者报请许可。

6. 拘传担任办案单位所在省、市、县（区）以外的其他地区人民代表大会代表的犯罪嫌疑人，应当委托该代表所属的人民代表大会同级的人民检察院报告或者报请许可；担任两级以上人民代表大会代表的，应当分别委托该代表所属的人民代表大会同级的人民检察院报告或者报请许可。

五、拘传前的准备

在开展拘传前，应做好相关的准备工作。

（一）人员准备

在开展拘传前，应当明确负责拘传工作、讯问工作的检察人员、司法警察。负责拘传工作的检察人员要把犯罪嫌疑人的身份、住址、工作地点、驾驶车辆的车牌等相关情况核实准确，摸清其行动规律，选择好拘传的时机和方式，尽量在犯罪嫌疑人没有同伴在场的情况下执行拘传。负责讯问工作的检察人员应提前做好讯问前的准备工作。司法警察应当提前准备好拘传可能用到的戒具，做好防范突发事件的准备。如果是女性犯罪嫌疑人，应当配备女司法警察。

（二）相关手续准备

根据《人民检察院刑事诉讼规则（试行）》第七十八条的规定，人民检察院对犯罪嫌疑人采取拘传措施，应当经检察长批准，并签发拘传证。在实践中，一般是先由检察人员提出意见，填写《采取强制措施审批表》，呈报职务侦查部门负责人审核，然后再报请检察长批准。检察长批准后再按程序开具《拘传证》。按规定填写《申请派警审批表》，申请法警部门派员参加。

（三）制作拘传方案

负责拘传的检察人员应当制作拘传方案。方案的内容包括：一是犯罪嫌疑人的基本情况，包括姓名、性别、年龄、身体状况、家庭住址、工作单位所在地、驾驶车辆情况、同住人员的情况等。二是拘传人员的分工，包括检察人员、司法警察的分组，各自的职责、相互间的配合。三是执行拘传的时机选择。包括对拘传地点、拘传时间的选择、确定。四是通报报告许可情况，犯罪嫌疑人是人大代表、政协委员的，按照程序许可报告、通报的情况。五是对突发事件的处置方案。包括在拘传过程中犯罪嫌疑人拒不配合、家属群众阻拦、发生意外事故等情况下如何处理。六是拘传与讯问的配合。负责拘传的检察人员和负责讯问的检察人员应当及时联系和沟通，确保在犯罪嫌疑人到案前已做好讯问前的准备工作。

六、拘传的决定

人民检察院对犯罪嫌疑人采取拘传的强制措施，应当由检察长决定。

对担任县级以上人民代表大会代表职务的犯罪嫌疑人采取拘传的强制措施的，由同级人民代表大会主席团或常务委员会按程序批准许可。人民代表大会主席团或常务委员会不许可采取拘传的，人民检察院应当变更。

七、拘传的执行

根据《刑诉规则（试行）》第七十九条的规定，执行拘传可以由检察人员或者司法警察进行，但执行人员不得少于两人。拘传时，应当向被拘传的犯罪嫌疑人出示并宣读拘传证。如果犯罪嫌疑人抗拒拘传，或者在拘传途中有逃跑可能的，可以对其使用手铐、警绳等戒具。

八、拘传的时限和次数

1. 拘传的时限

根据《刑事诉讼法》第一百一十七条、《刑诉规则（试行）》第八十条的规定：一次拘传持续的时间最长不得超过十二小时；案情特别重大、复杂，需要采取拘留、逮捕措施的，拘传持续的时间不得超过二十四小时。

拘传的开始时间指犯罪嫌疑人到案后的时间，这里的"到案后的时间"是指被拘传的犯罪嫌疑人到达人民检察院指定的讯问地点的时间。从对犯罪嫌疑人出示拘传证到犯罪嫌疑人到达指定的讯问地点之间的时间不应计算在拘传的时间之内。

拘传的结束时间也就是讯问结束的时间。

2. 拘传的次数

由于法律未对拘传的次数作限制性的规定，因此，人民检察院在侦查期限内根据侦查工作需要可以多次拘传犯罪嫌疑人。但两次拘传间隔的时间一般不得少于十二小时，并且应当保证犯罪嫌疑人的饮食和必要的休息时间。

九、拘传的到案地点

《刑诉规则（试行）》第八十一条规定："人民检察院拘传犯罪嫌疑人，应当在犯罪嫌疑人所在市、县内的地点进行。犯罪嫌疑人的工作单位、户籍地与居住地不在同一市、县的，拘传应当在犯罪嫌疑人工作单位所在的市、县进行；特殊情况下，也可以在犯罪嫌疑人户籍地或者居住地所在的市、县内进行。"

这里的"特殊情况"，主要是指案件由犯罪嫌疑人户籍地或者居住地所在的市、县人民检察院办理的，或者犯罪嫌疑人不是国家工作人员、没有工作单位的，或者在犯罪嫌疑人户籍地、居住地拘传更有利于办案或者更有利于保障犯罪嫌疑人的合法权益等情况。由于拘传只能在犯罪嫌疑人所在市、县内的地点进行，因此，如果承办案件的人民检察院与犯罪嫌疑人不在同一市、县，承办案件的人民检察院在需要拘传犯罪嫌疑人时，应当与犯罪嫌疑人所在市、县的人民检察院联系，以便在当地指定拘传的到案地点。侦查实践中，一般是将犯罪嫌疑人拘传到其所在市、县的人民检察院讯问室进行讯问。

十、拘传后的讯问

根据《刑诉规则（试行）》第八十条的规定，犯罪嫌疑人到案后，应当责令其在拘传证上填写到案时间，并在拘传证上签名或者盖章，然后立即讯问。讯问结束后，应当责令犯罪嫌疑人在拘传证上填写讯问结束时间。犯罪嫌疑人拒绝填写的，检察人员应当在拘传证上注明。

十一、拘传后的告知

根据《刑诉规则（试行）》第三十六条的规定，检察人员第一次讯问犯罪嫌疑人后或者对其采取强制措施之日起，应当告知犯罪嫌疑人有权委托辩护人，并告知其如果经济困难或者其他原因没有聘请辩护人的，可以申请法律援助。告知情况应当记入笔录。

由于拘传在一般情况下都是人民检察院在立案侦查后对犯罪嫌疑人首先采取的强制措施，拘传后的讯问一般也都是对犯罪嫌疑人的第一次讯问，因此，人民检察院在对犯罪嫌疑人采取拘传措施后，要注意依法履行上述告知义务，并将告知情况记入笔录。

十二、拘传后的处理

根据《刑诉规则》第八十二条的规定，人民检察院对犯罪嫌疑人拘传后的处理分两种情况：

1. 需要对被拘传的犯罪嫌疑人变更强制措施的，应当经检察长或者检察委员会决定，在拘传期限内办理变更手续。

2. 在拘传期间内决定不采取其他强制措施的，拘传期限届满，应当结束拘传，立即释放。

十三、拘传的要求

1. 拘传必须严格依法进行。
2. 不得以连续拘传的方式变相拘禁犯罪嫌疑人。
3. 拘传犯罪嫌疑人，应当保证犯罪嫌疑人的饮食和必要的休息时间。
4. 对于同一犯罪嫌疑人可以多次拘传，但每次拘传都必须办理有关的法律手续，并向被拘传的犯罪嫌疑人出示《拘传证》。

第二节　取保候审

取保候审，是指人民检察院在职务犯罪侦查中，为了保障侦查活动的顺利进行，依法责令犯罪嫌疑人提供保证人或者交纳保证金，以保证不逃避或者妨碍侦查，并随传随到的一种强制措施。

一、取保候审的适用范围

（一）可以取保候审的情形

根据《刑事诉讼法》第六十五条、《刑诉规则（试行）》第八十三条的规定，人民检察院对于有下列情形之一的犯罪嫌疑人，可以取保候审：

1. 可能判处管制、拘役或者独立适用附加刑的；
2. 可能判处有期徒刑以上刑罚，采取取保候审不致发生社会危险性的；
3. 对被拘留的人，需要逮捕而证据尚不符合逮捕条件的；
4. 应当逮捕但患有严重疾病、生活不能自理的；
5. 应当逮捕但正在怀孕或者哺乳自己婴儿的，采取取保候审不致发生社会危险性的；
6. 羁押期限届满，案件尚未办结，需要采取取保候审的；
7. 持有效护照或者其他有效出境证件，可能出境逃避侦查，但不需要逮捕的。

（二）不能取保候审的情形

"采取取保候审不致发生社会危险性"是能否适用取保候审的关键。"社会危险性"包括两个方面的内容：第一，犯罪嫌疑人可能实施逃跑、自杀、干扰证人作证、毁灭、伪造证据等妨碍侦查活动顺利进行的行为；第二，犯罪嫌疑人可能实施新的犯罪行为。因此，凡是存在这两种可能的犯罪嫌疑人都不能适用取保候审。

《刑诉规则（试行）》第八十四条规定，人民检察院对于严重危害社会治安的犯罪嫌疑人，以及其他犯罪性质恶劣、情节严重的犯罪嫌疑人，不得取保候审。这是适用取保候审的禁止性规定。概括来说，以下几种犯罪嫌疑人不能采取取保候审措施：

1. 危害国家安全的现实性犯罪。危害国家安全的犯罪从对社会、国家安全、政治的危害方面来看，都比其他犯罪严重，处罚程度也相对比较严厉。因此，对这类犯罪，一般情况下不应当考虑取保候审。

2. 累犯。累犯再次或多次犯罪的事实表明，这类犯罪分子的主观恶性很难得到彻底改造。因此，不宜对其取保候审。

3. 犯罪集团的主犯。主犯在集团共同犯罪中起主要作用，是犯罪集团的领导者或骨干，犯罪的主观恶性要大于一般共同犯罪成员，因此对其不能取保候审。

4. 暴力犯罪、严重危害社会治安的犯罪。对这类犯罪不适用取保候审，主要是考虑到他们的罪行严重影响到了社会秩序的稳定，对其必须严厉打击。

5. 以自杀、自残办法逃避侦查的犯罪嫌疑人。犯罪嫌疑人的自杀、自残行为会给案件查办带来不必要的麻烦，因此对其不宜取保候审。

6. 其他严重的犯罪。

二、取保候审的启动

取保候审的启动有两种方式：一是人民检察院负责承办案件的检察人员提出对犯罪嫌疑人取保候审；二是犯罪嫌疑人及其法定代理人、近亲属或者辩护人申请取保候审。

1. 办案人员提出。在侦查过程中，负责承办案件的检察人员认为犯罪嫌疑人符合取保候审条件的，可以依职权主动提出，填写《采取强制措施审批表》，写明采取取保候审的理由和依据，并附相关材料，报侦查部门负责人审核，然后再报检察长决定。

2. 犯罪嫌疑人及其法定代理人、近亲属或者辩护人申请。在犯罪嫌疑人被拘留、逮捕、监视居住期间，犯罪嫌疑人本人及其法定代理人、近亲属或辩护人可以申请取保候审。申请取保候审的，应提交相应的报告，并附上证明材料，承办案件的检察人员应当对其进行审查，并在三日内作出是否同意的答复。经审查符合取保候审条件的，应填写《采取强制措施审批表》，写明采取取保候审的理由和依据，并附相关材料，报侦查部门负责人审核，然后再报检察长决定。经审查不符合取保候审条件的，应当在按程序报检察长审批后制作《不予取保候审决定书》，送达申请人，并说明不同意取保候审的理由。

三、取保候审的通报、许可

（一）通报

1. 人民检察院取保候审担任本级政治协商会议委员的犯罪嫌疑人，直接向本级政治协商会议主席团或常务委员会通报。

2. 取保候审担任上级政治协商会议委员的犯罪嫌疑人，应当立即层报该委员所属的政治协商会议同级的人民检察院，由其负责通报。

3. 取保候审担任下级政治协商会议委员的犯罪嫌疑人，可以直接向该委员所属的政治协商会议主席团或者常务委员会通报，也可以委托该委员所属的政治协商会议同级的人民检察院通报；取保候审担任乡、民族乡、镇的政治协商会议委员的犯罪嫌疑人，由县级人民检察院通报乡、民族乡、镇的政治协商会议。

4. 取保候审担任两级以上政治协商会议委员的犯罪嫌疑人，分别按照以上规定通报。

5. 取保候审担任办案单位所在省、市、县（区）以外的其他地区政治协商会议委员的犯罪嫌疑人，应当委托该委员所属的政治协商会议同级的人民检察院通报；担任两级以上政治协商会议委员的，应当分别委托该委员所属的政治协商会议同级的人民检察院通报。

（二）许可

1. 担任县级以上人民代表大会代表的犯罪嫌疑人需要取保候审的，人民检察院应当报请该代表所属的人民代表大会主席团或者常务委员会许可。

2. 人民检察院取保候审担任本级人民代表大会代表的犯罪嫌疑人，直接向本级人民代表大会主席团或常务委员会报请许可。

3. 取保候审担任上级人民代表大会代表的犯罪嫌疑人，应当立即层报该代表所属的人民代表大会同级的人民检察院报请许可。

4. 取保候审担任下级人民代表大会代表的犯罪嫌疑人，可以直接向该代表所属的人民代表大会主席团或者常务委员会报请许可，也可以委托该代表所属的人民代表大会同级的人民检察院报请许可；取保候审担任乡、民族乡、镇的人民代表大会代表的犯罪嫌疑人，由县级人民检察院报告乡、民族乡、镇的人民代表大会。

5. 取保候审担任两级以上人民代表大会代表的犯罪嫌疑人，分别按照以上规定报请许可。

6. 取保候审担任办案单位所在省、市、县（区）以外的其他地区人民代表大会代表的犯罪嫌疑人，应当委托该代表所属的人民代表大会同级的人民检察院报请许可；担任两级以上人民代表大会代表的，应当分别委托该代表所属的人民代表大会同级的人民检察院报请许可。

四、取保候审的决定

人民检察院对犯罪嫌疑人采取取保候审的强制措施,应当由检察长决定。

对担任县级以上人民代表大会代表职务的犯罪嫌疑人采取取保候审的强制措施的,由同级人民代表大会主席团或常务委员会按程序批准许可。人民代表大会主席团或常务委员会不许可采取取保候审的,人民检察院应当变更。

人民检察院决定对犯罪嫌疑人取保候审的,应当制作取保候审决定书,载明取保候审的期间、担保方式、被取保候审人应当履行的义务和应当遵守的规定。根据《刑事诉讼法》第六十九条的规定,被取保候审的犯罪嫌疑人、被告人应当遵守以下规定:1. 未经执行机关批准不得离开所居住的市、县;2. 住址、工作单位和联系方式发生变动的,在二十四小时以内向执行机关报告;3. 在传讯的时候及时到案;4. 不得以任何形式干扰证人作证;5. 不得毁灭、伪造证据或者串供。

人民检察院可以根据案件情况,责令被取保候审的犯罪嫌疑人、被告人遵守以下一项或者多项规定:1. 不得进入特定的场所;2. 不得与特定的人员会见或者通信;3. 不得从事特定的活动;4. 将护照等出入境证件、驾驶证件交执行机关保存。

五、取保候审的保证方式

根据《刑事诉讼法》第六十六条、《刑诉规则(试行)》第八十七条的规定,人民检察院决定对犯罪嫌疑人、被告人取保候审,应当责令犯罪嫌疑人、被告人提出保证人或者交纳保证金。

(一)保证人担保

1. 适用保证人担保的条件。对符合取保候审条件,具有下列情形之一的犯罪嫌疑人,人民检察院决定取保候审时,可以责令其提供一至两名保证人:一是无力交纳保证金的;二是系未成年人或者已满七十五周岁的人;三是其他不宜收取保证金的。

2. 保证人应当具备的条件。保证人应当具备以下条件,并经人民检察院审查同意后,方能作为保证人。一是与本案无牵连。即不是本案的共同犯罪人、被害人或者不构成犯罪的同案人,也没有与犯罪行为存在利益上或诉讼上的利害关系。二是有能力履行保证义务。即保证人除了具备一般行为能力并达到责任年龄之外,还需要具备处理事务的能力及一定的经济能力,能够按照法律规定的条件履行担保义务。三是享有政治权利,人身自由没有受到限制。即没有被剥夺政治权利,没有被采取拘留、逮捕等强制措施,没有被纪检监察机关调查,没有被判处缓刑或管制、罚金等。四是有固定的住处和收入。即保证人应当是当地的固定居民或常住人口，有正当的经济来源，能够为自己没有履行担保义务承担法律上的经济后果。

3. 保证人应履行的担保责任。保证人应当监督被保证人遵守《刑事诉讼法》第六十九条的规定，监督的方式包括查看、提醒、教育、阻止等。发现被保证人可能发生或已经发生违反《刑事诉讼法》第六十九条规定的行为时，应当及时向公安机关报告。

4. 对保证人违反担保责任的处理。被保证人有违反《刑事诉讼法》第六十九条规定的行为，保证人未履行保证义务的，对保证人处以罚款，构成犯罪的，依法追究刑事责任。

最高人民法院、最高人民检察院、公安部、国家安全部《关于取保候审若干问题的规定》第十六条至第十八条规定，被取保候审人违反《刑事诉讼法》第六十九条规定的行为，保证人未及时报告的，经查证属实后，由县级以上公安机关对保证人处以1000元以上20000元以下罚款，并将有关情况及时通知人民检察院；公安机关应当向保证人宣布罚款决定，并告知其如不服，可以在收到《对保证人罚款决定书》后的五日内，向公安机关的上一级主管机关申请复核一次。上一级主管机关收到复核申请后，应当在七日内作出复核决定；没收取保候审保证金和对保证人罚款均系刑事司法行为，不能提起行政诉讼。当事人如不服复核决定，可以依法向有关机关申诉。

5. 对保证人不愿担保或丧失担保条件的处理。采取保证人保证方式的，如果保证人在取保候审期间不愿继续担保或者丧失担保条件的，人民检察院应当在收到保证人不愿继续担保的申请或者发现其丧失担保条件后的三日以内，责令犯罪嫌疑人重新提出保证人或者交纳保证金，并将变更情况通知公安机关。

（二）保证金担保

1. 保证金数额的确定。采取保证金担保方式的，人民检察院可以根据犯罪嫌疑人的社会危险性，案件的性质、情节、危害后果，可能判处刑罚的轻重，犯罪嫌疑人的经济状况等，责令犯罪嫌疑人交纳1000元以上的保证金。

2. 保证金的收取和管理。保证金由县级以上公安机关统一收取和管理。没收保证金、退还保证金、对保证人的罚款决定等，都应当由县级以上公安机关作出。县级以上公安机关应当在其指定的银行设立取保候审保证金专户，委托银行代为收取和保管保证金，并将指定银行的名称通知人民检察院，保证金应当以人民币交纳。

3. 保证金的没收。没收保证金可以在两种情形下实施：

一是被取保候审人没有违反《刑事诉讼法》第六十九条的规定，但在取保候审期间涉嫌重新犯罪被司法机关立案侦查的，公安机关应当暂扣其交纳的保证金，待人民法院判决生效后，决定是否没收保证金。对故意重新犯罪的，应当没收保证金;对过失重新犯罪或者不构成犯罪的,应当退还保证金。

二是人民检察院发现犯罪嫌疑人违反《刑事诉讼法》第六十九条的规定,已交纳保证金的,应当书面通知公安机关没收部分或者全部保证金,连同有关材料一并送交县级以上公安机关;由县级以上公安机关作出没收部分或全部保证金的决定,并通知人民检察院。公安机关发现犯罪嫌疑人违反《刑事诉讼法》第六十九条的规定,依法应当没收保证金的,由县级以上公安机关作出没收部分或全部保证金的决定,并通知人民检察院;对需要变更强制措施的,应当同时提出变更强制措施的意见,连同有关材料一同送交人民检察院。人民检察院在收到公安机关已没收保证金的书面通知或者变更强制措施的意见后,应当在五日内作出变更强制措施或者责令犯罪嫌疑人重新交纳保证金、提出保证人的决定,并通知公安机关。

公安机关应当向保证人宣布没收保证金的决定,并告知其如不服,可以在收到《没收保证金决定书》后的五日内,向执行机关的上一级主管机关申请复核一次。上一级主管机关收到复核申请后,应当在七日内作出复核决定。没收保证金的决定已过复核期或者经复核决定没收保证金的,县级以上公安机关应当及时通知银行按照国家有关规定上缴国库。

4. 保证金的退还。在取保候审期间,被保证人没有违反《刑事诉讼法》第六十九条的规定,并且具备以下条件的,应当退还保证金:一是取保候审期限届满;二是人民检察院改变取保候审保证方式,适用保证人担保的;三是人民法院作出无罪判决的;四是人民检察院作出不起诉决定的;五是人民检察院变取保候审为其他强制措施的;六是犯罪嫌疑人在取保候审期间重新犯罪,但系过失重新犯罪或者不构成犯罪的,应当退还保证金。

对符合退还保证金条件的,县级以上公安机关应当作出退还保证金的决定,被取保候审人凭相关法律文书到银行领取退还的保证金。

六、取保候审的执行

根据《刑事诉讼法》第六十五条第二款的规定,取保候审由公安机关执行。

人民检察院应当向取保候审的犯罪嫌疑人宣读取保候审决定书,由犯罪嫌疑人签名、捺指印或者盖章,并责令犯罪嫌疑人遵守《刑事诉讼法》第六十九条的规定,告知其违反规定应负的法律责任;以保证金方式担保的,应当同时告知犯罪嫌疑人一次性将保证金存入公安机关指定银行的专门账户。

人民检察院决定对犯罪嫌疑人取保候审后,对于采取保证金担保的,应当在核实保证金已经交纳到执行机关指定银行的凭证后,将《取保候审决定书》、《取保候审执行通知书》、有关案由、犯罪嫌疑人基本情况和银行出具的收款凭证一并送交犯罪嫌疑人居住地的同级公安机关执行,并告知公安机关在执行期间拟批准犯罪嫌疑人离开所居住的市、县的,还应当征得人民检察院同意。对于以保证人方式担保的,应当将《取保候审决定书》、《取保候审执行通知书》、《取保候审保证书》、保证人的基本情况等材料同时送达公安机关。对公安机关的执行情况,人民检察院应当注意及时了解,加强监督。

公安机关在执行取保候审时,应当告知被取保候审人必须遵守《刑事诉讼法》第六十九条的规定及其违反规定,或者在取保候审期间重新犯罪应当承担的后果。

七、取保候审的期限

人民检察院决定对犯罪嫌疑人取保候审,最长不得超过十二个月。

(一)取保候审期限的累计计算

《刑诉规则(试行)》第九十九条规定,人民检察院发现犯罪嫌疑人违反刑事诉讼法第六十九条的规定,已交纳保证金的,应当书面通知公安机关没收部分或者全部保证金,并且根据案件的具体情况,责令犯罪嫌疑人具结悔过、重新交纳保证金、提出保证人或者决定监视居住、予以逮捕。因此,如果案件处于侦查、起诉或者审判的环节之中,因犯罪嫌疑人违反《刑事诉讼法》第六十九条规定,被依法没收保证金后,人民检察院仍然决定对其取保候审的,取保候审的期限应当累计计算,累计期限不能超过十二个月。

(二)取保候审期限的重新计算

《刑诉规则(试行)》第一百零二条的规定:公安机关决定对犯罪嫌疑人取保候审,案件移送人民检察院审查起诉后,对于需要继续取保候审的,人民检察院应当依法重新作出取保候审决定,并对犯罪嫌疑人办理取保候审手续。取保候审的期限应当重新计算并告知犯罪嫌疑人。对继续采取保证金方式取保候审的,被取保候审人没有违反《刑事诉讼法》第六十九条规定的,不变更保证金数额,不再重新收取保证金。因此,案件由公安机关移送检察机关或者人民检察院职务犯罪侦查部门。办理的案件移送审查起诉后,人民检察院决定继续取保候审的,应当重新作出决定,并办理相关手续。取保候审的期限重新开始计算。

八、取保候审的变更

犯罪嫌疑人在取保候审期间,如果违反了《刑事诉讼法》第六十九条的规定,人民检察院应当依法对取保候审的措施予以变更。公安机关发现犯罪嫌疑人违反《刑事诉讼法》第六十九条的规定,提出没收保证金或者变更强制措施意见的,人民检察院应当在收到意见后三日以内作出决定,并通知公安机关。

(一)变更的条件

1. 犯罪嫌疑人违反了《刑事诉讼法》第六十九条的规定。

2. 犯罪嫌疑人在取保候审期间重新犯罪的。

（二）变更的措施

人民检察院根据犯罪嫌疑人违反规定的具体情形，可以分别作出以下处理：

1. 没收保证金或者责令提出新的保证人。没收保证金可以没收全部，也可以没收一部分。主要考虑犯罪嫌疑人违反规定的情节轻重以及犯罪嫌疑人的经济承受能力。保证金没收后，如果决定继续取保候审的，应当责令犯罪嫌疑人重新交纳保证金或者提供新的保证人。原保证人丧失保证能力或者不愿继续担保的，应当责令犯罪嫌疑人重新提出保证人或者交纳保证金。

2. 监视居住。对于违反规定严重，但又不宜逮捕的，可以变更为监视居住。原交纳的保证金不予退还，上缴国库。对犯罪嫌疑人决定监视居住的，应当办理监视居住手续，监视居住的期限应当重新计算并告知犯罪嫌疑人。

3. 逮捕。对违反规定情节严重，又符合逮捕条件的，应当变更为逮捕。原交纳的保证金不予退还，上缴国库。

犯罪嫌疑人有以下情节的，应当变更取保候审为逮捕。一是故意实施新的犯罪的；二是企图自杀、逃跑，逃避侦查、审查起诉的；三是实施毁灭、伪造证据，串供或者干扰证人作证，足以影响侦查、审查起诉工作正常进行的；四是对被害人、证人、举报人、控告人及其他人员实施打击报复的。

犯罪嫌疑人有以下情节的，可以变更取保候审为逮捕。一是未经批准，擅自离开所居住的市、县，造成严重后果，或者两次未经批准，擅自离开所居住的市、县的；二是经传讯不到案，造成严重后果，或者经两次传讯不到案的；三是住址、工作单位和联系方式发生变动，未在二十四小时以内向公安机关报告，造成严重后果的；四是违反规定进入特定场所、与特定人员会见或者通信、从事特定活动，严重妨碍诉讼程序正常进行的。

4. 先行拘留。对违反规定情节严重，需要逮捕的犯罪嫌疑人，因情况紧急来不及办理逮捕手续的，可以先行拘留。

（三）变更的程序

人民检察院决定变更取保候审措施的，分别按照收取保证金、提供保证人、监视居住、拘留、逮捕的程序办理相关法律手续。

九、取保候审的解除

取保候审期限届满或者符合其他法定条件的，人民检察院应当解除取保候审。

（一）解除取保候审的条件

1. 取保候审期限届满；

2. 人民检察院依法作出了不起诉决定的；

3. 犯罪嫌疑人已经死亡的;
4. 犯罪情节轻微,危害不大,不认为是犯罪的;
5. 犯罪已过追诉时效的;
6. 经特赦令免除刑罚的;
7. 其他法律规定免予追究刑事责任的。

(二) 解除取保候审的提出

根据法律规定,取保候审解除的提出有两种方式,一是人民检察院依职权提出;二是由犯罪嫌疑人及其法定代理人、近亲属或者辩护人提出申请取保候审。

(三) 解除取保候审的决定与执行

人民检察院解除取保候审,应当由办案人员提出意见,部门负责人审核,检察长决定,并制作《解除取保候审决定书》、《解除取保候审通知书》送达公安机关,公安机关应当立即执行。有保证人的,应当通知保证人解除保证义务。应当告知犯罪嫌疑人可以凭解除取保候审的通知或者有关法律文书到银行领取退还的保证金。

犯罪嫌疑人及其法定代理人、近亲属或者辩护人认为取保候审期限届满,向人民检察院提出解除取保候审要求的,人民检察院应当在三日以内审查决定。经审查认为法定期限届满的,经检察长批准后,解除取保候审;经审查未超过法定期限的,书面答复申请人。

取保候审变更为监视居住、拘留、逮捕的,在变更的同时原强制措施自动解除,不再办理解除法律手续。

十、取保候审的要求

1. 人民检察院对犯罪嫌疑人取保候审的,应当严格依法进行。
2. 在取保候审期间,不得中断对案件的侦查、审查起诉。严禁以取保候审变相放纵犯罪。
3. 保证金的收取、管理和没收应当严格按照相关规定和国家的财经管理制度执行,任何单位和个人不得截留、坐支、私分、挪用或者以其他任何方式侵吞保证金。对违反规定的,应当依照有关规定给予行政处分;构成犯罪的,依法追究刑事责任。

第三节　监视居住

监视居住，是指人民检察院在职务犯罪侦查中，为了保障侦查活动的顺利进行，责令犯罪嫌疑人未经批准不得离开住处或者指定居所，不得随意会见他人，对其行动加以限制，并由执行机关对其行动加以监视的一种强制措施。

一、监视居住的特征

监视居住具有以下特征：

1. 监视居住是针对特定对象实施的，被监视居住的犯罪嫌疑人必须符合法定的条件。
2. 有权决定监视居住的是公安机关、人民检察院、人民法院，执行由公安机关负责，人民检察院对指定居所监视居住的决定和执行是否合法进行监督。
3. 监视居住只限制犯罪嫌疑人的人身自由，而并非剥夺其人身自由。
4. 监视居住不得指定在羁押场所、专门的办案场所进行。
5. 监视居住可以采取电子监控、不定期检查、控制通信等监视方法对犯罪嫌疑人进行监督，但不得有伤风化或干预个人隐私。

二、监视居住的适用条件

根据《刑事诉讼法》第七十二条、《刑诉规则（试行）》第一百零九条的规定，符合下列条件的犯罪嫌疑人可以监视居住。

1. 符合逮捕条件，患有严重疾病、生活不能自理的。
2. 符合逮捕条件，怀孕或者正在哺乳自己婴儿的妇女。
3. 符合逮捕条件，系生活不能自理的人的唯一扶养人；这里的扶养包括父母、祖父母、外祖父母对子女、孙子女、外孙子女的抚养和子女、孙子女、外孙子女对父母、祖父母、外祖父母的赡养以及配偶、兄弟姐妹之间的相互扶养。
4. 符合逮捕条件，因为案件的特殊情况或者办理案件的需要，采取监视居住措施更为适宜的。
5. 羁押期限届满，案件尚未办结，需要采取监视居住措施的。
6. 对符合取保候审条件，但犯罪嫌疑人不能提出保证人，也不交纳保证金的。
7. 上级人民检察院决定不予逮捕，需要继续侦查，并且符合监视居住条件的。
8. 被取保候审的犯罪嫌疑人违反了《刑事诉讼法》第六十九条规定的。

三、监视居住的通报、许可

（一）通报

1. 人民检察院监视居住担任本级政治协商会议委员的犯罪嫌疑人，直接向本级政治协商会议主席团或常务委员会通报。

2. 监视居住担任上级政治协商会议委员的犯罪嫌疑人，应当立即层报该委员所属的政治协商会议同级的人民检察院，由其负责通报。

3. 监视居住担任下级政治协商会议委员的犯罪嫌疑人，可以直接向该委员所属的政治协商会议主席团或者常务委员会通报，也可以委托该委员所属的政治协商会议同级的人民检察院通报；监视居住担任乡、民族乡、镇的政治协商会议委员的犯罪嫌疑人，由县级人民检察院通报乡、民族乡、镇的政治协商会议。

4. 监视居住担任两级以上政治协商会议委员的犯罪嫌疑人，分别按照以上规定通报。

5. 监视居住担任办案单位所在省、市、县（区）以外的其他地区政治协商会议委员的犯罪嫌疑人，应当委托该委员所属的政治协商会议同级的人民检察院通报；担任两级以上政治协商会议委员的，应当分别委托该委员所属的政治协商会议同级的人民检察院通报。

（二）许可

1. 担任县级以上人民代表大会代表的犯罪嫌疑人需要监视居住的，人民检察院应当报请该代表所属的人民代表大会主席团或者常务委员会许可。

2. 人民检察院监视居住担任本级人民代表大会代表的犯罪嫌疑人，直接向本级人民代表大会主席团或常务委员会报请许可。

3. 监视居住担任上级人民代表大会代表的犯罪嫌疑人，应当立即层报该代表所属的人民代表大会同级的人民检察院报请许可。

4. 监视居住担任下级人民代表大会代表的犯罪嫌疑人，可以直接向该代表所属的人民代表大会主席团或者常务委员会报请许可，也可以委托该代表所属的人民代表大会同级的人民检察院报请许可；监视居住担任乡、民族乡、镇的人民代表大会代表的犯罪嫌疑人，由县级人民检察院报告乡、民族乡、镇的人民代表大会。

5. 监视居住担任两级以上人民代表大会代表的犯罪嫌疑人，分别按照以上规定报请许可。

6. 监视居住担任办案单位所在省、市、县（区）以外的其他地区人民代表大会代表的犯罪嫌疑人，应当委托该代表所属的人民代表大会同级的人民检察院报请许可；担任两级以上人民代表大会代表的，应当分别委托该代表所属的人民代表大会同级的人民检察院报请许可。

四、监视居住的决定

人民检察院对犯罪嫌疑人采取监视居住，应当由办案人员提出意见，并制作《采取强制措施审批表》，经部门负责人审核后，再报经检察长决定，制作《监视居住决定书》。对担任各级人大代表的犯罪嫌疑人采取监视居住的，应当向该代表所属的人民代表大会主席团或者常务委员会履行必要的报请许可，具体要求与对人大代表采取取保候审的程序相同。

人民检察院应当向监视居住的犯罪嫌疑人宣读监视居住决定书，由犯罪嫌疑人签名、捺指印或者盖章，并责令犯罪嫌疑人遵守《刑事诉讼法》第七十五条的规定，告知其违反规定应负的法律责任。根据《刑事诉讼法》第七十五条的规定，被监视居住的犯罪嫌疑人应当遵守以下规定：

1. 未经执行机关批准不得离开执行监视居住的处所。这里的执行机关指公安机关，执行监视居住的处所指被监视居住的犯罪嫌疑人固定的住所或由办案机关指定的住所。固定的住所指犯罪嫌疑人在办案机关所在地的市、县内生活的合法住处。指定的住所指办案机关在其所在的市、县内为犯罪嫌疑人指定的生活居所。

2. 未经执行机关批准不得会见他人或者通信。这里的"他人"是指除了与被监视居住人共同生活的人之外的人，律师以外的其他辩护人会见被监视居住的人也需得到批准，在特别重大的贿赂案件中，律师会见犯罪嫌疑人也需得到检察机关的许可。这里的"通信"包括书信、邮件、电报、电话、托人带口信等，只要是传信给他人的方式，都必须得到批准。

3. 在传讯的时候及时到案。传讯包括书面传讯、口头传讯及拘传。"及时到案"指在收到传讯机关的通知后，在正常的情况下应当及时到达传讯所要求的地点。

4. 不得以任何形式干扰证人作证。干扰证人的方式包括暴力、胁迫、引诱、贿赂、乞求等，只要犯罪嫌疑人实施的方式客观上影响了证人对其涉嫌的犯罪事实作证，都属于干扰作证。

5. 不得毁灭、伪造证据或者串供。毁灭、伪造证据或者串供是指犯罪嫌疑人采取各种方式使自己能逃避处罚，对此类行为必须坚决予以制止和防范。

6. 将护照等出入境证件、身份证件、驾驶证件交执行机关保存。将此类证件交执行机关保存是为了防止犯罪嫌疑人逃跑，实践中必须严格执行。

五、监视居住的执行

监视居住由公安机关执行，并且应当在犯罪嫌疑人的住处执行。对于犯罪嫌疑人无固定住处或者涉嫌特别重大贿赂犯罪在住处执行可能有碍侦查的，可以在指定的居所执行。人民检察院核实犯罪嫌疑人住处或者为其指定居所后，应当制作监视居住执行通知书，将有关法律文书和案由、犯罪嫌疑人基本情况材料，送交监视居住地的公安机关执行，必要时人民检察院可以协助公安机关执行。

人民检察院应当告知公安机关在执行期间拟批准犯罪嫌疑人离开执行监视居住的处所、会见他人或者通信的，批准前应当征得人民检察院同意。公安机关在执行监视居住期间向人民检察院征询是否同意批准犯罪嫌疑人离开执行监视居住的处所、会见他人或者通信时，人民检察院应当根据案件的具体情况决定是否同意。

人民检察院可以根据案件的具体情况，商请公安机关对被监视居住的犯罪嫌疑人采取电子监控、通信监控、不定期检查等监视方法，对其遵守监视居住规定的情况进行监督。电子监控指利用安装电子器材、电子定位系统等科技手段对被监视居住人的活动情况和行踪进行全方位的监督。通信监控指对被监视居住人的手机、固定电话、网络通信等进行监督。不定期检查指执行机关根据监督工作需要所进行的灵活的、随机的、不确定的检查和监督。

六、监视居住的期限

人民检察院决定对犯罪嫌疑人监视居住，最长不得超过六个月。

公安机关决定对犯罪嫌疑人监视居住，案件移送人民检察院审查起诉后，对于需要继续监视居住的，人民检察院应当依法重新作出监视居住决定，并对犯罪嫌疑人办理监视居住手续。监视居住的期限应当重新计算并告知犯罪嫌疑人。人民检察院职务犯罪侦查部门办理的案件，在移送审查起诉后，也应依法重新作出监视居住的决定。

七、监视居住的变更

在监视居住期间，根据不同的情况可以对监视居住予以变更。

（一）变更的提出

人民检察院可以自己决定变更，犯罪嫌疑人及其法定代理人、近亲属或者辩护人可以申请变更，犯罪嫌疑人及其法定代理人、近亲属或者辩护人提出变更强制措施申请的，应当说明理由，有证据和其他材料的，应当附上相关材料。

（二）变更为取保候审

1. 对符合取保候审条件的犯罪嫌疑人，因未提出保证人或交纳保证金而监视居住的，在监视居住期间，提出了保证人或交纳保证金的，可以变更为取保候审。

2. 监视居住期限届满，案件没有侦结，仍然需要采取强制措施的，可以变更为取保候审。

办理取保候审的程序见第二节取保候审。

（三）变更为逮捕

人民检察院对违反《刑事诉讼法》第七十五条规定的犯罪嫌疑人，情节严重的，可以予以逮捕；需要予以逮捕的，可以对犯罪嫌疑人、被告人先行拘留。

1. 应当逮捕的情形。一是故意实施新的犯罪行为的；二是企图自杀、逃跑，逃避侦查、审查起诉的；三是实施毁灭、伪造证据或者串供、干扰证人作证行为，足以影响侦查、审查起诉工作正常进行的；四是对被害人、证人、举报人、控告人及其他人员实施打击报复的。

2. 可以逮捕的情形。一是未经批准，擅自离开执行监视居住的处所，造成严重后果，或者两次未经批准，擅自离开执行监视居住的处所的；二是未经批准，擅自会见他人或者通信，造成严重后果，或者两次未经批准，擅自会见他人或者通信的；三是经传讯不到案，造成严重后果，或者经两次传讯不到案的；四是故意不将身份证件、出入境证件、驾驶证件交执行机关保存，有潜逃倾向的；五是疾病痊愈或者哺乳期已满的。

人民检察院对犯罪嫌疑人采取逮捕措施的程序见第五节逮捕。

八、监视居住的解除

根据《刑事诉讼法》第七十七条的规定，人民检察院在监视居住期间，对于发现不应当追究刑事责任或者监视居住期限届满的，应当及时解除监视居住。解除取保候审应当及时通知被监视居住人和有关单位。

（一）解除监视居住的条件

监视居住的解除必须符合以下条件中的一种：1. 监视居住期限届满的；2. 经侦查查明，犯罪嫌疑人没有犯罪事实的；3. 犯罪嫌疑人已经死亡的；4. 犯罪情节轻微，危害不大，不认为是犯罪的；5. 犯罪已过追诉时效的；6. 经特赦令免除刑罚的；7. 其他法律规定免予追究刑事责任的；8. 人民检察院依法作出了不起诉决定的。

（二）解除监视居住的提出

根据法律规定，监视居住解除的提出有两种方式：一是人民检察院依职权提出；二是由犯罪嫌疑人及其法定代理人、近亲属或者辩护人提出。

（三）解除监视居住的决定与执行

人民检察院解除监视居住，应当由办案人员提出意见，部门负责人审核，检察长决定，并制作《解除监视居住决定书》、《解除监视居住通知书》送达公安机关，公安机关应当立即执行。

犯罪嫌疑人及其法定代理人、近亲属或者辩护人认为监视居住期限届满，向人民检察院提出解除监视居住要求的，人民检察院应当在三日以内审查决定。经审查认为法定期限届满的，经检察长批准后，解除监视居住；经审查未超过法定期限的，书面答复申请人。

监视居住变更为取保候审、拘留、逮捕的，在变更的同时原强制措施自动解除，不再办理解除法律手续。

九、指定居所监视居住

根据《刑事诉讼法》第七十三条的规定，对无固定住处，且符合监视居住条件的犯罪嫌疑人可以指定居所监视居住，人民检察院、公安机关对特定犯罪在犯罪嫌疑人住处执行监视居住可能有碍侦查的，也可以指定居所监视居住。

（一）指定居所监视居住的条件

根据犯罪嫌疑人所犯罪行的不同，实施指定监视居住的条件也不同。

1. 对一般刑事案件而言，要对犯罪嫌疑人采取指定居所监视居住必须以其在办案机关所在的市、县无固定住所为前提。

2. 对于特定犯罪，必须是在住处执行可能有碍侦查的情况下，才能指定居所监视居住。

所谓的特定犯罪指涉嫌危害国家安全犯罪、恐怖活动犯罪、特别重大贿赂犯罪。特别重大贿赂犯罪包括：涉嫌贿赂犯罪数额在五十万元以上，犯罪情节恶劣的；有重大社会影响的；涉及国家重大利益的。

"有碍侦查"指在住处执行监视居住可能引起犯罪嫌疑人同案犯的警觉，导致其潜逃、转移、隐匿、毁灭罪证等情况发生，或者不利于对犯罪嫌疑人的监控，可能导致其串供、隐匿、毁灭证据等情况的发生。

（二）指定的居所应具备的条件

指定的居所应当符合下列条件：一是具备正常的生活、休息条件；二是便于监视、管理；三是能够保证办案安全。采取指定居所监视居住的，不得在看守所、拘留所、监狱等羁押、监管场所以及留置室、讯问室等专门的办案场所、办公区域执行。

（三）指定居所监视居住的决定

需要对涉嫌特别重大贿赂犯罪的犯罪嫌疑人采取指定居所监视居住的，由办案人员提出意见，经部门负责人审核，报检察长审批后，连同案卷材料一并报上一级人民检察院侦查部门审查。对于下级人民检察院报请指定居所监视居住的案件，上一级人民检察院应当在收到案卷材料后及时作出是否批准的决定。

上一级人民检察院批准指定居所监视居住的，应当将指定居所监视居住决定书连同案卷材料一并交由下级人民检察院通知同级公安机关执行。下级人民检察院应当将执行回执报上一级人民检察院。

上一级人民检察院不予批准指定居所监视居住的，应当将不予批准指定监视居住决定书送达下级人民检察院，并说明不予批准的理由。

（四）指定居所监视居住的通知

对犯罪嫌疑人决定在指定的居所执行监视居住，除无法通知的以外，人民检察院应当在执行监视居住后二十四小时以内，将指定居所监视居住的原因通知被监视居住人的家属。

无法通知包括以下情形：一是被监视居住人无家属的；二是与其家属无法取得联系的；三是受自然灾害等不可抗力阻碍的。无法通知的，应当向检察长报告，并将原因写明附卷。无法通知的情形消除后，应当立即通知其家属。

（五）指定居所监视居住的监督

根据《刑事诉讼法》第七十三条第四款的规定，人民检察院对指定居所监视居住的决定和执行是否合法实行监督。

1. 对指定居所监视居住决定的监督

一是对监督部门的明确。对于下级人民检察院报请指定居所监视居住的案件，由上一级人民检察院侦查监督部门依法对决定的是否合法进行监督。对于公安机关决定指定居所监视居住的案件，由作出批准决定的公安机关的同级人民检察院侦查监督部门依法对决定是否合法进行监督。对于人民法院因被告人无固定住处而指定居所监视居住的，由同级人民检察院公诉部门依法对决定是否合法进行监督。

二是对启动方式的明确。被指定居所监视居住人及其法定代理人、近亲属或者辩护人认为侦查机关、人民法院的指定居所监视居住决定存在违法情形，提出控告或者举报的，人民检察院应当受理，并报送或者移送承担监督职责的部门办理。

三是对监督方法的明确。人民检察院可以要求侦查机关、人民法院提供指定居所监视居住决定书和相关案件材料。经审查，发现存在下列违法情形的，应当及时通知有关机关纠正：不符合指定居所监视居住的适用条件的；未按法定程序履行批准手续的；在决定过程中有其他违反刑事诉讼法规定的行为的。

2. 对指定居所监视居住执行的监督

一是对监督部门的明确。根据《刑诉规则（试行）》第一百二十条的规定，人民检察院监所检察部门依法对指定居所监视居住是否合法实行监督。

二是对启动方式的明确。人民检察院监所检察部门自己发现指定居所监视居住存在违法情形的，应当启动监督程序。

被监视居住人及其法定代理人、近亲属或者辩护人对于公安机关、人民检察院侦查部门或者侦查人员存在违法情形提出控告的，人民检察院控告检察部门应当受理并及时移送监所检察部门处理。监所检察部门应当启动监督程序。

三是对监督方法的明确。人民检察院监所检察部门发现下列违法情形的，应当及时提出纠正意见：指定居所监视居住后二十四小时以内没有通知被监视居住人的家属的；在羁押场所、专门的办案场所执行监视居住的；为被监视居住人通风报信、私自传递信件、物品的；对被监视居住人刑讯逼供、体罚、虐待或者变相体罚、虐待的；有其他侵犯被监视居住人合法权利或者其他违法行为的。

（六）指定居所监视居住的必要性审查

对于特别重大贿赂犯罪案件决定指定居所监视居住的，人民检察院侦查部门应当自决定指定居所监视居住之日起每两个月对指定居所监视居住的必要性进行审查，没有必要继续指定居所监视居住或者案件已经办结的，应当解除指定居所监视居住或者变更强制措施。

（七）指定居所监视居住的变更

一是指定居所监视居住变更的提出。人民检察院自己发现应当变更指定居所监视居住的，可以自己提出变更。犯罪嫌疑人及其法定代理人、近亲属或者辩护人认为不再具备指定居所监视居住条件的，也有权向人民检察院申请变更。犯罪嫌疑人及其法定代理人、近亲属或者辩护人提出变更强制措施申请的，应当说明理由，有证据和其他材料的，应当附上相关材料。

二是指定居所监视居住变更的决定。人民检察院自己发现应当变更的，由承办人提出意见，部门负责人审核后，报检察长决定。犯罪嫌疑人及其法定代理人、近亲属或者辩护人申请变更的，人民检察院应当在三日以内作出决定，经审查认为不需要继续指定居所监视居住的，应当解除指定居所监视居住或者变更强制措施；认为需要继续指定居所监视居住的，应当答复申请人并说明理由。

解除指定居所监视居住或者变更强制措施的，下级人民检察院侦查部门应当报送上一级人民检察院备案。

十、监视居住的要求

1. 人民检察院实施监视居住、指定居所监视居住必须依法进行。
2. 指定居所监视居住的，不得要求被监视居住人支付费用。
3. 在监视居住期间，不得中断对案件的侦查、审查起诉。

第四节 拘 留

拘留指人民检察院在紧急情况下，为了保障侦查活动的顺利进行，对于符合法定条件的犯罪嫌疑人依法采取的暂时剥夺其人身自由的一种强制措施。

一、拘留的适用条件

根据《刑诉规则（试行）》第一百二十九条的规定，人民检察院对于有下列情形之一的犯罪嫌疑人，可以决定拘留：

1. 犯罪后企图自杀、逃跑或者在逃的；
2. 有毁灭、伪造证据或者串供可能的。

二、拘留的通报、报告和许可

（一）通报

1. 人民检察院拘留担任本级政治协商会议委员的犯罪嫌疑人，直接向本级政治协商会议主席团或常务委员会通报。

2. 拘留担任上级政治协商会议委员的犯罪嫌疑人，应当立即层报该委员所属的政治协商会议同级的人民检察院，由其负责通报。

3. 拘留担任下级政治协商会议委员的犯罪嫌疑人，可以直接向该委员所属的政治协商会议主席团或者常务委员会通报，也可以委托该委员所属的政治协商会议同级的人民检察院通报；拘留担任乡、民族乡、镇的政治协商会议委员的犯罪嫌疑人，由县级人民检察院通报乡、民族乡、镇的政治协商会议。

4. 拘留担任两级以上政治协商会议委员的犯罪嫌疑人，分别按照以上规定通报。

5. 拘留担任办案单位所在省、市、县（区）以外的其他地区政治协商会议委员的犯罪嫌疑人，应当委托该委员所属的政治协商会议同级的人民检察院通报；担任两级以上政治协商会议委员的，应当分别委托该委员所属的政治协商会议同级的人民检察院通报。

（二）报告和许可

1. 担任县级以上人民代表大会代表的犯罪嫌疑人因系现行犯被拘留的，人民检察院应当立即向该代表所属的人民代表大会主席团或者常务委员会报告；因为其他情形需要拘留的，人民检察院应当报请该代表所属的人民代表大会主席团或者常务委员会许可。

2. 人民检察院拘留担任本级人民代表大会代表的犯罪嫌疑人，直接向本级人民代表大会主席团或常务委员会报告或者报请许可。

3. 拘留担任上级人民代表大会代表的犯罪嫌疑人，应当立即层报该代表所属的人民代表大会同级的人民检察院报告或者报请许可。

4. 拘留担任下级人民代表大会代表的犯罪嫌疑人，可以直接向该代表所属的人民代表大会主席团或者常务委员会报告或者报请许可，也可以委托该代表所属的人民代表大会同级的人民检察院报告或者报请许可；拘留担任乡、民族乡、镇的人民代表大会代表的犯罪嫌疑人，由县级人民检察院报告乡、民族乡、镇的人民代表大会。

5. 拘留担任两级以上人民代表大会代表的犯罪嫌疑人，分别按照以上规定报告或者报请许可。

6. 拘留担任办案单位所在省、市、县（区）以外的其他地区人民代表大会代表的犯罪嫌疑人，应当委托该代表所属的人民代表大会同级的人民检察院报告或者报请许可；担任两级以上人民代表大会代表的，应当分别委托该代表所属的人民代表大会同级的人民检察院报告或者报请许可。

三、拘留的决定

人民检察院拘留犯罪嫌疑人，应当由办案人员提出意见，制作《采取强制措施审批表》，经部门负责人审核后，报检察长决定。检察长批准同意对犯罪嫌疑人采取拘留措施的，案件承办人应制作《拘留决定书》，并加盖院印。

人民检察院需拘留人大代表的，应制作《报请许可采取强制措施报告书》，按上述程序报请人大主席团或常务委员会许可。人大主席团或常务委员会许可拘留的，对犯罪嫌疑人予以拘留，不许可拘留的，变更为其他措施。

四、拘留的执行

人民检察院在直接立案侦查的案件中决定拘留犯罪嫌疑人的，由公安机关执行，必要的时候，人民检察院可以协助公安机关执行。

人民检察院在作出拘留犯罪嫌疑人的决定后，应当将《拘留决定书》等有关法律文书和有关案由、犯罪嫌疑人基本情况的材料送交同级公安机关执行。公安机关核实有关法律文书和材料后，应当报请县级以上公安机关负责人签发《拘留证》，并立即派员执行，人民检察院可以协助公安机关执行。公安机关拘留犯罪嫌疑人后，应当立即将执行回执送达作出拘留决定的人民检察院。公安机关未能抓获犯罪嫌疑人的，应当在二十四小时以内将执行情况和未能抓获犯罪嫌疑人的原因通知作出拘留决定的人民检察院。在人民检察院撤销拘留决定之前，公安机关应当组织力量继续执行，人民检察院应当及时向公安机关提供新的情况和线索。

人民检察院拘留犯罪嫌疑人时，应当向被拘留人出示《拘留证》，并责令被拘留人在拘留证上签名或盖章。被拘留人拒绝签名或盖章的，应当记录在案。对被拘留的人，应当立即将被拘留人送看守所羁押，至迟不得超过二十四小时。不能把检察院的讯问室当成羁押室。

五、拘留后的讯问

犯罪嫌疑人被执行拘留后，人民检察院应当在二十四小时以内进行讯问。

讯问拘留后在押的犯罪嫌疑人一般应当在看守所进行，确因侦查工作需要，必须提押犯罪嫌疑人到检察院的讯问室讯问的，应当经检察长批准，并严格执行还押制度。这里的"侦查工作需要"包括提押犯罪嫌疑人出所辨认罪犯、罪证或者追缴犯罪有关财物等。

六、拘留后的通知

对犯罪嫌疑人拘留后，除无法通知的以外，人民检察院应当在二十四小时以内，通知被拘留人的家属。

无法通知包括以下情形：一是被监视居住人无家属的；二是与其家属无法取得联系的；三是受自然灾害等不可抗力阻碍的。无法通知的，应当向检察长报告，并将原因写明附卷。无法通知的情形消除后，应当立即通知其家属。

七、拘留时的告知

根据《刑事诉讼法》第三十三条第一、二款的规定，犯罪嫌疑人自被侦查机关第一次讯问或者采取强制措施之日起，有权委托辩护人；在侦查期间，只能委托律师作为辩护人。因此，人民检察院职务犯罪侦查部门在第一次讯问犯罪嫌疑人或者对犯罪嫌疑人采取强制措施的时候，应当告知犯罪嫌疑人有权委托辩护人，并将告知情况记入笔录。

八、拘留的期限

人民检察院拘留犯罪嫌疑人的羁押期限为十四日，特殊情况下可以延长一日至三日。

人民检察院办理直接立案侦查的案件，需要逮捕犯罪嫌疑人的，如果犯罪嫌疑人已被拘留，侦查部门应当在拘留后三日以内报请逮捕。特殊情况下，移送审查的时间可以延长一至四日。因此，对于已经被拘留的犯罪嫌疑人，如果需要逮捕的，职务犯罪侦查部门应当至迟在七日以内报请上一级人民检察院侦查监督部门决定逮捕。人民检察院职务犯罪侦查部门需要延长拘留期限的，应制作延长拘留期限的报告，经部门负责人审核后，报检察长决定。

九、拘留后的处理

对被拘留的犯罪嫌疑人，人民检察院应当根据情况，分别作如下处理：

1. 在拘留后二十四小时内应当进行讯问，发现不应当拘留的，必须立即释放，发给释放证明；

2. 对需要逮捕而证据还不充足的，符合取保候审或监视居住条件的，可以取保候审或者监视居住；

3. 对符合逮捕条件的，依法报请逮捕或决定逮捕，办理逮捕手续。

十、对申请变更拘留的处理

犯罪嫌疑人及其法定代理人、近亲属或者辩护人认为人民检察院对拘留的犯罪嫌疑人法定羁押期限届满，向人民检察院提出释放犯罪嫌疑人或者变更拘留措施要求的，人民检察院侦查部门应当在三日以内审查完毕。犯罪嫌疑人及其法定代理人、近亲属或者辩护人提出变更强制措施申请的，应当说明理由，有证据和其他材料的，应当附上相关材料。侦查部门经审查认为法定期限届满的，应当提出释放犯罪嫌疑人或者变更强制措施的意见，经检察长批准后，通知公安机关执行；经审查认为未满法定期限的，书面答复申诉人。

侦查部门应当将审查结果同时书面通知本院监所检察部门和案件管理部门。

十一、拘留的要求

1. 人民检察院需要拘留犯罪嫌疑人的必须依法进行。
2. 人民检察院拘留犯罪嫌疑人的时候，必须出示拘留证。
3. 公民将正在实行犯罪或者在犯罪后即被发觉的、通缉在案的、越狱逃跑的、正在被追捕的犯罪嫌疑人或者犯罪人扭送到人民检察院的，人民检察院应当予以接受，并且根据具体情况决定是否采取相应的紧急措施。对于不属于自己管辖的，应当移送主管机关处理。

第五节　逮　　捕

逮捕指人民检察院为了保障侦查活动的顺利进行，对符合法定条件的犯罪嫌疑人依法采取的在较长时间内剥夺其人身自由的最为严厉的一种强制措施。

一、逮捕的适用范围

根据《刑事诉讼法》第七十九条的规定，逮捕的适用范围包括：

1. 有证据证明有犯罪事实，可能判处徒刑以上刑罚，采取取保候审尚不足以防止发生社会危险性的犯罪嫌疑人；
2. 对有证据证明有犯罪事实，可能判处十年有期徒刑以上刑罚的犯罪嫌疑人，应当批准或者决定逮捕；
3. 对有证据证明有犯罪事实，可能判处徒刑以上刑罚，犯罪嫌疑人曾经故意犯罪或者不讲真实姓名、住址，身份不明的，应当批准或者决定逮捕；
4. 犯罪嫌疑人在取保候审期间，实施了违反《刑事诉讼法》第六十九条规定的行为，且情节严重的；
5. 犯罪嫌疑人在监视居住期间，实施了违反《刑事诉讼法》第七十五条规定的行为，且情节严重的。

二、逮捕的适用条件

根据《刑事诉讼法》第七十九条的规定，逮捕的适用条件可分为一般逮捕条件和特殊条件。

（一）一般逮捕条件

一般逮捕条件指应当同时具备以下三个要件：

1. 有证据证明有犯罪事实

这是适用逮捕的证据条件。"有证据证明有犯罪事实"是指应同时具备下列三种情形：一是有证据证明发生了犯罪事实；二是有证据证明该犯罪事实是犯罪嫌疑人实施的；三是证明犯罪嫌疑人实施犯罪行为的证据已有查证属实的。其中，犯罪事实既可以是单一犯罪行为的事实，也可以是数个犯罪行为中任何一个犯罪行为的事实。

对实施多个犯罪行为或者共同犯罪案件的犯罪嫌疑人，具有下列情形之一的，应当决定逮捕：一是有证据证明犯有数罪中的一罪的；二是有证据证明实施多次犯罪中的一次犯罪的；三是共同犯罪中已有证据证明有犯罪事实的犯罪嫌疑人。

根据《人民检察院审查逮捕质量标准（试行）》第三条的规定，具有仅有犯罪嫌疑人供述而无其他已查证属实的证据佐证的；没有直接证据，而间接证据又未形成相互印证链条的等十种情形之一的，不属于"有证据证明有犯罪事实"，不能逮捕。

2. 可能判处徒刑以上刑罚

这是逮捕的刑罚条件。根据这一条件，人民检察院在决定适用逮捕时，不仅要严格把握罪与非罪的界限，还应当考虑犯罪嫌疑人所犯罪行的严重程度，分析判断是否可能判处徒刑以上刑罚。对那些罪行较轻，可能被判处管制、拘役或者独立适用附加刑的，不适用逮捕。当然，"可能判处徒刑以上刑罚"，只是一种不确定的判断，是根据当时已有的证据证明的犯罪事实以及案件情况作出的一种可能性而非确定性的初步判断。

3. 采取取保候审、监视居住等方法尚不足以防止发生社会危险性，而有逮捕必要

这是逮捕的社会危险性条件。所谓社会危险性，主要包括两个方面的含义：一是妨碍侦查活动顺利进行的危险性，如逃跑、串供、毁灭罪证、干扰证人作证等；二是继续实施犯罪的危险性，如打击报复、为掩盖罪行又实施新的犯罪行为等。具体包括：

一是可能实施新的犯罪的，即犯罪嫌疑人多次作案、连续作案、流窜作案，其主观恶性、犯罪习性表明其可能实施新的犯罪，以及有一定证据证明犯罪嫌疑

人已经开始策划、预备实施犯罪的;

二是有危害国家安全、公共安全或者社会秩序的现实危险的,即有一定证据证明或者有迹象表明犯罪嫌疑人在案发前或者案发后正在积极策划、组织或预备实施危害国家安全、公共安全或者社会秩序的重大违法犯罪行为的;

三是可能毁灭、伪造证据,干扰证人作证或者串供的,即有一定证据证明或者有迹象表明犯罪嫌疑人在归案前或者归案后已经着手实施或者企图实施毁灭、伪造证据,干扰证人作证或者串供行为的;

四是有一定证据证明或者有迹象表明犯罪嫌疑人可能对被害人、举报人、控告人实施打击报复的;

五是企图自杀或者逃跑的,即犯罪嫌疑人归案前或者归案后曾经自杀,或者有一定证据证明或者有迹象表明犯罪嫌疑人试图自杀或者逃跑的。

根据最高人民检察院、公安部《关于依法适用逮捕措施有关问题的规定》,具有下列情形之一的,即为"有逮捕必要":一是可能继续实施犯罪行为,危害社会的;二是可能毁灭、伪造证据、干扰证人作证或者串供的;三是可能自杀或逃跑的;四是可能实施打击报复行为的;五是可能有碍其他案件侦查的;六是其他可能发生社会危险性的情形。

以上三个条件是一个有机联系,不可分割的整体,必须同时具备,缺一不可。

(二) 特殊逮捕的条件及其情形

1. 违反取保候审规定的逮捕

根据《刑事诉讼法》第六十九条规定,被取保候审的犯罪嫌疑人违反应遵守的规定,已交纳保证金的,没收部分或全部保证金,并且应当区分情形,责令具结悔过、重新交纳保证金、提出保证人或者监视居住、予以逮捕。

对下列违反取保候审规定的犯罪嫌疑人,应当予以逮捕:一是故意实施新的犯罪的;二是企图自杀、逃跑,逃避侦查、审查起诉的;三是实施毁灭、伪造证据,串供或者干扰证人作证,足以影响侦查、审查起诉工作正常进行的;四是对被害人、证人、举报人、控告人及其他人员实施打击报复的。

对下列违反取保候审规定的犯罪嫌疑人,可以予以逮捕:一是未经批准,擅自离开所居住的市、县,造成严重后果,或者两次未经批准,擅自离开所居住的市、县的;二是经传讯不到案,造成严重后果,或者经两次传讯不到案的;三是住址、工作单位和联系方式发生变动,未在二十四小时以内向公安机关报告,造成严重后果的;四是违反规定进入特定场所、与特定人员会见或者通信、从事特定活动,严重妨碍诉讼程序正常进行的。

2. 违反监视居住规定的逮捕

根据《刑事诉讼法》第七十五条规定,被监视居住人违反应遵守的规定,情节严重的，可以予以逮捕。

对下列违反监视居住规定的行为，属于情节严重，对犯罪嫌疑人应当予以逮捕：一是故意实施新的犯罪行为的；二是企图自杀、逃跑、逃避侦查、审查起诉的；三是实施毁灭、伪造证据或者串供、干扰证人作证行为，足以影响侦查、审查起诉工作正常进行的；四是对被害人、证人、举报人、控告人及其他人员实施打击报复的。

对下列违反监视居住规定的行为，属于情节严重，对犯罪嫌疑人可以予以逮捕：一是未经批准，擅自离开执行监视居住的处所，造成严重后果，或者两次未经批准，擅自离开执行监视居住的处所的；二是未经批准，擅自会见他人或者通信，造成严重后果，或者两次未经批准，擅自会见他人或者通信的；三是经传讯不到案，造成严重后果，或者经两次传讯不到案的；四是故意不将身份证件、出入境证件、驾驶证件交执行机关保存，有潜逃倾向的；五是疾病痊愈或者哺乳期已满的。

3. 特定情形下的逮捕

此种情况有两种，一是对有证据证明有犯罪事实，可能判处十年有期徒刑以上刑罚的犯罪嫌疑人，应当批准或者决定逮捕。二是对有证据证明有犯罪事实，可能判处徒刑以上刑罚，犯罪嫌疑人曾经故意犯罪或者不讲真实姓名、住址，身份不明的，应当批准或者决定逮捕。

对此类逮捕，应当把握以下要件：

一是可能判处十年以上有期徒刑刑罚。这种量刑的判断具有不确定性，随着侦查工作的开展会有所变化。在具体把握时应结合刑法规定的法定刑进行，如最高法定刑在十年以下有期徒刑的，肯定不能适用；最高法定刑在十年以上有期徒刑的，应根据构罪要件的具体情形进行判断。

二是可能判处徒刑以上刑罚，曾经故意犯罪的。首先要判断犯罪嫌疑人所犯的罪行的法定最高刑在有期徒刑以上，其次要证据证明犯罪嫌疑人有故意犯罪的前科。

三是可能判处徒刑以上刑罚，犯罪嫌疑人身份不明的。首先要判断犯罪嫌疑人所犯的罪行的法定最高刑在有期徒刑以上，其次是经多次讯问、调查，犯罪嫌疑人仍然不讲清其身份或者身份无法查明的。

三、逮捕的通报、报告和许可

（一）通报

1. 人民检察院逮捕担任本级政治协商会议委员的犯罪嫌疑人，直接向本级政治协商会议主席团或常务委员会通报。

2. 逮捕担任上级政治协商会议委员的犯罪嫌疑人，应当立即层报该委员所属的政治协商会议同级的人民检察院,由其负责通报。

3. 逮捕担任下级政治协商会议委员的犯罪嫌疑人,可以直接向该委员所属的政治协商会议主席团或者常务委员会通报,也可以委托该委员所属的政治协商会议同级的人民检察院通报;逮捕担任乡、民族乡、镇的政治协商会议委员的犯罪嫌疑人,由县级人民检察院通报乡、民族乡、镇的政治协商会议。

4. 逮捕担任两级以上政治协商会议委员的犯罪嫌疑人,分别按照以上规定通报。

5. 逮捕担任办案单位所在省、市、县(区)以外的其他地区政治协商会议委员的犯罪嫌疑人,应当委托该委员所属的政治协商会议同级的人民检察院通报;担任两级以上政治协商会议委员的,应当分别委托该委员所属的政治协商会议同级的人民检察院通报。

(二)报告和许可

1. 担任县级以上人民代表大会代表的犯罪嫌疑人因系现行犯被逮捕的,人民检察院应当立即向该代表所属的人民代表大会主席团或者常务委员会报告;因为其他情形需要逮捕的,人民检察院应当报请该代表所属的人民代表大会主席团或者常务委员会许可。

2. 人民检察院逮捕担任本级人民代表大会代表的犯罪嫌疑人,直接向本级人民代表大会主席团或常务委员会报告或者报请许可。

3. 逮捕担任上级人民代表大会代表的犯罪嫌疑人,应当立即层报该代表所属的人民代表大会同级的人民检察院报告或者报请许可。

4. 逮捕担任下级人民代表大会代表的犯罪嫌疑人,可以直接向该代表所属的人民代表大会主席团或者常务委员会报告或者报请许可,也可以委托该代表所属的人民代表大会同级的人民检察院报告或者报请许可;逮捕担任乡、民族乡、镇的人民代表大会代表的犯罪嫌疑人,由县级人民检察院报告乡、民族乡、镇的人民代表大会。

5. 逮捕担任两级以上人民代表大会代表的犯罪嫌疑人,分别按照以上规定报告或者报请许可。

6. 逮捕担任办案单位所在省、市、县(区)以外的其他地区人民代表大会代表的犯罪嫌疑人,应当委托该代表所属的人民代表大会同级的人民检察院报告或者报请许可;担任两级以上人民代表大会代表的,应当分别委托该代表所属的人民代表大会同级的人民检察院报告或者报请许可。

四、逮捕的决定

根据最高人民检察院《关于省级以下人民检察院立案侦查的案件由上一级人民检察院审查决定逮捕的规定(试行)》的规定,省级以下(不含省级)人民检察院立案侦查的案件，需要逮捕犯罪嫌疑人的，应当报请上一级人民检察院审查决定，省级人民检察院立案侦查的案件，需要逮捕犯罪嫌疑人的，由省级人民检察院决定。

（一）决定逮捕

省级人民检察院办理直接立案侦查的案件，需要逮捕犯罪嫌疑人的，侦查部门的侦查人员应填写《采取强制措施审批表》，制作《逮捕犯罪嫌疑人意见书》，经侦查部门负责人审核，并报检察长批准后，连同案卷材料一并送交本院侦查监督部门审查。犯罪嫌疑人已被拘留的，侦查部门应当在拘留后三日以内送交本院侦查监督部门审查。特殊情况下，移送审查的时间可以延长一日至四日。对侦查部门移送审查逮捕的案件，犯罪嫌疑人已被拘留的，应当在侦查监督部门接到逮捕犯罪嫌疑人意见书后的七日以内，由检察长或者检察委员会决定是否逮捕；犯罪嫌疑人未被拘留的，应当在侦查监督部门接到逮捕犯罪嫌疑人意见书后的十五日以内，由检察长或者检察委员会决定是否逮捕，重大复杂的案件不得超过二十日。

（二）报请逮捕

下级人民检察院报请审查逮捕的案件，应当由职务犯罪侦查部门承办人制作《报请逮捕书》，《报请逮捕书》除叙述犯罪事实和证据外，还应当说明逮捕的必要性，经部门负责人、检察长审批后报送本院侦查监督部门。本院侦查监督部门审查后提出审查意见，经检察长或者检察委员会审批后，连同案卷材料、讯问犯罪嫌疑人同步录音录像资料一并报上一级人民检察院审查。报请审查逮捕的材料应当齐备、规范。

1. 逮捕决定前的讯问

上一级人民检察院经审查案卷材料、录音录像资料，有下列情形之一的，应当讯问犯罪嫌疑人：一是犯罪嫌疑人是否有犯罪事实有疑点的；二是犯罪嫌疑人是否需要逮捕有疑点的；三是侦查活动可能存在刑讯逼供、暴力取证等违法犯罪行为的；四是其他应当讯问犯罪嫌疑人的情形。

对未采取强制措施的犯罪嫌疑人，讯问前应当征求下级人民检察院侦查部门的意见。讯问犯罪嫌疑人，可以当面讯问，也可以通过检察专网进行视频讯问或者委托下级人民检察院侦查监督部门讯问。视频讯问的，上一级人民检察院应当做好讯问笔录，下级人民检察院应当协助做好提押、讯问笔录核对、签字等工作，并及时将讯问笔录报送上一级人民检察院。委托讯问的，上一级人民检察院应当拟定讯问提纲，由下级人民检察院侦查监督部门进行讯问，并及时将讯问笔录报送上一级人民检察院。

对已被拘留的犯罪嫌疑人，上一级人民检察院拟不讯问的，应当向犯罪嫌疑人送达或者委托下级人民检察院侦查监督部门代为送达听取犯罪嫌疑人意见书。

犯罪嫌疑人收到意见书后要求讯问的,上一级人民检察院应当讯问,或者委托下级人民检察院侦查监督部门讯问。

2. 对律师意见的审查

犯罪嫌疑人委托的律师提出不应当逮捕、无逮捕必要、不适合羁押等意见以及相关证据材料的,上一级人民检察院应当审查,并在审查逮捕意见书上说明是否采纳的情况和理由。必要时,可以听取受委托律师的意见,并制作笔录。

3. 侦查监督部门的提前介入

对重大、复杂、疑难的案件,下级人民检察院侦查部门可以提请上一级人民检察院侦查监督部门派员适时介入。上一级人民检察院侦查监督部门认为有必要时,可以主动派员介入,审查证据、引导取证、监督侦查活动是否合法。

4. 决定

犯罪嫌疑人已被拘留的,上一级人民检察院应当在收到《报请逮捕书》后的七日以内作出是否逮捕的决定;犯罪嫌疑人未被拘留的,应当在收到《报请逮捕书》后的十五日以内作出是否逮捕的决定,重大复杂的案件不得超过二十日。

对应当逮捕而下级人民检察院未报请逮捕的犯罪嫌疑人,上一级人民检察院应当通知下级人民检察院提出报请逮捕犯罪嫌疑人的意见,下级人民检察院不同意报请逮捕犯罪嫌疑人的,应当说明理由。经审查理由不成立的,上一级人民检察院可以依法作出逮捕决定。

下一级人民检察院认为上一级人民检察院作出的不予逮捕决定错误的,应当在收到《不予逮捕决定书》后五日内报请上一级人民检察院重新审查,但是必须将已被拘留的犯罪嫌疑人立即释放或采取其他强制措施。上一级人民检察院在收到《报请重新审查逮捕意见书》和案卷材料后,应当另行指派承办人审查,在七日内作出是否变更的决定。

五、不予逮捕的情形

根据《刑诉规则(试行)》第一百四十三条、第一百四十四条的规定,对特定对象在符合法定条件下应当或者可以不予逮捕。

(一)应当不予逮捕的条件

对具有下列情形之一的犯罪嫌疑人,人民检察院应当作出不批准逮捕的决定或者不予逮捕:1. 不符合《刑诉规则(试行)》第一百三十九条至第一百四十二条规定的逮捕条件的;2. 具有刑事诉讼法第十五条规定的情形之一的。

(二)可以不予逮捕的条件

犯罪嫌疑人涉嫌的罪行较轻,且没有其他重大犯罪嫌疑,具有以下情形之一的,可以作出不批准逮捕的决定或者不予逮捕:1. 属于预备犯、中止犯,或者防卫过当、避险过当的；2. 主观恶性较小的初犯，共同犯罪中的从犯、胁从犯，犯罪后自首、有立功表现或者积极退赃、赔偿损失、确有悔罪表现的；3. 过失犯罪的犯罪嫌疑人，犯罪后有悔罪表现，有效控制损失或者积极赔偿损失的；4. 犯罪嫌疑人与被害人双方根据刑事诉讼法的有关规定达成和解协议，经审查，认为和解系自愿、合法且已经履行或者提供担保的；5. 犯罪嫌疑人系已满十四周岁未满十八周岁的未成年人或者在校学生，本人有悔罪表现，其家庭、学校或者所在社区居民委员会、村民委员会具备监护、帮教条件的；6. 年满七十五周岁以上的老年人。

六、逮捕的执行

（一）决定逮捕的执行

省级人民检察院对本院职务犯罪侦查部门移送审查逮捕的犯罪嫌疑人，经检察长或者检察委员会决定逮捕的，侦查监督部门应当将《逮捕决定书》连同案卷材料送交职务犯罪侦查部门，由职务犯罪部门将有关法律文书和有关案由、犯罪嫌疑人基本情况的材料送交同级公安机关执行。公安机关核实后，应报请公安机关负责人签发《逮捕证》并立即派员执行，必要时人民检察院可以协助公安机关执行。逮捕犯罪嫌疑人应当向被逮捕人出示《逮捕证》，并责令其在逮捕证上签名或盖章。被逮捕人拒绝签名或盖章的，应记录在案。公安机关逮捕犯罪嫌疑人后，应当立即将执行回执送达作出逮捕决定的人民检察院。公安机关未能抓获犯罪嫌疑人的，应当在二十四小时以内将执行情况和未能抓获犯罪嫌疑人的原因通知作出逮捕决定的人民检察院。在人民检察院撤销逮捕决定之前，公安机关应当组织力量继续执行，人民检察院应当及时向公安机关提供新的情况和线索。

（二）报请逮捕的执行

1. 决定逮捕的执行。上一级人民检察院决定逮捕的，应当将《逮捕决定书》连同案卷材料、录音录像资料一并交下级人民检察院，由下级人民检察院通知同级公安机关执行。必要时，下级人民检察院可以协助执行。下级人民检察院应当在公安机关执行逮捕三日以内，将执行回执报上一级人民检察院。逮捕犯罪嫌疑人应当向被逮捕人出示《逮捕证》，并责令其在逮捕证上签名或盖章。被逮捕人拒绝签名或盖章的，应记录在案。

2. 不予逮捕的执行。上一级人民检察院决定不予逮捕的，应当将《不予逮捕决定书》连同案卷材料、录音录像资料一并交下级人民检察院，同时书面说明不予逮捕的理由。犯罪嫌疑人已被拘留的，下级人民检察院应当通知公安机关立即释放，并报上一级人民检察院。案件需要继续侦查，并且犯罪嫌疑人符合取保候审、监视居住条件的，由下级人民检察院依法取保候审、监视居住。上一级人民检察院作出不予逮捕决定，认为需要补充侦查的，应当制作补充侦查提纲。

对于患有严重疾病、生活不能自理的犯罪嫌疑人，上一级人民检察院或者省级人民检察院侦查监督部门可以在作出不予以逮捕或者不批准逮捕决定的同时，建议侦查机关采取监视居住的措施。

七、逮捕后的讯问

根据《刑事诉讼法》第九十二条的规定，人民检察院职务犯罪侦查部门必须在逮捕后的二十四小时内对犯罪嫌疑人进行讯问。发现不应当逮捕的时候，必须立即释放，发给释放证明。

这里的"不应当逮捕"主要是指：1. 犯罪行为没有发生或者被逮捕人不构成犯罪的；2. 有《刑事诉讼法》第十五条规定的情形之一的；3. 犯罪嫌疑人罪行较轻，不可能判处有期徒刑以上刑罚的；4. 犯罪嫌疑人患有严重疾病或者正在怀孕、哺乳自己婴儿，根据案件情况，不是非捕不可的；5. 犯罪嫌疑人社会危险性不大，采取取保候审、监视居住足以防止的；6. 犯罪嫌疑人在取保候审、监视居住期间没有严重违反应遵守的规定，不符合转捕条件的。

八、逮捕后的告知

根据《刑事诉讼法》第三十三条第一、二款的规定，犯罪嫌疑人自被侦查机关第一次讯问或者采取强制措施之日起，有权委托辩护人；在侦查期间，只能委托律师作为辩护人。因此，人民检察院职务犯罪侦查部门在第一次讯问犯罪嫌疑人或者对犯罪嫌疑人采取强制措施的时候，应当告知犯罪嫌疑人有权委托辩护人，并将告知情况记入笔录。

九、逮捕后的通知

逮捕后，应当立即将被逮捕人送看守所羁押。除无法通知的以外，应当在逮捕后二十四小时以内，通知被逮捕人的家属或所在单位。

无法通知的，应当向检察长报告，并将原因写明附卷。无法通知包括以下情形：1. 被拘留人无家属的；2. 与其家属无法取得联系的；3. 受自然灾害等不可抗力阻碍的。

十、逮捕后的侦查羁押期限

详见本书第十一章《侦查羁押期限》。

十一、异地羁押

犯罪嫌疑人被拘留、逮捕后，一般羁押在办案机关所在地的羁押场所，但在特殊情况下，也可以羁押在办案机关所在地之外的其他羁押场所羁押，即异地羁押。

(一) 异地羁押的定义

异地羁押指侦查机关为了防止干扰，为侦查破案、揭露和证实犯罪创造有利的条件，而将有关的犯罪嫌疑人羁押在案件侦查机关所在地以外的羁押场所的一项措施。

(二) 异地羁押的条件

实行异地羁押是为了有效地防止串供，消除"关系网"、"保护伞"对侦查的干扰，减轻办案压力，从而有利于顺利地侦查终结案件。实践中，要实行异地羁押必须符合下列条件之一：1. 犯罪嫌疑人系涉嫌贪污贿赂等犯罪的较高级别的领导人。此类犯罪嫌疑人在当地往往"关系网"和"保护伞"错综复杂；羁押在当地会对侦查工作造成一定的困难。2. 犯罪嫌疑人系涉嫌滥用职权、徇私枉法等犯罪的国家工作人员，特别是司法工作人员。此类犯罪嫌疑人往往在当地执法机关内部有一定的"关系网"，羁押在当地可能会对侦查工作造成一定的干扰。3. 其他需要异地羁押的情形，如犯罪嫌疑人的子女、亲属、利害关系人利用当地关系说情、打听案情的等。

(三) 异地羁押的提出

需要实行异地羁押的，在羁押前，承办案件的侦查人员应当制作对犯罪嫌疑人异地羁押的请示，报部门负责人审核后，由检察长审批。

对犯罪嫌疑人异地羁押请示的内容应当包括：犯罪嫌疑人的基本情况、案由、基本案情、身体状况、现羁押场所、拟异地羁押场所、异地羁押理由等，并附立案请示报告、立案决定书、拘留证或者逮捕证。

(四) 异地羁押的审批

需要对犯罪嫌疑人异地羁押的，办案机关应当提交对犯罪嫌疑人异地羁押的请示，层报管辖地和拟羁押地人民检察院共同的上级人民检察院侦查指挥中心办公室审核，报该上级人民检察院检察长批准，同时还需报同级公安机关监管部门审核同意。

(五) 异地羁押的执行

异地羁押批准后，办案机关应当立即将犯罪嫌疑人送往异地进行羁押，不得故意拖延，同时需携带齐全的法律手续以备办理羁押手续。

十二、逮捕的变更

在犯罪嫌疑人被逮捕后，如果出现了法定的变更条件，人民检察院应当对逮捕的措施予以变更。

(一) 逮捕变更的提出

人民检察院自己发现应当变更逮捕的，可以自己提出变更。犯罪嫌疑人及其法定代理人、近亲属或者辩护人认为不再具备逮捕条件的，也有权向人民检察院

第五章 强制措施

申请变更。犯罪嫌疑人及其法定代理人、近亲属或者辩护人提出变更强制措施申请的，应当说明理由，有证据和其他材料的，应当附上相关材料。

（二）逮捕变更的条件

要变更逮捕的强制措施，必须具有下列条件的一项：1. 犯罪嫌疑人被逮捕后，因患有严重疾病、生活不能自理，不宜再继续羁押的；2. 犯罪嫌疑人被逮捕后，是怀孕、哺乳自己婴儿的妇女，不宜再继续羁押的；3. 犯罪嫌疑人被逮捕后，系生活不能自理的人的唯一扶养人，不宜再继续羁押的；4. 对可能判处拘役、管制或者独立适用附加刑的犯罪嫌疑人，没有逮捕必要的；5. 虽然可能判处徒刑以上刑罚，但采取取保候审、监视居住足以防止发生社会危险性，没有逮捕必要的；6. 在法定侦查羁押期限内无法办结案件，而又需要继续查证的。

（三）逮捕变更的决定

人民检察院自己发现应当变更的，由承办人提出意见，部门负责人审核后，报检察长决定。下级人民检察院认为需要变更上一级人民检察院逮捕决定的，应当报请上一级人民检察院同意。对已被释放或者变更为其他强制措施的犯罪嫌疑人，发现需要逮捕的，应当重新办理报请逮捕手续。

犯罪嫌疑人及其法定代理人、近亲属或者辩护人申请变更的，人民检察院应当在三日以内作出决定，经审查认为不需要继续逮捕的，应当解除逮捕或者变更强制措施；认为需要继续逮捕的，应当书面告知申请人，并说明理由。

对于被羁押的犯罪嫌疑人解除或者变更强制措施的，职务犯罪侦查部门应当及时通报本院监所检察部门和案件管理部门。

十三、逮捕的撤销

人民检察院发现对犯罪嫌疑人采取逮捕措施不恰当的，应当及时撤销逮捕决定。

对被逮捕的犯罪嫌疑人，下级人民检察院职务犯罪侦查部门应当在逮捕后二十四小时内进行讯问。下级人民检察院认为需要撤销上一级人民检察院逮捕措施的，应当报请上一级人民检察院同意。对被逮捕的犯罪嫌疑人，作出逮捕决定的人民检察院发现不应当逮捕的，应当撤销逮捕决定，并通知下级人民检察院送达同级公安机关执行，同时向下级人民检察院说明撤销逮捕的理由。

十四、逮捕的解除

逮捕羁押期限届满，人民检察院应当解除逮捕措施，释放犯罪嫌疑人。

（一）解除逮捕的提出

根据法律规定，逮捕解除的提出有两种方式：一是人民检察院依职权提出；二是由犯罪嫌疑人及其法定代理人、近亲属或者辩护人提出。

（二）解除逮捕的决定与执行

人民检察院解除逮捕，应当由办案人员提出意见，部门负责人审核，检察长决定，并制作《解除逮捕决定书》、《解除逮捕通知书》送达公安机关，公安机关应当立即执行。

犯罪嫌疑人及其法定代理人、近亲属或者辩护人向人民检察院提出解除逮捕申请的，由人民检察院职务犯罪侦查部门审查后报请检察长决定。人民检察院应当在收到申请后三日内作出决定。经审查，认为法定期限届满的，应当决定解除逮捕，并通知公安机关执行；认为未达法定期限的，应当书面答复申请人。

对于被羁押的犯罪嫌疑人解除或者变更强制措施的，职务犯罪侦查部门应当及时通报本院监所检察部门和案件管理部门。

十五、逮捕的羁押必要性审查

根据《刑事诉讼法》第九十三条的规定，犯罪嫌疑人被逮捕后，人民检察院仍然应当对羁押的必要性进行审查。对不需要继续羁押的，应当建议予以释放或者变更强制措施。有关机关应当在十日内将处理情况通知人民检察院。

羁押必要性审查是指人民检察院对逮捕后的羁押所进行的审查，认为案件属于不需要继续进行羁押的，应当以检察建议的方式要求作出羁押的机关释放被羁押人或者变更强制措施。

羁押必要性审查后的处理方法主要有：

1. 对于原支持逮捕成立的条件已经消失的案件，就应当认为羁押的必要性已经不存在，如身份已经查清，应当要求立即变更强制措施。

2. 在逮捕之后，案件的事实或被逮捕人的个人情况发生了变化，不需要继续羁押的，如发现新的证据证明犯罪嫌疑人的犯罪事实不严重，应当建议变更强制措施。

十六、逮捕的要求

1. 人民检察院采取逮捕措施、变更、解除逮捕措施都必须依法进行。

2. 人民检察院在犯罪嫌疑人被逮捕后，应加强侦查工作，进一步收集和固定犯罪事实和证据。

附件：

一、本章流程图

1. 适用强制措施流程图
2. 拘传流程图

3. 取保候审流程图

4. 监视居住流程图

5. 拘留流程图

6. 逮捕流程图

二、法律文书、工作文书格式样本

1. 采取强制措施审批表
2. 拘传证
3. 取保候审决定书、执行通知书
4. 被取保候审人义务告知书
5. 保证书
6. 解除取保候审决定书、通知书
7. 监视居住决定书、执行通知书
8. 被监视居住人义务告知书
9. 解除监视居住决定书、通知书
10. 报请指定居所监视居住意见书
11. 指定居所监视居住决定书、执行通知书
12. 指定居所监视居住通知书
13. 不予批准指定居所监视居住决定书
14. 拘留决定书
15. 拘留通知书
16. 拘留人大代表报告书
17. 人民检察院委托报告（报请许可）拘留人大代表的函
18. 逮捕犯罪嫌疑人意见书
19. 报请逮捕书
20. 报请审查逮捕告知书
21. 报请重新审查逮捕意见书
22. 逮捕通知书
23. 报请许可采取强制措施报告书
24. 变更（撤销）逮捕措施报告书
25. 撤销强制措施决定书、通知书
26. 决定释放通知书
27. 驳回申请决定书
28. 办案工作区使用审批表
29. 办案用警申请表

适用强制措施流程图

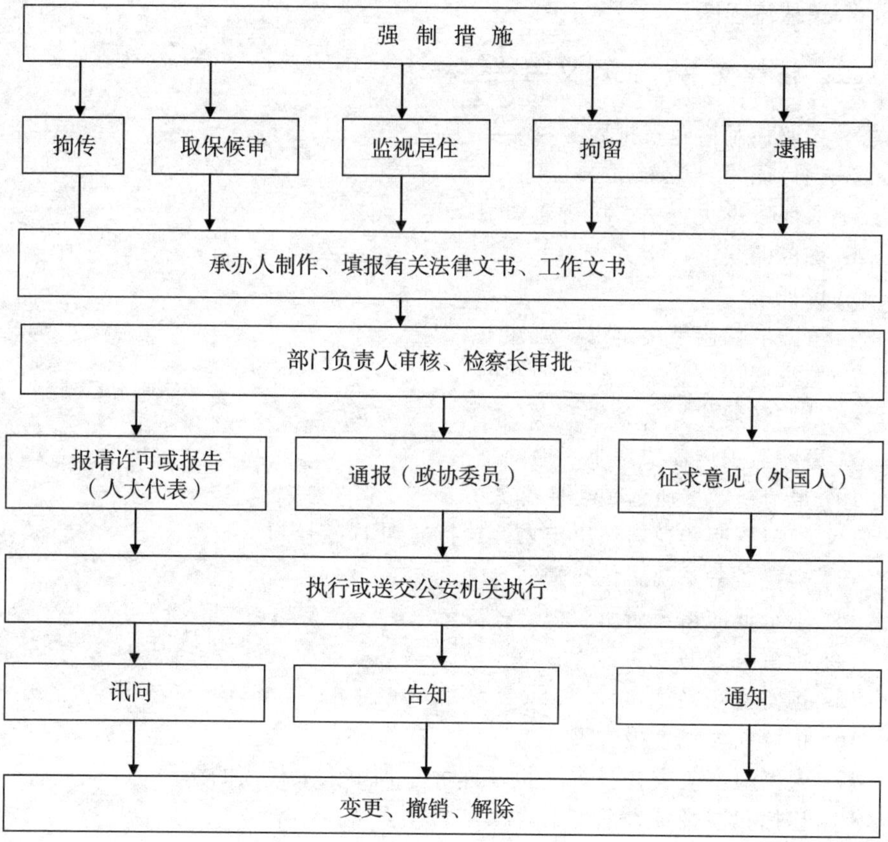

```
                    强 制 措 施
    ┌──────┬──────────┬──────────┬──────────┬──────────┐
    ↓      ↓          ↓          ↓          ↓
  拘传   取保候审    监视居住     拘留        逮捕
    └──────┴──────────┴──────────┴──────────┘
                         ↓
         承办人制作、填报有关法律文书、工作文书
                         ↓
              部门负责人审核、检察长审批
    ┌────────────────────┼────────────────────┐
    ↓                    ↓                    ↓
报请许可或报告        通报（政协委员）      征求意见（外国人）
（人大代表）
    └────────────────────┼────────────────────┘
                         ↓
               执行或送交公安机关执行
    ┌────────────────────┼────────────────────┐
    ↓                    ↓                    ↓
   讯问                 告知                 通知
    └────────────────────┼────────────────────┘
                         ↓
                 变更、撤销、解除
```

拘传流程图

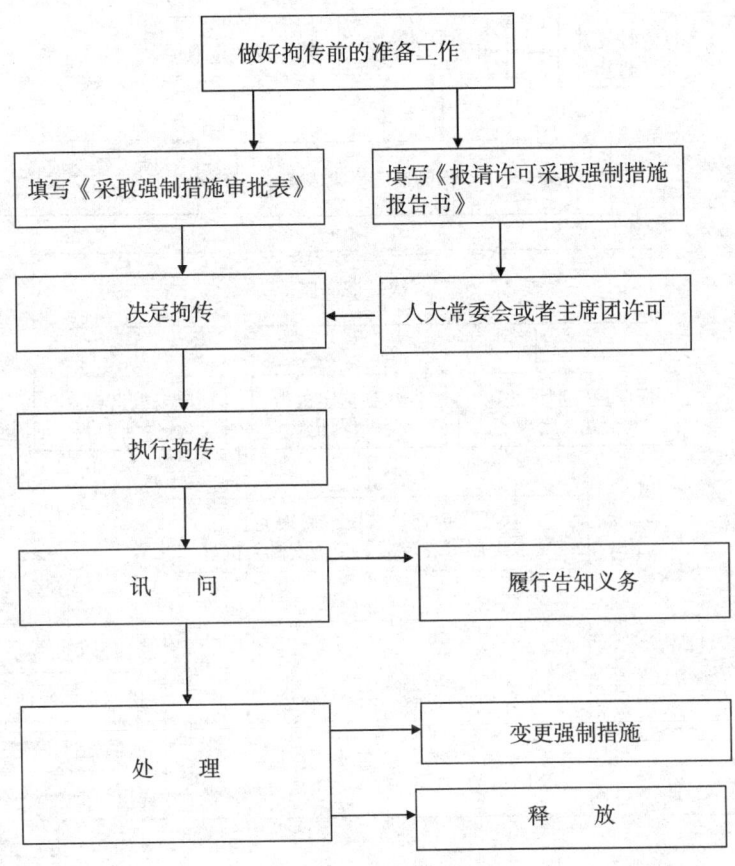

取保候审流程图

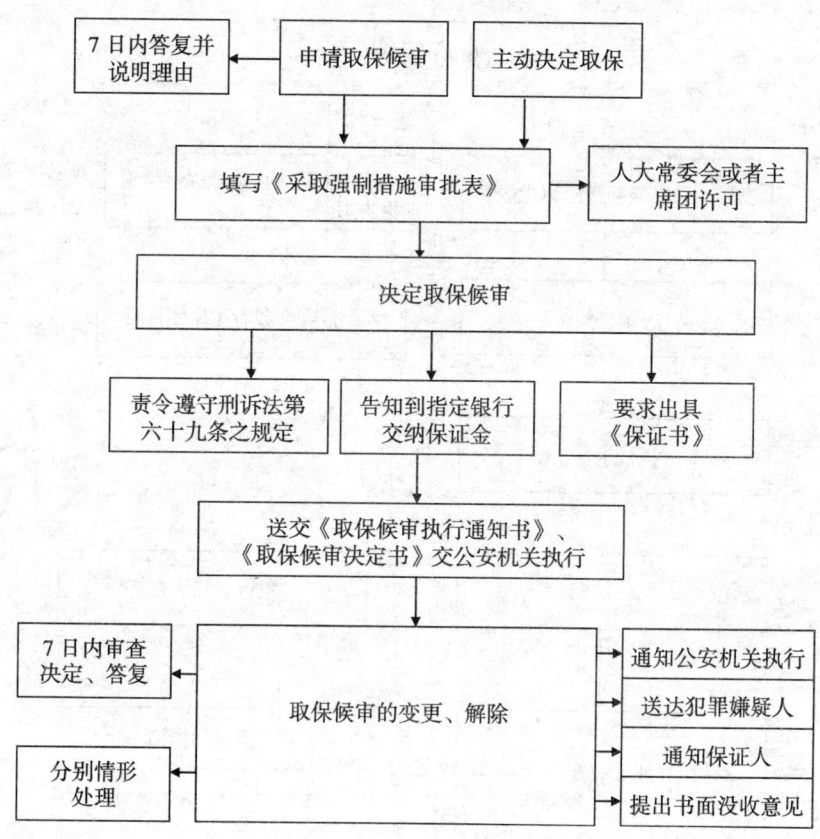

监视居住流程图

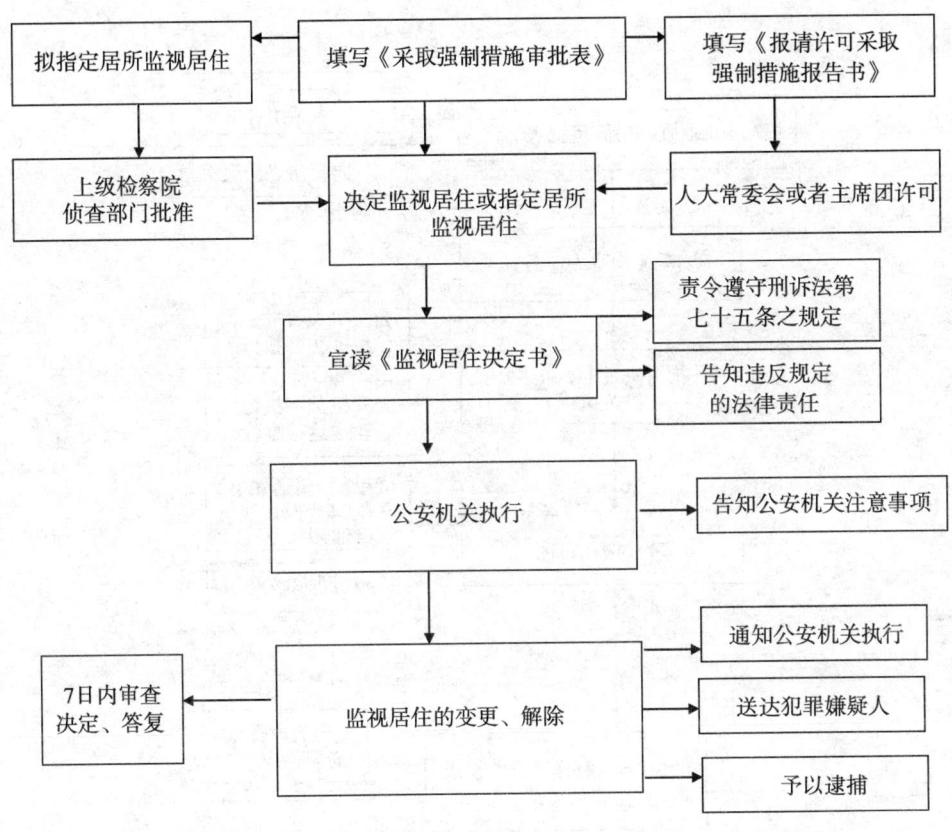

拘留流程图

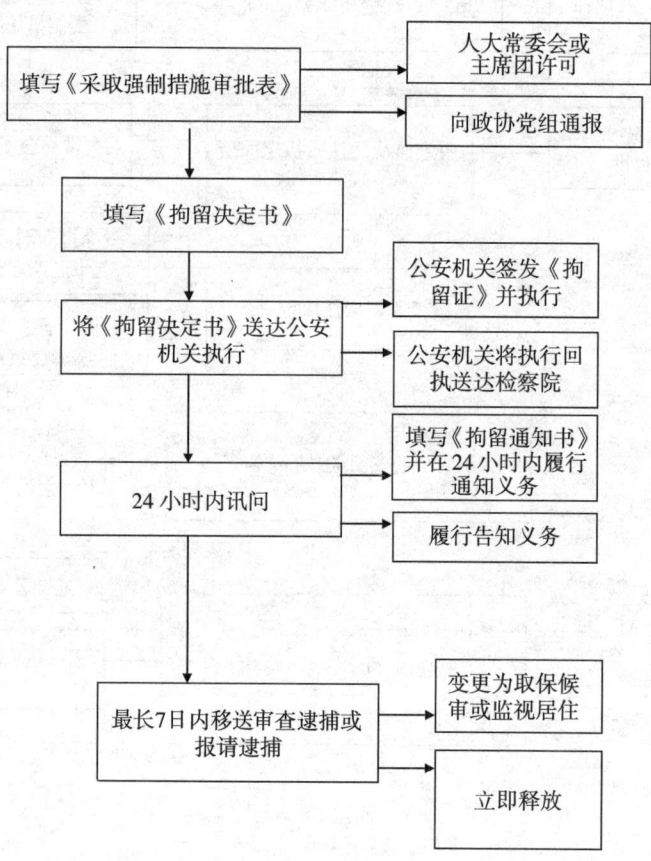

逮捕流程图

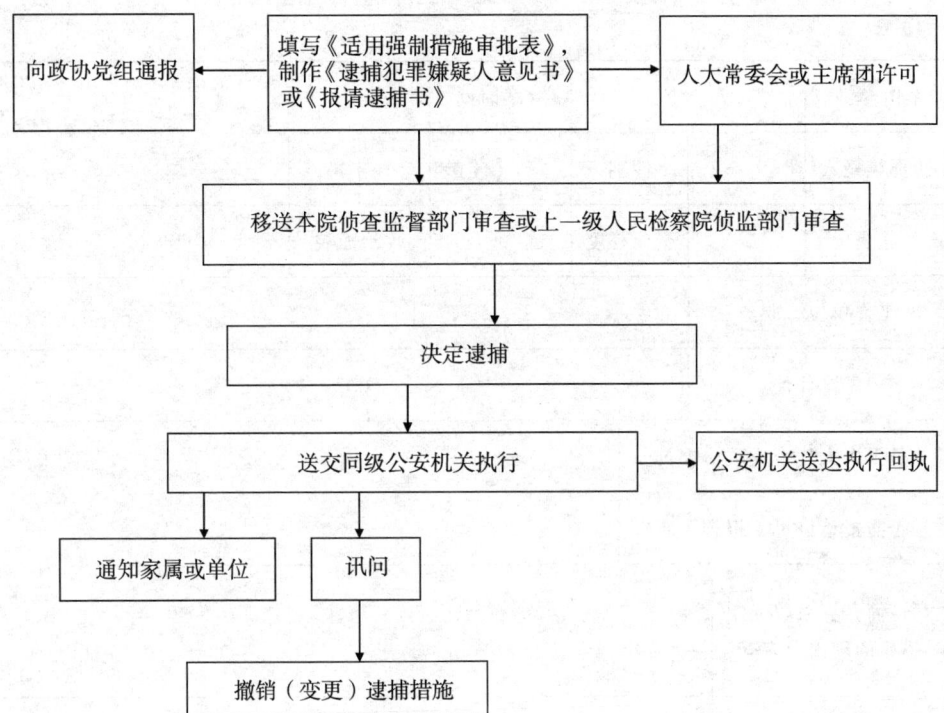

××人民检察院
采取_____强制措施审批表

案由/案号			立案时间			
犯罪嫌疑人		性别		年龄		民族	
籍贯		文化程度			政治面貌	
工作单位、职务						
家庭住址						
是否人大代表或政协委员						
是否需报请许可、报告、通报						
案情简介、采取强制措施的理由及方式						
承办人意见						
科（室）领导意见						
局领导意见						
检察长意见						

××人民检察院
拘传证

检 拘传〔 〕 号

根据《中华人民共和国刑事诉讼法》第六十四条的规定，对犯罪嫌疑人_____予以拘传。兹派本院工作人员_____

检 察 长
年 月 日
（院印）

到案时间： 年 月 日 时 分
讯问结束时间： 年 月 日 时 分

被拘传人：
宣告人：

第二联 在拘传讯问后附卷

××人民检察院
拘传证
（存根）

检 拘传〔 〕 号

案由
犯罪嫌疑人基本情况（姓名、性别、年龄、工作单位、住址、身份证号码、是否人大代表、政协委员）

批准人
承办人
填发人
填发时间
执行时间

第一联 统一保存

制作说明

一、本文书依据《刑事诉讼法》第六十四条的规定制作。为人民检察院依法对犯罪嫌疑人进行拘传时使用。制作时由检察长签名或盖章并加盖人民检察院印章。

二、犯罪嫌疑人到案后,应责令其在《拘传证》上填写到案时间;讯问结束后,填写讯问结束时间,并签名或者盖章。犯罪嫌疑人拒绝填写的,检察人员应当在《拘传证》上注明。

三、本文书共二联,第一联统一保存备查,第二联由被拘传人填写时间并签字或盖章后附卷。

第五章 强制措施

××人民检察院 取保候审执行通知书（回执）

检保〔 〕号

人民检察院：

你院_____年_____月_____日以_____号取保候审决定书，决定取保候审的犯罪嫌疑人_____，已于_____年_____月_____日，由_____执行取保候审。

未能执行取保候审的原因：

特此通知。

承办人：

年 月 日
（公章）

第四联 执行机关执行后退回附卷

××人民检察院 取保候审执行通知书

检保〔 〕号

犯罪嫌疑人_____，因涉嫌_____，根据《中华人民共和国刑事诉讼法》第六十五条的规定，本院决定对其取保候审，由保证人_____担保（犯罪嫌疑人已交纳保证金_____元），期限从_____年_____月_____日起算。

院出具保证书（犯罪嫌疑人已交纳保证金_____元），期限从_____年_____月_____日起算。

此致

年 月 日
（院印）

注：犯罪嫌疑人 性别 年龄 工作单位 身份证号码 住址 联系方式

第三联 送达执行机关

××人民检察院 取保候审决定书（副本）

检保〔 〕号

犯罪嫌疑人_____，因涉嫌_____，根据《中华人民共和国刑事诉讼法》第六十五条的规定，本院决定对其取保候审（由_____担保，犯罪嫌疑人已交纳保证金_____元），期限从_____年_____月_____日起算，并由_____执行。

犯罪嫌疑人在取保候审期间应当遵守《中华人民共和国刑事诉讼法》第六十九条的规定。

此决定已于_____年_____月_____日向我宣布。

犯罪嫌疑人：

宣告人：

年 月 日
（院印）

第二联 向犯罪嫌疑人宣告后附卷

××人民检察院 取保候审决定书（存根）

检保〔 〕号

案由

犯罪嫌疑人基本情况（姓名、性别、年龄、工作单位、住址、身份证号码、是否人大代表、政协委员）_____

保证人（保证金数额大写）_____

执行机关

批准人

承办人

填发人

填发时间

第一联 统一保存

143

制作说明

一、本文书依据《刑事诉讼法》第六十五条的规定制作。为人民检察院对犯罪嫌疑人依法决定取保候审时使用。

二、本文书应当向犯罪嫌疑人宣告，并由其签名或盖章，同时，宣读并责令其遵守《刑事诉讼法》第六十九条的规定，告知其违反规定应负的法律责任。

三、本文书共四联，第一联统一保存备查，第二联向被取保候审人宣告后附卷，第三联送达执行机关，第四联执行机关退回后附卷。未能执行取保候审的，应当在回执中注明原因，并由执行机关承办人签名。

被取保候审人义务告知书

根据《中华人民共和国刑事诉讼法》第六十九条第一款的规定,被取保候审人在取保候审期间应当遵守以下规定:

(一)未经执行机关批准不得离开所居住的市、县;

(二)住址、工作单位和联系方式发生变动的,在二十四小时以内向执行机关报告;

(三)在传讯的时候及时到案;

(四)不得以任何形式干扰证人作证;

(五)不得毁灭、伪造证据或者串供。

根据《中华人民共和国刑事诉讼法》第六十九条第二款的规定,被取保候审人还应遵守以下规定:

(一)不得进入_____等场所;

(二)不得与_____会见或者通信;

(三)不得从事_____等活动;

(四)将_____证件交执行机关保存。

被取保候审人在取保候审期间违反上述规定,已交纳保证金的,由公安机关没收部分或者全部保证金,并且区别情形,责令被取保候审人具结悔过,重新交纳保证金、提出保证人,或者监视居住、予以逮捕。

本告知书已收到。

被取保候审人:
年 月 日

注:一式四份,一份附卷,一份交被取保候审人,一份交执行机关,一份交保证人(犯罪嫌疑人提出保证人予以取保候审时适用)。

职务犯罪侦查流程与规范

制作说明

　　一、本文书依据《刑事诉讼法》第六十九条的规定制作。为人民检察院对犯罪嫌疑人依法采取取保候审，告知被取保候审人应当遵守的义务时适用。

　　二、在宣布取保候审时，应当将此文书连同取保候审决定书一并送达。被取保候审人在收到本文书后应该签名或者盖章。

　　三、本文书一式四份，一份附卷，一份交被取保候审人，一份交执行机关，一份交保证人（犯罪嫌疑人提出保证人予以取保候审时适用）。

保证书

检保书〔　〕号

我住在_____，在_____工作，与被保证人_____是_____关系，我于_____年_____月_____日向_____人民检察院自愿做如下保证：

严格履行《中华人民共和国刑事诉讼法》第六十八条规定的义务，监督被保证人遵守《中华人民共和国刑事诉讼法》第六十九条的规定。

本人未履行保证义务的，愿承担法律责任。

此致

_____人民检察院

保证人：
　　　　年　月　日

附：《中华人民共和国刑事诉讼法》第六十八条、第六十九条。

第四联 送达保证人

保证书

检保书〔　〕号

我住在_____，在_____工作，与被保证人_____是_____关系，我于_____年_____月_____日向_____人民检察院自愿做如下保证：

严格履行《中华人民共和国刑事诉讼法》第六十八条规定的义务，监督被保证人遵守《中华人民共和国刑事诉讼法》第六十九条的规定。

本人未履行保证义务的，愿承担法律责任。

此致

_____人民检察院

保证人：
　　　　年　月　日

第三联 送执行机关

保证书（副本）

检保书〔　〕号

我住在_____，在_____工作，与被保证人_____是_____关系，我于_____年_____月_____日向_____人民检察院自愿做如下保证：

严格履行《中华人民共和国刑事诉讼法》第六十八条规定的义务，监督被保证人遵守《中华人民共和国刑事诉讼法》第六十九条的规定。

本人未履行保证义务的，愿承担法律责任。

此致

_____人民检察院

保证人：
　　　　年　月　日

第二联 附卷

保证书（存根）

检保书〔　〕号

案由_____
犯罪嫌疑人_____
性别_____
年龄_____
住址_____
与犯罪嫌疑人关系_____
保证日期_____
批准人_____
承办人_____
填发人_____
填发时间_____

第一联 统一保存

制作说明

一、本文书依据《刑事诉讼法》第六十六条、第六十八条的规定制作。为人民检察院对犯罪嫌疑人依法采取取保候审,保证人向人民检察院保证履行保证义务时使用。

二、使用本文书时应向保证人告知其应履行的义务。保证人保证承担法律规定的义务后,应当在保证书上签名或者盖章。

三、本文书共四联,第一联统一保存备查,第二联附卷,第三联送达执行机关,第四联送达保证人。

××人民检察院
解除取保候审决定书

检解保〔 〕 号

_____，本院因根据《中华人民共和国刑事诉讼法》第七十七条的规定，决定解除对你的取保候审措施。

年 月 日
（院印）

第三联 送达犯罪嫌疑人

××人民检察院
解除取保候审决定书
（副本）

检解保〔 〕 号

_____，本院因根据《中华人民共和国刑事诉讼法》第七十七条的规定，决定解除对你的取保候审措施。

年 月 日
（院印）

本决定书已收到。

被取保候审人：

年 月 日

第二联 附卷

××人民检察院
解除取保候审决定书
（存根）

检解保〔 〕 号

案由
犯罪嫌疑人基本情况（姓名、性别、年龄、工作单位、住址、身份证号码、是否人大代表、政协委员）

解除原因
解除时间
批准人
承办人
填发人
填发时间

第一联 统一保存

××人民检察院 解除取保候审通知书
（回 执）

检解保〔　〕　号

　　　　　　人民检察院：

你院〔　〕　号解除取保候审决定书收悉。现已对犯罪嫌疑人　　　　　解除取保候审措施。

此复

年　月　日
（单位公章）

第六联 执行机关退回后附卷

××人民检察院 解除取保候审通知书

检解保〔　〕　号

本院于　年　月　日以〔　〕　号取保候审决定书决定取保候审的犯罪嫌疑人　　　　，因　　　　　　，现决定解除对其取保候审措施。犯罪嫌疑人已交纳　　　　元保证金，请予以退还。

特此通知

此致

年　月　日
（院印）

第五联 送达执行机关

××人民检察院 解除取保候审通知书

检解保〔　〕　号

：

本院于　年　月　日以〔　〕　号取保候审决定书决定取保候审的犯罪嫌疑人　　　　（现住　　　　　　），因　　　　，现决定解除对其取保候审措施。

特此通知

年　月　日
（院印）

第四联 送达保证人

第五章 强制措施

制作说明

一、本文书依据《刑事诉讼法》第七十七条第二款、第九十七条的规定制作。为人民检察院对于有《刑事诉讼法》第十五条规定情形，不应当追究刑事责任，或取保候审期限届满的犯罪嫌疑人，解除取保候审措施时适用。

二、使用本文书时，犯罪嫌疑人有保证人的应通知保证人解除担保义务；犯罪嫌疑人在取保候审期间没有违反《刑事诉讼法》第六十九条规定的，应当通知执行机关退还保证金。

三、本文书共六联，第一联统一保存备查，第二联附卷，第三联送达犯罪嫌疑人，第四联送达保证人，第五联送达执行机关，第六联执行机关退回后附卷。

××人民检察院 监视居住决定书（存根）

检监〔　〕　号

案由
犯罪嫌疑人基本情况（姓名、性别、年龄、工作单位、住址、身份证号码、是否人大代表、政协委员）
监视居住原因
监视居住地点
起算时间
执行机关
批准人
办案人
填发人
填发时间

第一联　统一保存

××人民检察院 监视居住决定书（副本）

检监〔　〕　号

犯罪嫌疑人＿＿＿＿，涉嫌＿＿＿＿＿＿＿＿＿，根据《中华人民共和国刑事诉讼法》第七十二条，本院决定对其监视居住，期限从＿＿年＿＿月＿＿日起算，并由＿＿＿＿＿＿＿＿执行。犯罪嫌疑人在监视居住期间应当遵守《中华人民共和国刑事诉讼法》第七十五条的规定。

此决定于＿＿年＿＿月＿＿日向我宣布。
犯罪嫌疑人：
宣告人：

（院印）
　　年　月　日

第二联　向犯罪嫌疑人宣告后附卷

××人民检察院 监视居住执行通知书

检监〔　〕　号

犯罪嫌疑人＿＿＿＿，涉嫌＿＿＿＿＿＿＿＿＿，根据《中华人民共和国刑事诉讼法》第七十二条，本院决定对其监视居住，期限从＿＿年＿＿月＿＿日起算。特通知你单位执行。

此致

（院印）
　　年　月　日

注：犯罪嫌疑人　　性别　　年龄　　住址　　工作单位

第三联　送达执行机关

××人民检察院 监视居住执行通知书（回　执）

你院＿＿＿＿〔　〕号监视居住决定书，以＿＿＿＿＿＿＿＿＿决定监视居住的犯罪嫌疑人＿＿＿＿，已于＿＿年＿＿月＿＿日由＿＿＿＿＿＿＿执行监视居住。

特此通知

未能执行监视居住的原因：

承办人：
　　　　　　（单位公章）
　　年　月　日

第四联　执行机关退回后附卷

制作说明

一、本文书依据《刑事诉讼法》第七十二条、第七十三条第一款的规定制作。为人民检察院依法对犯罪嫌疑人决定监视居住（不包括指定居所监视居住）时使用。

二、填制本文书时，如果案件属于特别重大贿赂犯罪案件，应同时填制《辩护律师会见犯罪嫌疑人应当经过许可通知书》。

三、向犯罪嫌疑人宣读本文书时应告知其《刑事诉讼法》第七十五条的规定，由犯罪嫌疑人签名或者盖章。监视居住由公安机关执行。送达本文书第三联时，应告知执行机关在拟批准犯罪嫌疑人离开住处或会见其他人员之前，应当征得人民检察院同意。

四、对犯罪嫌疑人由拘留或者逮捕变更为监视居住的，除制作本文书外，还应同时制作《决定释放通知书》通知看守所。

五、本文书共四联，第一联统一保存备查，第二联向犯罪嫌疑人宣告后附卷，第三联送达执行机关，第四联执行机关退回后附卷。

职务犯罪侦查流程与规范

被监视居住人义务告知书

　　根据《中华人民共和国刑事诉讼法》第七十五条的规定，被监视居住人在监视居住期间应当遵守以下规定：
　　（一）未经执行机关批准不得离开执行监视居住的处所；
　　（二）未经执行机关批准不得会见他人或者通信；
　　（三）在传讯的时候及时到案；
　　（四）不得以任何形式干扰证人作证；
　　（五）不得毁灭、伪造证据或者串供；
　　（六）将_____证件交执行机关保存。
　　被监视居住人在监视居住期间违反上述规定，情节严重的，可以予以逮捕；需要予以逮捕的，可以先行拘留。

　　　　　　　　　　　　　　　　　　　　　　　本告知书已收到。
　　　　　　　　　　　　　　　　　　　　　　　被监视居住人：
　　　　　　　　　　　　　　　　　　　　　　　　年　月　日

注：一式三份，一份附卷，一份交被监视居住人，一份交执行机关。

制作说明

　　一、本文书依据《刑事诉讼法》第七十五条的规定制作。为人民检察院对犯罪嫌疑人依法采取监视居住，告知被监视居住人应当遵守的义务时适用。
　　二、在宣布监视居住时，应当将此文书连同监视居住决定书一并送达。被监视居住人在收到本文书后应该签名或者盖章。
　　三、本文书一式三份，一份附卷，一份交被监视居住人，一份交执行机关。

第五章 强制措施

××人民检察院 解除监视居住决定书

检解监〔 〕 号

：

因　　　　　　　　，本院根据《中华人民共和国刑事诉讼法》第七十七条的规定，决定解除对你的监视居住/指定居所监视居住措施。

年　月　日
（院印）

第三联 送达犯罪嫌疑人

检解监〔 〕 号

××人民检察院 解除监视居住决定书（副本）

检解监〔 〕 号

：

因　　　　　　　　，本院根据《中华人民共和国刑事诉讼法》第七十七条的规定，决定解除对你的监视居住/指定居所监视居住措施。

年　月　日
（院印）

本决定书已收到。
被监视居住人：

年　月　日

第二联 附卷

检解监〔 〕 号

××人民检察院 解除监视居住决定书（存根）

检解监〔 〕 号

案由
犯罪嫌疑人基本情况（姓名、性别、年龄、工作单位、住址、身份证号码、是否人大代表、政协委员）
解除原因
解除时间
批准人
承办人
填发人
填发时间

第一联 统一保存

××人民检察院
解除监视居住通知书

检解监〔 〕 号

因　　　　　，本院根据《中华人民共和国刑事诉讼法》第七十七条的规定，决定解除对犯罪嫌疑人　　　　　的监视居所/指定居所监视居住措施。特此通知。

此致

　　　　　

年　月　日
（院印）

第四联　送达执行机关

××人民检察院
解除监视居住通知书
（回　执）

检解监〔 〕 号

　　人民检察院：

你院　　　　　号解除监视居住决定书收悉。现已解除对犯罪嫌疑人　　　　　的监视居所/指定居所监视居住措施。

此复

年　月　日
（单位公章）

第五联　执行机关退回后附卷

制作说明

一、本文书依据《刑事诉讼法》第七十七条第二款、第九十七条的规定制作。为人民检察院对于有《中华人民共和国刑事诉讼法》第十五条规定的情形，不应追究刑事责任或者监视居住期限届满的犯罪嫌疑人，依法决定解除监视居住、指定居所监视居住决定时使用。

二、本文书共五联，第一联统一保存备查，第二联附卷，第三联送达犯罪嫌疑人，第四联送达执行机关，第五联执行机关退回后附卷。

××人民检察院
报请指定居所监视居住意见书

检 报指监〔 〕 号

_____（上一级人民检察院名称）：

____年____月____日我院以涉嫌_____罪对犯罪嫌疑人_____（写明犯罪嫌疑人姓名、身份证号码等信息）立案侦查。根据案件侦查需要，现拟对犯罪嫌疑人_____采用指定居所监视居住强制措施，报请你院审查批准。

基本案情：_____。

本院认为，犯罪嫌疑人_____涉嫌_____罪一案，案件情况特殊，采用监视居住措施更为适宜办案需要，又因该案犯罪嫌疑人无固定住处/涉嫌特别重大贿赂犯罪在住处执行可能有碍侦查，宜采用指定居所监视居住强制措施。现根据《中华人民共和国刑事诉讼法》第七十三条，《人民检察院刑事诉讼规则（试行）》第一百一十条、第一百一十一条之规定，报请你院审查批准。

以上意见当否，请审批。

年 月 日
（院印）

注：本文书一式二份，一份交上一级人民检察院，一份附卷。

制作说明

一、本文书根据《刑事诉讼法》第七十三条，《刑诉规则（试行）》第一百一十条、第一百一十一条之规定制作。为人民检察院侦查部门拟对犯罪嫌疑人采用指定居所监视居住强制措施时，报请请示时使用。

二、本文书由承办人撰写，报领导审批后，报上一级人民检察院侦查部门审批。本文书一式二份，一份交上一级人民检察院，一份附卷。

××人民检察院 指定居所监视居住决定书

检指监〔 〕 号

人民检察院：

经审查，根据《中华人民共和国刑事诉讼法》第七十二条、第七十三条之规定，本院决定对涉嫌＿＿＿＿＿＿＿犯罪的嫌疑人＿＿＿＿＿＿指定居所监视居住，并由＿＿＿＿＿执行。犯罪嫌疑人在监视居住期间应当遵守《中华人民共和国刑事诉讼法》第七十五条的规定。

此决定已于＿年＿月＿日向犯罪嫌疑人宣告附卷

犯罪嫌疑人：＿＿＿＿＿＿

宣 告 人：＿＿＿＿＿＿

年 月 日
（院印）

第三联 交办案单位由共向犯罪嫌疑人宣告后附卷

××人民检察院 指定居所监视居住决定书
（副 本）

检指监〔 〕 号

根据《中华人民共和国刑事诉讼法》第七十二条、第七十三条之规定，经＿＿＿＿＿人民检察院提请，本院决定对涉嫌＿＿＿＿＿犯罪的嫌疑人＿＿＿＿＿指定居所监视居住，期限从＿年＿月＿日起算，并由＿＿＿＿＿执行。犯罪嫌疑人在监视居住期间应当遵守《中华人民共和国刑事诉讼法》第七十五条的规定。

年 月 日
（院印）

第二联 由作出决定的人民检察院附卷

××人民检察院 指定居所监视居住决定书
（存 根）

检指监〔 〕 号

案由

犯罪嫌疑人基本情况（姓名、性别、年龄、工作单位、住址、身份证号码、是否人大代表、政协委员）

指定居所监视居住地点

指定居所监视居住原因

起算时间

办案单位

执行机关

批准人

办案人

填发人

填发时间

第一联 统一保存

××人民检察院

指定居所监视居住决定书、执行通知书

（回 执）

检指监〔 〕 号

_____人民检察院：

_____人民检察院 年 月 日以_____号指定居所监视居住决定书决定对犯罪嫌疑人_____ 已于 年 月 日由_____执行指定居所监视居住。

特此通知。

未能执行指定居所监视居住的原因：

承办人：

年 月 日

（单位公章）

第五联 执行机关退回办案单位后附卷

××人民检察院

指定居所监视居住执行通知书

检指监〔 〕 号

犯罪嫌疑人_____因涉嫌_____，根据《中华人民共和国刑事诉讼法》第七十二条、第七十三条，本院决定对其监视居住/指定居所监视居住，期限从 年 月 日起算。特通知你单位执行。

此致

_____

附：犯罪嫌疑人的有关情况

年 月 日

（院印）

第四联 交办案单位送达执行机关

制作说明

一、本文书依据《刑事诉讼法》第七十二条、第七十三条第一款的规定制作。为人民检察院依法对犯罪嫌疑人决定指定居所监视居住时使用。

二、填制本文书时,应同时填制《辩护律师会见犯罪嫌疑人应当经过许可通知书》。

三、向犯罪嫌疑人宣读本文书时应告知其《刑事诉讼法》第七十五条的规定,由犯罪嫌疑人签名或者盖章。指定居所监视居住由公安机关执行。送达本文书第四联时,应同时送达《辩护律师会见犯罪嫌疑人应当经过许可通知书》,并告知执行机关在拟批准犯罪嫌疑人离开居所或会见其他人员之前,应当征得人民检察院同意。

四、本文书共五联,第一联统一保存备查,第二联由作出决定的人民检察院附卷,第三联交办案单位向犯罪嫌疑人宣告后附卷,第四联交办案单位送达执行机关,第五联执行机关退回后由办案单位附卷。

××人民检察院 指定居所监视居住通知书

检指监通〔 〕 号

根据《中华人民共和国刑事诉讼法》第七十三条的规定，犯罪嫌疑人＿＿＿＿＿，由＿＿＿＿＿院因涉嫌＿＿＿＿＿号指定居所监视居住决定书决定对其自＿＿＿年＿＿月＿＿日＿＿时起执行指定居所监视居住。

特此通知

（院印）

年 月 日

如在指定居所监视居住后24小时内无法通知，请注明原因：

办案人：

年 月 日 时

第三联 交被监视居住人家属

××人民检察院 指定居所监视居住通知书（副本）

检指监通〔 〕 号

根据《中华人民共和国刑事诉讼法》第七十三条的规定，犯罪嫌疑人＿＿＿＿＿，由＿＿＿＿＿院因涉嫌＿＿＿＿＿号指定居所监视居住决定书决定对其自＿＿＿年＿＿月＿＿日＿＿时起执行指定居所监视居住。

特此通知

（院印）

年 月 日

被监视居住人家属：
地址：
本通知书已收到。
被监视居住人家属
年 月 日 时

如在指定居所监视居住后24小时内无法通知，请注明原因：

办案人：

年 月 日 时

第二联 附卷

××人民检察院 指定居所监视居住通知书（存根）

检指监通〔 〕 号

案由
犯罪嫌疑人基本情况（姓名、性别、年龄、工作单位、住址、身份证号码、是否人大代表、政协委员）
指定居所监视居住原因
指定居所地点
家属姓名
地址
批准机关
办案人
办案单位
填发人
填发时间

第一联 统一保存

制作说明

一、本文书依据《刑事诉讼法》第七十三条第二款的规定制作。为人民检察院对犯罪嫌疑人采取指定居所监视居住后,通知其家属时使用。

二、因无法通知的情形不能在二十四小时内通知的,应当报告检察长,并写明原因附卷。

三、本文书共三联,第一联统一保存备查,第二联附卷,第三联送达被指定居所监视居住人家属。

××人民检察院
不予批准指定居所监视居住决定书
（存 根）

检不指监〔　〕　号

案由 _____
犯罪嫌疑人 _____
性别 _____ 年龄 _____
工作单位 _____
不准指定监视居住原因 _____
解除时间 _____
批准人 _____
承办人 _____
填发人 _____
填发时间 ____年__月__日

第一联　统一保存

××人民检察院
不予批准指定居所监视居住决定书
（副 本）

检不指监〔　〕　号

_____因_____，本院根据《中华人民共和国刑事诉讼法》第七十三条的规定，不批准对犯罪嫌疑人_____指定居所监视居住。

　　　　　　　　　××人民检察院
　　　　　　　　　　（院印）
　　　　　　　　　　年　月　日

第二联　附卷

××人民检察院
不予批准指定居所监视居住决定书

检不指监〔　〕　号

_____因_____，本院根据《中华人民共和国刑事诉讼法》第七十三条的规定，不批准对犯罪嫌疑人_____指定居所监视居住。

　　　　　　　　　××人民检察院
　　　　　　　　　　（院印）
　　　　　　　　　　年　月　日

第三联　送达报请的人民检察院

制作说明

一、本文书依据《刑事诉讼法》第七十三条和《刑诉规则（试行）》第一百一十一条第五款的规定制作。为上一级人民检察院对下一级人民检察院对犯罪嫌疑人采取指定居所监视居住措施的意见不予批准时使用。

二、本文书一式三联，第一联统一保存，第二联附卷，第三联送达报请的人民检察院。

××人民检察院 拘留决定书（回执）

检拘〔　〕号

人民检察院：

你院____年____月____号拘留决定书决定拘留的犯罪嫌疑人____，已于____年____月____日____时，由____执行拘留，并于____年____月____日____时送____看守所羁押。特此通知。

　　　　　　　　　　　年　月　日
　　　　　　　　　　　（公章）

第四联　执行机关执行后退回附卷

××人民检察院 拘留决定书

检拘〔　〕号

犯罪嫌疑人____，性别____，生于____年____月____日，居住在____，因涉嫌____，根据《中华人民共和国刑事诉讼法》第一百六十三条的规定，本院决定对其刑事拘留，请即执行。

此致

　　　　　　　　　　　年　月　日
　　　　　　　　　　　（院印）

是否许可律师会见的特殊案件：是□　否□

第三联　送达执行机关

××人民检察院 拘留决定书（副本）

检拘〔　〕号

犯罪嫌疑人____，性别____，生于____年____月____日，居住在____，因涉嫌____，根据《中华人民共和国刑事诉讼法》第一百六十三条的规定，本院决定对其刑事拘留，请即执行。

此致

　　　　　　　　　　　年　月　日
　　　　　　　　　　　（院印）

第二联　附卷

××人民检察院 拘留决定书（存根）

检拘〔　〕号

案由____
犯罪嫌疑人基本情况（姓名、性别、年龄、工作单位、住址、身份证号码、是否人大代表、政协委员）____
拘留原因____
批准人____
承办人____
填发人____
填发时间____

第一联　统一保存

制作说明

一、本文书依据《刑事诉讼法》第一百六十三条的规定制作。为人民检察院依法决定对犯罪嫌疑人采取拘留措施时使用。

二、本文书共四联,第一联统一保存备查,第二联附卷,第三联送达执行机关,第四联执行机关执行后退回附卷。

××人民检察院
拘留通知书

检拘通〔　〕　号

犯罪嫌疑人　　　　　，因涉嫌　　　　　，经本院决定，于　年　月　日　时被刑事拘留，现羁押于　　　　　看守所。

根据《中华人民共和国刑事诉讼法》第八十三条的规定，特此通知。

家属姓名　　　　　
地　　址　　　　　

如在拘留24小时内无法通知的，请注明原因：
办案人：

　　　　　（院印）

　年　月　日　时

第三联　送达被拘留人家属

××人民检察院
拘留通知书（副本）

检拘通〔　〕　号

犯罪嫌疑人　　　　　，因涉嫌　　　　　，经本院决定，于　年　月　日　时被刑事拘留，现羁押于　　　　　看守所。

根据《中华人民共和国刑事诉讼法》第八十三条的规定，特此通知。

家属姓名　　　　　
地　　址　　　　　

本通知书已收到。　年　月　日　时
家属签名：

如在拘留24小时内无法通知的，请注明原因：
办案人：

　　　　　（院印）

　年　月　日　时

第二联　附卷

××人民检察院
拘留通知书（存根）

检拘通〔　〕　号

案　　由
犯罪嫌疑人
拘留时间
羁押处所
家属姓名
家属住址
批准人
承办人
填发人
填发时间

第一联　统一保存

第五章 强制措施

制作说明

一、本文书依据《刑事诉讼法》第八十三条第二款的规定制作。为人民检察院对犯罪嫌疑人采取拘留措施后,通知其家属时使用。

二、因无法通知的情形不能在二十四小时内通知的,应当报告检察长,并写明原因附卷。

三、本文书共三联,第一联统一保存备查,第二联附卷,第三联送达被拘留人家属。

××人民检察院
拘留人大代表报告书

检拘代〔　　〕　　号

犯罪嫌疑人　　　　　，因涉嫌　　　　　，根据《中华人民共和国刑事诉讼法》第一百六十三条的规定，依法对其拘留。因该犯罪嫌疑人系本届人民代表大会代表，根据《中华人民共和国全国人民代表大会和地方各级人民代表大会代表法》第三十二条的规定，特此报告。

　　年　月　日
（院印）

第三联　报送人大主席团或常委会

××人民检察院
拘留人大代表报告书
（副本）

检拘代〔　　〕　　号

犯罪嫌疑人　　　　　，因涉嫌　　　　　，根据《中华人民共和国刑事诉讼法》第一百六十三条的规定，依法对其拘留。因该犯罪嫌疑人系本届人民代表大会代表，根据《中华人民共和国全国人民代表大会和地方各级人民代表大会代表法》第三十二条的规定，特此报告。

　　年　月　日
（院印）

第二联　附卷

××人民检察院
拘留人大代表报告书
（存根）

检拘代〔　　〕　　号

案由
犯罪嫌疑人　　　　　　　　
性别　　　　　年龄
工作单位
住址
身份证号码
犯罪嫌疑人系　　　　　人大代表。
拘留时间
羁押处所
批准人
承办人
填发人
填发时间

第一联　统一保存

制作说明

一、本文书依据《全国人民代表大会和地方各级人民代表大会代表法》第三十二条的规定制作。为人民检察院因现行犯拘留担任县级以上各级人民代表大会代表的犯罪嫌疑人而向其所属的人民代表大会主席团或常务委员会报告时使用。

二、本文书共三联，第一联统一保存备查；第二联附卷，作出拘留决定的人民检察院委托该被拘留人大代表所属的人民代表大会同级的人民检察院报告的，受委托报告的人民检察院应当将本文书第二联复印一份送交作出拘留决定的人民检察院；第三联报送人民代表大会主席团或常务委员会。

职务犯罪侦查流程与规范

××人民检察院
委托报告(报请许可)拘留人大代表的函

检 协报函〔 〕 号

_____人民检察院：

我院因侦查犯罪嫌疑人_____涉嫌_____犯罪一案，因犯罪嫌疑人_____是_____省(市、县)人大代表，根据《人民检察院刑事诉讼规则(试行)》第一百三十二条之规定，需委托你院报告(报请许可)该代表所属的人民代表大会主席团或者常务委员会，请予以支持协助。

犯罪嫌疑人基本情况：_____
_____
_____。

××人民检察院
年 月 日

××人民检察院
逮捕犯罪嫌疑人意见书

　　　　　　　　　　　　　　　检 逮〔　　〕　号

一、犯罪嫌疑人基本情况
……（是人大代表、政协委员的，写清其身份）

二、案件来源
……

三、犯罪事实及证据情况
……（概括叙写经检察机关侦查认定的犯罪事实，包括犯罪时间、地点、经过、手段、目的、动机、危害后果等定罪有关的事实要素。应当根据具体案件情况，围绕刑法规定该罪构成要件，特别是犯罪特征，简明扼要叙写）

认定上述事实的证据如下：
……（针对上述犯罪事实，分列相关证据）

四、逮捕的理由及法律依据
……

　　此致
本院侦查监督部门

　　　　　　　　　　　　　　　　　　　承办人：
　　　　　　　　　　　　　　　　　　（侦查部门印）
　　　　　　　　　　　　　　　　　　　年　月　日

××人民检察院
报请逮捕书

检 报捕〔　〕　号

××（上级人民检察院名称）：

　　我院立案侦查的犯罪嫌疑人××涉嫌××一案，根据刑事诉讼法及其他有关规定，现报请你院审查决定逮捕。

　　犯罪嫌疑人××（写姓名、性别、出生年月日、身份证号码、民族、政治面貌、籍贯、文化程度、单位、职务、住址、是否受过行政、刑事处罚、是否患有影响羁押的疾病、因本案被采取强制措施的情况及羁押场所，是否人大代表、政协委员，并写明是否已按照规定报请许可逮捕或者通报情况）。

　　犯罪嫌疑人××涉嫌××一案……（具体写明发案、立案、破案过程，犯罪嫌疑人归案情况）。

　　经依法侦查查明……（概括叙述经侦查认定的犯罪事实。应围绕刑事诉讼法规定的逮捕条件，简明扼要叙述。对于只有一名犯罪嫌疑人的案件，犯罪嫌疑人实施多次犯罪的事实应逐一列举，同时触犯数个罪名的犯罪事实应按主次顺序分别列举；对于共同犯罪案件，按犯罪嫌疑人的主从顺序，写明犯罪嫌疑人的共同犯罪事实以及各自的地位和作用）。

　　认定上述事实及有社会危险性的证据如下：……（分列证据，说明社会危险性）。

　　本院认为，犯罪嫌疑人……（简单说明罪状），其行为已触犯《中华人民共和国刑法》第××条的规定，涉嫌××犯罪，符合逮捕条件，根据《中华人民共和国刑事诉讼法》第七十九条、第一百六十三条、第一百六十五条的规定，特报请你院审查决定逮捕。

　　　　　　　　　　　　　　　　　　　　　　　年　月　日
　　　　　　　　　　　　　　　　　　　　　　　（院　印）

附：1. 本案卷宗　　卷　　页。
　　2. 讯问犯罪嫌疑人录音录像资料　　份。

制作说明

一、本文书根据《刑事诉讼法》第七十九条、第一百六十三条、第一百六十五条的规定制作。为下级人民检察院对本院直接立案侦查的案件中认为符合逮捕条件的犯罪嫌疑人，向上一级人民检察院报请审查逮捕时使用。

二、本文书连同案卷材料、证据、讯问犯罪嫌疑人录音录像资料一并报送上一级人民检察院审查。

三、本文书由下级人民检察院侦查部门制作，一式两份，一份报上一级人民检察院，一份附卷。

××人民检察院
报请审查逮捕告知书

犯罪嫌疑人_____：

　　我院对你涉嫌的_____一案拟报请审查逮捕。根据《人民检察院刑事诉讼规则（试行）》第三百二十八条的规定，现将报请审查逮捕情况向你告知。

年　月　日

（院印）

本告知书已收到。

犯罪嫌疑人：

　　　年　月　日

注：本告知书一式两份，一份附卷，一份交犯罪嫌疑人。

××人民检察院
报请审查逮捕告知书

辩护律师_____（填写律师姓名、身份证号和律师证编号）：

  由我院立案侦查的犯罪嫌疑人_____涉嫌_____罪一案，现拟报请_____人民检察院审查逮捕。根据《人民检察院刑事诉讼规则（试行）》第三百二十八条第二款规定，现将报请情况告知你。

年 月 日

（院印）

本告知书已收到。

辩护律师：

年 月 日

注：本告知书一式两份，一份附卷，一份交辩护律师。

制作说明

  一、本文书依据《刑诉规则（试行）》第三百二十八条第二款的规定制作，为人民检察院办理直接受理立案侦查的案件报请审查逮捕时，必要时将报请情况书面告知犯罪嫌疑人及其辩护律师时使用。

  二、本文书为二联，分别送达犯罪嫌疑人及其辩护律师，并各留一份附卷。

职务犯罪侦查流程与规范

××人民检察院
报请重新审查逮捕意见书

检　重报捕〔　　〕　　号

××（上级人民检察院名称）：

　　你院以××号不予逮捕决定书决定不予逮捕的犯罪嫌疑人××涉嫌××一案，本院认为：××（写明犯罪嫌疑人的姓名，性别，出生年月日），有证据证明有下列犯罪事实：××（围绕犯罪构成及情节写明犯罪嫌疑人实施的犯罪事实及主要证据，并说明其社会危险性）。

　　上述犯罪嫌疑人××的行为已触犯《中华人民共和国刑法》第××条的规定，涉嫌××犯罪，符合逮捕条件，应当逮捕。根据《中华人民共和国刑事诉讼法》第七十九条、第一百六十三条的规定，特报请你院重新审查。

年　月　日
（院　印）

制作说明

　　一、本文书根据《刑事诉讼法》第七十九条、第一百六十三条的规定制作。为审查逮捕"上提一级"案件中，下级人民检察院认为上级人民检察院不予逮捕决定错误，需要逮捕犯罪嫌疑人时使用。

　　二、本文书一式二份，一份报上一级人民检察院，一份附卷。

××人民检察院 逮捕通知书

检捕通〔 〕 号

犯罪嫌疑人_____因涉嫌_____犯罪，经_____院决定，于_____年_____月_____日被依法逮捕，现羁押于_____看守所。

根据《中华人民共和国刑事诉讼法》第九十一条的规定，特此通知。

家属姓名_____
地　址_____

　　　　　　　年　月　日
　　　　　　　（院印）

如在执行逮捕后24小时内无法通知的，请注明原因：

办案人：　　　　　　年　月　日　时

第三联 送达被逮捕人家属

××人民检察院 逮捕通知书（副本）

检捕通〔 〕 号

犯罪嫌疑人_____因涉嫌_____犯罪，经_____院决定，于_____年_____月_____日被依法逮捕，现羁押于_____看守所。

根据《中华人民共和国刑事诉讼法》第九十一条的规定，特此通知。

家属姓名_____
地　址_____

　　　　　　　年　月　日
　　　　　　　（院印）

本通知书已收到。
家属签名：　　　　　　年　月　日　时

如在执行逮捕后24小时内无法通知的，请注明原因：

办案人：　　　　　　年　月　日　时

第二联 侦查部门附卷

××人民检察院 逮捕通知书（存 根）

检捕通〔 〕 号

案由
犯罪嫌疑人
逮捕时间
羁押处所
家属姓名
家属住址
批准人
承办人
填发人
填发时间

第一联 统一保存

制作说明

一、本文书根据《刑事诉讼法》第九十一条第二款的规定制作。为人民检察院在决定逮捕犯罪嫌疑人并由公安机关执行后，通知被逮捕人家属时使用。

二、本文书应在犯罪嫌疑人被逮捕后二十四小时内填发；正文中的逮捕时间应填执行逮捕的时间；对无法通知的，应当报告检察长，并写明原因附卷。

三、本文书共三联，第一联为存根，统一保存备查；第二联侦查部门附卷；第三联送达被逮捕人家属。

××人民检察院 报请许可采取强制措施报告书

检强许〔 〕 号

犯罪嫌疑人＿＿＿＿＿＿，因涉嫌＿＿＿＿＿＿，根据《中华人民共和国刑事诉讼法》第＿＿条的规定，应当依法逮捕（监视居住、取保候审、拘传、拘留）。因该犯罪嫌疑人系本届人大代表，根据《中华人民共和国全国人民代表大会和地方各级人民代表大会代表法》第三十二条的规定，特提请许可。

年　月　日
（院　印）

附：案件情况报告

第三联 报送人大主席团或常委会

××人民检察院 报请许可采取强制措施报告书（副本）

检强许〔 〕 号

犯罪嫌疑人＿＿＿＿＿＿，因涉嫌＿＿＿＿＿＿，根据《中华人民共和国刑事诉讼法》第＿＿条的规定，应当依法逮捕（监视居住、取保候审、拘传、拘留）。因该犯罪嫌疑人系本届人大代表，根据《中华人民共和国全国人民代表大会和地方各级人民代表大会代表法》第三十二条的规定，特提请许可。

年　月　日
（院　印）

附：案件情况报告

第二联 附卷

××人民检察院 报请许可采取强制措施报告书（存根）

检强许〔 〕 号

案由＿＿＿＿＿＿
犯罪嫌疑人＿＿＿＿＿＿
性别＿＿＿＿　年龄＿＿＿＿
工作单位＿＿＿＿＿＿
住址＿＿＿＿＿＿
身份证号码＿＿＿＿＿＿
犯罪嫌疑人系＿＿＿人大代表。
采取强制措施时间＿＿＿＿＿＿
执行处所＿＿＿＿＿＿
批准人＿＿＿＿＿＿
承办人＿＿＿＿＿＿
填发人＿＿＿＿＿＿
填发时间＿＿＿＿＿＿

第一联 统一保存

制作说明

一、本文书依据《全国人民代表大会和地方各级人民代表大会代表法》第三十二条的规定制作。为人民检察院在办理案件过程中,对涉嫌犯罪的县级以上的各级人民代表大会代表采取逮捕、监视居住、取保候审、拘传及因非现行犯拘留等限制人身自由的强制措施,报请同级人民代表大会主席团或者常务委员会许可时使用。

二、制作本文书时,依据决定采取的强制措施,填写相应的法律适用条文。本文书应附有案件情况报告。对因现行犯被拘留的人民代表大会代表,不适用本文书。

三、本文书共三联,第一联统一保存备查;第二联附卷,拟决定对人大代表采取强制措施的人民检察院委托该人大代表所属的人民代表大会同级的人民检察院报请许可的,受委托报请许可的人民检察院应当将本文书第二联复印一份送交拟决定采取强制措施的人民检察院;第三联报送人民代表大会主席团或常务委员会。

××人民检察院
变更（撤销）逮捕措施报告书

检　报变捕〔　　〕　号

_____（上一级人民检察院名称）：

你院××号逮捕决定书决定逮捕犯罪嫌疑人×××，因_____（写明请求变更或者撤销逮捕措施的具体理由），根据《人民检察院刑事诉讼规则（试行）》第三百三十七条规定，特向你院报告。

年　月　日
（院印）

××人民检察院
撤销强制措施决定书

检撤强〔　〕号

根据《中华人民共和国刑事诉讼法》第九十四条的规定，本院决定撤销对你_____的决定。

年　月　日
（院印）

第三联　送达犯罪嫌疑人

××人民检察院
撤销强制措施决定书
（副本）

检撤强〔　〕号

根据《中华人民共和国刑事诉讼法》第九十四条的规定，本院决定撤销对你_____的决定。

年　月　日
（院印）

第二联　附卷

××人民检察院
撤销强制措施决定书
（存根）

检撤强〔　〕号

案由_____
犯罪嫌疑人基本情况_____
执行机关_____
强制措施种类_____
撤销原因_____
批准人_____
承办人_____
填发人_____
填发时间_____

第一联　统一保存

××人民检察院
撤销强制措施通知书
（回 执）

检撤强〔　〕　号

_____人民检察院：

你院_____年____月____日_____号文书决定撤销对涉嫌_____的犯罪嫌疑人_____的决定，根据《中华人民共和国刑事诉讼法》第九十四条的规定，现将执行情况通知如下：犯罪嫌疑人_____已于____年____月____日释放（或者变更为_____）。

特此通知

年　月　日
（公章）

第五联　执行机关退回后附卷

××人民检察院
撤销强制措施通知书

检撤强〔　〕　号

_____（公安机关）：

_____院_____年____月____日决定对涉嫌_____的犯罪嫌疑人_____采取_____措施，根据《中华人民共和国刑事诉讼法》第九十四条的规定，现决定撤销对其_____的决定。请依法立即执行，并在三日内将执行情况通知本院。

特此通知

年　月　日
（院印）

第四联　送达执行机关

制作说明

一、本文书根据《刑事诉讼法》第九十四条的规定制作。为人民检察院对犯罪嫌疑人采取强制措施后，发现强制措施不当的，依法决定撤销该强制措施时使用。

二、本文书共五联，第一联为存根，统一保存备查；第二联附卷；第三联送达犯罪嫌疑人；第四联送达执行机关；第五联为执行回执，由执行机关退回后附卷，划线处填写犯罪嫌疑人于何时被释放或者变更为何种强制措施。

第五章 强制措施

××人民检察院 决定释放通知书（回执）

检释〔 〕 号

现将 _____ 号决定释放通知书的执行情况通知如下：

_____

公章
年 月 日

第四联 执行机关退回后附卷

××人民检察院 决定释放通知书

检释〔 〕 号

××人民检察院 ____ 年 ____ 月 ____ 日决定逮捕（拘留）的犯罪嫌疑人 _____，性别 ____，现年 ____ 岁，住 _____，现羁押于 _____ 看守所，因 _____，根据《中华人民共和国刑事诉讼法》第 ____ 条的规定决定释放，请即执行。

此致

（院印）
年 月 日

第三联 送达执行机关

××人民检察院 决定释放通知书（副本）

检释〔 〕 号

××人民检察院 ____ 年 ____ 月 ____ 日决定逮捕（拘留）的犯罪嫌疑人 _____，性别 ____，现年 ____ 岁，住 _____，现羁押于 _____ 看守所，因 _____，根据《中华人民共和国刑事诉讼法》第 ____ 条的规定决定释放，请即执行。

此致

（院印）
年 月 日

第二联 附卷

××人民检察院 决定释放通知书（存根）

检释〔 〕 号

案由 _____
犯罪嫌疑人基本情况（姓名、性别、年龄、身份证号码、工作单位、住址、是否人大代表、政协委员）
强制措施种类
决定释放原因
批准人
承办人
填发人
填发时间

第一联 统一保存

187

××人民检察院
驳回申请决定书
（副本）

检驳申〔　〕号

　　因本院办理＿＿＿＿一案时，你提出＿＿＿＿，要求＿＿＿＿。本院经审查，认为＿＿＿＿，决定驳回申请。

年　月　日
（检察长印或院印）

第三联　送达申请人

检驳申〔　〕号

××人民检察院
驳回申请决定书
（副本）

检驳申〔　〕号

　　因本院办理＿＿＿＿一案时，你提出＿＿＿＿，要求＿＿＿＿。本院经审查，认为＿＿＿＿，决定驳回申请。

年　月　日
（检察长印或院印）

第二联　附卷

检驳申〔　〕号

××人民检察院
驳回申请决定书
（存根）

检驳申〔　〕号

案由
犯罪嫌疑人
申请人
与案件关系
申请事项
驳回原因
批准人
承办人
填发人
填发时间

第一联　统一保存

××人民检察院
办案工作区使用审批表

年　月　日

办案部门	
案件承办人	
使用事由	
使用时间、次数	
是否用警及人数	
办案部门负责人意见	
分管检察长审批	
警务部门执行意见	

××人民检察院
办案用警申请表

年　月　日

用警部门		申请人	
出警时间		执行地点	
执行种类		拟用警人数	
需要携带警械具			
警务部门执行意见			

第六章 侦查措施

职务犯罪侦查措施是指人民检察院在职务犯罪侦查过程中,为了收集证据,查明案情,查缉犯罪嫌疑人,依照法律规定进行专门调查活动而采取的措施,其具有法定性、强制性、整体性、有效性等特点。检察机关在职务犯罪侦查中运用侦查措施,主要依据《刑事诉讼法》第一百一十六条至第一百六十六条、《刑诉规则(试行)》第一百八十六条至第二百七十三条的规定进行。具体措施有讯问犯罪嫌疑人、询问证人、被害人、勘验、检查、搜查、查询、调取、查封、冻结、扣押、鉴定、辨认、技术侦查、通缉、边控等。

第一节 讯问犯罪嫌疑人

讯问犯罪嫌疑人是指为了核实犯罪事实和证据,查明案件事实真相,侦查人员依照法定程序以言词方式对犯罪嫌疑人进行审问的一种侦查措施。

一、讯问的目的和任务

讯问犯罪嫌疑人的目的在于依法获取犯罪嫌疑人的供述,以便于全面、客观、详细地掌握案件的事实真相。

讯问犯罪嫌疑人的任务有:查明犯罪嫌疑人的全部犯罪事实,收集犯罪证据;发现其他犯罪线索,挖出其他犯罪嫌疑人;保障无罪的人不受法律追究。对犯罪嫌疑人进行法律宣传教育,督促其认罪服法。

二、讯问前的准备

讯问犯罪嫌疑人尤其是第一次讯问犯罪嫌疑人对于案件侦查工作的开展有着决定性的意义,因此,在讯问犯罪嫌疑人之前必须做好各项准备工作。

(一)人员准备

在开展讯问前,应当明确两名以上的审讯人员、书记员,侦查指挥人员,调查取证人员,负责同步录音录像的技术人员,司法警察,必要时还要有通晓聋哑手势的人员和翻译人员。相关人员都应当按要求做好自己的准备工作。

1. 审讯人员的准备

讯问犯罪嫌疑人,检察人员不能少于两人。讯问力量的配备应当根据案件的具体情况决定,在一般情况下,由两名讯问人和一名书记员进行讯问。对于案情复杂的重大案件，应配备较多、较强的讯问力量。

在讯问前，负责审讯的检察人员要分析案件材料，熟悉案情。一是要对已有的案卷事实材料进行认真、细致的审阅，并将物证、书证、证人证言进行梳理、筛选，把握案件材料中的内在联系，进而分析案件内部矛盾，把握案件事实的基本脉略。二是对犯罪嫌疑人所涉嫌犯罪案情的了解和分析。包括已掌握的证据和线索、与该犯罪嫌疑人有联系的其他犯罪嫌疑人情况，以及侦查的方向、深挖的潜力和可能性。三是要研究犯罪嫌疑人的特点，分析犯罪嫌疑人的心理状态，了解其家庭状况、社会关系和主要经历。如对犯罪嫌疑人的家庭情况要有所了解，包括家有几口人，父母是否健在，夫妻是否和睦，子女情况如何，有何社会关系等；对犯罪嫌疑人的心理进行分析，性格是内向还是外向，是好动还是好静，心理是较稳定还是爱波动，思维是敏捷还是迟钝等；对犯罪嫌疑人的经历应有所了解，曾担任过什么职务，政绩如何，获得过什么荣誉，受到过什么处分，经受过什么挫折等。了解这些情况后，所制定的讯问策略才能有的放矢，讯问才能得心应手。四是要熟悉掌握案件可能涉及的法律、法规以及与案件事实有关联的各种方针、政策，以防范讯问中出现的问题，做到在讯问中言之有理，驳之有据。

2. 侦查指挥人员的准备

侦查指挥人员在讯问犯罪嫌疑人之前应充分掌握全部案件事实，分析案件的发展方向，对审讯时可能出现的情况要有充分的准备和处理预案，要明确各项工作的参与人员及分工，协调好相关部门。

3. 调查取证人员的准备

在讯问犯罪嫌疑人的同时，需要进行调查取证的，应当提前安排好人员。调查取证人员应当熟悉所要调取资料的有关情况，掌握资料持有单位或人员的地址、联系方式等相关信息。

4. 技术人员的准备

负责同步录音录像的技术人员应当事先准备好同步录音录像设备，并进行调试，确保工作正常。

5. 司法警察的准备

讯问犯罪嫌疑人必须安排司法警察负责办案安全，司法警察必须事先熟悉讯问场地，检查讯问场地的安全情况，并制定安全预案，准备好相应的警械和医药用品。如果是女性犯罪嫌疑人，应当配备女司法警察。

（二）相关手续准备

讯问犯罪嫌疑人之前，承办案件的检察人员应当准备好相关的法律手续和工作手续。一是要按要求制作《立案决定书》。二是要按要求开具《传唤通知书》或《拘传证》。三是要按要求开具《讯问通知书》。四是要按规定填写《申请派警审批表》，申请法警部门派员参加。五是要按规定填写《讯问全程同步录音像通知书》，申请技术部门派员参加。

（三）制作讯问方案

负责审讯的检察人员应当事先制作好讯问方案。讯问方案应当包括以下内容：

1. 简要案情；
2. 犯罪嫌疑人思想动态和个性特点的分析；
3. 需要查明的主要问题；
4. 讯问的重点、步骤、方法和策略；
5. 讯问过程中可能出现的问题及对策；
6. 讯问参与人员及分工；
7. 讯问过程中应该注意的问题。

在执行过程中，讯问人员应根据情况的变化适时补充、修改，灵活掌握。因为犯罪分子对抗讯问的手法很多，讯问进程的变化很快，这在制订计划时是难以完全预料到的。只有根据客观情况的变化，灵活地执行计划，不断修改、补充，才能收到良好效果。

在制定讯问方案的同时，每次讯问还要准备好讯问提纲，讯问提纲的主要内容有：讯问的目的和需要查明的问题，提问的内容及顺序；提问的方式、方法；需要在讯问中使用的证据及使用的时机、方式；犯罪嫌疑人可能提出的辩解以及对策；讯问中应当注意的事项等。

三、讯问的实施

（一）讯问人员

根据《刑事诉讼法》第一百一十六条、《刑诉规则（试行）》第一百九十二条的规定，讯问犯罪嫌疑人，由检察人员负责进行。讯问的时候，检察人员不得少于两人。如果是女性犯罪嫌疑人，应当配备女性检察人员。

（二）讯问地点

1. 对于不需要逮捕、拘留的犯罪嫌疑人的讯问。根据《刑事诉讼法》第一百一十七条和《刑诉规则（试行）》第一百九十三条的规定，侦查人员应当制作《传唤通知书》或《拘传证》，经检察长批准，办案人员凭工作证、《传唤通知书》或《拘传证》传唤或拘传犯罪嫌疑人到其所在市、县内的指定地点或他的住处进行讯问。犯罪嫌疑人的工作单位、户籍地与居住地不在同一市、县的，拘传应当在犯罪嫌疑人的工作单位所在的市、县进行；特殊情况下，也可以在犯罪嫌疑人户籍地或者居住地所在的市、县内进行。

2. 对于需要逮捕、拘留的犯罪嫌疑人的讯问，一律要在检察机关的讯问室内进行讯问。

异地传唤、拘传犯罪嫌疑人，应当与当地检察机关联系，在当地检察院讯问室进行讯问。

3. 根据《刑诉规则（试行）》第一百九十六条的规定，提讯在押的犯罪嫌疑人，应当在看守所讯问室进行。侦查人员应当填写《提押证》，在看守所讯问室内进行讯问。因侦查工作需要，需要提押犯罪嫌疑人出所辨认罪犯、罪证或者追缴罪犯的有关财物的，可以提押犯罪嫌疑人到人民检察院讯问室接受讯问。

（三）传唤犯罪嫌疑人

传唤犯罪嫌疑人，应当向犯罪嫌疑人出示传唤证和侦查人员的工作证件，并责令犯罪嫌疑人在传唤证上签名、捺指印。对在现场发现的犯罪嫌疑人，经出示工作证件，可以口头传唤，并将传唤的原因和依据告知被传唤人。传唤犯罪嫌疑人时，其家属在场的，应当当场将传唤的原因和处所口头告知其家属，并在讯问笔录中注明。其家属不在场的，侦查人员应当及时将传唤的原因和处所通知被传唤人家属。无法通知的，应当在讯问笔录中注明。

犯罪嫌疑人到案后，应当由其在传唤证上填写到案时间。传唤结束时，应当由其在传唤证上填写传唤结束时间。拒绝填写的，侦查人员应当在传唤证上注明。在讯问笔录中应当注明犯罪嫌疑人到案经过、到案时间和传唤结束时间。

（四）传唤犯罪嫌疑人的期限

传唤持续的时间不得超过十二小时；案情特别重大、复杂，需要采取拘留、逮捕措施的，传唤持续的时间不得超过二十四小时。两次传唤间隔的时间一般不得少于十二小时，不得以连续传唤的方式变相拘禁犯罪嫌疑人。传唤犯罪嫌疑人，应当保证犯罪嫌疑人的饮食和必要的休息时间。

（五）讯问时的告知

《刑事诉讼法》第三十六条第二款规定，侦查机关在第一次讯问犯罪嫌疑人或者对其采取强制措施的时候，应当告知犯罪嫌疑人有权委托辩护人。第一次讯问犯罪嫌疑人还应当告知其有申请回避的权利，讯问与本案无关的问题，有拒绝回答的权利，并将告知情况记入笔录。犯罪嫌疑人要求聘请律师的，也应在笔录中注明。如因经济困难无力聘请律师的，应当告知其可以通过人民检察院向当地法律援助机构申请法律援助。

（六）讯问犯罪嫌疑人的步骤

1. 查明犯罪嫌疑人的基本情况，包括姓名、出生年月日、籍贯、身份证号码、民族、职业、文化程度、工作单位及职务、住所、家庭情况、社会经历、是否属于人大代表、政协委员等；

2. 告知犯罪嫌疑人在侦查阶段的诉讼权利，有权自行辩护或委托律师辩护，告知其如实供述自己罪行可以依法从宽处理的法律规定；

3. 讯问犯罪嫌疑人是否有犯罪行为，让他陈述有罪的事实或者无罪的辩解，应当允许其连贯陈述。

犯罪嫌疑人对侦查人员的提问,应当如实回答。但是对与本案无关的问题,有拒绝回答的权利。

(七)讯问犯罪嫌疑人笔录的制作

讯问犯罪嫌疑人,应当制作《讯问犯罪嫌疑人笔录》。讯问笔录应当如实记载提问、回答和其他在场人的情况。对侦查人员的提问和犯罪嫌疑人陈述包括供述和辩解,要采取一问一答的方式,尽量用原话记录。为了便于记录,侦查人员要把握讯问的节奏,对犯罪嫌疑人的表情、神态、动作,如沉默、摇头、抓发、捶胸、顿足、哭泣、冷笑等,也应如实记录。

讯问笔录应当忠实于原话,字迹清楚,详细具体,并交犯罪嫌疑人核对。犯罪嫌疑人没有阅读能力的,应当向他宣读。如果记载有遗漏或者差错,应当补充或者改正。犯罪嫌疑人认为讯问笔录没有错误的,由犯罪嫌疑人在笔录上逐页签名、盖章或者捺指印,并在末页写明"以上笔录我看过(向我宣读过),和我说的相符",同时签名、盖章、捺指印并注明日期。如果犯罪嫌疑人拒绝签名、盖章、捺指印的,检察人员应当在笔录上注明。讯问的检察人员也应当在笔录上签名。犯罪嫌疑人请求自行书写供述的,检察人员应当准许。必要的时候,检察人员也可以要求犯罪嫌疑人亲笔书写供述。犯罪嫌疑人应当在亲笔供述的末页签名、捺指印,并注明书写日期。检察人员收到后,应当在首页右上方写明"于某年某月某日收到",并签名。

讯问犯罪嫌疑人时,应当告知犯罪嫌疑人将对讯问进行全程同步录音、录像,告知情况应当在录音、录像中予以反映,并记入笔录。在每次讯问犯罪嫌疑人的时候,应当对讯问过程实行全程录音、录像,并在讯问笔录中注明。此外,翻译人员的姓名、性别、工作单位和职业应当记录在案,翻译人员应当在讯问笔录上签字。

讯问笔录可以用手工记录,也可以用电脑记录,用电脑记录的,待记录完毕后必须打印出纸质书面形式,用打印出的书面记录材料交给犯罪嫌疑人阅读或向他宣读。

四、讯问同步录音录像

讯问过程是否合法,直接关系到由此取得的口供是否真实、准确、有效。因此,《刑事诉讼法》第一百二十一条规定:侦查人员在讯问犯罪嫌疑人的时候,可以对讯问过程进行录音或者录像;对于可能判处无期徒刑、死刑的案件或者其他重大犯罪案件,应当对讯问过程进行录音或者录像。《刑诉规则(试行)》第二百零一条规定:人民检察院立案侦查职务犯罪案件,在每次讯问犯罪嫌疑人的时候,应当对讯问过程实行全程录音、录像,并在讯问笔录中注明。

（一）同步录音录像人员

讯问全程同步录音、录像，实行讯问人员和录制人员相分离的原则。讯问由检察人员负责；录音、录像应当由检察技术人员负责。特殊情况下，经检察长批准也可以由讯问人员以外的其他检察人员负责。

（二）同步录音录像的程序

讯问犯罪嫌疑人需要由检察技术人员录音、录像的，检察人员应当填写《录音录像通知单》，写明讯问开始的时间、地点等情况送检察技术部门。检察技术部门接到《录音录像通知单》后，应当指派技术人员实施。在犯罪嫌疑人进入讯问场所之前就应当开始同步录音录像，在犯罪嫌疑人离开讯问场所之后才能结束同步录音录像。

（三）同步录音录像的要求

1. 讯问开始时，应当告知犯罪嫌疑人将对讯问进行全程录音、录像，告知情况应在录音、录像中予以反映，并记载于讯问笔录。
2. 全程同步录像的，摄制的图像应当反映犯罪嫌疑人、检察人员、翻译人员及讯问场景等情况，犯罪嫌疑人应当在图像中全程反映，并显示与讯问同步的时间数码。在人民检察院讯问室讯问的，应当显示温度和湿度。
3. 讯问过程中，需要出示书证、物证等证据的，应当当场出示让犯罪嫌疑人辨认，并对辨认过程进行录音、录像。
4. 讯问过程中，因技术故障等客观情况不能录音、录像的，一般应当停止讯问，待故障排除后再行讯问。讯问停止的原因、时间和再行讯问开始的时间等情况，应当在笔录和录音、录像中予以反映。不能录音、录像的客观情况一时难以消除又必须继续讯问的，经检察长批准，并告知犯罪嫌疑人后可以继续讯问。未录音、录像的情况应当在笔录中予以说明，由犯罪嫌疑人签字确认。
5. 讯问结束后，录制人员应当立即将录音、录像资料复制件交给讯问人员，并经讯问人员和犯罪嫌疑人签字确认后当场对录音、录像资料原件进行封存，交由检察技术部门保存。
6. 讯问结束后，录制人员应当及时制作全程同步录音、录像的相关说明，经讯问人员和犯罪嫌疑人签字确认后，交由检察技术部门立卷保管。相关说明应当反映讯问的具体起止时间，参与讯问的侦查人员、翻译人员及录制人员等人员的姓名、职务、职称，犯罪嫌疑人姓名及案由，讯问地点等情况。讯问在押犯罪嫌疑人的，讯问人员应当在相关说明中注明提押和还押时间，由监管人员和犯罪嫌疑人签字确认。犯罪嫌疑人拒绝签字的，应当在相关说明中注明。

（四）同步录音录像的保管

讯问结束后，由检察技术部门对录音、录像资料原件及制作全程同步录音、录像的相关说明进行封存、保管。案件办理完毕，办案期间录制的讯问全程同步录音、录像资料原件，由检察技术部门向本院档案管理部门移交归档。讯问全程同步录音、录像资料的保存期限与案件卷宗保存期限相同。

（五）同步录音录像的移送和使用

1. 移送审查逮捕案件时，应当将全程同步录音、录像资料复制件连同案件材料一并移送审查。侦查监督部门审查结束后，应当将移送审查的录音、录像资料复制件连同案件材料一并送还侦查部门。

2. 案件移送审查起诉时，应当将全程同步录音、录像资料复制件随案移送。

3. 人民法院、被告人或者其辩护人对讯问全程同步录音、录像资料复制件提出异议的，公诉人应当将检察技术部门保存的相应原件当庭启封质证。案件审结后，经公诉人和被告人签字确认后对录音、录像资料原件再行封存，并由公诉部门及时送还检察技术部门保存。

4. 讯问过程中犯罪嫌疑人检举揭发与本案无关的犯罪事实或者线索的，在移送审查逮捕、移送审查起诉和提起公诉时，是否将录有检举揭发内容的录音、录像资料一并移送，由检察长决定。不移送的，由检察技术部门对录有检举揭发内容的声音进行技术处理后移送。

5. 非办案部门或者人员需要查阅讯问全程同步录音、录像资料的，应当报经检察长批准。录音、录像资料需要公开使用的，由检察长决定。

6. 启封讯问全程同步录音、录像资料原件时，犯罪嫌疑人或者被告人应当在场。

五、讯问的指挥与协调

讯问犯罪嫌疑人时，侦查指挥人员应当随时掌握讯问开展的情况，条件允许的情况下应当同步观看讯问过程。讯问人员应将讯问时出现的关键情况、突发变故、犯罪嫌疑人的身体状况变化等重点内容随时向指挥人员汇报。针对讯问过程中出现的情况，指挥人员应随时调整讯问策略、讯问人员、协助人员，并协调相关部门或人员及时解决出现的各种问题，以确保讯问的顺利开展。

六、讯问后的处理

被传唤、拘传的犯罪嫌疑人，符合拘留、逮捕条件的，应当及时依法办理拘留、逮捕手续，并通知公安机关执行；对于不需要采取拘留、逮捕强制措施的，应当通知其单位或家属领回或派员将其送回。提讯在押的犯罪嫌疑人在讯问结束后应当及时还押。

在讯问过程中，如果发现犯罪嫌疑人有不应当拘留、逮捕的情形时，应当立即释放；依法可以改变强制措施的，应当依法办理变更手续。讯问过程中出示的扣押物品在讯问结束后应当及时归还案件管理部门。形成的讯问犯罪嫌疑人笔录应当及时交由案件承办人保管。

七、讯问的要求

1. 人民检察院办理直接受理立案侦查的案件，必须重证据，重调查研究，不轻信口供。严禁刑讯逼供和以威胁、引诱、欺骗以及其他非法方法收集证据，不得强迫任何人证实自己有罪。

2. 讯问用语应当合法、规范，称谓严肃。应当依法表明身份，明确告知权利义务，讯问案情客观严谨。

3. 参与讯问全程同步录音、录像的人员，对讯问情况应当保密。

4. 严格确保办案安全，防止出现办案安全事故。

5. 正确认识、对待犯罪嫌疑人的供述和辩解。

6. 不得以讯问为目的将犯罪嫌疑人提押出所进行讯问。

7. 讯问过程中应当保障犯罪嫌疑人依法享有的各项权利。

附件：

一、本节流程图

1. 讯问犯罪嫌疑人同步录音录像流程图
2. 讯问犯罪嫌疑人流程图

二、法律文书、工作文书格式样本

1. 传唤证
2. 传唤通知书
3. 提讯、提解证
4. 犯罪嫌疑人诉讼权利义务告知书
5. 讯问笔录
6. 讯（询）问职务犯罪嫌疑人（证人）实行全程同步录音录像工作通知单
7. 同步录音录像通知单
8. 同步录音录像委托技术处理（复制）单
9. 同步录音录像资料档案调用单
10. 未成年人法定代理人到场通知书
11. 未成年人成年亲属、有关组织代表到场通知书

讯问犯罪嫌疑人同步录音录像流程图

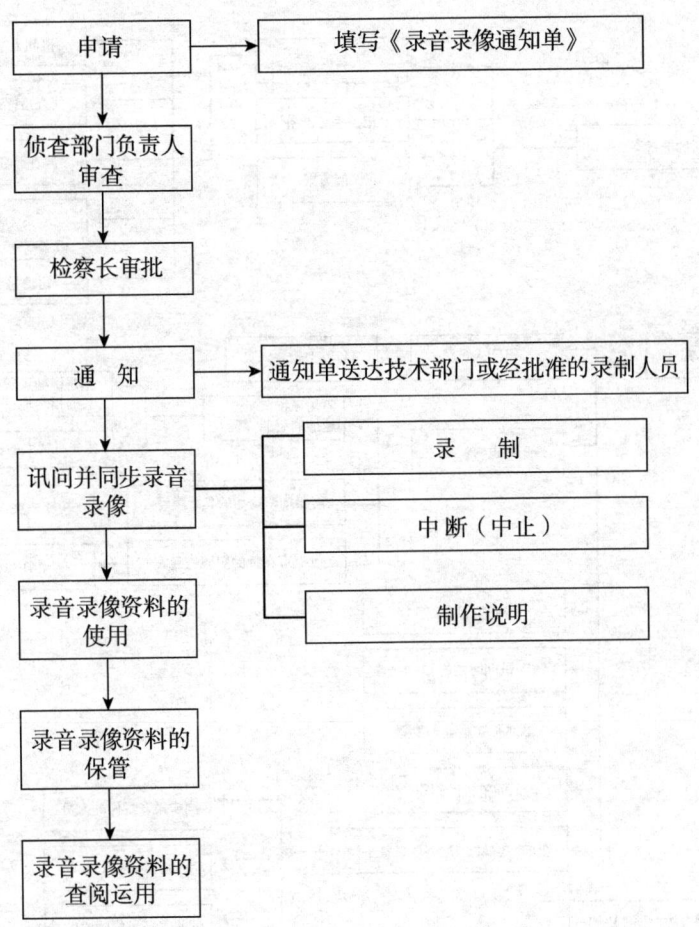

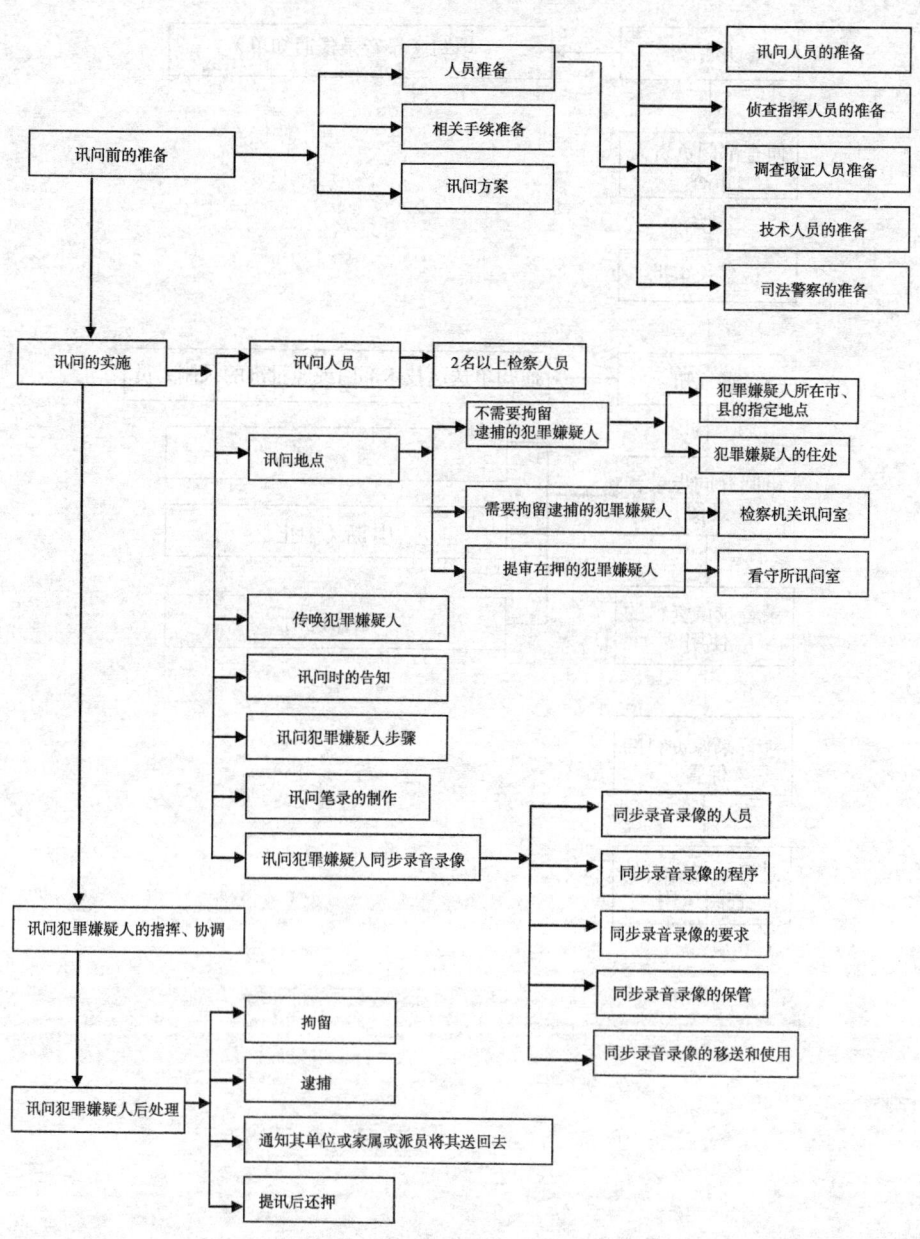

××人民检察院
传 唤 证

检 传〔　〕　号

：

根据《中华人民共和国刑事诉讼法》第一百一十七条的规定,现通知居住在_____的犯罪嫌疑人_____

于___年___月___日___时到达_____接受讯问。被传唤人必须持此件报到,无故不到,得以拘传。

　　　　　　　　　年　月　日
　　　　　　　　　（院印）

第三联 送达被传唤人

××人民检察院
传 唤 证
（副　本）

检 传〔　〕　号

：

根据《中华人民共和国刑事诉讼法》第一百一十七条的规定,现通知居住在_____的犯罪嫌疑人_____

于___年___月___日___时到达_____接受讯问。被传唤人必须持此件报到,无故不到,得以拘传。

　　　　　　　　　年　月　日
　　　　　　　　　（院印）

讯问开始时间：___年___月___日___时___分
讯问结束时间：___年___月___日___时___分
被讯问人：

第二联 附卷

××人民检察院
传 唤 证
（存　根）

检 传〔　〕　号

案由
犯罪嫌疑人基本情况（姓名、性别、年龄、工作单位、住址、身份证号码、是否人大代表、政协委员）
应到时间
应到地点
批准时间
批准人
承办人
填发时间
填发人

第一联 统一保存

制作说明

一、本文书依据《刑事诉讼法》第一百一十七条的规定制作。为人民检察院在办理案件过程中,通知未被采取拘留、逮捕强制措施的犯罪嫌疑人到指定地点接受讯问时使用。

二、讯问开始和结束时间应由犯罪嫌疑人填写时间并签名或盖章。犯罪嫌疑人拒绝签名或盖章的,应当在文书上注明。

三、本文书以人次为单位制作。

四、本文书共三联,第一联统一保存备查,第二联附卷,第三联送达被传唤人。

××人民检察院
传唤通知书

检传通〔 〕 号

案由：_____

根据《中华人民共和国刑事诉讼法》第一百一十七条的规定，居住在_____的犯罪嫌疑人_____于____年____月____日____时到达_____接受讯问。

根据《人民检察院刑事诉讼规则（试行）》第一百九十四条的规定，特此通知。

家属姓名_____
地 址_____

办案人：
____年____月____日____时
（院 印）
____年____月____日

第三联 送达被传唤人家属

××人民检察院
传唤通知书
（副 本）

检传通〔 〕 号

案由：_____

根据《中华人民共和国刑事诉讼法》第一百一十七条的规定，居住在_____的犯罪嫌疑人_____于____年____月____日____时到达_____接受讯问。

根据《人民检察院刑事诉讼规则（试行）》第一百九十四条的规定，特此通知。

家属姓名_____
地 址_____

本通知书已收到。
家属签名_____ ____年____月____日

办案人：
____年____月____日____时
（院 印）
____年____月____日____时

第二联 附卷

××人民检察院
传唤通知书
（存 根）

检传通〔 〕 号

案由_____

犯罪嫌疑人基本情况（姓名、性别、年龄、工作单位、住址、身份证号码、是否人大代表、政协委员）_____

应到时间_____
应到地点_____
批准人_____
批准时间_____
承办人_____
填发时间_____
填发人_____

第一联 统一保存

203

制作说明

一、本文书依据《刑诉规则（试行）》第一百四十九条的规定制作。为人民检察院传唤犯罪嫌疑人，其家属不在场的，将传唤的原因和处所通知被传唤人家属时使用。

二、本文书共三联，第一联统一保存备查，第二联附卷，第三联送达被传唤人家属。

××人民检察院
提讯、提解证

检 提讯、提解〔 〕号

兹有本院办案人员前来提押犯罪嫌疑人一名，请接洽。
此致
_____看守所。

年 月 日
（院印）

犯罪嫌疑人		性别	
身份证号码		代号	
羁押期限	自 年 月 日至 年 月 日（由监管人员填写）		

提讯、提解时间	事　由	办案人员签名	收监或回所时间	监管人员签名
年 月 日 时 分			年 月 日 时 分	
年 月 日 时 分			年 月 日 时 分	
年 月 日 时 分			年 月 日 时 分	
年 月 日 时 分			年 月 日 时 分	

依法延长、重新计算羁押的，拘留转逮捕的，案件改变管辖的，应当重新办理《提讯证》。超过羁押期限的，原提讯证作废。提讯时侦查人员不得少于两人。
"事由"栏根据情况填写"讯问"、"出所辨认"、"出所起赃"等。

制作说明

一、本文书依据《刑事诉讼法》第八十六条、第一百六十二条、第一百七十条的规定制作。为人民检察院从看守所提讯、提解在押犯罪嫌疑人时使用。

二、本文书以人为单位制作，每提讯、提解一次，在提讯、提解证上登记一行。提解犯罪嫌疑人出所辨认、起赃的，应当将提讯、提解证交由监管人员保存，将犯罪嫌疑人还押后取回。

三、本文书一联，使用完后附卷。

犯罪嫌疑人诉讼权利义务告知书

根据《中华人民共和国刑事诉讼法》的有关规定，犯罪嫌疑人在人民检察院对案件进行侦查期间，有如下诉讼权利和义务：

1. 不通晓当地通用的语言文字的犯罪嫌疑人在讯问时有要求配备翻译人员的权利。有权用本民族语言文字进行诉讼。

2. 聋、哑的犯罪嫌疑人在讯问时有要求通晓聋、哑手势的人参加的权利。

3. 对于侦查人员、鉴定人、记录人、翻译人员有下列情形之一的，有权申请他们回避：（一）是本案的当事人或者是当事人的近亲属的；（二）本人或者他的近亲属和本案有利害关系的；（三）担任过本案的证人、鉴定人、辩护人、诉讼代理人的；（四）与本案当事人有其他关系，可能影响公正处理案件的。对于驳回申请回避的决定，可以申请复议一次。

4. 有权辩护。犯罪嫌疑人在接受讯问时有权为自己辩解。

5. 有权委托辩护人。犯罪嫌疑人自被侦查机关第一次讯问或者被采取强制措施之日起，有权委托辩护人，但在侦查期间只能委托律师作为辩护人。因经济困难等原因没有委托辩护人的，本人及其近亲属可以向法律援助机构提出申请。

6. 未满18周岁的犯罪嫌疑人有要求通知其法定代理人到场的权利，法定代理人可以代为行使诉讼权利。无法通知，法定代理人不能到场或是共犯的，可以通知犯罪嫌疑人的其他成年亲属，所在学校、单位或者居住地的村民委员会、居民委员会、未成年人保护组织的代表到场。

7. 对于侦查人员的提问，应当如实回答。但是对与本案无关的问题，有拒绝回答的权利，如实供述自己罪行可以从宽处理。

8. 有核对讯问笔录和自行书写供述的权利，如果犯罪嫌疑人没有阅读能力，侦查人员应当向其宣读；如果讯问笔录记载有遗漏或者差错，可以提出补充或者改正。对讯问笔录、勘验检查笔录、搜查笔录、查封扣押财物、文件清单以及送达的各种法律文书确认无误后，应当签名、捺指印。

9. 依法接受拘传、取保候审、监视居住、拘留、逮捕等强制措施和人身检查、搜查、扣押、鉴定等侦查措施。

10. 犯罪嫌疑人及其法定代理人、近亲属、聘请的律师对于采取强制措施超过法定期限的，有权要求解除强制措施。

11. 对于人民检察院及其侦查人员侵犯其诉讼权利和人身侮辱的行为,有权提出控告、举报。

犯罪嫌疑人(签字):
日　期:

注:此告知书在第一次讯问犯罪嫌疑人或对其采取强制措施之日交犯罪嫌疑人阅后签字并附卷。

制作说明

一、本文书为新增法律文书。本文书依据《刑事诉讼法》第九条、第十一条、第十四条、第二十八条、第三十二条、第三十三条、第三十四条、第五十条、第九十七条、第一百一十五条、第一百一十八条、第一百一十九条、第一百二十条、第一百二十一条、第一百三十九条、第二百七十条第一款规定制作。为人民检察院讯问犯罪嫌疑人依法告知其权利义务时使用。

二、此告知书在第一次讯问犯罪嫌疑人或对其采取强制措施之日交犯罪嫌疑人阅后签字附卷。

××人民检察院
讯 问 笔 录

（第1次）

讯问时间：____年__月__日__时__分至____年__月__日__时__分
讯问地点：_____
讯问人：_____ 记录人：_____
被讯问人姓名：_____ 性别：_____ 年龄：_____
工作单位、职务：_____
是否人大代表、政协委员：_____
住址：_____ 联系方式：_____

告知：（出示工作证件）我们是××人民检察院的检察人员，现依法对你进行讯问。下面依照法律规定我们向你宣读并送达《犯罪嫌疑人权利和义务告知书》，同时本次讯问过程实行全程同步录音录像。以上告知事项你听清楚了吗？

答：听清楚了。

问：说一下你的基本情况。

答：（姓名、曾用名、性别、出生年月日、身份证件种类及号码、民族、籍贯、文化程度、有无党派、是否人大代表或者政协委员、工作单位、职务级别或者职业、住址、有无犯罪记录等。）

问：说一下你的工作简历。

答：_____。

问：说一下你的家庭成员情况。

答：_____。

问：你有无违法犯罪行为？

答：（犯罪嫌疑人陈述有罪的情节或无罪的辩解，然后向他提出问题）_____。

问：（讯问基本内容）

答：_____。

问：本次讯问中，有无非法羁押、刑讯逼供、威胁、引诱、欺骗或者以其他非法方法获取供述或者其他证据的情形？

答：_____。

问：你还有什么要补充的吗？
答：_____。
问：你以上所讲是否属实？
答：_____。
问：你看一下笔录，和你说的是否一致？如果记载有遗漏或者差错，可以提出补充或者改正。如无误请签字确认。
答：_____。

        犯罪嫌疑人：　　（签名、指印）
           年　月　日

讯问人亲笔签名：　　　　记录人亲笔签名：

××人民检察院
讯 问 笔 录

讯问时间：＿＿年＿月＿日＿时＿分至＿＿年＿月＿日＿时＿分

讯问地点：＿＿＿＿＿＿＿＿＿＿＿＿＿＿＿＿＿＿＿＿

讯问人：＿＿＿＿＿＿＿＿＿＿　　记录人：＿＿＿＿＿＿＿＿＿

被讯问人姓名：＿＿＿＿＿＿　　性别：＿＿＿年龄：＿＿＿＿＿

工作单位、职务：＿＿＿＿＿＿＿＿＿＿＿＿＿＿＿＿＿＿＿＿

是否人大代表、政协委员：＿＿＿＿＿＿＿＿＿＿＿＿＿＿＿＿

住址：＿＿＿＿＿＿＿＿＿＿　　联系方式：＿＿＿＿＿＿＿＿＿

问：（出示工作证件）我们是××人民检察院的检察人员，现依法对你进行讯问。本次讯问过程实行全程同步录音录像。你听清楚了吗？

答：听清楚了。

问：（根据案情进行提问）

答：＿＿＿＿＿＿＿＿＿＿＿＿＿＿。

问：本次讯问中，有无非法羁押、刑讯逼供、威胁、引诱、欺骗或者以其他非法方法获取供述或者其他证据的情形？

答：＿＿＿＿＿＿＿＿＿＿＿＿＿＿。

问：你还有什么要补充的吗？

答：＿＿＿＿＿＿＿＿＿＿＿＿＿＿。

问：你以上所讲是否属实？

答：＿＿＿＿＿＿＿＿＿＿＿＿＿＿。

问：你看一下笔录，和你说的是否一致？如果记载有遗漏或者差错，可以提出补充或者改正。如无误请签字确认。

答：＿＿＿＿＿＿＿＿＿＿＿＿＿＿。

　　　　　　　　　　　　　犯罪嫌疑人：　　　（签名、指印）
　　　　　　　　　　　　　　　　年　月　日

讯问人亲笔签名：　　　　记录人亲笔签名：

××人民检察院
讯（询）问职务犯罪嫌疑人（证人）
实行全程同步录音录像工作通知单

办案部门		案　由	
被讯（询）问人		讯（询）问人	
讯（询）问地点			
录制起始时间			
办案部门意见			
技术部门意见			
录 制 人 员			
备　　注			

××人民检察院
同步录音录像通知单

检　委　录〔　　〕　号

_____：

　　本部门承办的_____一案，需进行同步录音录像，请你部门派技术人员于_____到_____录制。

　　联系人：_____

　　联系电话：_____

（盖章）

年　月　日

××人民检察院
同步录音录像委托技术处理（复制）单

检委录处〔　　〕号

_____：
　　本部门承办的_____一案，需对同步录音录像资料副本进行技术处理（复制），现委托你部门按下列要求进行：_____
_____
_____
_____。

委托人_____

年　月　日
（部门公章）

××人民检察院
同步录音录像资料档案调用单

检委录调〔　　〕号

_____：
　　本部门承办的_____一案，需对同步录音录像资料正本进行调用，现委托你部门按下列要求进行：_____
_____
_____
_____。

委托人_____

年　月　日
（部门公章）

职务犯罪侦查流程与规范

××人民检察院
未成年人法定代理人到场通知书

检未代到〔　〕　　号

：

我院办理的＿＿＿＿＿＿＿＿＿＿案，定于＿＿＿＿年＿＿月＿＿日对犯罪嫌疑人／被害人／证人＿＿＿＿＿＿＿＿进行讯问／询问。因其系未成年人，根据《中华人民共和国刑事诉讼法》第二百七十条的规定，通知你届时到场。你到场后可以代为行使未成年人的诉讼权利，认为办案人员在讯问／询问中侵犯未成年人合法权益的，可以提出意见。

（院印）

＿＿＿＿年＿＿月＿＿日

第三联　送达未成年人的法定代理人

××人民检察院
未成年人法定代理人到场通知书
（副　本）

检未代到〔　〕　　号

：

我院办理的＿＿＿＿＿＿＿＿＿＿案，定于＿＿＿＿年＿＿月＿＿日对犯罪嫌疑人／被害人／证人＿＿＿＿＿＿＿＿进行讯问／询问。因其系未成年人，根据《中华人民共和国刑事诉讼法》第二百七十条的规定，通知你届时到场。你到场后可以代为行使未成年人的诉讼权利，认为办案人员在讯问／询问中侵犯未成年人合法权益的，可以提出意见。

（院印）

＿＿＿＿年＿＿月＿＿日

本通知书已收到。

未成年人法定代理人：

＿＿＿＿年＿＿月＿＿日

第二联　附卷

××人民检察院
未成年人法定代理人到场通知书
（存　根）

检未代到〔　〕　　号

案由	
未成年犯罪嫌疑人（被害人、证人）	
法定代理人	
批准人	
承办人	
填发人	
填发时间	

第一联　统一保存

214

制作说明

一、本文书依据《刑事诉讼法》第二百七十条的规定制作。为人民检察院对未成年犯罪嫌疑人进行讯问或者对未成年被害人、证人进行询问时，通知其法定代理人到场时使用。

二、本文书共三联，第一联统一保存备查，第二联附卷，第三联送达未成年人的法定代理人。

××人民检察院
未成年人成年亲属、有关组织代表到场通知书
（存 根）

检未成到〔 〕 号

案由 _____

未成年犯罪嫌疑人（被害人、证人）_____

通知对象（注明身份）_____

批准人 _____

承办人 _____

填发人 _____

填发时间 _____

第一联 统一保存

××人民检察院
未成年人成年亲属、有关组织代表到场通知书
（副 本）

检未成到〔 〕 号

：

我院办理的_____案，定于____年____月____日对犯罪嫌疑人/被害人/证人_____进行讯问/询问。因其系未成年人，且其法定代理人因_____不能到场，根据《中华人民共和国刑事诉讼法》第二百七十条的规定，通知你届时到场。你到场后认为办案人员在讯问/询问中侵犯未成年人合法权益的，可以提出意见。

（院印）
     年 月 日

本通知书已收到。

未成年人亲属、有关组织：
     年 月 日

第二联 附卷

××人民检察院
未成年人成年亲属、有关组织代表到场通知书

检未成到〔 〕 号

：

我院办理的_____案，定于____年____月____日对犯罪嫌疑人/被害人/证人_____进行讯问/询问。因其系未成年人，且其法定代理人因_____不能到场，根据《中华人民共和国刑事诉讼法》第二百七十条的规定，通知你届时到场。你到场后认为办案人员在讯问/询问中侵犯未成年人合法权益的，可以提出意见。

（院印）
     年 月 日

第三联 送达未成年人的成年亲属、有关组织代表

制作说明

一、本文书依据《刑事诉讼法》第二百七十条的规定制作。为人民检察院对未成年犯罪嫌疑人进行讯问或者对未成年被害人、证人进行询问时,在无法通知法定代理人、法定代理人不能到场或者法定代理人是共犯的情况下,通知其他成年亲属、有关组织代表到场时使用。

二、本文书共三联,第一联统一保存备查,第二联附卷,第三联送达未成年人的成年亲属、有关组织代表。

第二节 询问证人、被害人

询问证人、被害人是指侦查人员依照法定程序,以言词方式向证人、被害人调查了解案件情况的一种侦查行为。

一、询问的目的任务

询问证人、被害人的目的在于通过获取证人证言、被害人陈述,有助于侦查人员发现、收集证据和核实证据,查明案件事实真相,正确认定案件事实。

询问证人、被害人的主要任务包括:

1. 查明案情。职务犯罪案件都是已经发生的事实,侦查人员对案件事实并没有亲自耳闻目睹,他们需要通过询问知情人了解案件发生的过程和事实情节。

2. 收集证据。侦查人员通过询问不仅可以获取证人证言,而且还能够发现新的证据线索,获取新的证据。

3. 审查和核实证据。侦查人员通过询问可以审查侦破过程中所收集的各种证据材料是否真实可靠,以及它们与案件事实之间是否存在内在联系。

4. 查缉在逃的犯罪嫌疑人。侦查人员通过询问可以了解犯罪嫌疑人出逃前后的蛛丝马迹,确定犯罪嫌疑人出逃方向和落脚点。

二、询问前的准备

询问前应做好充分的准备。

（一）人员准备

在开展询问前,应当明确两名以上的询问人员、书记员,一般包括侦查指挥人员、调查取证人员,还应有负责同步录音录像的技术人员、司法警察,必要时还要有通晓聋哑手势的人员和翻译人员。相关人员都应当按要求做好自己的准备工作。

1. 询问人员的准备

询问人员在询问证人前应了解证人、被害人的身份、职业以及其与犯罪嫌疑人的关系,证人、被害人的性格特征及心理状态,已掌握的证据材料中证实证人、被害人应当知道的事实,分析其可能知道的事实。如果证人是女性,应当配备女检察人员。

2. 侦查指挥人员的准备

侦查指挥人员在询问证人、被害人之前应充分掌握全部案件事实,分析案件的发展方向,对询问时可能出现的情况要有充分的准备和处理预案,要明确各项工作的参与人员及分工,协调好相关部门。

3. 调查取证人员的准备

在询问证人、被害人的同时，需要进行调查取证的，应当提前安排好人员。调查取证人员应当熟悉所要调取的资料的有关情况，掌握资料持有单位或人员的地址、联系方式等相关信息。

4. 技术人员的准备

负责同步录音录像的技术人员应当事先准备好同步录音录像设备，并进行调试，确保工作正常。

5. 司法警察的准备

询问证人、被害人必须安排司法警察负责办案安全，司法警察必须事先熟悉询问场地，检查询问场地的安全情况，并制定安全预案，准备好相应的医药用品。

（二）相关手续准备

询问证人、被害人之前，承办案件的检察人员应当准备好相关的法律手续和工作手续。一是要按要求开具《询问通知书》。二是在本院询问室询问的，要按规定填写《申请派警审批表》，申请法警部门派员参加。三是需要进行同步录音录像的，要按规定填写《询问全程同步录音录像通知书》，申请技术部门派员参加。

（三）制作询问方案

负责询问的检察人员应当事先制作好询问方案。询问方案应当包括以下内容：1.简要案情；2.证人、被害人思想动态和个性特点的分析；3.需要查明的主要问题；4.询问的重点、步骤、方法和策略；5.询问过程中可能出现的问题及对策；6.询问参与人员及分工；7.询问过程中应该注意的问题。在执行过程中，询问人员应根据情况的变化适时补充、修改，灵活掌握。

在制定询问方案的同时，每次询问还要准备好询问提纲，询问提纲的主要内容有：询问的目的和需要查明的问题，提问的内容及顺序；提问的方式、方法；需要在询问中使用的证据及使用的时机、方式；证人、被害人可能提出的要求以及对策；询问中所需要注意的事项等。

（四）明确证人的资格

根据《刑事诉讼法》第六十条的规定，知道案件情况的人，都有作证的义务。生理上、精神上有缺陷或者年幼、不能辨别是非、不能正确表达的人，不能作证人。

证人必须是在诉讼活动开始前就知道案件情况，或在诉讼活动开始后犯罪嫌疑人实行反侦查活动时知道案件情况的人。其中三种人不能作证人：第一种是生理有缺陷不能辨别是非、不能正确表达的人；第二种是精神上有缺陷而不能辨别是非、不能正确表达的人；第三种是年幼而不能辨别是非、不能正确表达的人。

证人限于自然人。证人不能任意指定,也不能更换和代替。在共同犯罪中,同案的犯罪嫌疑人、被告人不能互为证人。其供述涉及同案其他犯罪嫌疑人、被告人部分,性质上属于犯罪嫌疑人、被告人的供述。

辨认人对有关犯罪嫌疑人或物品的辨认,是以辨认的方法作证,与证人证言没有区别;见证人是在勘验、检查、搜查、扣押时被邀请作为现场的见证人,是事先选择的同本案没有利害关系的证人,并且一旦作为见证人就成为不可替代的证人。辨认人和见证人具有与证人相同的权利和义务。

有的特殊行为主体不能充当证人,如承办本案的侦查人员、鉴定人员、辩护人和翻译人员等在一般情况下不能成为自己参与的案件的证人。法人也不能充当证人,但可以出具有证明效力的书证。

三、询问的实施

(一) 询问的人员

根据《刑诉规则(试行)》第二百零四条规定,询问证人只能由检察人员进行。询问时检察人员应当出示人民检察院的《询问通知书》和工作证,询问的时候,检察人员不得不少于两人。

(二) 询问的地点

根据《刑事诉讼法》第一百二十二条、《刑诉规则(试行)》第二百零五条规定,询问可以在以下地点进行:

1. 在现场询问。这里的"现场"是指案发现场,也可以解释为发现犯罪的现场,即犯罪发生地或者犯罪结果地的现场。

2. 到证人、被害人所在单位或住处询问。到所在单位询问,可以争取有关单位的支持和帮助,能够保证询问的顺利进行。到住处询问,应当事先征求证人、被害人的同意,并做好必要的保密工作。

3. 到证人、被害人自行提出的地点询问。有的证人、被害人出于种种顾虑,往往会要求到特定的地方接受询问,对此,检察机关及其人员应当予以同意。

4. 必要的时候,可以通知其到人民检察院进行询问。这里的"必要的时候"是指需要保密的案件,犯罪嫌疑人有打击报复倾向的案件,需要同步录音录像的案件及证人、被害人主动要求的情况等。

(三) 通知证人、被害人

通知证人、被害人接受询问,可以电话通知,可以携带相关证明文件、工作证件直接到证人、被害人所在单位或住处通知,也可以通过证人、被害人所在单位的纪检监察部门通知。

(四) 询问的步骤

询问时应当问明证人、被害人的基本情况以及与当事人的关系,并且告知证人应当如实地提供证据、证言和有意作伪证或者隐匿罪证要负的法律责任，但是不得向证人泄露案情。

在询问证人时，一般应先告知证人就他所知道的案件情况作连续的详细叙述，对其所陈述的事实，问明其来源和根据。然后根据案件的具体情况进行询问，提出的问题应当明确清楚，不得用提示性、暗示性的方式询问。

（五）询问笔录的制作。

询问证人、被害人，应当制作《询问笔录》。询问笔录应当如实、完整地记载证人、被害人的陈述，笔录的内容包括：询问的时间、地点；制作笔录人、参加询问的每个人的姓名、职务；证人、被害人的姓名、性别、年龄、职业、住址和工作单位以及与犯罪嫌疑人的关系；证言的详细内容。证人、被害人的陈述，应用第一人称加以记录，力求详细具体，字迹应清晰端正。询问结束后，询问笔录应当交证人、被害人核对，对于没有阅读能力的，应当向他宣读。如果记载有遗漏或差错，证人、被害人可以申请补充或者纠正。证人、被害人确认笔录无误后，应当在笔录上签名或盖章。侦查人员也应当在笔录上签名。如果证人、被害人愿意提供书面证言，应当允许，必要时，侦查人员也可以让证人、被害人亲笔书写证词。对书面证言仍然需要进行口头询问予以确认。

四、询问同步录音录像

询问证人、被害人需要同步录音录像的，应当首先征得证人、被害人的同意。开展同步录音录像的相关规定和要求见本章第一节讯问犯罪嫌疑人中的相关规定。

五、询问后的处理

询问结束后，应当根据不同情况，让证人自行离开或通知其单位或亲属接回，或派员将其送回。

询问过程中出示的扣押物品在询问结束后应当及时归还案件管理部门。形成的询问笔录应当及时交由案件承办人保管。

六、询问的要求

1. 询问证人、被害人应当个别进行。
2. 询问时，不得向证人、被害人泄露案情，不得采取羁押、暴力、威胁、引诱、欺骗以及其他非法方法获取证言。
3. 询问时，应当告知证人、被害人的权利义务，对询问的内容应当做到全面细致，询问使用的言词，应当依法文明、严谨。
4. 人民检察院应当保证一切与案件有关或者了解案情的公民，有客观充分

地提供证据的条件,并为他们保守秘密。除特殊情况外,人民检察院可以吸收证人协助调查

5. 询问证人、被害人,应当保障其权利。

6. 询问证人、被害人,应当保证其本人和近亲属的安全。对证人及其近亲属进行威胁、侮辱、殴打或者打击报复,构成犯罪的,依法追究刑事责任;尚不够刑事处罚的,依法给予治安管理处罚。

7. 严禁对证人采取强制措施。

8. 询问未成年的证人、被害人,可以通知其法定代理人到场。无法通知或法定代理人不能到场或法定代理人是共犯的,也可以通知其未成年证人、被害人的其他成年家属,所在学校、单位、居住地基层组织或者未成年人保护组织的代表到场,并将有关情况记录在案。到场的法定代理人或者其他人员认为办案人员在询问时侵犯了未成年人的合法权益的,可以提出意见。询问笔录应当交给到场的法定代理人或其他人员阅读或向他宣读。

附件:

一、询问证人、被害人流程图

二、法律文书、工作文书格式样本

1. 询问通知书
2. 证人诉讼权利义务告知书
3. 询问笔录
4. 送回被询(讯)问人记录
5. 未成年人法定代理人到场通知书
6. 未成年人成年亲属、有关组织代表到场通知书

询问证人、被害人流程图

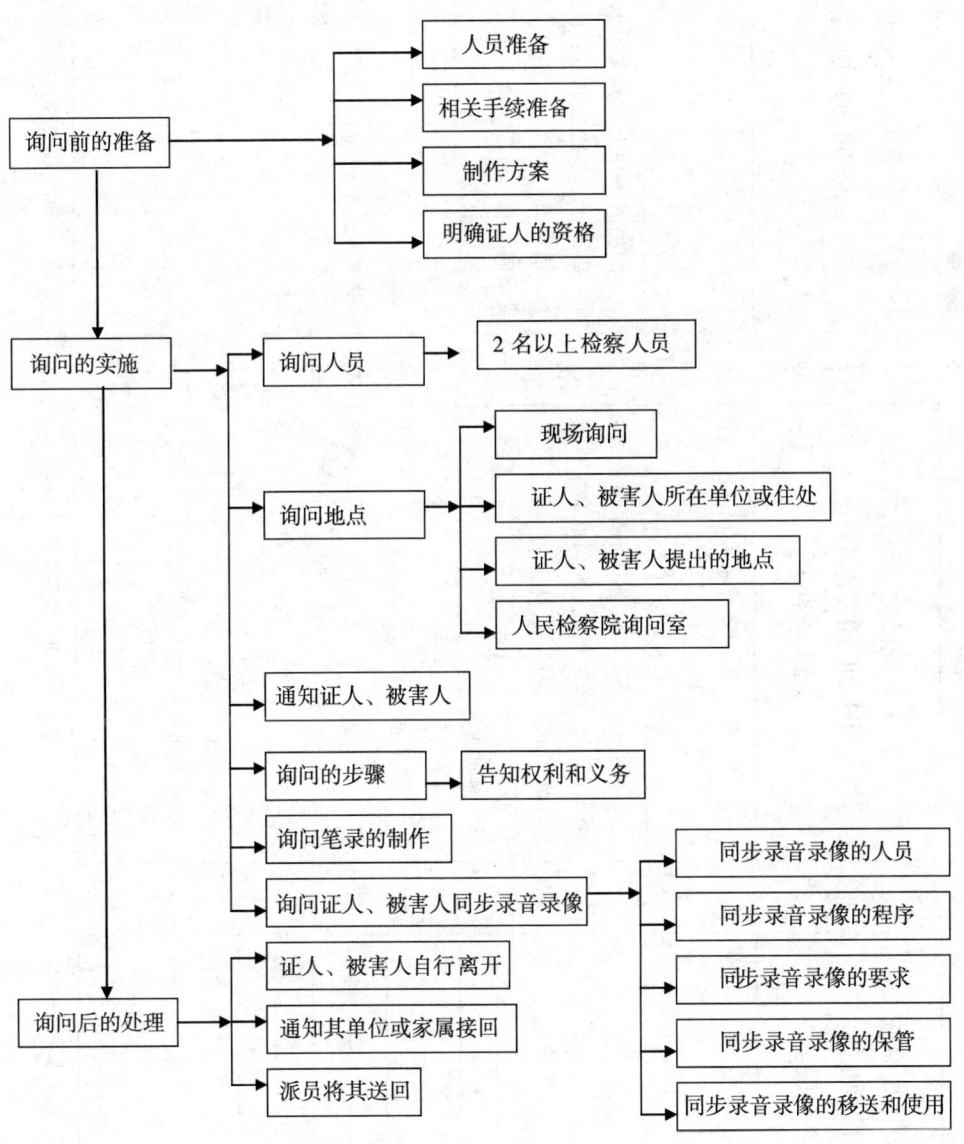

××人民检察院
询问通知书（存根）

检询〔　　〕　　号

案　由 _____
涉案人 _____
被询问人 _____
性　别 _____ 年　龄 _____
住　址 _____
工作单位 _____
应到时间 _____
应到地点 _____
批准人 _____
批准时间 _____
承办人 _____
填发时间 _____
填发人 _____

第一联　统一保存

××人民检察院
询问通知书（副本）

检询〔　　〕　　号

根据《中华人民共和国刑事诉讼法》第一百二十二条之规定，兹因办案工作需要，请你于　　年　　月　　日　　时接受询问。

询问地点 _____

　　　　　　　　　　　　年　月　日
　　　　　　　　　　　　（院印）

本通知已收到。
被询问人：
　　　　　　　　　　　　年　月　日

第二联　附卷

××人民检察院
询问通知书

检询〔　　〕　　号

根据《中华人民共和国刑事诉讼法》第一百二十二条之规定，兹因办案工作需要，请你于　　年　　月　　日　　时接受询问。

询问地点 _____

　　　　　　　　　　　　年　月　日
　　　　　　　　　　　　（院印）

第三联　送达被询问人

制作说明

一、本文书依据《刑事诉讼法》第一百二十二条、第一百二十五条规定制作。为人民检察院通知证人、被害人接受询问时使用。人民检察院在案件初查工作中也可以使用该文书。

二、制作本文书时以人为单位，一次一份。

三、本文书共三联，第一联统一保存备查，第二联附卷，第三联送达被询问人。

证人诉讼权利义务告知书

根据《中华人民共和国刑事诉讼法》的规定，在人民检察院对案件进行侦查期间，证人有如下诉讼权利和义务：

1. 凡是知道案件情况的人，都有作证的义务。
2. 有用本民族的语言文字进行诉讼的权利。

对于侦查人员、鉴定人、记录人、翻译人员有下列情形之一的，证人及其法定代理人有权申请回避：（一）是本案的当事人或者是当事人的近亲属的；（二）本人或者他的近亲属和本案有利害关系的；（三）担任过本案的证人、鉴定人、辩护人、诉讼代理人的；（四）与本案当事人有其他关系，可能影响公正处理案件的。对驳回申请回避的决定，可以申请复议一次。

3. 未满18周岁的证人在接受询问时有权要求通知其法定代理人到场。
4. 应当如实地提供证据、证言，有意作伪证或者隐匿罪证应负相应的法律责任。
5. 有权核对询问笔录。没有阅读能力的，侦查人员应当向其宣读。如果记载有遗漏或者差错，有权提出补充或者改正，经核对无误后，应当在询问笔录上逐页签名、捺指印。有权自行书写亲笔证词。
6. 因在诉讼中作证，人身安全面临危险的，可以向公安机关、人民检察院、人民法院请求对本人或其近亲属予以保护。
7. 对侦查人员侵犯其诉讼权利或者进行人身侮辱的行为，有权提出控告。
8. 证人因履行作证义务而支出的交通、住宿、就餐等费用，有权获得补助。有工作单位的证人作证，所在单位不得克扣或者变相克扣其工资、奖金及其他福利待遇。

证人（签字）：

日期：

注：本告知书在第一次询问时交证人阅后签字附卷。

制作说明

一、本文书为新增法律文书。本文书依据《刑事诉讼法》第一百二十条、第一百二十四条的规定制作。为人民检察院依法询问证人时告知证人诉讼权利义务时使用。

二、本告知书在第一次询问时交证人阅后签字附卷。

职务犯罪侦查流程与规范

××人民检察院
询 问 笔 录

（第　次）

询问时间：__年__月__日__时__分至__年__月__日__时__分
询问地点：_____
询问人：_____ 记录人：_____
被询问人姓名：_____ 性别：____ 年龄：_____
工作单位、职务：_____
是否人大代表、政协委员：_____
住址：_____ 联系方式：_____
告知：（出示工作证件）我们是××人民检察院的检察人员，现依法对你询问，你应如实回答；对与本案无关的问题，你有拒绝回答的权利。（如被询问人系证人，首次询问时告知其应当如实地提供证言和故意作伪证或者隐匿证据要负的法律责任，向其宣读并送达《证人权利义务告知书》。）以上告知事项你听清楚了吗？
_____
_____
（以下为末页内容）_____
_____
_____

（被询问人亲笔书写"以上笔录我看过（向我宣读过），和我说的相符"，并逐页签名）

　　被询问人：（签名、指印）
　　年　月　日
　　询问人亲笔签名：　　　　　　　　　　　　记录人亲笔签名：

××人民检察院
送回被询（讯）问人记录

被询（讯）问人姓名			
送回人	送回时间	接回人签名或盖章	备 注

××人民检察院 未成年人法定代理人到场通知书

检未代到〔　〕　号

案由 _____
未成年犯罪嫌疑人（被害人）_____
证人 _____
法定代理人 _____
批准人 _____
承办人 _____
填发人 _____
填发时间 _____

××人民检察院 未成年人法定代理人到场通知书（副本）

检未代到〔　〕　号

_____：
我院办理的_____案，定于_____年____月____日对犯罪嫌疑人/被害人/证人_____进行讯问/询问。因其系未成年人，根据《中华人民共和国刑事诉讼法》第二百七十条的规定，通知你届时到场。你到场后可以代为行使未成年人的诉讼权利，认为办案人员在讯问/询问中侵犯未成年人合法权益的，可以提出意见。

（院印）
　　　　　年　月　日

本通知书已收到。
未成年人法定代理人：
　　　　　年　月　日

第二联　附卷

××人民检察院 未成年人法定代理人到场通知书

检未代到〔　〕　号

_____：
我院办理的_____案，定于_____年____月____日对犯罪嫌疑人/被害人/证人_____进行讯问/询问。因其系未成年人，根据《中华人民共和国刑事诉讼法》第二百七十条的规定，通知你届时到场。你到场后可以代为行使未成年人的诉讼权利，认为办案人员在讯问/询问中侵犯未成年人合法权益的，可以提出意见。

（院印）
　　　　　年　月　日

第三联　送达未成年人的法定代理人

制作说明

一、本文书依据《刑事诉讼法》第二百七十条的规定制作。为人民检察院对未成年犯罪嫌疑人进行讯问或者对未成年被害人、证人进行询问时,通知其法定代理人到场时使用。

二、本文书共三联,第一联统一保存备查,第二联附卷,第三联送达未成年人的法定代理人。

××人民检察院 未成年人成年亲属、有关组织代表到场通知书（存根）

检未成到〔　〕　号

案由
未成年犯罪嫌疑人（被害人、证人）
通知对象（注明身份）
批准人
承办人
填发人
填发时间

第一联　统一保存

××人民检察院 未成年人成年亲属、有关组织代表到场通知书（副本）

检未成到〔　〕　号

：

我院办理的　　　　　　案，定于　　年　　月　　日对犯罪嫌疑人/被害人/证人　　　　　进行讯问/询问。因其系未成年人，且其法定代理人因　　　　　不能到场，根据《中华人民共和国刑事诉讼法》第二百七十条的规定，通知你届时到场。你到场后认为办案人员在讯问/询问中侵犯未成年人合法权益的，可以提出意见。

本通知书已收到。

未成年人成年亲属、有关组织：

（院印）
　　年　　月　　日

第二联　附卷

××人民检察院 未成年人成年亲属、有关组织代表到场通知书

检未成到〔　〕　号

：

我院办理的　　　　　　案，定于　　年　　月　　日对犯罪嫌疑人/被害人/证人　　　　　进行讯问/询问。因其系未成年人，且其法定代理人因　　　　　不能到场，根据《中华人民共和国刑事诉讼法》第二百七十条的规定，通知你届时到场。你到场后认为办案人员在讯问/询问中侵犯未成年人合法权益的，可以提出意见。

（院印）
　　年　　月　　日

第三联　送达未成年人的成年亲属、有关组织代表

制作说明

一、本文书依据《刑事诉讼法》第二百七十条的规定制作。为人民检察院对未成年犯罪嫌疑人进行讯问或者对未成年被害人、证人进行询问时,在无法通知法定代理人、法定代理人不能到场或者法定代理人是共犯的情况下,通知其他成年亲属、有关组织代表到场时使用。

二、本文书共三联,第一联统一保存备查,第二联附卷,第三联送达未成年人的成年亲属、有关组织代表。

第三节 查 询

查询是指人民检察院根据侦查工作的需要，依法查询犯罪嫌疑人的存款、汇款、债券、股票、基金份额等财产或与案件有关的单位存款、汇款的一种侦查措施。

一、查询的任务

查询的任务主要有：

1. 发现犯罪嫌疑人的赃款。通过查询，可以准确查找到犯罪嫌疑人的赃款进出情况及相关凭证。

2. 揭露、证实犯罪。查询获取的相关凭证能够有力地证明犯罪嫌疑人的犯罪行为。

3. 发现新的犯罪线索。通过查询犯罪嫌疑人的资金往来情况，有助于发现新的犯罪线索。

4. 核实、固定证据。通过查询能够进一步地核实和固定证据，防止犯罪嫌疑人翻供。

二、查询的对象

根据《刑事诉讼法》第一百四十二条、《刑诉规则（试行）》第二百四十一条的规定，查询的对象包括存款、汇款、债券、股票、基金份额等财产。

三、查询的方式

中国银监会、最高人民检察院、公安部、国家安全部《银行业金融机构协助人民检察院公安机关国家安全机关查询冻结工作规定》中明确查询的方式有两种：一是直接查询，二是协作查询。

1. 直接查询。即由人民检察院直接派员持法律文书和工作证件到银行业金融机构办理查询事宜。

2. 协作查询。需要跨地区查询的，一是可以由人民检察院派员持法律文书和工作证件到协作地人民检察院联系，在当地检察院的协助下开展查询。二是可以通过人民检察院信息化应用系统传输加盖电子签章的办案协作函及相关法律文书，或者将办案协作函和相关法律文书及凭证传真至协作地人民检察院，协作地人民检察院接受审查确认后，在相关法律文书上加盖本地人民检察院印章，由两名以上办案人员持有效的本人工作证到银行业金融机构现场办理。

四、查询前的准备

（一）人员准备

应当明确两名以上负责查询的检察人员，负责查询的检察人员事先应掌握需要查询的犯罪嫌疑人的账号，需要查询的内容等信息，没有掌握账号的，应当知晓犯罪嫌疑人的个人身份证件号码或者企业全称、组织机构代码等信息。

（二）相关手续准备

负责查询的检察人员在查询前应按程序办理《协助查询存款、汇款、股票、债券、基金份额等财产通知书》，并准备好个人的工作证、执法证。

需到外地查询的，应当按程序办理办案协作函。

五、查询的实施

（一）查询时，应由两名以上检察人员持有效的本人工作证、执法证和协助查询财产通知书前往银行业金融机构。银行业金融机构应对检察人员的工作证、执法证及协助查询财产通知书进行形式审查，并留存协助查询财产通知书原件和检察人员工作证、执法证的复印件。查询完毕后，人民检察院对查询到的资料可以根据需要抄录、复制、照相，并要求银行业金融机构在有关复制材料上加盖证明印章，一般不得提取原件。银行业金融机构应当在协助查询财产通知书回执上注明查询情况，并加盖印章。

1. 银行业金融机构在查询后提供相关的涉案财产信息，包括：被查询单位或个人开销户信息，存款余额、交易日期、交易金额、交易方式、交易对手账户及身份信息，电子银行信息，网银登录日志等信息，POS机商户、自动机具相关信息等。

2. 人民检察院要求提供电子版查询结果的，银行业金融机构应当在采取必要加密措施的基础上提供，必要时可以标注和说明。

涉案账户较多，需要批量查询的，人民检察院应当同时提供电子版查询清单。

（二）对于涉案账户较多，人民检察院需要对其集中查询的，可以分别按照以下程序办理：

1. 需要查询的账户属于同一省、自治区、直辖市的，由办案地人民检察院出具协助查询财产通知书，逐级上报并经省级人民检察院相关业务部门批准后，由办案地人民检察院两名以上办案人员持有效的本人工作证、执法证和协助查询财产通知书原件，到有关银行业金融机构的省、自治区、直辖市、计划单列市分行或其授权的分支机构办理查询。

2. 需要查询的账户属于不同一省、自治区、直辖市的，由办案地人民检察院出具协助查询财产通知书,逐级上报并经省级人民检察院相关业务部门批准后,由办案地人民检察院两名以上办案人员持有效的本人工作证、执法证和协助查询财产通知书原件,到有关银行业金融机构的总部或其授权的分支机构办理查询。

(三)对人民检察院提出的超出查询权限或者属于跨地区查询需求的,有条件的银行业金融机构可以通过内部协作程序,向有权限查询的上级机构或系统内其他分支机构提出协查请求,并通过其内部程序反馈给查询的人民检察院。

(四)银行业金融机构对于协助查询,应当及时办理。能够现场办理完毕的,应当现场办理并反馈。如无法现场办理完毕,对于查询单位或个人开销户信息、存款余额信息的,原则上应当在三个工作日以内反馈;对于查询单位或个人交易日期、交易金额、交易方式、交易对手账户及身份信息,电子银行信息,网银登录日志等信息,POS机商户、自动机具相关信息的,原则上应当在十个工作日以内反馈。

六、查询后的处理

负责查询的检察人员在查询结束后应及时向办理案件的检察人员通报相关情况,同时移交查询获取的相关资料。

七、查询的要求

1. 查询必须严格依法进行。
2. 协助查询必须遵循依法合规,保护存款人和其他客户合法权益的原则。
3. 银行业金融机构在接到协助查询财产法律文书后,应当严格保密,严禁向被查询单位、个人或者第三方通风报信,帮助隐匿或转移财产。

附件:

一、查询流程图

二、法律文书、工作文书格式样本

1. 查询犯罪嫌疑人金融财产通知书
2. 协助查询金融财产通知书

查询流程图

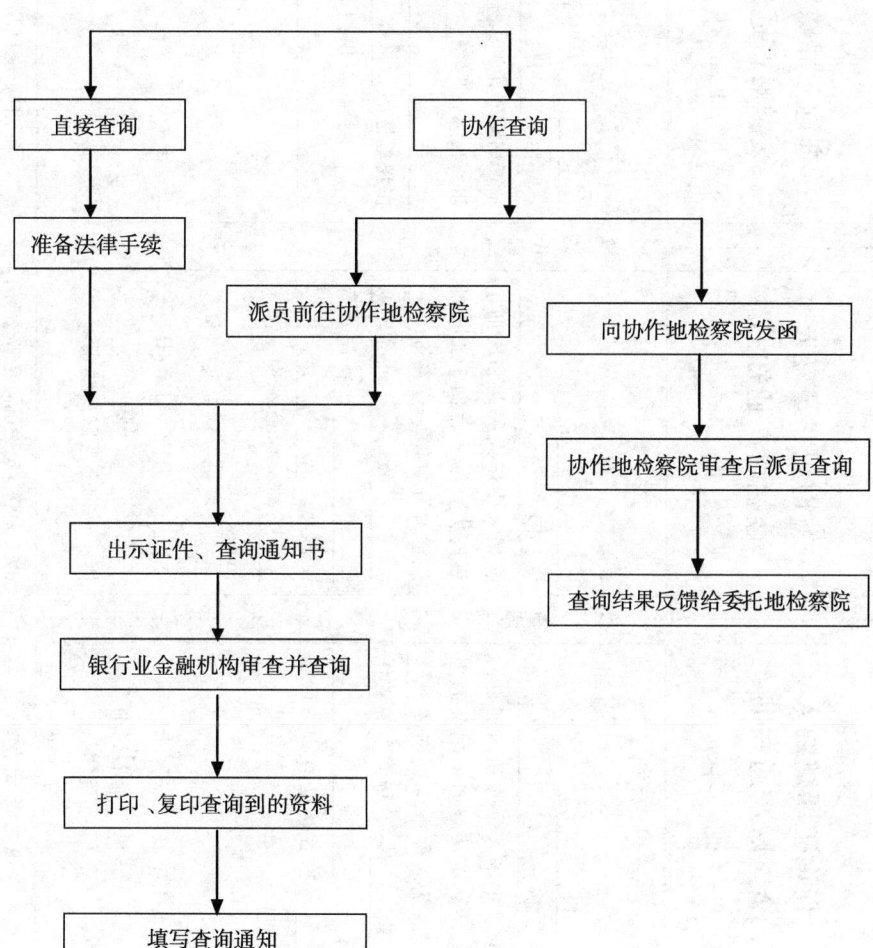

××人民检察院 查询犯罪嫌疑人金融财产通知书（回执）

检查询〔　〕　号

_____人民检察院：

你院_____号查询犯罪嫌疑人金融财产通知书收悉，现将_____在我单位的情况提供如下。

　　　　　　年　月　日
　　　　　　（单位公章）

第四联　退回后附卷

××人民检察院 查询犯罪嫌疑人金融财产通知书

检查询〔　〕　号

　　因_____，根据《中华人民共和国刑事诉讼法》第一百四十二条的规定，需向你单位查询_____的_____，特派本院工作人员_____前往你处查询，请予协助。

　　　　　　年　月　日
　　　　　　（院印）

附：查询金融财产线索

第三联　送达金融机构或邮电部门

××人民检察院 查询犯罪嫌疑人金融财产通知书（副本）

检查询〔　〕　号

　　因_____，根据《中华人民共和国刑事诉讼法》第一百四十二条的规定，需向你单位查询_____的_____，特派本院工作人员_____前往你处查询，请予协助。

　　　　　　年　月　日
　　　　　　（院印）

第二联　附卷

××人民检察院 查询犯罪嫌疑人金融财产通知书（存根）

检查询〔　〕　号

案由
犯罪嫌疑人的基本情况（姓名、性别、年龄、工作单位、住址、身份证号码、是否人大代表、政协委员）
送达单位
查询原因
批准人
承办人
填发时间

第一联　统一保存

制作说明

一、本文书依据《刑事诉讼法》第一百四十二条的规定制作。为人民检察院依法向银行或者其他金融机构、邮电部门查询犯罪嫌疑人存款/汇款/股票/债券/基金份额等金融财产时使用。

二、本文书共四联，第一联统一保存备查，第二联附卷，第三联送达金融机构或邮电部门，第四联由送达单位填写，加盖公章退回后附卷。

××人民检察院协助查询金融财产通知书（回执）

检协查〔　〕号

　　　　　　人民检察院：
　你院　　　　　　　号协助查询金融财产通知书收悉，现将　　　　　单位（个人）的　　　　　情况提供如下：

　　　　　　　　　　　　年　月　日
　　　　　　　　　　　　（单位公章）

第四联 退回后附卷

××人民检察院协助查询金融财产通知书

检协查〔　〕号

　兹因　　　　　　　　　，需向你行查询　　　　　　单位（个人）的　　　　　，特派本院工作人员　　　　　　前往你处，请予协助查询为盼。

　　附：当事人金融财产线索

　　　　　　　　　　　　年　月　日
　　　　　　　　　　　　（院印）

第三联 送达金融机构或者邮电部门

××人民检察院协助查询金融财产通知书（副本）

检协查〔　〕号

　兹因　　　　　　　　　，需向你行查询　　　　　　单位（个人）的　　　　　，特派本院工作人员　　　　　　前往你处，请予协助查询为盼。

　　　　　　　　　　　　年　月　日
　　　　　　　　　　　　（院印）

第二联 附卷

××人民检察院协助查询金融财产通知书（存根）

检协查〔　〕号

送达单位
事由
查询单位（个人）
查询人
批准人
填发人
填发时间

第一联 统一保存

制作说明

一、本文书依据《刑事诉讼法》第一百四十二条的规定制作。为人民检察院在侦查中需要查询有关企业、事业、机关、团体以及除犯罪嫌疑人外其他涉案人员的存款/汇款/股票/债券/基金份额等金融财产时,通知银行或者其他金融机构协助查询时使用。人民检察院在案件初查工作中也可以使用该文书。

二、本文书共四联,第一联统一保存备查,第二联附卷,第三联送达银行或金融机构,第四联由送达单位填写,加盖公章退回后附卷。

第四节 调取物证、书证、视听资料、电子证据

调取物证、书证、视听资料、电子证据是指人民检察院依法向有关单位和个人调取能够证实犯罪嫌疑人有罪或无罪、罪轻或罪重的物品、文件、视听资料和电子证据的一种侦查措施。

一、调取的任务

调取的任务是为了防止能证明犯罪嫌疑人有罪或无罪、罪重或罪轻的物品、文件、视听资料、电子证据发生毁灭、灭失或被隐藏等情形，使依法调取的物证、书证、视听资料和电子证据在认定事实、揭露、证实犯罪，保障无罪公民不受刑事追究方面发挥重要的作用。调取的物证、书证、视听资料和电子证据多数都是案件中的证据，不得丢失、损坏、使用或调换，以免影响它的证据作用。

二、调取的对象

人民检察院在侦查过程中应当调取能够证明犯罪嫌疑人有罪或无罪、罪重或罪轻的一切证据，调取的对象包括：

1. 物证。
2. 书证。
3. 视听资料。
4. 电子证据。

以上内容详见第七章刑事诉讼证据。

三、调取的范围

1. 根据提供证据的主体来分，调取的范围分为：有关单位和个人。有关单位包括犯罪嫌疑人所在的单位，犯罪行为涉及的单位等。个人包括犯罪嫌疑人本人、犯罪嫌疑人家属、保管相关证据的其他人员等。

2. 根据所提供证据的证明力来分，调取的范围分为：能够证实犯罪嫌疑人有罪的证据，能够证实犯罪嫌疑人无罪的证据，能够证实犯罪嫌疑人罪重的证据，能够证实犯罪嫌疑人罪轻的证据。

四、调取的方式

根据《刑诉规则（试行）》的规定，调取的方式可以分为：直接调取和函调。

1. 直接调取。直接调取即由检察机关侦查人员直接到相关单位或个人所在

地调取，又可分为本地调取和异地调取。

2. 函调。函调即检察机关不直接派侦查人员去证据所在地调取证据，而是向证据所在地的检察机关发函，委托其调取相关证据。

五、调取前的准备

调取前的准备包括人员准备、法律手续准备和其他准备。

1. 人员准备。调取前应当明确具体负责调取工作的侦查人员、技术人员。负责调取工作的侦查人员应当熟悉所要调取的证据情况，持有保管证据的相关单位或个人的有关情况。

2. 相关手续准备。负责调取工作的侦查人员在调取前应当准备好本人的工作证、执法证，并按程序开具相关的法律文书，人民检察院的证明文件。

3. 其他准备。负责调取工作的侦查人员还应当准备好与调取相关的案件资料、电子证据，以备核实所调取证据的情况，如果需要拍照、录像的，技术人员应当事先准备、调试好拍照、录像设备。需要见证人的，应当事先联系好见证人。

六、调取的程序

调取工作应当严格依照法定程序进行。

（一）直接调取的程序

负责调取工作的侦查人员持《调取证据通知书》、《调取证据清单》等相关手续和证件前往相关单位或个人所在地，由相关单位或个人提供与案件有关的物证、书证和视听资料、电子证据，侦查人员对物证、书证、视听资料、电子证据进行封存、拍照、录像、复印或复制，并填写好《调取证据清单》。相关单位或个人在《调取证据清单》上签名、盖章，并填写《调取证据通知书》回执。

（二）函调的程序

负责调取工作的侦查人员准备好调取证据函件，调取证据的函件应当注明取证对象的具体内容和确切地址。经领导签发后发往证据所在地人民检察院，协助函调的人民检察院应当及时派员按调查内容进行调查取证，并且在收到函件后一个月内将调查结果送达请求的人民检察院。

七、调取的要求

在调取物证、书证、视听资料、电子证据的过程中，应严格遵守以下规定：

1. 调取书证、视听资料、电子证据时应当调取原件。取得原件确有困难或者因保密需要不能调取原件的，可以调取副本或者复制件。不能调取原件的，应当附有不能调取原件的原因、制作过程和原件的存放地点的说明，并由制作人和原书证、视听资料、电子证据的持有人签名或盖章。

2. 调取物证应当调取原件。原物不便搬运、保存，或者依法应当返还被害人的，或者因保密工作需要不能调取原物的，可以对原物拍照、录像。对原物拍照、录像应当足以反映原物的外形、内容。对于不能调取原物的，应当附有不能调取原物的原因、制作过程和原物的存放地点的说明，并由制作人和原物证的持有人签名或盖章。

3. 对于涉及国家秘密的证据，应当严格保密。

4. 接受函调的人民检察院应当按要求如期完成调查取证任务。

5. 调取证据时要客观、全面，既要调取能够证明犯罪嫌疑人有罪或者罪重的证据，又要调取能够证明犯罪嫌疑人无罪或者罪轻的证据。

八、调取后的保管及处理

调取的物证、书证、视听资料、电子证据应当按要求予以保管，并根据不同的情况进行处理。

1. 调取的物证应当按要求移交人民检察院案件管理部门进行保管，并办理相关手续。调取的书证、视听资料、电子证据应当入卷，由侦查人员予以保管。

2. 调取的与案件有关的物证、书证、视听资料、电子证据在侦查终结时，应当随案移送。经查明与案件无关或者需要退还原持有人的，应当依法退还，并制作《退还、返还扣押（调取）物品、文件决定书》，同时填写好《退还、返还扣押（调取）物品、文件清单》，由原持有人签名、盖章。

附件：

一、调取流程图

二、法律文书、工作文书格式样本

1. 调（借）阅案卷通知书
2. 调取证据通知书
3. 调取证据清单

调取流程图

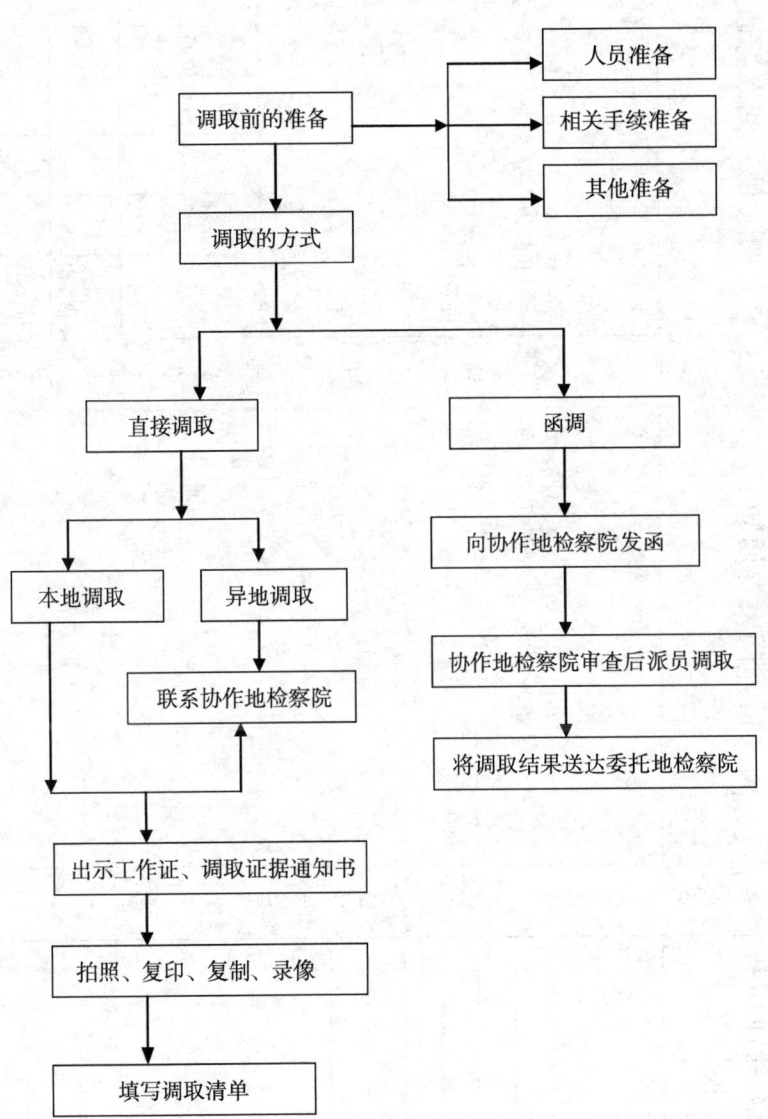

××人民检察院 调（借）阅案卷通知书

检调〔　〕　号

我院因办案需要，需要调（借）阅案的案卷＿＿册，请协助办理。

年　月　日
（院印）

资料名称	册数	调（借）出单位经办人签字	检察院经办人签字	办理日期
调（借）出				
归还				

第三联　附卷

××人民检察院 调（借）阅案卷通知书

检调〔　〕　号

我院因办案需要，需要调（借）阅案的案卷＿＿册，请协助办理。

年　月　日
（院印）

第二联　送达调（借）出单位

××人民检察院 调（借）阅案卷通知书（存根）

检调〔　〕　号

案由　＿＿＿＿＿
送达单位　＿＿＿＿＿
案卷文号　＿＿＿＿＿
批准人　＿＿＿＿＿
承办人　＿＿＿＿＿
填发时间　＿＿＿＿＿
备注　＿＿＿＿＿

第一联　统一保存

第六章 侦查措施

××人民检察院 调取证据通知书（回 执）

检调证〔 〕 号

_____人民检察院：

你院_____号调取证据通知书收悉，现将证据通知书_____送交你院。

年 月 日
（签名或盖章）

第四联 由提供证据的单位或个人提供证据退回后附卷

××人民检察院 调取证据通知书

检调证〔 〕 号

根据《中华人民共和国刑事诉讼法》第五十二条之规定，本院需要对在你处的下列证据材料：_____

予以调取。请将上列证据材料于 年 月 日前送交我院。

年 月 日
（院印）

第三联 送交提供证据的单位或个人

××人民检察院 调取证据通知书（副 本）

检调证〔 〕 号

根据《中华人民共和国刑事诉讼法》第五十二条之规定，本院需要对在你处的下列证据材料：_____

予以调取。请将上列证据材料于 年 月 日前送交我院。

年 月 日
（院印）

本通知已收到。

证据持有人（单位）：_____

年 月 日

第二联 附卷

××人民检察院 调取证据通知书（存 根）

检调证〔 〕 号

案由_____
涉案人基本情况（姓名、性别、年龄、工作单位、住址、身份证号码、是否人大代表、政协委员）

调取证据名称_____
证据持有人（单位）_____
批准人_____
承办人_____
填发人_____
填发时间_____

第一联 统一保存

247

制作说明

一、本文书依据《刑事诉讼法》第五十二条第一款、第一百七十一条的规定制作。为人民检察院向有关单位和个人收集、调取证据时使用。人民检察院在案件初查工作中也可以使用该文书。

二、本文书共四联，第一联统一保存备查，第二联附卷，第三联送达提供证据的单位或个人，第四联由被调取证据的单位或个人如实填写并签名或盖章退回后附卷。

××人民检察院
调取证据清单

编号：

第 页 共 页

编号	名　称	数量	特征	备注

提供人：

办案人：

年　月　日

（院印）

注：本清单一式三份，一份附卷，一份交证据材料持有人，一份交证据材料保管人员。

制作说明

一、本文书是人民检察院向有关单位和个人收集、调取证据时所开列的清单。在调取证据较多的情况下配合《调取证据通知书》使用。

二、填写清单时每一个证据填记一行。填写完毕后，在空余表格处画截止线，以示结束。

三、本文书一式三份，一份统一保存备查，一份附卷，一份交提供证据的单位或个人。三份清单使用同一编号。

第五节　查封、扣押、冻结涉案财物、书证、视听资料、电子证据

根据侦查工作需要，人民检察院在侦查过程中可以采取查封、扣押、冻结的侦查措施。

一、查封、扣押、冻结的任务

查封、扣押、冻结是检察机关依法强制封存、提取和留置与案件有关的财物、书证、视听资料、电子证据的一种侦查行为，其任务是为了收集、固定和保全证据，以便于准确认定案件事实，揭露、证实犯罪，确保犯罪嫌疑人受到追诉，保障无罪公民不受刑事追诉。

二、查封、扣押、冻结的对象

查封、扣押、冻结的对象是与案件有关的一切财物、书证、视听资料、电子证据，如不动产、金银珠宝、古玩字画、存款、汇款、电子设备、邮件、电报、文件等。

三、查封、扣押、冻结的范围

与案件有关的一切财物、书证、视听资料、电子证据都可以查封、扣押、冻结，包括能够证实犯罪嫌疑人有罪或无罪的财物、书证、视听资料、电子证据，能够证实犯罪嫌疑人罪重或罪轻的财物、书证、视听资料、电子证据。

四、查封、扣押、冻结前的准备

在开展查封、扣押、冻结前，应当做好相关准备工作。

1. 人员准备。查封、扣押、冻结财物、书证、视听资料、电子证据，应当由两名以上检察人员执行。如需要拍照、录像的，还应当申请技术部门派员参加。执行查封、扣押、冻结任务的检察人员应当熟悉需要查封、扣押、冻结的财物、书证、视听资料、电子证据的名称、数量、特征等相关情况。

2. 相关手续准备。实施查封、扣押、冻结，按照法律规定应当使用最高人民检察院统一制定的法律文书，填写必须规范、完备，文书存根必须完整，必须按程序报经检察长批准。

3. 其他准备。执行查封、扣押、冻结任务的检察人员还应当准备好与查封、扣押、冻结相关的案件资料，以备核实相关情况，如果需要拍照、录像的，技术人员应当事先准备、调试好拍照、录像设备。需要见证人的，应当事先联系好见证人。

五、查封、扣押、冻结的程序

进行查封、扣押、冻结，必须严格依照法定程序执行。

1. 查封、扣押的程序

应当由两名以上负责查封、扣押工作的检察人员持查封、扣押的法律文书和本人证件前往相关单位或个人所在地，由相关单位或个人提供与案件有关的财物、书证、视听资料、电子证据，检察人员对财物、书证、视听资料、电子证据进行清点、封存、拍照、录像，并填写好《查封清单》、《扣押清单》一式四份，注明查封、扣押财物、书证、视听资料、电子证据的名称、型号、规格、数量、质量、颜色、新旧程度、包装等主要特征，由检察人员、见证人和持有人签名或者盖章。《查封清单》、《扣押清单》一份交给被查封、扣押财物、书证、视听资料、电子证据持有人或其家属，一份交被查封、扣押财物、书证、视听资料、电子证据保管人，一份由侦查机关附卷备查，一份保存。

2. 冻结的程序

应当由两名以上负责冻结工作的检察人员持冻结的法律文件和本人证件前往相应的银行业金融机构，冻结的法律文书应当明确冻结账户的名称、冻结账号、冻结数额、冻结期限等要素。文书中应当明确填写冻结期限起止时间，并应当给银行业金融机构预留必要的工作时间。对提供手续齐全的，银行业金融机构应当立即办理冻结手续，并在协助冻结财产法律文书回执中注明办理情况。

冻结涉案账户的款项数额，应当与涉案金额相当。不得超出涉案金额范围冻结款项。冻结数额应当具体、明确。暂时无法确定具体数额的，人民检察院、公安机关、国家安全机关应当在协助冻结财产法律文书上明确注明"只收不付"。对涉案账户较多，人民检察院、公安机关、国家安全机关办理集中冻结的，银行业金融机构总部或有关省、自治区、直辖市、计划单列市分行一般应当在二十四小时以内采取冻结措施。如被冻结账户财产余额低于人民检察院、公安机关、国家安全机关要求数额时，银行业金融机构应当在冻结期内对该账户做"只收不付"处理，直至达到要求的冻结数额。

对于涉案账户较多，需要对其集中查询、冻结的，可以分别按照以下程序办理：

需要冻结的账户属于同一省、自治区、直辖市的，由办案地人民检察院出具协助冻结/解除冻结财产法律文书，逐级上报并经省级人民检察院的相关业务部门批准后，由办案地人民检察院指派两名以上办案人员持有效的本人工作证和上述法律文书原件，到有关银行业金融机构的省、自治区、直辖市、计划单列市分行或其授权的分支机构要求办理。

需要冻结的账户分属不同省、自治区、直辖市的，由办案地人民检察院出具协助冻结/解除冻结财产法律文书，逐级上报并经省级人民检察院负责人批准后，由办案地人民检察院指派两名以上办案人员持有效的本人工作证和上述法律文书原件，到有关银行业金融机构总部或其授权的分支机构要求办理。

3. 异地查封、扣押、冻结的程序

需要查封、扣押的财物和文件不在本辖区的，办理案件的人民检察院应当依照有关法律及规定，持相关法律文书及简要案情等说明材料，商请被查封、扣押财物和文件所在地的人民检察院协助执行。

需要冻结的存款、汇款不在本辖区的，一是可以由人民检察院派员持法律文书和工作证件到协作地人民检察院联系，在当地检察院的协助下开展冻结。二是可以通过人民检察院信息化应用系统传输加盖电子签章的办案协作函及相关法律文书，或者将办案协作函和相关法律文书及凭证传真至协作地人民检察院，协作地人民检察院接受审查确认后，在相关法律文书上加盖本地人民检察院印章，由两名以上办案人员持有效的本人工作证到银行业金融机构现场办理。

六、查封、扣押、冻结的期限

对于查封、扣押的财物、书证、视听资料、电子证据，经查明确实与案件无关的，应当在三日以内作出解除或者退还决定，并通知有关单位、当事人办理相关手续。

对于冻结的存款、汇款、债券、股票、基金份额等财产，经查明确实与案件无关的，应当在三日以内解除冻结，并通知被冻结存款、汇款、债券、股票、基金份额等财产的所有人。

冻结涉案存款、汇款等财产的期限不得超过六个月。有特殊原因需要延长的，作出原冻结决定的人民检察院应当在冻结期限届满前按照规定办理续冻手续。每次续冻期限不得超过六个月，续冻没有次数限制。对于重大、复杂案件，经设区的市一级以上人民检察院批准，冻结期限可以为一年。需要延长期限的，应当按照原批准权限和程序，在冻结期限届满前办理续冻手续，每次续冻期限最长不得超过一年。

七、查封、扣押、冻结的解除

对于查封、扣押的财物、书证、视听资料、电子证据，经查明确实与案件无关的，应当在三日以内作出解除或者退还决定，并通知有关单位、当事人办理相关手续。

对于冻结的存款、汇款、债券、股票、基金份额等财产，经查明确实与案件无关的，应当在三日以内解除冻结，并通知被冻结存款、汇款、债券、股票、基金份额等财产的所有人。

冻结期限届满，未办理续冻手续的，冻结自动解除。被冻结的存款、汇款等财产在冻结期限内如需解冻，应当由作出原冻结决定的人民检察院出具协助解除冻结财产法律文书，由两名以上办案人员持有效的本人工作证和协助解除冻结财产法律文书到银行业金融机构现场办理。在冻结期限内银行业金融机构不得自行解除冻结。

上级人民检察院认为应当解除冻结措施的，应当责令作出冻结决定的下级人民检察院。

八、查封、扣押、冻结后的保管及使用

人民检察院实行查封、扣押、冻结涉案财物与管理涉案财物相分离的原则，侦查、公诉等办案部门负责依法采取查封、扣押、冻结措施，案件管理部门负责对扣押的涉案物品和有关书证、支付凭证、权利证书等的接收、入库、在库与出库管理，并依照有关规定对查封、扣押、冻结涉案财物工作进行监督；计划财务装备部门负责对扣押的涉案款项的账户管理；办案部门负责对暂时不移交保管部门的涉案财物的管理。

侦查、侦查监督、公诉、控告申诉检察等办案部门与案件管理、计划财务装备、纪检监察等监督管理部门分工负责、互相配合、互相制约。

（一）保管

人民检察院办案部门查封、扣押、冻结涉案财物及其孳息后，应当立即将扣押的款项存入专门账户，将扣押的物品送案件管理部门办理入库保管手续，并将查封、扣押、冻结涉案财物的清单送案件管理部门登记，至迟不得超过三日。法律和有关规定另有规定的除外。必要时，可以将被查封的财物交持有人或者其近亲属保管，并书面告知保管人对被查封的财物应当妥善保管，不得转移、变卖、毁损、出租、抵押、赠予等。查封、扣押的书证、视听资料、电子证据由办案部门自己保管。

下列扣押涉案财物可以不移交本院管理部门，由侦查部门拍照或者录像后及时按照有关规定处理：

1. 对不便提取或者不必提取的不动产、生产设备或者其他财物，可以按照相关的规定交持有人或者其近亲属保管；

2. 对珍贵文物、珍贵动物及其制品、珍稀植物及其制品，按照国家有关规定移送主管机关；

3. 对毒品、淫秽物品等违禁品，及时移送有关主管机关，或者根据办案需要严格封存，不得使用或者扩散；

4. 对爆炸性、易燃性、放射性、毒害性、腐蚀性等危险品，及时移送有关部门或者根据办案需要委托有关主管机关妥善保管；

5. 对易损毁、灭失、变质以及其他不宜长期保存的物品，可以经检察长批准后及时委托有关部门拍卖、变卖；

6. 对单位的涉密电子设备、文件等物品，可以在密封后交被扣押物品的单位保管。

（二）使用

人民检察院办案部门需要调用、移送、处理查封、扣押、冻结的涉案财物的，应当按照规定办理审批手续。案件管理部门对于审批手续齐全的，应当办理出库手续。

为了核实证据，需要临时调用扣押涉案财物时，应当经检察长批准。加封的财物启封时，侦查部门和管理部门应当同时派员在场，并应当有见证人或者持有人在场，当面查验。归还时，应当重新封存，由管理人员清点验收。管理部门应当对调用和归还情况进行登记。

九、查封、扣押、冻结的要求

1. 严禁以虚假立案或者其他非法方式查封、扣押、冻结财物、书证、视听资料、电子证据。对涉案单位私设账外资金但与案件无关的，不得扣押、冻结，可以通知有关主管机关或者其上级单位处理。严禁查封、扣押、冻结与案件无关的合法财产。

2. 严禁在立案之前查封、扣押、冻结财物、书证、视听资料、电子证据。

立案之前发现涉嫌犯罪的财物，如果符合立案条件的，应当及时立案，并采取查封、扣押、冻结措施，以保全证据和防止涉案财物转移。个人或者单位在立案之前向人民检察院自首时携带涉案财物的，人民检察院可以先行接收，并向自首人开具接收凭证，根据立案和侦查情况决定是否查封、扣押、冻结。

人民检察院查封、扣押、冻结涉案财物后，应当对案件及时进行侦查，不得在没有法定理由的情况下撤销案件或者停止对案件的侦查。

3. 人民检察院查封、扣押、冻结犯罪嫌疑人、被告人的涉案财物，应当为犯罪嫌疑人、被告人及其所扶养的家属保留必需的生活费用和物品。查封、扣押、冻结单位的涉案财物，应当尽量不影响该单位正常的办公、生产、经营等活动。

4. 查封、扣押、冻结、保管、处理涉及国家秘密、商业秘密、个人隐私的涉案财物，应当严格遵守有关保密规定。

5. 持有人拒绝交出应当查封、扣押的财物、书证、视听资料、电子证据的，可以强制查封、扣押。

6. 查封、扣押外币、金银珠宝、文物、名贵字画以及其他不易辨别真伪的贵重物品，应当在拍照或者录像后当场密封，由检察人员、见证人和被扣押物品持有人在密封材料上签名或者盖章，根据办案需要及时委托具有资质的部门出具鉴定报告。

7. 查封、扣押存折、信用卡、有价证券等支付凭证和具有一定特征能够证明案情的现金，应当注明特征、编号、种类、面值、张数、金额等，由检察人员、见证人和被扣押物品持有人在密封材料上签名或者盖章。

8. 查封、扣押易损毁、灭失、变质以及其他不宜长期保存的物品，应当用笔录、绘图、拍照、录像等方法加以保全后进行封存，或者经检察长批准后委托有关部门变卖、拍卖。变卖、拍卖的价款暂予保存，待诉讼终结后一并处理。

9. 对于应当查封的不动产和置于该不动产上不宜移动的设施、家具和其他相关财物，以及涉案的车辆、船舶、航空器和大型机械、设备等财物，必要时可以扣押其权利证书，经拍照或者录像后原地封存，并开具查封清单一式四份，注明相关财物的详细地址和相关特征，同时注明已经拍照或者录像及其权利证书已被扣押，由检察人员、见证人和持有人签名或者盖章。持有人拒绝签名、盖章或者不在场的，应当在清单上注明。人民检察院应当将查封决定书副本送达不动产、生产设备或者车辆、船舶、航空器等财物的登记、管理部门，告知其在查封期间禁止办理抵押、转让、出售等权属关系变更、转移登记手续。

10. 扣押犯罪嫌疑人的邮件、电报或者电子邮件，应当经检察长批准，通知邮电部门或者网络服务单位将有关的邮件、电报或者电子邮件检交扣押。不需要继续扣押的时候，应当立即通知邮电部门或者网络服务单位。

11. 查封单位的涉密电子设备、文件等物品，应当在拍照或者录像后当场密封，由检察人员、见证人、单位有关负责人签名或者盖章。启封时应当有见证人、单位有关负责人在场并签名或者盖章。对于有关人员拒绝按照有关规定签名或者盖章的，人民检察院应当在相关文书上注明。

12. 对犯罪嫌疑人使用违法所得与合法收入共同购置的不可分割的财产，可以先行查封、扣押、冻结。对无法分割退还的财产，应当在结案后予以拍卖、变卖，对不属于违法所得的部分予以退还。

13. 扣押、冻结债券、股票、基金份额等财产，应当书面告知当事人或者其法定代理人、委托代理人有权申请出售。对于被扣押、冻结的债券、股票、基金份额等财产，在扣押、冻结期间权利人申请出售，经审查认为不损害国家利益、被害人利益，不影响诉讼正常进行的，以及扣押、冻结的汇票、本票、支票的有效期即将届满的，经检察长批准，可以在案件办结前依法出售或者变现，所得价款由检察机关指定专门的银行账户保管，并及时告知当事人或者其近亲属。

十、查封、扣押、冻结款物的处理

具体处理见本书第十二章侦查终结的有关内容。

附件：

一、查封、扣押、冻结流程图

二、法律文书、工作文书格式样本

1. 查封决定书
2. 查封/扣押财物、文件清单
3. 查封通知书
4. 协助查封/解除查封通知书
5. 登记保存清单
6. 解除查封决定书
7. 扣押决定书
8. 解除扣押决定书
9. 冻结犯罪嫌疑人金融财产审批表
10. 冻结犯罪嫌疑人金融财产通知书
11. 协助冻结金融财产通知书
12. 解除冻结犯罪嫌疑人金融财产审批表
13. 解除冻结金融财产通知书
14. 扣押/冻结债券/股票/基金份额等财产告知书
15. 退还、返还查封/扣押/调取财物、文件决定书
16. 退还、返还查封/扣押/调取财物、文件清单
17. 许可出售扣押/冻结债券/股票/基金份额等财产决定书
18. 不许可出售扣押/冻结债券/股票/基金份额等财产决定书
19. 处理查封/扣押财物、文件决定书
20. 处理查封/扣押财物、文件清单
21. 扣押款物处理结果告知书
22. 移送查封/扣押/冻结财物、文件决定书
23. 移送查封/扣押/冻结财物、文件清单
24. 涉案财物调用审批表
25. 扣押邮件、电报通知书
26. 解除扣押邮件、电报通知书

查封、扣押、冻结流程图

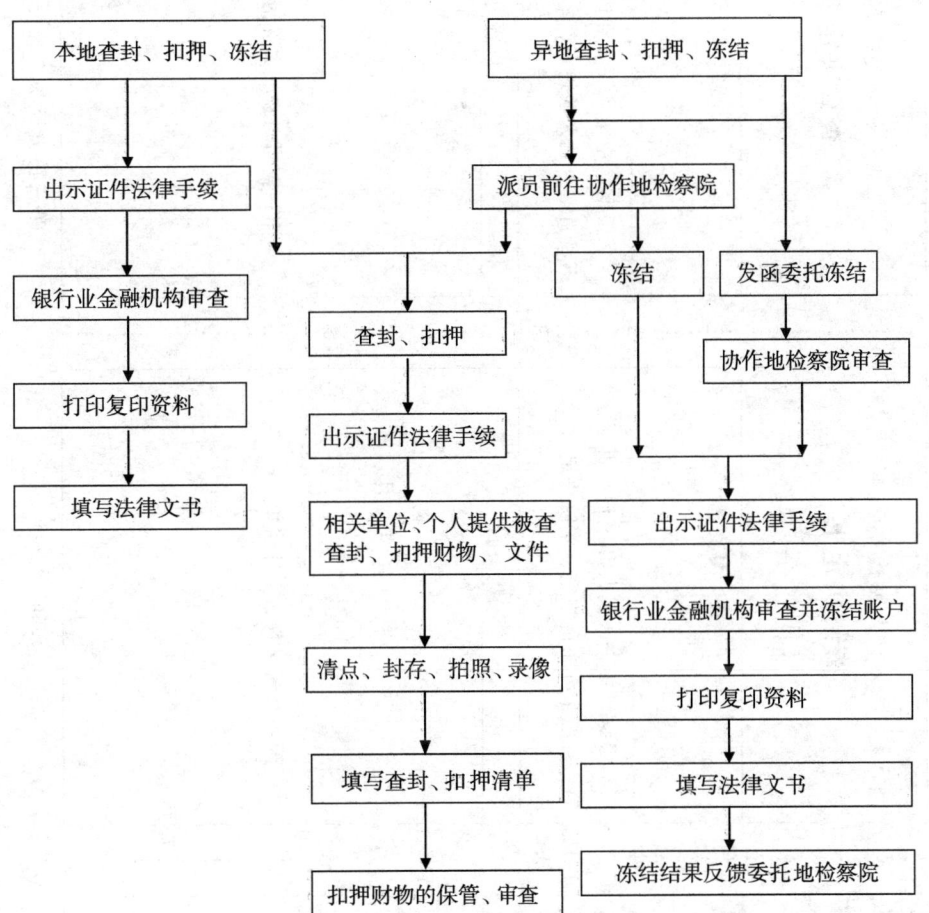

××人民检察院
查封决定书

检 封 决 〔 　 〕 　 号

根据《中华人民共和国刑事诉讼法》第一百三十九条的规定，本院决定对

予以查封。

（院印）

年　月　日

附：查封财物、文件清单

第三联 送达被查封人或家属

××人民检察院
查封决定书
（副本）

检 封 决 〔 　 〕 　 号

根据《中华人民共和国刑事诉讼法》第一百三十九条的规定，本院决定对

予以查封。

（院印）

年　月　日

附：查封财物、文件清单

第二联 附卷

××人民检察院
查封决定书
（存根）

检 封 决 〔 　 〕 　 号

案件名称	
案件编号	
犯罪嫌疑人	年龄
性别	
查封原因	
查封数量	
查封时间	
批准人	
批准时间	
办案人	
办案单位	
填发人	
填发时间	

第一联 统一保存

制作说明

一、本文书为新增法律文书。本文书依据《刑事诉讼法》第一百三十九条、第一百四十条的规定制作。为人民检察院在办案中,对犯罪嫌疑人的赃款赃物及其与犯罪有关的财物、文件决定查封时使用。

二、本文书一式三联。第一联统一保存,第二联附卷,第三联送达被查封人或其家属。

××人民检察院
查封/扣押财物、文件清单

编号：

第 页 共 页

编号	物品、文件名称	数量	单位	特征	备注

被查封/扣押财物、文件持有人：
见证人：
查封/扣押人：

年 月 日
（扣押物品、文件专用章）

注：本清单一式四份，一份统一保存，一份附卷，一份交被查封/扣押财物、文件持有人，一份交被查封/扣押财物、文件保管人。

制作说明

一、本文书依据《刑事诉讼法》第一百三十九条、第一百四十条的规定制作。为人民检察院在勘验、搜查中发现需要查封、扣押的财物、文件时使用。对于犯罪嫌疑人或他的家属以及有关单位和个人主动提供的与案件有关的财物、文件，需要扣押的，以及邮电部门网络服务机构根据人民检察院《扣押邮件、电报通知书》检交的邮件、电报，需要扣押的，也应使用本文书。

二、使用本文书时，对查封、扣押财物或文件的名称、型号、规格、数量、重量、质量、新旧程度和缺损特征等，应在清单中注明。文书由侦查人员、见证人、持有人签名或盖章。如物品、文件持有人拒绝签名或盖章，应当在文书上注明。本文书使用人民检察院查封、扣押物品专用章。

三、对于应当查封的不动产和置于该不动产上不宜移动的设施、家具和其他相关财物，以及涉案的车辆、船舶、航空器和大型机械、设备等财物，必要时可以扣押其权利证书，经拍照或者录像后原地封存，必要时，可以将被查封的财物交持有人或者其近亲属保管，并书面告知保管人对被查封的财物应当妥善保管，不得转移、变卖、毁损、出租、抵押、赠予等。

四、本文书一式四份，一份统一保存备查，一份附卷，一份交物品、文件持有人，一份交扣押财物、文件保管人。四份清单使用同一编号。

××人民检察院 查封通知书

检封〔　〕　号

　　根据《中华人民共和国刑事诉讼法》第一百三十九条的规定，本院决定对_____予以查封。

（检察院印）

年　月　日

附：查封财物、文件清单

第三联 送达被查封人或其家属

检封〔　〕　号

××人民检察院 查封通知书（副本）

检封〔　〕　号

　　根据《中华人民共和国刑事诉讼法》第一百三十九条的规定，本院决定对_____予以查封。

（检察院印）

年　月　日

附：查封财物、文件清单

第二联 附卷

检封〔　〕　号

××人民检察院 查封通知书（存根）

检封〔　〕　号

案件名称_____
案件编号_____
犯罪嫌疑人_____
性别____　年龄____
查封原因_____
查封数量_____
查封时间_____
批准人_____
批准时间_____
办案人_____
办案单位_____
填发人_____
填发时间_____

第一联 统一保存

××人民检察院 协助查封/解除查封通知书（回 执）

检协封/解封通〔 〕 号

____人民检察院：

协助查封/解除查封通知书收悉，犯罪嫌疑人____在____的____已办理查封/解封手续。此复

（协助单位印）

年 月 日

第三联 退回后附卷

××人民检察院 协助查封/解除查封通知书

检协封/解封通〔 〕 号

____：

根据《中华人民共和国刑事诉讼法》第一百三十九条的规定，请予以协助查封/解除查封犯罪嫌疑人的下列财物、文件：

财物、文件名称____

财物、文件所在地____

查封/解封数量（大、小写）____

协助查封/解除查封方式____

（院印）

年 月 日

第二联 送达协助单位

××人民检察院 协助查封/解除查封通知书（存 根）

检协封/解封通〔 〕 号

案件名称____
案件编号____
犯罪嫌疑人____
性别____ 年龄____
协助单位____
查封/解封原因____
查封/解封数量____
查封/解封时间____
批准人____
批准时间____
办案人____
办案单位____
填发人____
填发时间____

第一联 统一保存

制作说明

一、本文书为新增法律文书。本文书依据《刑事诉讼法》第一百三十九条、第一百四十条的规定制作。为人民检察院在办案中，通知有关单位协助人民检察院对犯罪嫌疑人的赃款赃物及其与犯罪有关的财物、文件进行查封或者解除查封时使用。

二、本文书一式三联，第一联统一保存，第二联送达协助单位，第三联退回后附卷。

登记保存清单

（此处加盖检察院印章）　　　　　　　　　　　　　　编号：
　　　　　　　　　　　　　　　　　　　　　　　　第　页　共　页

案　由		办案单位		
持有人		性别	出生日期	
现住址				
工作单位		联系电话		

　　根据《人民检察院刑事诉讼规则（试行）》第二百三十七条第二款的规定，决定对下列财物、文件进行登记，保存地点_____。在登记保存期间内未经本机关批准，不得转移、变卖、毁损。

编号	名称	规格	数量	特征	备注

财物持有人或其近亲属（签名）
见证人（签名）
承办人（签名）
　　　年　月　日　　　　年　月　日　　　　年　月　日

注：一式两份，一份交证据持有人，一份附卷。

制作说明

　　一、本文书为新增法律文书。本文书依据《刑诉规则（试行）》第二百三十七条第二款的规定制作。为人民检察院在侦查中，为不影响有关当事人的正常生活和生产经营活动，必要时将被查封的财物交持有人或其近亲属保管时使用。

　　二、本文书需详细列明被保管财物的名称、基本特征、数量，并由财物持有人或其近亲属签名，见证人签名。

　　三、本文书一式两份，一份交证据持有人，一份附卷。

××人民检察院
解除查封决定书

检解封〔 〕 号

　　根据《中华人民共和国刑事诉讼法》第一百四十三条、第一百七十三条的规定，我院对＿＿＿＿年＿＿月＿＿日检解封〔 〕＿＿号查封决定书及查封财物、文件清单载明的第＿＿＿项财物、文件，决定解除查封。

（院印）

年　月　日

第三联　送达被查封人或其家属

××人民检察院
解除查封决定书
（副本）

检解封〔 〕 号

　　根据《中华人民共和国刑事诉讼法》第一百四十三条、第一百七十三条的规定，我院对＿＿＿＿年＿＿月＿＿日检解封〔 〕＿＿号查封决定书及查封财物、文件清单载明的第＿＿＿项财物、文件，决定解除查封。

（院印）

年　月　日

第二联　附卷

××人民检察院
解除查封决定书
（存根）

检解封〔 〕 号

案件名称　＿＿＿＿＿＿＿＿＿＿
案件编号　＿＿＿＿＿＿＿＿＿＿
被查封人　＿＿＿＿＿＿＿＿＿＿
解除查封的财物、文件　＿＿＿＿＿＿＿＿＿＿
解除原因　＿＿＿＿＿＿＿＿＿＿
批准人　＿＿＿＿＿＿＿＿＿＿
批准时间　＿＿＿＿＿＿＿＿＿＿
办案人　＿＿＿＿＿＿＿＿＿＿
办案单位　＿＿＿＿＿＿＿＿＿＿
填发人　＿＿＿＿＿＿＿＿＿＿
填发时间　＿＿＿＿＿＿＿＿＿＿

第一联　统一保存

制作说明

一、本文书为新增法律文书。本文书依据《刑事诉讼法》第一百四十三条、第一百七十三条的规定制作。为人民检察院对已查明与案件无关的查封财物、文件，以及人民检察院决定不起诉的案件，对侦查中查封的财物决定解除查封，退回被查封人时使用。

二、本文书一式三联，第一联统一保存，第二联附卷，第三联送达被查封人或其家属。

××人民检察院
扣押决定书
（存　根）

检 扣决〔　〕　号

案由_____
被扣押财物、文件持有人_____
性别_____年龄_____
工作单位_____
住址_____
被扣押的财物、文件_____
扣押原因_____
批准人_____
承办人_____
填发时间_____
填发人_____

第一联　统一保存

××人民检察院
扣押决定书
（副　本）

检 扣决〔　〕　号

根据《中华人民共和国刑事诉讼法》第一百三十九条的规定，本院决定对_____予以扣押。

年　月　日
（院印）

附：扣押财物、文件清单

第二联　附卷

××人民检察院
扣押决定书

检 扣决〔　〕　号

根据《中华人民共和国刑事诉讼法》第一百三十九条的规定，本院决定对_____予以扣押。

年　月　日
（院印）

附：扣押财物、文件清单

第三联　送达被扣押财物、文件持有人或其家属

制作说明

一、本文书依据《刑事诉讼法》第五十条、第一百一十三条、第一百三十九条和第一百六十二条的规定制作。为人民检察院对犯罪嫌疑人及其亲属退还、上缴的赃款以及其他与犯罪有关的财物、文件，有关单位和个人主动提交的与犯罪有关的财物、文件，或者人民检察院在办案中发现的与犯罪有关的财物、文件，决定予以扣押时使用。

二、本文书共三联，第一联统一保存，第二联附卷，第三联送达被扣押财物、文件原持有人或其家属。

××人民检察院
解除扣押决定书

检 解扣〔 〕 号

　　根据《中华人民共和国刑事诉讼法》第一百四十三条、第一百七十三条的规定，我院对＿＿＿年＿＿月＿＿日检扣押〔 〕＿＿号扣押决定书及扣押财物、文件清单载明的第＿＿＿项财物，决定解除扣押。

年 月 日
（院印）

第三联 送达被扣押财物、文件持有人或其家属

××人民检察院
解除扣押决定书
（副　本）

检 解扣〔 〕 号

　　根据《中华人民共和国刑事诉讼法》第一百四十三条、第一百七十三条的规定，我院对＿＿＿年＿＿月＿＿日检扣押〔 〕＿＿号扣押决定书及扣押财物、文件清单载明的第＿＿＿项财物，决定解除扣押。

年 月 日
（院印）

被害人（原持有人）：签名或盖章

第二联 附卷

××人民检察院
解除扣押决定书
（存　根）

检 解扣〔 〕 号

案由＿＿＿＿＿＿＿＿＿＿
被扣押财物、文件持有人＿＿＿＿＿＿
性别＿＿＿＿ 年龄＿＿＿＿
工作单位＿＿＿＿＿＿＿＿
住址＿＿＿＿＿＿＿＿＿＿
被扣押人＿＿＿＿＿＿＿＿
解除扣押的财物、文件＿＿＿＿＿＿
解除原因＿＿＿＿＿＿＿＿
批准人＿＿＿＿＿＿＿＿＿
承办人＿＿＿＿＿＿＿＿＿
填发时间＿＿＿＿＿＿＿＿
填发人＿＿＿＿＿＿＿＿＿

第一联 统一保存

制作说明

一、本文书依据《刑事诉讼法》第一百四十三条、第一百七十三条的规定制作。为人民检察院对已查明与案件无关的扣押财物、文件,以及人民检察院决定不起诉的案件,对侦查中扣押的财物决定解除扣押,退回被扣押人时使用。

二、本文书共三联,第一联统一保存,第二联附卷,第三联送达被扣押财物、文件原持有人或其家属。

××人民检察院
冻结犯罪嫌疑人金融财产审批表

检 冻审〔 〕 号

案由			立案时间			
犯罪嫌疑人		性别		年龄		民族	
工作单位及职务						
冻结的理由及涉及的银行、邮电部门					承办人： 年　月　日	
部门负责人意见					年　月　日	
检察长批示					年　月　日	

××人民检察院 冻结犯罪嫌疑人金融财产通知书（回执）

检冻〔　〕　号

人民检察院：

　　你院　　　号冻结犯罪嫌疑人金融财产通知书收悉。对我单位的　　　　　，已冻结。

　　　　　　　　年　月　日
　　　　　　　（单位公章）

第四联 退回后附卷

××人民检察院 冻结犯罪嫌疑人金融财产通知书

检冻〔　〕　号

　　　　　　：

　　因　　　　　　　，根据《中华人民共和国刑事诉讼法》第一百四十二条的规定，对　　　　　在你单位的　　　　　予以冻结，冻结期限自　年　月　日至　年　月　日止。

附：需要冻结的金融财产清单

　　　　　　　　年　月　日
　　　　　　　　（院印）

第三联 送达金融机构或邮电部门

××人民检察院 冻结犯罪嫌疑人金融财产通知书（副本）

检冻〔　〕　号

　　　　　　：

　　因　　　　　　　，根据《中华人民共和国刑事诉讼法》第一百四十二条的规定，对　　　　　在你单位的　　　　　予以冻结，冻结期限自　年　月　日至　年　月　日止。

　　　　　　　　年　月　日
　　　　　　　　（院印）

第二联 附卷

××人民检察院 冻结犯罪嫌疑人金融财产通知书（存根）

检冻〔　〕　号

案由

犯罪嫌疑人的基本情况（姓名、性别、年龄、工作单位、住址、身份证号码、是否人大代表、政协委员）

送达单位

冻结原因

批准人

承办人

填发人

填发时间

第一联 统一保存

制作说明

一、本文书依据《刑事诉讼法》第一百四十二条的规定制作。为人民检察院在侦查中，依法向银行等金融机构或邮电部门发出冻结犯罪嫌疑人存款/汇款/股票/债券/基金份额通知时使用。

二、本文书以犯罪嫌疑人为单位制作。

三、本文书共四联，第一联统一保存备查，第二联附卷，第三联送达金融机构或邮电部门，第四联由送达单位填写，加盖公章退回后附卷。

××人民检察院 协助冻结金融财产通知书（回执）

检协冻〔　〕号

_____人民检察院：

　　你院_____号协助冻结金融财产通知书收悉，已将_____的_____予以冻结。

　　　　　　　　　　　　　年　月　日
　　　　　　　　　　　　　（单位公章）

第四联 退回后附卷

××人民检察院 协助冻结金融财产通知书

检协冻〔　〕号

_____：

　　兹因办理_____案需要，根据《中华人民共和国刑事诉讼法》第一百四十二条的规定，_____在你处的_____请协助予以冻结。冻结期限自____年____月____日至____年____月____日止。

　　　　　　　　　　　　　年　月　日
　　　　　　　　　　　　　（院印）

附：需要冻结的金融财产清单

第三联 送达金融机构或者邮电部门

××人民检察院 协助冻结金融财产通知书（副本）

检协冻〔　〕号

_____：

　　兹因办理_____案需要，根据《中华人民共和国刑事诉讼法》第一百四十二条的规定，_____在你处的_____，请协助予以冻结。冻结期限自____年____月____日至____年____月____日止。

　　　　　　　　　　　　　年　月　日
　　　　　　　　　　　　　（院印）

第二联 附卷

××人民检察院 协助冻结金融财产通知书（存根）

检协冻〔　〕号

事　由_____
送达单位_____
批准人_____
填发人_____
填发时间_____

第一联 统一保存

制作说明

一、本文书依据《刑事诉讼法》第一百四十二条的规定制作。为人民检察院在办理案件过程中,冻结与案件有关的单位在银行等金融机构的财物,通知银行等金融机构协助时使用。

二、本文书共四联,第一联统一保存备查,第二联附卷,第三联送达银行等金融机构或邮电部门,第四联由送达单位填写,加盖公章退回后附卷。

××人民检察院
解除冻结犯罪嫌疑人金融财产审批表

检 解人冻审〔 〕号

案由		立案时间		冻结时间	
犯罪嫌疑人		性别		年龄	民族
工作单位及职务					
解除冻结的理由及需解冻的存款、汇款情况				承办人： 年 月 日	
部门负责人意见				年 月 日	
检察长批示				年 月 日	

××人民检察院
解除冻结金融财产通知书
（存　根）

检解人冻〔　〕号

案由	
犯罪嫌疑人的基本情况（姓名、性别、年龄、工作单位、住址、身份证号码、是否人大代表、政协委员）	
送达单位	
解除冻结原因	
批准人	
承办人	
填发时间	

第一联　统一保存

——

××人民检察院
解除冻结金融财产通知书
（副　本）

检解人冻〔　〕号

　　我院＿＿＿年＿＿月＿＿日检人冻〔　〕号冻结犯罪嫌疑人金融财产通知书通知你单位冻结的＿＿＿＿＿＿＿＿，根据《中华人民共和国刑事诉讼法》第＿＿条的规定，现决定解除冻结。

年　月　日
（院印）

第二联　附卷

——

××人民检察院
解除冻结金融财产通知书

检解人冻〔　〕号

　　我院＿＿＿年＿＿月＿＿日检人冻〔　〕号冻结犯罪嫌疑人金融财产通知书通知你单位冻结的＿＿＿＿＿＿＿＿，根据《中华人民共和国刑事诉讼法》第＿＿条的规定，现决定解除冻结。

附：解除冻结的财产清单

年　月　日
（院印）

第三联　送达金融机构或邮电部门

——

××人民检察院
解除冻结金融财产通知书
（回　执）

　　＿＿＿＿＿＿＿人民检察院：
　　你院＿＿＿＿＿号解除冻结犯罪嫌疑人金融财产通知书收悉。对通知书中的＿＿＿＿＿＿＿在我单位的＿＿＿＿＿＿＿，已解除冻结。

年　月　日
（单位公章）

第四联　退回后附卷

制作说明

一、本文书依据《刑事诉讼法》第一百四十三条、第一百七十三条的规定制作。为人民检察院对已冻结的犯罪嫌疑人存款/汇款/股票/债券/基金份额查明与案件无关,以及人民检察院决定不起诉的案件,对侦查中冻结的财物决定解除冻结时,通知有关金融机构、邮电部门解除冻结时使用。

二、本文书以犯罪嫌疑人为单位制作。

三、本文书共四联,第一联统一保存备查,第二联附卷,第三联送达金融机构或邮电部门,第四联由送达单位填写,加盖公章退回后附卷。

职务犯罪侦查流程与规范

××人民检察院
扣押/冻结债券/股票/基金份额等财产告知书

检扣/冻告〔 〕 号

:
我院以_____号扣押/冻结通知书将涉嫌_____犯罪嫌疑人_____一案的下列财产：
（债券/股票/基金份额/本票/汇票/支票逐项列明，并使用大写填写数额）予以扣押/冻结。根据《人民检察院刑事诉讼规则（试行）》第二百四十四条，被告人利益，被害人利益，不影响诉讼正常进行的前提下，你有权在不损害国家利益、有效期届满前的被扣押/冻结的债券/股票/基金份额出售或者变现，所得价款将由我院申请依法出售的专门银行账户保管。

年　月　日
（院印）

第三联 交当事人或者其法定代理人、委托代理人

××人民检察院
扣押/冻结债券/股票/基金份额等财产告知书
（副　本）

检扣/冻告〔 〕 号

:
我院以_____号扣押/冻结通知书将涉嫌_____犯罪嫌疑人_____一案的下列财产：
（债券/股票/基金份额/本票/汇票/支票逐项列明，并使用大写填写数额）予以扣押/冻结。根据《人民检察院刑事诉讼规则（试行）》第二百四十四条，被告人利益，被害人利益，不影响诉讼正常进行的前提下，你有权在不损害国家利益、有效期届满前的被扣押/冻结的债券/股票/基金份额出售或者变现，所得价款将由我院申请依法出售的专门银行账户保管。

年　月　日
（院印）

本告知书已收到。
犯罪嫌疑人：
　　　　　　年　月　日

第二联 附卷

××人民检察院
扣押/冻结债券/股票/基金份额等财产告知书
（存　根）

检扣/冻告〔 〕 号

案由
犯罪嫌疑人的基本情况（姓名、性别、年龄、工作单位、住址、身份证号码，是否人大代表、政协委员）
送达单位
扣押/冻结原因
扣押/冻结财产（债券/股票/基金份额/本票/汇票/支票逐项列明，并使用大写填写数额）
扣押/冻结期限从　年　月　日起至　年　月　日止
批准人
承办人
填发人
填发时间

第一联 统一保存

制作说明

一、本文书依据《刑诉规则（试行）》第二百四十四条的规定制作。为人民检察院在办理案件过程中书面告知当事人或者其法定代理人、委托代理人有权依法申请出售或者变现被扣押/冻结的债券/股票/基金份额/汇票/本票/支票等有价票据时使用。

二、本文书中"下列财产"处应当将被扣押/冻结的债券/股票/基金份额/本票/汇票/支票的数额逐项列出，并使用汉字大写填写数额。

三、本文书共三联，第一联存根统一保存备查，第二联附卷，第三联交当事人或者其法定代理人、委托代理人。

××人民检察院 退还、返还查封/扣押/调取财物、文件决定书（回 执）	××人民检察院 退还、返还查封/扣押/调取财物、文件决定书	××人民检察院 退还、返还查封/扣押/调取财物、文件决定书（副 本）	××人民检察院 退还、返还查封/扣押/调取财物、文件决定书（存 根）
检退返〔 〕 号	检退返〔 〕 号	检退返〔 〕 号	检退返〔 〕 号
人民检察院： 你院 年 月 日 号退还、返还查封/扣押/调取财物、文件决定书收悉，已收到退还、返还查封/扣押/调取财物、文件。 年 月 日 （公章）	根据《中华人民共和国刑事诉讼法》第一百四十三条/第二百三十四条的规定，我院决定将查封/扣押/调取的有关财物、文件予以退还（返还）。 年 月 日 （院印）	根据《中华人民共和国刑事诉讼法》第一百四十三条/第二百三十四条的规定，我院决定将查封/扣押/调取的有关财物、文件予以退还（返还）。 年 月 日 （院印）	案　由 犯罪嫌疑人 领取人 批准人 填发人 填发时间
附：退还、返还查封/扣押/调取财物、文件清单	附：退还、返还查封/扣押/调取财物、文件清单	附：退还、返还查封/扣押/调取财物、文件清单	
第四联 由原被扣押（调取）财物、文件持有单位退回后附卷	第三联 送达领取人	第二联 附卷	第一联 统一保存

制作说明

一、本文书依据《刑事诉讼法》第一百四十三条、第二百三十四条规定制作。为人民检察院在将有关调取或者查封、扣押的与案件有关的财物、文件返还被害人或者退还原财物、文件持有人时使用。

二、本文书共四联,第一联统一保存,第二联附卷,第三联送达领取人,第四联由原被查封/扣押/调取财物、文件持有单位退回后附卷。

××人民检察院
退还、返还查封/扣押/调取财物、文件清单

编号：
第 页 共 页

编号	财物、文件名称	数量	单位	特征	备注

批准人：
承办人：
领取人：

年 月 日
（院印）

注：本清单一式四份，一份统一保存，一份附卷，一份交被查封/扣押/调取财物、文件保管人，一份交领取人。

制作说明

一、本文书依据《刑事诉讼法》第一百四十三条、第二百三十四条的规定制作。为人民检察院依法将调取或者扣押的与案件有关的财物、文件退还原主或者返还被害人时使用。

二、本文书所列的名称、特征，应与调取证据清单、扣押财物、文件清单相符。承办人和领取人查点核对后当场签字或者盖章。

三、本文书一式四份，一份统一保存备查，一份附卷，一份交被查封/扣押/调取财物、文件保管人，一份交领取人。四份清单使用同一编号。

××人民检察院 许可出售扣押/冻结债券/股票/基金份额等财产决定书（存根）

检扣/冻许售〔 〕 号

案由
犯罪嫌疑人的基本情况（姓名、性别、年龄、工作单位、住址、身份证号码、是否人大代表、政协委员）
申请人
扣押/冻结财产（债券/股票/基金份额/本票/汇票/支票逐项列明，并使用大写）
扣押/冻结期限 从 年 月 日起至 年 月 日止
扣押/冻结原因
许可理由
批准人
承办人
送达单位
填发人
填发时间

××人民检察院 许可出售扣押/冻结债券/股票/基金份额等财产决定书（副本）

检扣/冻许售〔 〕 号

我院以_____号扣押/冻结通知书将_____涉嫌_____一案的下列财产：_____（债券/股票/基金份额/本票/汇票/支票逐项列明，并使用大写）予以扣押/冻结。（写明当事人申请出售上述财产的理由，对于有效期即将届满的财产逐项列明，并使用汉字大写数额），要求_____。根据《人民检察院刑事诉讼规则（试行）》第二百四十四条，本院经审查认为_____，决定许可出售下列财产：_____（债券/股票/基金份额/本票/汇票/支票逐项列明，并使用大写填写数额）。上述财产出售或者变现的价款由我院指定专门的银行账户保管。

年 月 日
（院印）

第二联 附卷

××人民检察院 许可出售扣押/冻结债券/股票/基金份额等财产决定书

检扣/冻许售〔 〕 号

我院以_____号扣押/冻结通知书将_____涉嫌_____一案的下列财产：_____（债券/股票/基金份额/本票/汇票/支票逐项列明，并使用大写）予以扣押/冻结。（写明当事人申请出售上述财产的理由，对于有效期即将届满的财产逐项列明，并使用汉字大写数额），要求_____。根据《人民检察院刑事诉讼规则（试行）》第二百四十四条，本院经审查认为_____，决定许可出售下列财产：_____（债券/股票/基金份额/本票/汇票/支票逐项列明，并使用大写填写数额）。上述财产出售或者变现的价款由我院指定专门的银行账户保管。

年 月 日
（院印）

第三联 送达申请人

××人民检察院
许可出售扣押/冻结债券/股票/基金份额等财产决定书
（回执）

检扣/冻许售〔　〕　号

　　　　　　　　　：

　　你院　　　　　号许可出售冻结债券/股票/基金份额等财产通知书收悉。对　　　　　　在我单位的下列财产　　　　　（债券/股票/基金份额/本票/汇票/支票逐项列明，并使用大写填写数额），已通过　　　　　（写明出售或者变现的途径），所得价款为　　　　　（写明大写金额），上述价款已通过　　　　　（写明转账渠道）转至你院指定的下列账户　　　　　　　　　　。

此复

年　月　日
（公章）

第五联　由协助出售被冻结证券的金融机构或者邮电部门填写后退回附卷

××人民检察院
许可出售扣押/冻结债券/股票/基金份额等财产决定书

检扣/冻许售〔　〕　号

　　根据《人民检察院刑事诉讼规则（试行）》第二百四十四条，本院决定许可出售　　　　　冻结在你单位的下列财产：　　　　　（债券/股票/基金份额/本票/汇票/支票逐项列明，并使用大写填写数额），出售上述财产所得价款转至我院指定的下列账户　　　　　　　　　　。

年　月　日
（院印）

第四联　送达协助出售被冻结证券的金融机构或者邮电部门

制作说明

一、本文书依据《刑诉规则（试行）》第二百四十四条的规定制作。为人民检察院在办理案件过程中许可当事人出售或者变现被扣押/冻结的债券/股票/基金份额/汇票/本票/支票等有价票据时使用。

二、本文书中的"下列财产"处应当将被扣押/冻结的债券/股票/基金份额/本票/汇票/支票的数额逐项列出，并使用汉字大写填写数额。

三、本文书共五联，第一联存根统一保存备查，第二联附卷，第三联交申请人，第四联送达协助出售被冻结证券的金融机构或者邮电部门，第五联由协助出售被冻结证券的金融机构或者邮电部门填写后退回附卷。

××人民检察院不许可出售扣押/冻结债券/股票/基金份额等财产决定书（存根）

不许可出售〔　〕号

案由
犯罪嫌疑人的基本情况（姓名、性别、年龄、住址、工作单位、身份证号码、是否人大代表、政协委员）
申请人
扣押/冻结原因
扣押/冻结财产（债券/股票/基金份额/本票/汇票/支票逐项列明，并使用大写）
扣押/冻结期限从　年　月　日起至　年　月　日止
申请理由
不许可理由
批准人
承办人
送达单位
填发人
填发时间

第一联 统一保存

××人民检察院不许可出售扣押/冻结债券/股票/基金份额等财产决定书（副本）

不许可出售〔　〕号

我院以　　　　号扣押/冻结通知书将犯罪嫌疑人　　　　涉嫌　　　　一案的下列财产：　　　　（债券/股票/基金份额/本票/汇票/支票逐项列明，并使用大写）予以扣押/冻结。你提出因　　　　（写明扣押/冻结财产的理由，并使用汉字大写填写数额）。根据《人民检察院刑事诉讼规则（试行）》第二百四十四条，本院经审查认为　　　　，决定不予许可。

年　月　日
（院印）

第二联 附卷

××人民检察院不许可出售扣押/冻结债券/股票/基金份额等财产决定书

不许可出售〔　〕号

我院以　　　　号扣押/冻结通知书将犯罪嫌疑人　　　　涉嫌　　　　一案的下列财产：　　　　（债券/股票/基金份额/本票/汇票/支票逐项列明，并使用大写）予以扣押/冻结。你提出因　　　　（写明申请出售上述财产的理由，有效期即将届满的财产逐项列明，并使用汉字大写填写数额），要求　　　　。根据《人民检察院刑事诉讼规则（试行）》第二百四十四条，本院经审查认为　　　　，决定不予许可。

年　月　日
（院印）

第三联 送达申请人

288

制作说明

一、本文书依据《刑诉规则（试行）》第二百四十四条的规定制作。为人民检察院在办理案件过程中不许可当事人出售或者变现被扣押/冻结的债券/股票/基金份额/汇票/本票/支票等有价票据时使用。

二、本文书中的"下列财产"处应当将被扣押/冻结的债券/股票/基金份额/本票/汇票/支票的数额逐项列出，并使用汉字大写填写数额。

三、本文书共三联，第一联存根统一保存备查，第二联附卷，第三联交申请人。

××人民检察院
处理查封/扣押财物、文件决定书
（存根）

检处决〔　〕　号

案由
犯罪嫌疑人的基本情况（姓名、性别、年龄、工作单位、住址、身份证号码、是否人大代表、政协委员）
原持有人
受理单位
批准人
承办人
填发时间

第一联　统一保存

××人民检察院
处理查封/扣押财物、文件决定书
（副本）

检处决〔　〕　号

根据《中华人民共和国刑事诉讼法》第二百三十四条的规定，本院决定将查封/扣押的有关财物、文件_____。

年　月　日
（院印）

附：处理财物、文件清单

第二联　附卷

××人民检察院
处理查封/扣押财物、文件决定书

检处决〔　〕　号

根据《中华人民共和国刑事诉讼法》第二百三十四条的规定，本院决定将查封/扣押的有关财物、文件_____。

你（单位）如不服本决定，可在收到本决定后向_____人民检察院申诉。

年　月　日
（院印）

附：处理财物、文件清单

第三联　送达原财物、文件持有人

××人民检察院
处理查封/扣押财物、文件决定书
（回执）

检处决〔　〕　号

人民检察院：

你院___年___月___日以___号处理扣押财物、文件决定书移送的有关财物、文件收悉。

此复

年　月　日
（公章）

第五联　退回后附卷

××人民检察院
处理查封/扣押财物、文件决定书

检处决〔　〕　号

根据《中华人民共和国刑事诉讼法》第二百三十四条的规定，本院决定将查封/扣押的有关财物、文件_____。

年　月　日
（院印）

附：处理财物、文件清单

第四联　送达受理单位

制作说明

一、本文书依据《刑事诉讼法》第二百三十四条的规定制作。为人民检察院处理查封/扣押的违禁品或不宜长期保存的物品以及依法对扣押的财物及其孳息处理时使用。

二、本文书共五联，第一联统一保存，第二联附卷，第三联送达原持有人，第四联送达受理单位，第五联退回后附卷。

××人民检察院
处理查封/扣押财物、文件清单

编号：
第 页 共 页

编号	财物、文件名称	数量	单位	特征	物品来源	处理情况	证明人

批准人：　　　　　　　　　接收单位：
承办人：　　　　　　　　　接收人：
　　年　月　日　　　　　　　　年　月　日
　（公章印）　　　　　　　　　（公章印）

注：本清单一式五份，一份统一保存，一份附卷，一份送达有关当事人，一份交被查封/扣押财物、文件保管人，一份交接收单位。

制作说明

一、本文书依据《刑事诉讼法》第二百三十四条的规定制作。为人民检察院在处理查封/扣押的违禁品或不宜长期保存的物品以及依法对扣押的财物及其孳息处理时使用。

二、本文书共五份，一份统一保存，一份附卷，一份送达有关当事人，一份交被查封/扣押财物、文件保管人，一份交接收单位。文书中"证明文件（人）"一栏所列证明文件应连同本文书一并附卷。五份清单使用同一编号。

职务犯罪侦查流程与规范

××人民检察院××局
扣押款物处理结果告知书

检 扣处告〔 〕 号

（被告知人）××：

根据《人民检察院扣押、冻结款物工作规定》第四章之规定，本院决定对与××案有关的扣押款物进行处理（详见处理扣押物品清单）。

当事人如果对处理决定不服，可以向本院申请复议。如果对复议决定不服，可以向××省人民检察院申诉。

特此告知。

人民检察院　局

年　月　日

（正本送达被告知人）

本人已收到 检 扣处告〔 〕 号《扣押款物处理结果告知书》，知悉扣押款物处理结果的情况及本人依法享有的权利。对于处理结果，本人无（有）异议。

（如有异议，则在此填写）

被告知人：

年　月　日

（副本存档）

××人民检察院 移送查封/扣押/冻结财物、文件决定书

检移决〔 〕 号

根据《中华人民共和国刑事诉讼法》第二百三十四条的规定,本院决定将查封/扣押、冻结的有关财物、文件移送_____ 。如不服本决定,可在收到本决定后向_____人民检察院申诉。

你（单位）

年 月 日
（院印）

附：移送查封/扣押冻结财物、文件清单

第三联 送达原持有人

检移决〔 〕 号

××人民检察院 移送查封/扣押/冻结财物、文件决定书（副本）

检移决〔 〕 号

根据《中华人民共和国刑事诉讼法》第二百三十四条的规定,本院决定将查封/扣押、冻结的有关财物、文件移送你

年 月 日
（院印）

附：移送查封/扣押、冻结财物、文件清单

第二联 附卷

检移决〔 〕 号

××人民检察院 移送查封/扣押/冻结财物、文件决定书（存根）

检移决〔 〕 号

案由
犯罪嫌疑人的基本情况（姓名、性别、年龄、工作单位、住址、身份证号码、是否人大代表、政协委员）
受理单位
批准人
承办人
填发时间

第一联 统一保存

××人民检察院
移送查封/扣押/冻结财物、文件决定书
（回 执）

检移决〔　　〕　　号

　　　　　人民检察院：
　　你院　　年　　月　　日以　　号移送查封/扣押、冻结财物、文件决定书移送的有关财物、文件及清单收悉。
　　此复

年　月　日
（公章）

第五联　退回后附卷

××人民检察院
移送查封/扣押/冻结财物、文件决定书

检移决〔　　〕　　号

　　　　　：
　　根据《中华人民共和国刑事诉讼法》第二百三十四条的规定，本院决定将有关财物、文件移送你　　　　　。
附：移送查封/扣押、冻结财物、文件清单

年　月　日
（院印）

第四联　送达受理单位

制作说明

一、本文书依据《刑事诉讼法》第二百三十四条的规定制作。为人民检察院将查封/扣押、冻结的有关财物、文件（包括违法所得）移送有关部门处理时使用。

二、本文书共五联，第一联统一保存，第二联附卷，第三联送达原持有人，第四联送达受理单位，第五联退回后附卷。

××人民检察院
移送查封/扣押/冻结财物、文件清单

编号：

第　页　共　页

编号	财物、文件名称	数量	单位	特征	备注

接收单位：　　　　　　　移交单位：

接收人：　　　　　　　　移交人：

批准人：

年　月　日

（院印）

注：本清单一式五份，一份统一保存，一份附卷，一份交原持有人，一份交接收单位，一份交被扣押财物、文件保管人。

制作说明

一、本文书依据《刑事诉讼法》第二百三十四条的规定制作。为人民检察院将扣押、冻结的有关财物、文件（包括违法所得）移送有关部门处理时使用。

二、本文书共五份，一份统一保存，一份附卷，一份交原持有人，一份交接收单位，一份交被扣押财物、文件保管人。五份清单使用同一编号。

××人民检察院
涉案财物调用审批表

统一受案号	
案件名称	
诉讼阶段	
调用单位/部门	
调用涉案财物名称、数量	
调用理由	
调用日期	调用天数
案件承办人意见	
部门负责人意见	

附:

××人民检察院
涉案财物调用清单

案件名称:　　　　　　　　　　　　　　　　　　　　　第　页　共　页

编号	物品、文件名称	数量	单位	特征	备注

注:本清单一式三份,一份统一保存,一份交调用人,一份交涉案财物保管员。

第六章 侦查措施

××人民检察院扣押邮件、电报通知书（回执）

检扣邮〔　〕　号

　　　　人民检察院：
　　你院_____年___月___日扣押邮件、电报通知书收悉，我（单位）已开始执行扣押措施，犯罪嫌疑人_____的邮件、电报一经发现，立即送交你院。
　　此复

　　　　　　　　　年　月　日
　　　　　　　　　　（院印）

第四联 退回后附卷

××人民检察院扣押邮件、电报通知书

检扣邮〔　〕　号

　　　　　　　　：
　　因_____，根据《中华人民共和国刑事诉讼法》第___条的规定，请你单位从_____年___月___日起，对犯罪嫌疑人_____（工作单位，住址_____）的邮件、电报检交本院扣押。

　　　　　　　　　年　月　日
　　　　　　　　　　（院印）

第三联 送达邮电部门或网络服务机构

××人民检察院扣押邮件、电报通知书（副本）

检扣邮〔　〕　号

　　　　　　　　：
　　因_____，根据《中华人民共和国刑事诉讼法》第___条的规定，请你单位从_____年___月___日起，对犯罪嫌疑人_____（工作单位，住址_____）的邮件、电报检交本院扣押。

　　　　　　　　　年　月　日
　　　　　　　　　　（院印）

第二联 附卷

××人民检察院扣押邮件、电报通知书（存根）

检扣邮〔　〕　号

案由
犯罪嫌疑人的基本情况（姓名、性别、年龄、工作单位、住址、身份证号码、是否人大代表、政协委员）
送达单位
扣押种类
批准人
承办人
填发人
填发时间

第一联 统一保存

制作说明

一、本文书依据《刑事诉讼法》第一百四十一条的规定制作。为人民检察院在依法需要扣押犯罪嫌疑人邮件、电报、电子邮件,通知邮电部门或网络服务机构协助执行时使用。

二、本文书共四联,第一联统一保存备查,第二联附卷,第三联送达邮电部门或网络服务机构,第四联邮电部门或网络服务机构退回后附卷。

××人民检察院 解除扣押邮件、电报通知书

检解扣邮〔 〕 号

：

本院 年 月 日 号扣押通知书通知你单位扣押犯罪嫌疑人 （工作单位 ， 住址 ）的邮件、电报，现已不需要继续扣押，根据《中华人民共和国刑事诉讼法》第 条的规定，请协助解除扣押措施。

年 月 日
（院印）

第三联 送达邮电部门或网络服务机构

××人民检察院 解除扣押邮件、电报通知书
（副　本）

检解扣邮〔 〕 号

：

本院 年 月 日 号扣押通知书通知你单位扣押犯罪嫌疑人 （工作单位 ， 住址 ）的邮件、电报，现已不需要继续扣押，根据《中华人民共和国刑事诉讼法》第 条的规定，请协助解除扣押措施。

年 月 日
（院印）

第二联 附卷

××人民检察院 解除扣押邮件、电报通知书
（存　根）

检解扣邮〔 〕 号

案由
犯罪嫌疑人的基本情况（姓名、性别、年龄、工作单位、住址、身份证号码、是否人大代表、政协委员）
协助扣押单位
解除扣押原因
批准人
承办人
填发人
填发时间

第一联 统一保存

制作说明

一、本文书依据《刑事诉讼法》第一百四十一条、第一百四十三条的规定制作。为人民检察院解除扣押的邮件、电报时使用。

二、本文书上原扣押邮件、电报通知书的制作年月日和文号、被扣押人的姓名、工作单位、住址要准确无误地填写,与原扣押通知书一致。需要退还邮件、电报时,应填写退还扣押物品、文件清单。

三、本文书共三联,第一联统一保存备查,第二联附卷,第三联送达邮电部门或网络服务机构。

第六节 搜 查

搜查是指侦查人员为了收集证据、查获犯罪嫌疑人,依法对犯罪嫌疑人以及可能隐藏犯罪嫌疑人或者罪证的人的身体、物品、住处和其他有关地方进行搜寻、检查的一种侦查行为。

一、搜查的任务

搜查的任务主要有:
1. 收集已知证据,发现未知证据,开辟证据来源。通过搜查,可以促使证据持有人交出证据或者直接获取证据。
2. 防止证据的自然消失和人为毁灭、破坏、伪造、转移等。在侦查过程中,无论对犯罪嫌疑人是否采取强制措施,只要发现有犯罪证据或与案件有关的物品、文件都应及时进行搜查,以保证罪证或对案件有关的物品、文件等不因自然或人为的原因遭到毁损和转移,保障侦查工作的顺利进行。
3. 查获犯罪嫌疑人。职务犯罪案件犯罪嫌疑人没有到案或在逃的,可以通过搜查发现线索,确定犯罪嫌疑人的出逃方向和落脚点。对犯罪嫌疑人潜回本地的,可以通过搜查将其捕获。

二、搜查的对象

根据《刑事诉讼法》第一百三十四条、《刑诉规则(试行)》第二百二十条的规定,搜查的对象包括:
1. 犯罪嫌疑人。即对犯罪嫌疑人的人身、物品、住处和工作地点进行搜查;
2. 可能隐藏罪犯或者犯罪证据的人的身体、物品、住处、工作地点。即对犯罪嫌疑人以外的其他人的人身、物品、住处、工作地点进行搜查;
3. 其他有关地方。即对罪犯可能藏身或者隐匿犯罪证据的地方进行搜查。

三、搜查的分类

根据搜查的地域差别可以分为本地搜查和异地搜查。
本地搜查即指人民检察院在本辖区内开展的搜查。异地搜查指人民检察院到本辖区以外进行搜查。

四、搜查前的准备

在开展搜查之前,应做好各方面的准备工作。

（一）人员准备

在开展搜查之前，应当明确参与搜查的指挥人员、检察人员、技术人员、司法警察、见证人等，相关参与人员应做好各自的准备工作。

1. 指挥人员的准备。指挥人员应明确搜查的目的、范围和重点，确定参与搜查的人员，协调处理搜查过程中各项工作。

2. 检察人员的准备。检察人员应清楚各自的工作分工和责任，了解被搜查对象的相关情况，了解被搜查处所的位置、周边环境。

3. 技术人员的准备。技术人员应准备、调试好照相、录音录像设备。

4. 司法警察的准备。司法警察应准备好相应的警械，做好处置突发事件的预案和力量安排。

（二）相关手续准备

搜查之前，承办案件的检察人员应当准备好相关的法律手续和工作手续。一是要按程序开具《搜查证》。二是要准备好扣押手续，包括《扣押决定书》、《扣押清单》。三是按规定填写《申请派警审批表》，申请法警部门派员参加。四是需要进行照相、录音录像的，要按规定填写申请单，申请技术部门派员参加。

（三）制作搜查方案

搜查方案应当包含以下内容：一是犯罪嫌疑人的基本情况或犯罪嫌疑人的住处、工作地点或其他有关地方的基本情况；二是搜查的内容，包括应获取的物品、文件的名称、数量、特征等；三是搜查时的分工，明确参与搜查人员的职责分工，确定各自的搜查重点和范围；四是搜查的程序、方法；五是搜查中突发事件的处理；六是搜查时的注意事项和要求。

（四）熟悉现场环境

在搜查前，人民检察院应当了解被搜查对象的基本情况、搜查现场及周围环境。搜查现场是指被搜查的地点状况，如住处情况、工作单位、办公室情况等。周围环境是指被搜查现场的外部情况。只有了解了这些情况，才能保证搜查工作的顺利进行，防止意外情况的发生。

五、搜查的实施

（一）搜查的主体和人数

搜查应当在检察人员的主持下进行，可以有司法警察参加。必要的时候，可以指派检察技术人员参加或者邀请当地公安机关、有关单位协助进行。执行搜查的检察人员不得少于两人。

（二）搜查的程序

1. 本地搜查的程序。一是出示并宣读搜查证。进行搜查，应当向被搜查人或者他的家属出示、宣读搜查证，并且对被搜查人或者其家属说明阻碍搜查、妨碍公务应负的法律责任。搜查时，如果遇到阻碍，可以强制进行搜查。对以暴力、威胁方法阻碍搜查的，应当予以制止，或者由司法警察将其带离现场；阻碍搜查构成犯罪的，应当依法追究刑事责任。二是开展搜查。搜查时，应当有被搜查人或者他的家属、邻居或者其他见证人在场。三是制作搜查笔录，由参与搜查的人员、被搜查人或其家属、见证人签名或盖章。四是扣押相应的物品或文件。

2. 异地搜查的程序。异地搜查的，检察人员应当携带搜查证、工作证以及载有主要案情、搜查目的、要求等内容的公函，与当地人民检察院联系，当地人民检察院应当协助搜查。

实施搜查的程序同上。

（三）搜查笔录的制作

搜查的情况应当写成笔录，搜查笔录应当包括：

一是搜查的情况。按照搜查顺序如实地记录，制成笔录，写明搜查的时间、地点、过程，发现的证据，提取和扣押证据的名称、数量、特征及其他有关犯罪线索等，以便存查和核实案情，保障诉讼的顺利进行。

二是签名或盖章。搜查笔录应当由检察人员和被搜查人或者他的家属、邻居或者其他见证人签名或者盖章。如果被搜查人或者他的家属在逃，或者拒绝签名、盖章的，应当在笔录上记明。

三是如需扣押有关财物、文件，应当邀请在场的见证人和被搜查人清点清楚，当场开具扣押财物、文件清单一式四份。如果被搜查人拒绝在清单上签名、盖章，侦查人员应在扣押财物、文件清单上注明情况，并以录音、录像资料固定。

六、特殊搜查

特殊搜查是指遇有紧急情况时，在没有搜查证的情况下进行的搜查。

（一）特殊搜查的条件

特殊搜查只有在下列紧急情况下才能实施：1. 可能随身携带凶器的；2. 可能隐藏爆炸、剧毒等危险物品的；3. 可能隐匿、毁弃、转移犯罪证据的；4. 可能隐匿其他犯罪嫌疑人的；5. 其他紧急情况。

（二）特殊搜查的手续办理

特殊搜查时没有办理相关手续，但在搜查结束后，应当在二十四小时以内向检察长报告，并及时补办有关手续。

七、搜查后的处理

根据《刑事诉讼法》第一百三十五条、《刑诉规则（试行）》第二百一十九条的规定：任何单位和个人，有义务按照人民检察院的要求，交出可以证明犯罪嫌疑人有罪或无罪以及犯罪情节轻重的物证、书证、视听资料等证据。

在搜查中，发现可以证明犯罪嫌疑人有罪或无罪的物品、文件、非法持有的违禁品，可能属于违法所得的款项，应当扣押。与案件无关的，不得扣押。不能立即查明是否与案件有关的可疑款物，可以先行扣押并及时审查处理。

八、搜查的要求

1. 严格依法搜查。
2. 搜查妇女的身体，应当由女工作人员进行。
3. 搜查应当全面、细致、及时，并且指派专人严密注视搜查现场的动向，防止出现意外情况和突发事件。
4. 进行搜查的人员，应当遵守纪律，服从指挥，文明执法，不得无故损坏搜查现场的物品，不得擅自扩大搜查对象和范围。对于查获的重要书证、物证、视听资料、电子数据及其放置、存储地点应当拍照，并且用文字说明有关情况，必要的时候可以录像。
5. 搜查中发现涉及国家秘密、商业秘密和个人隐私的文件、物品等要保密并妥善处理，严格控制知情范围。

附件：

一、搜查流程图

二、法律文书、工作文书格式样本

1. 搜查证
2. 搜查笔录

搜查流程图

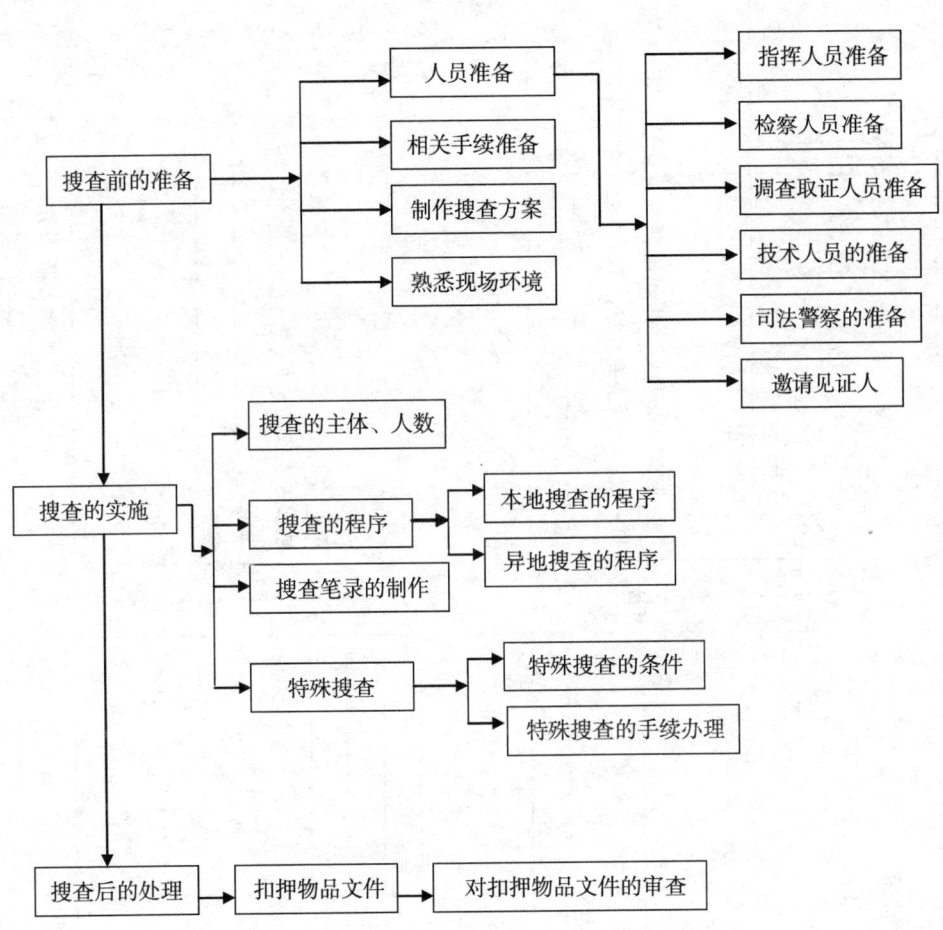

××人民检察院
搜 查 证

检搜〔 〕 号

根据《中华人民共和国刑事诉讼法》第一百三十四条、第一百三十六条的规定,兹派本院工作人员＿＿＿＿＿＿、＿＿＿＿＿＿等＿＿人持此证对＿＿＿＿＿＿进行搜查。

检察长（印）
年 月 日
（院印）

本证已于＿＿年＿＿月＿＿日向我宣布。
被搜查人或其家属：＿＿＿＿＿＿
见证人：＿＿＿＿＿＿
宣告人：＿＿＿＿＿＿

第二联 使用后附卷

检搜〔 〕 号

××人民检察院
搜 查 证
（存 根）

检搜〔 〕 号

案由	
犯罪嫌疑人基本情况（姓名、性别、年龄、工作单位、住址、身份证号码、是否人大代表、政协委员）	
搜查范围	
批准人	
批准时间	
承办人	
填发人	
填发时间	

第一联 统一保存

制作说明

一、本文书依据《刑事诉讼法》第一百三十四条、第一百三十六条第一款、第一百六十二条的规定制作。为人民检察院对犯罪嫌疑人以及可能隐藏罪犯或犯罪证据的人的身体、物品、住处、工作地点和其他有关地方进行搜查时使用。制作时由检察长签名或者盖章，并加盖人民检察院印章。进行搜查时，应当向被搜查人或者他的家属出示搜查证，并由被搜查人或者他的家属或者其他见证人签名或者盖章。如果被搜查人或者他的家属不在场，或拒绝签名、盖章的，应当在文书上注明。

二、本文书以搜查次数为单位制作。

三、本文书共二联，第一联统一保存备查，第二联使用后附卷。

××人民检察院
搜查笔录

兹因××一案,本院工作人员:××于____年____月____日____时至____日____时,根据____年____月____日××号搜查证,在见证人××在场的情况下,依法对××进行了搜查。

搜查的简要情况:

本记录的副本(扣押物品、文件清单)一式份。

搜查人:

见证人:

被搜查人(家属):

年　月　日

第七节 鉴 定

鉴定是指侦查机关为查明案情，指派或聘请具有专门知识的人，就案件中某些专门性问题进行鉴别和判断并作出结论的一种诉讼行为。

一、鉴定的目的

鉴定的目的是为了有效鉴别案件中有关证据的真伪，查明案件事实真相，查获犯罪嫌疑人。

二、鉴定的对象

凡是与案件有关的能够证明犯罪嫌疑人有罪、无罪的各种物品、文件、痕迹、人身、尸体等都可以进行鉴定。

三、鉴定的种类

实践中，一般可以分为以下几类：

1. 法医鉴定。即对于案件有关的尸体、人身、分泌物、排泄物、胃内物、体毛等进行鉴别判断的活动。
2. 司法精神病鉴定。即对人的精神状态、责任能力进行的鉴别判断。
3. 刑事技术鉴定。即对指纹、脚印、字迹、弹痕等进行的鉴别判断。
4. 司法会计鉴定。即对案件中涉及的账目、表册、单据、发票、票据等财务会计资料进行的鉴别判断。
5. 其他专业技术鉴定。即对涉及工业、交通、建筑等方面的科学技术问题进行的鉴别判断。

四、鉴定的方式

根据《刑事诉讼法》第一百四十四条的规定，鉴定启动的方式可以分为指派、聘请两种。

1. 指派。即指人民检察院为了办案工作需要，指派人民检察院技术部门有鉴定资格的人员进行的鉴定。
2. 聘请。即指人民检察院为了办案工作需要，聘请本院之外的其他有鉴定资格的人员进行的鉴定。

五、鉴定前的准备

在进行指派、聘请鉴定之前，人民检察院职务犯罪侦查部门应当做好相关的准备工作。

1. 准备鉴定所需的材料和条件

人民检察院应当为鉴定人进行鉴定提供必要条件，及时向鉴定人送交有关检材和对比样本等原始材料，介绍与鉴定有关的情况，并明确提出要求鉴定解决的问题。

2. 明确鉴定单位和鉴定人员

由人民检察院技术部门鉴定的，应事先和技术部门进行联系协调，确定鉴定人员。聘请社会鉴定机构鉴定的，应事先进行联系沟通，在征得鉴定机构同意后，由其指定鉴定人员。在明确鉴定人员后，应及时沟通，提前准备好鉴定所需要的材料或条件。

3. 办理指派、聘请手续

在明确鉴定单位和人员后，应及时按程序办理指派、聘请手续，尽快开展鉴定工作。

六、鉴定的程序

人民检察院在办理好相关指派、聘请手续后，应及时将相关手续和鉴定所需的材料移送鉴定人员。鉴定人员对鉴定材料进行审查，认为材料欠缺的，可以要求人民检察院予以补充。鉴定人员在鉴定工作完成后出具鉴定意见或检验意见，同时附上鉴定机构和鉴定人的资质证明，并且签名或者盖章。多个鉴定人的鉴定意见不一致的，应当在鉴定意见上写明分歧的内容和理由，并且分别签名或者盖章。人民检察院收到鉴定意见后，应当进行审查，必要时，可以提出补充鉴定或重新鉴定。人民检察院应当将鉴定意见告知犯罪嫌疑人、被害人。犯罪嫌疑人、被害人对鉴定意见有异议的，可以提出补充鉴定或重新鉴定。

七、对鉴定意见的审查

人民检察院对鉴定意见进行审查，一般可以从以下几个方面进行：

1. 审查鉴定设备是否完善。完善的鉴定设备不仅要求硬件设备科学、先进，而且在软件设备方面也必须精确、细致。

2. 审查鉴定方法是否科学。获取正确的鉴定意见必须运用科学的鉴定方法，如果使用的鉴定方法不科学，其鉴定意见的可靠程度就较弱。

3. 审查鉴定人是否具备鉴定资格。合格的鉴定人必须具备的要件有：一是具有解决案件中专门性问题的知识和能力；二是鉴定一般应当是自然人，如果特殊情况下由单位进行鉴定的，也必须由主持和参加鉴定的人员签名；三是没有应当回避而回避的情况；四是必须经法定机关的指派或聘请。

4. 审查鉴定材料是否充分、可靠。正确的鉴定意见，必须要有充分可靠的鉴定材料。数量和质量都必须达到鉴定所需要的标准。

5. 审查鉴定意见是否符合逻辑。鉴定材料、鉴定过程、鉴定意见之间存在内在的必然联系，相互之间不能有矛盾。鉴定意见与一般的社会常识、科学规律也不能存在矛盾。

6. 审查鉴定意见与案件中的其他证据之间是否存在矛盾。应当将鉴定意见与收集在案的其他证据联系起来分析，查明它们之间是否能够衔接和相互印证。如果证据与鉴定意见之间出现矛盾，应深入查明产生矛盾的原因，以确定是鉴定意见有误，还是其他证据不实，并及时采取措施查明事实真相。

八、鉴定意见的告知

根据《刑事诉讼法》第一百四十六条、《刑诉规则（试行）》第二百五十三条的规定，用作证据的鉴定意见，人民检察院办案部门应当告知犯罪嫌疑人、被害人；被害人死亡或者没有诉讼行为能力的，应当告知其法定代理人、近亲属或诉讼代理人。

九、补充鉴定或重新鉴定

检察人员在审查鉴定意见后，必要的时候，可以提出补充鉴定或者重新鉴定的意见，报检察长批准后进行补充鉴定或者重新鉴定。检察长也可以直接决定进行补充鉴定或者重新鉴定。

犯罪嫌疑人、被害人或被害人的法定代理人、近亲属、诉讼代理人对鉴定意见有异议的，可以提出申请补充鉴定或重新鉴定，承办人应当进行审查，认为符合补充鉴定或重新鉴定条件的，应提出意见，报部门负责人审批，经检察长批准，可以补充鉴定或者重新鉴定。

十、鉴定的要求

1. 鉴定必须严格依法进行。
2. 鉴定人故意作虚假鉴定的，应当承担法律责任。
3. 犯罪嫌疑人、被害人或被害人的法定代理人、近亲属、诉讼代理人申请补充鉴定或重新鉴定的，鉴定费用由请求方承担，但原鉴定违反法定程序的，由人民检察院承担。

犯罪嫌疑人的辩护人或者近亲属以犯罪嫌疑人有患精神病可能而申请对犯罪嫌疑人进行鉴定的，鉴定费用由请求方承担。

4. 人民检察院决定重新鉴定的，应当另行指派或者聘请鉴定人。
5. 对犯罪嫌疑人作精神病鉴定的期间不计入羁押期限和办案期限。
6. 对于因鉴定时间较长、办案期限届满仍不能终结的案件，自期限届满之日起，应当依法释放被羁押的犯罪嫌疑人或者变更强制措施。

附件：

一、鉴定流程图

二、法律文书、工作文书格式样本

1. 鉴定聘请书
2. 委托鉴定书
3. 鉴定意见通知书

鉴定流程图

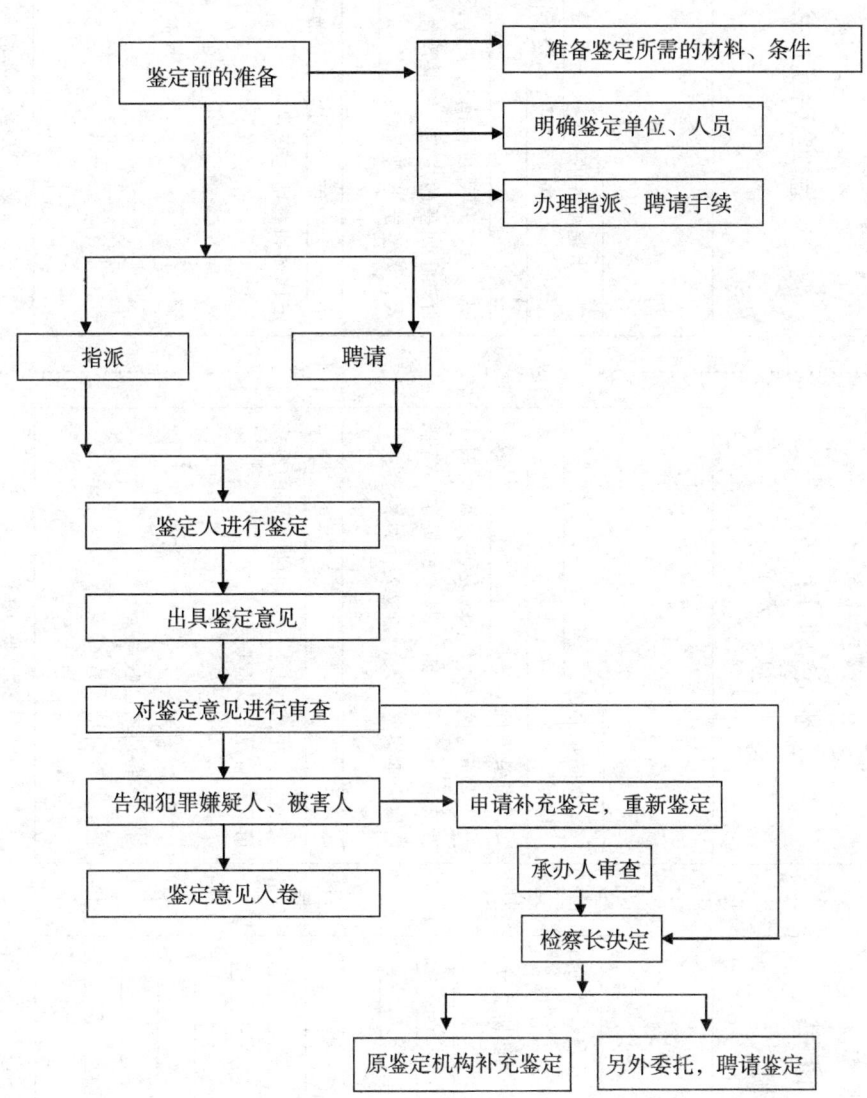

××人民检察院 鉴定聘请书

检鉴聘〔　〕　号

案由_____
本院承办的_____一案，需要进行_____鉴定。根据《中华人民共和国刑事诉讼法》第一百四十四条的规定，特聘请你为本案鉴定人，请鉴定下列内容：

请于____年____月____日前将书面鉴定情况和意见送交我院。

（院印）

　　　　　　　　　　　　　年　月　日

第三联　交被聘请人

××人民检察院 鉴定聘请书（副本）

检鉴聘〔　〕　号

本院承办的_____一案，需要进行_____鉴定。根据《中华人民共和国刑事诉讼法》第一百四十四条的规定，特聘请你为本案鉴定人，请鉴定下列内容：

请于____年____月____日前将书面鉴定情况和意见送交我院。

（院印）

　　　　　　　　　　　　　年　月　日

本聘请书已收到。

被聘请人：

　　　　　　　　　　　　　年　月　日

第二联　附卷

××人民检察院 鉴定聘请书（存根）

检鉴聘〔　〕　号

案由_____
涉案人基本情况（姓名、性别、年龄、身份证号码、工作单位、住址、是否人大代表、政协委员）_____
鉴定内容、目的_____
被聘请人_____
单位及职务_____
鉴定意见书提交时间_____
批准人_____
办案人_____
办案单位_____
填发人_____
填发时间_____

第一联　统一保存

制作说明

一、本文书依据《刑事诉讼法》第一百四十四条的规定制作。为人民检察院在办理刑事案件过程中，需要聘请有专业知识的鉴定人，就案件中的专门性问题进行鉴定时使用。人民检察院在案件初查工作中也可以使用该文书。

二、本文书共三联，第一联统一保存备查，第二联附卷，第三联送达被聘请人。

××人民检察院
委托鉴定书

检委鉴〔　〕　号

本院办理的＿＿＿＿＿＿＿＿一案，需对＿＿＿＿＿＿＿＿进行鉴定，根据《中华人民共和国刑事诉讼法》第一百四十条的规定，现委托＿＿＿＿＿＿＿＿按下列要求进行鉴定。鉴定内容、目的：

年　月　日
（院印）

第三联　送达受委托鉴定单位（人员）

检委鉴〔　〕　号

××人民检察院
委托鉴定书
（副本）

检委鉴〔　〕　号

本院办理的＿＿＿＿＿＿＿＿一案，需对＿＿＿＿＿＿＿＿进行鉴定，根据《中华人民共和国刑事诉讼法》第一百四十条的规定，现委托＿＿＿＿＿＿＿＿按下列要求进行鉴定。鉴定内容、目的：

年　月　日
（院印）

第二联　附卷

检委鉴〔　〕　号

××人民检察院
委托鉴定书
（存根）

检委鉴〔　〕　号

案由	
涉案人基本情况（姓名、性别、年龄、身份证号码、工作单位、住址、是否人大代表、政协委员）	
鉴定单位（人员）	
送检材料	
鉴定内容、目的	
批准人	
送检人	
填发人	
填发时间	

第一联　统一保存

制作说明

一、本文书依据《刑事诉讼法》第一百四十四条的规定制作。为人民检察院为查明案情,就案件中的专门性问题,委托具有鉴定资格的单位(人员)进行鉴定时使用。人民检察院在案件初查工作中也可以使用该文书。

二、本文书的鉴定要求,仅限科学技术问题,必须具体明确填写。

三、本文书共三联,第一联统一保存备查,第二联附卷,第三联送达受委托鉴定单位(人员)。

××人民检察院 鉴定意见通知书（存根）

检鉴通〔　〕　号

案由：
涉案人基本情况（姓名、性别、年龄、身份证号码、工作单位、住址、是否人大代表、政协委员）：
鉴定内容：
鉴定意见：
批准人：
批准时间：
办案人：
办案单位：
填发人：
填发时间：

第一联　统一保存

××人民检察院 鉴定意见通知书

检鉴通〔　〕　号

　　我院指派/聘请有关人员，对　　　　　　　　进行了鉴定。鉴定意见是　　　　　　　　。

　　根据《中华人民共和国刑事诉讼法》第一百四十六条的规定，如果你对该鉴定意见有异议，可以提出补充鉴定或者重新鉴定的申请。

　　　　　　　　　　（院印）
　　　　　　　　年　月　日

通知书已收到。
被害人或其家属：
　　　　　　　　年　月　日
犯罪嫌疑人：
　　　　　　　　年　月　日

第二联　附卷

××人民检察院 鉴定意见通知书

检鉴通〔　〕　号

　　我院指派/聘请有关人员，对　　　　　　　　进行了鉴定。鉴定意见是　　　　　　　　。

　　根据《中华人民共和国刑事诉讼法》第一百四十六条的规定，如果你对该鉴定意见有异议，可以提出补充鉴定或者重新鉴定的申请。

　　　　　　　　　　（院印）
　　　　　　　　年　月　日

第三联　送达犯罪嫌疑人

××人民检察院 鉴定意见通知书

检鉴通〔　〕　号

　　我院指派/聘请有关人员，对　　　　　　　　进行了鉴定。鉴定意见是　　　　　　　　。

　　根据《中华人民共和国刑事诉讼法》第一百四十六条的规定，如果你对该鉴定意见有异议，可以提出补充鉴定或者重新鉴定的申请。

　　　　　　　　　　（院印）
　　　　　　　　年　月　日

第四联　交被害人或其家属

制作说明

一、本文书为新增法律文书。本文书依据《刑事诉讼法》第一百四十六条的规定制作。为人民检察院在办理刑事案件过程中，需要将用作证据的鉴定意见告知犯罪嫌疑人、被害人时使用。人民检察院在案件初查工作中也可以使用该文书。

二、本文书共四联，第一联统一保存备查，第二联附卷，第三联送达犯罪嫌疑人，第四联送达被害人或其家属。

第八节 勘验、检查

勘验、检查是指侦查人员对于犯罪有关的场所、物品、尸体或人身等进行现场查看、了解和检验,从中发现和固定犯罪活动遗留各种痕迹和物品的侦查措施。

一、勘验、检查的任务

勘验、检查的任务是收集与犯罪有关的痕迹和物品,判断案件性质,研究和了解犯罪分子实施犯罪的情况及犯罪分子的个体特点,以确定侦查方向和范围。

二、勘验、检查的分类

根据《刑事诉讼法》第一百二十六条至第一百三十三条的规定,勘验、检查可以分为:现场勘验、检查,物证书证检验,尸体检验,人身检查和侦查实验。

1. 现场勘验、检查。现场勘验、检查是指侦查人员对刑事案件的犯罪现场进行勘查和检验的一种侦查活动。

2. 物证书证检验。物证书证检验是指侦查人员对收集的物品、痕迹和书面文字材料进行检查和验证,以确定该物品、痕迹和书面文字材料与案件事实之间关系的一种侦查活动。

3. 尸体检验。尸体检验是指通过尸表检验和尸体解剖,以确定和判断死亡的时间和原因,致死的工具和手段、方法等,为查明案情,明确责任提供依据。

4. 人身检查。人身检查是指为了确定被害人、犯罪嫌疑人人身的某些特征、伤害状况或生理状况,依法对其人身进行检查的一种侦查活动。

5. 侦查实验。侦查实验是指侦查人员为了确定和判明有关事实和行为在某种情况下能否发生或如何发生,而按原有条件实验性重演的一种侦查活动。

三、勘验、检查的人员

根据《刑诉规则(试行)》第二百零九条的规定:由检察人员进行勘验、检查。在必要的时候,可以指派检察技术人员或者聘请其他具有专门知识的人,在检察人员的主持下进行勘验、检查。

四、勘验、检查的笔录制作

勘验、检查的情况应当制作笔录,由参加勘验、检查的人员和见证人签名或者盖章。勘验、检查笔录应当客观、全面、详细、准确、规范,符合法定的证据要求。

(一) 现场勘验的笔录制作

现场勘验、检查笔录应当包括以下内容：一是前言部分。包括笔录文号，接报案时间和内容，现场地点，现场保护情况，勘验、检查起止时间，天气情况，勘验、检查利用的光线，组织指挥人员，现场方位和周围环境等。二是正文部分。包括与犯罪有关的痕迹和物品的名称、部位、数量、性状、分布等情况，尸体的位置、衣着、姿势、损伤、血迹分布、形状和数量等。三是结尾部分。包括提取痕迹、物证情况，扣押物品情况，制图和照相的数量，录音、录像的时间。笔录人、制图人、照相人、录像人、录音人，执行现场勘验、检查任务的人员的单位、职务及签名，见证人签名。

(二) 尸体检验笔录的制作

尸体检验笔录的内容包括检查的人员，检验的过程及发现的情况，如尸体的外表特征和伤口、尸斑、尸温等尸体变化情况，记录的形式包括文字记录、照相和录像等。

(三) 人身检查笔录的制作

人身检查笔录的内容包括检查的人员，检查的过程，检查发现的各种情况，如人体特征、生理状态和损伤情况等。记录的形式包括文字记录、照相和录像等。

(四) 侦查实验笔录的制作

侦查实验笔录的内容包括实验的主持人员、参加人员，实验的现场条件，实验的过程，实验的结果。记录的形式包括文字记录、照相和录像等。

五、勘验、检查的要求

1. 进行勘验、检查，应当持有检察长签发的勘查证。

2. 勘查现场，应当拍摄现场照片，勘查的情况应当写明笔录并制作现场图，由参加勘查的人和见证人签名。对重大案件的现场，应当录像。勘验时，人民检察院应当邀请两名与案件无关的见证人在场。

3. 犯罪嫌疑人如果拒绝人身检查，检察人员认为必要的时候，可以强制检查。检查妇女的身体，应当由女工作人员或者医师进行。人身检查不得采用损害被检查人生命、健康或贬低其名誉或人格的方法。在人身检查过程中知悉的被检查人的个人隐私，检察人员应当保密。

4. 尸体检验时，死者家属无正当理由拒不到场或者拒绝签名、盖章的，不影响解剖的进行，但是应当在解剖通知书上记明。对于身份不明的尸体，无法通知死者家属的，应当记入笔录。

5. 侦查实验，禁止一切足以造成危险、侮辱人格或者有伤风化的行为。在必要的时候可以聘请有关专业人员参加,也可以要求犯罪嫌疑人、被害人、证人参加。

附件:

一、勘验、检查流程图

二、法律文书、工作文书格式样本

1. 勘查证
2. 勘验检查笔录
3. 委托勘检书

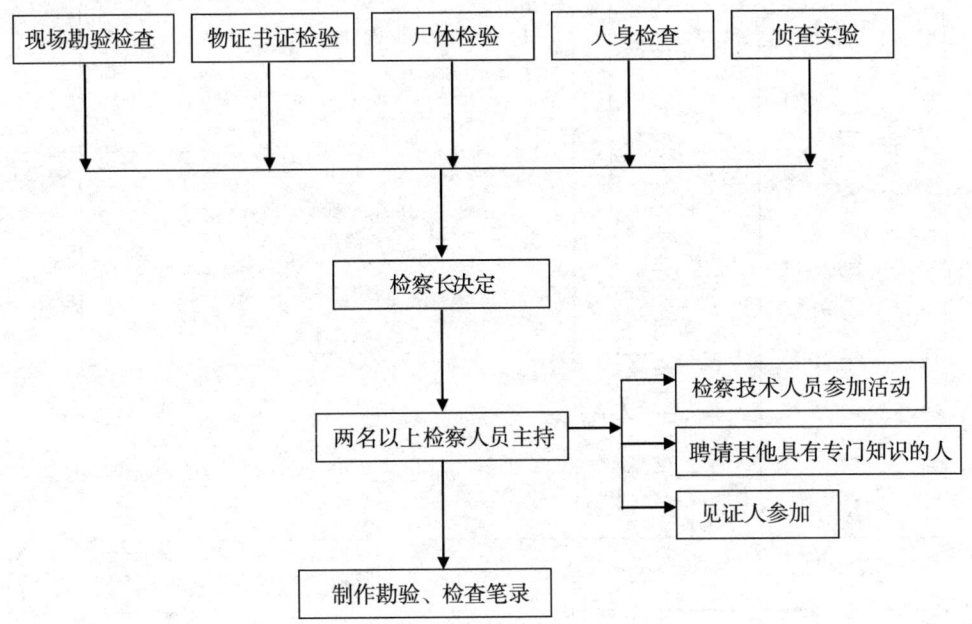

××人民检察院
勘 查 证

检勘〔 〕 号

根据《中华人民共和国刑事诉讼法》第一百二十六条、第一百二十八条的规定,兹派＿＿＿＿＿等人对＿＿＿＿＿进行勘验检查。

检察长（印）

年 月 日

（院印）

第二联 附卷

检勘〔 〕号

××人民检察院
勘 查 证
（存 根）

检勘〔 〕 号

案（事）由＿＿＿＿＿
涉案人基本情况（姓名、性别、年龄、工作单位、住址、身份证号码、是否人大代表、政协委员）＿＿＿＿＿
勘验、检查范围＿＿＿＿＿
批准人＿＿＿＿＿
批准时间＿＿＿＿＿
承办人＿＿＿＿＿
填发人＿＿＿＿＿
填发时间＿＿＿＿＿

第一联 统一保存

制作说明

一、本文书依据《刑事诉讼法》第一百二十六条、第一百二十八条的规定制作。为人民检察院对与犯罪有关的场所、物品、人身、尸体进行勘验、检查时使用。人民检察院在案件初查工作中也可以使用该文书。制作时由检察长签名或者盖章,并加盖人民检察院印章。

二、本文书工作人员栏内可写侦查人员、被指派或聘请参加勘验的人员。检查的对象为与犯罪有关的人身,勘验的对象为与犯罪有关的场所、物品、尸体,填写时应加以区分。

三、本文书以勘查次数为单位制作。

四、本文书共二联,第一联统一保存备查,第二联使用后附卷。

××人民检察院
勘验检查笔录

检 技勘 〔 〕 号

一、基本情况:
勘检事由:_____
勘检起始时间:_____ 勘检结束时间:_____
勘检地点:_____
勘检环境情况:(天气、光线、温度、风向等)
现场指挥人:_____ 到场时间:_____
勘检人:_____ 到场时间:_____
勘检人:_____ 到场时间:_____
见证人:_____ 证件名称/号码:_____
见证人:_____ 证件名称/号码:_____
其他人员:(包括笔录人、制图人、照相人、录像人、录音人、全程录音录像人等)_____
勘检设备和软件工具的名称、型号、版本号:_____

二、勘检过程:
勘验/检查情况:_____
发现、提取、分析、固定证据的形式、方法和步骤:_____

三、勘检结果:
(提取固定痕迹、物证情况,制图和照相的数量,录像、录音的时间)____
附件:(现场照片、物证照片、设备照片、现场图、录音录像、物品列表等)_____

现场指挥人:(签名)
勘 检 人:(签名)
见 证 人:(签名)
年 月 日

提取痕迹物证登记表

序号	名称	基本特征	数量	提取部位	提取方法	提取人

注：本表为现场勘验笔录、检查笔录的组成部分。　　年　　月　　日

（此处印制检察院名称）

制作说明

一、本文书为新增法律文书。本文书依据《刑事诉讼法》第一百二十六条的规定制作。为人民检察院在案件办理中，进行勘验检查时使用。人民检察院初查过程中，根据需要参照适用本文书。

二、本文书所附提取痕迹物证登记表为勘验检查时，勘验检查人员提取痕迹物证时使用。需详细列明提取痕迹物证的名称、基本特征、数量、提取部位、提取方法、提取人，落款为检察院。

三、本文书一式二份，存检察卷、检察内卷各一份。

××人民检察院
委托勘检书

检委勘〔　〕　号

本院办理的＿＿＿＿＿＿＿＿一案，需对＿＿＿＿＿＿＿＿进行勘检，根据《中华人民共和国刑事诉讼法》第一百二十六条的规定，现委托＿＿＿＿＿＿＿＿按下列要求进行勘检。勘检要求：

年　月　日
（院印）

第三联　送达受委托勘检单位（人员）

××人民检察院
委托勘检书
（副本）

检委勘〔　〕　号

本院办理的＿＿＿＿＿＿＿＿一案，需对＿＿＿＿＿＿＿＿进行勘检，根据《中华人民共和国刑事诉讼法》第一百二十六条的规定，现委托＿＿＿＿＿＿＿＿按下列要求进行勘检。勘检要求：

年　月　日
（院印）

第二联　附卷

××人民检察院
委托勘检书
（存根）

检委勘〔　〕　号

案由	
涉案人基本情况（姓名、性别、年龄、身份证号码、工作单位、住址、是否人大代表、政协委员）	
勘检单位（人员）	
送检材料	
勘检要求	
批准人	
送检人	
填发人	
填发时间	

第一联　统一保存

制作说明

一、本文书依据《刑事诉讼法》第一百二十六条的规定制作。为人民检察院为查明案情，就案件中的专门性问题，委托具有勘检资格的单位（人员）进行勘检时使用。人民检察院在案件初查工作中也可以使用该文书。

二、本文书的勘检要求，仅限科学技术问题，必须具体明确填写。

三、本文书共三联，第一联统一保存备查，第二联附卷，第三联送达受委托勘检单位（人员）。

第九节 辨 认

辨认是指为了查明案情,在必要时让被害人、证人以及犯罪嫌疑人对与犯罪有关的物品、文件、尸体、场所或者犯罪嫌疑人等进行辨认的一种侦查行为。

一、辨认的目的

辨认的目的是收集和审查证据,正确识别与犯罪有关的物品、文件、尸体、场所,证实与案件有关的事实情况;及时揭露和认定犯罪嫌疑人。

二、辨认的主持、主体及对象

根据《刑诉规则(试行)》第二百五十八条的规定,辨认应当由两名以上的检察人员主持。

辨认的主体是被害人、证人和犯罪嫌疑人,他们曾经看到过、经手过与案件有关的物品、文件、尸体、场所、犯罪嫌疑人。

辨认的对象是物品、文件、尸体、场所、犯罪嫌疑人。

三、辨认的分类

根据辨认的主体不同,可以分为以下三种:

1. 被害人辨认。主要在抢劫、强奸、诈骗等案件中采用,因为被害人与犯罪嫌疑人有过一段时间的正面接触,对其印象较深,有助于直接查获犯罪嫌疑人。

2. 证人辨认。即由案件的目睹人或知情人对可能与案件相关的物品、文件、尸体、场所、犯罪嫌疑人进行辨认,这种辨认在各类案件中都可能存在。

3. 犯罪嫌疑人辨认。即由犯罪嫌疑人自己识别和指认其在犯罪过程中形成、经历过的物品、文件、尸体或有关场所,也可以由犯罪嫌疑人对共同实施犯罪的其他犯罪嫌疑人进行指认。

四、辨认前的准备

在开展辨认前,主持辨认的检察人员应做好以下准备工作:

1. 明确辨认的目的。主持辨认的检察人员应根据辨认所需要解决的问题,仔细研究有关材料,熟悉相关案情,确定辨认的目的。

2. 准备辨认所需的条件。辨认时要将辨认对象与其他对象混合,如果是辨认犯罪嫌疑人,被辨认的人数应为五到十人,照片为五到十张。辨认物品的,同类物品不得少于五件,照片不得少于五张。如果需要录音录像的,应与技术部门联系确定技术人员。如果需要对场所进行辨认的,应事先观察场所的周边环境,做好安全防范。

3. 制定辨认方案。在组织辨认前应制定具体的实施方案,包括辨认的事项、辨认的目的、辨认的人员分工、辨认的步骤、可能遇到的问题及对策等内容。

4. 办理相关手续。如果是对犯罪嫌疑人进行辨认的,应当按程序报检察长批准。申请技术部门派员的,应办理申请手续。

五、辨认的实施

在辨认前,禁止辨认人员见到被辨认人或被辨认物,检察人员应当向辨认人详细询问被辨认人或者被辨认物的具体特征,并应当告知辨认人有意作虚假辨认应负的法律责任。几名辨认人对同一被辨认人或同一物品进行辨认时,应当由每名辨认人单独进行,必要的时候,可以由见证人在场见证。辨认时,应当将辨认对象混杂在其他人员或者物品之中,不能给予辨认人任何暗示。辨认完成后,应当制作辨认笔录。

六、辨认笔录的制作

辨认笔录主要内容包括:1. 进行辨认的时间、地点和条件;2. 辨认人的姓名、性别、年龄、工作单位、职业和住址;3. 辨认对象的具体情况,如被辨认人的姓名、性别、年龄、职业、住址,以及被辨认物品的种类、型号、形状、数量等;4. 混杂的人员的姓名、性别、年龄、职业、住址,混杂的物品的种类、型号、形状、数量等;5. 辨认结果及其根据,即认定结果同一、不同一或者相似,认定的根据是什么;6. 参加辨认人员签名或者盖章,包括主持辨认的检察人员、辨认人、被辨认人、见证人等。

七、辨认的要求

1. 几名辨认人对同一被辨认对象进行辨认时,应当由每名辨认人单独进行。必要的时候,可以有见证人在场口证。

2. 对犯罪嫌疑人的辨认,辨认人不愿公开进行时,可以在不暴露辨认人的情况下进行,并应当为其保守秘密。

3. 人民检察院主持进行辨认,可以商请公安机关参加或者协助。

附件：

一、辨认流程图

二、法律文书、工作文书格式样本

1. 辨认犯罪嫌疑人审批表
2. 辨认笔录

辨认流程图

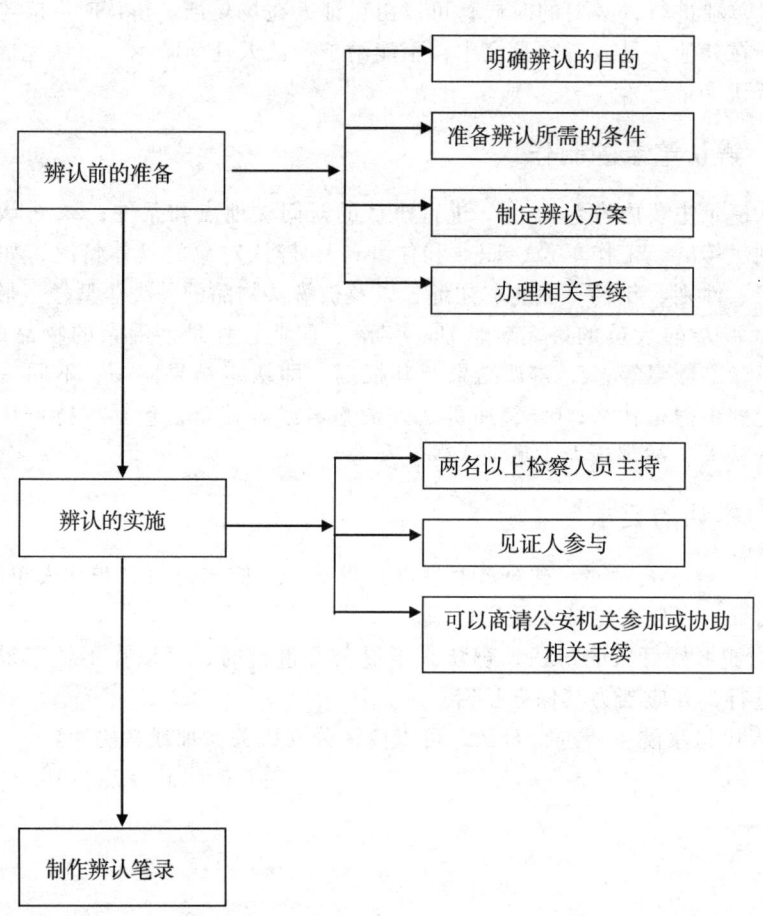

××人民检察院
辨认犯罪嫌疑人审批表

〔20 〕第 号

案由		立案时间			
辨认人诉讼身份		辨认地点			
辨认人姓名		性别		年龄	民族
家庭住址			文化程度		政治面貌
工作单位及职务					
被辨认人（照片）数		被辨认人（照片）来源			
辨认必要性及组织情况					
承办人意见					
科（室）领导意见					
局长意见					

××人民检察院
辨认笔录

时间：
地点：
辨认人：
侦查人员：
记录人：
见证人：
辨认目的：
辨认过程：
辨认结论：

辨认人（签名）：
侦查人员（签名）：
见证人（签名）：
　年　月　日

第十节 特殊侦查措施

特殊侦查措施是指除了以上几节讲述的侦查措施之外的其他措施,根据刑事诉讼法和刑事诉讼规则的相关规定,特殊侦查措施包括技术侦查、边控、通缉等。

一、技术侦查

技术侦查是指采用现代高科技手段收集、固定证据,查获犯罪嫌疑人的一种侦查手段。

(一)技术侦查的适用条件

根据《刑事诉讼法》第一百四十八条第二、三款和《人民检察院刑事诉讼规则(试行)》第二百六十三条、第二百六十四条的规定,人民检察院在办理职务犯罪案件时,只有两种情况下可以使用技术侦查。一是为了追捕被通缉或者被批准、决定逮捕的在逃的犯罪嫌疑人、被告人;二是在办理特定职务犯罪案件过程中,采取其他方法难以收集证据的。

(二)技术侦查的适用范围

1. 适用于所有职务犯罪案件的。如果是为了追捕被通缉或者被批准、决定逮捕的在逃的犯罪嫌疑人、被告人,则只要是人民检察院直接受理立案侦查的案件都可以适用。

2. 适用于特定职务犯罪案件的。如果是因为采取其他方法难以收集证据的,则只有办理特定职务犯罪案件时才能适用。

一是涉案数额在十万元以上、采取其他方法难以收集证据的重大贪污、贿赂犯罪案件,包括刑法分则第八章规定的贪污罪、受贿罪、单位受贿罪、行贿罪、对单位行贿罪、介绍贿赂罪、单位行贿罪、利用影响力受贿罪。

二是利用职权实施的严重侵犯公民人身权利的重大犯罪案件,包括有重大社会影响的、造成严重后果的或者情节特别严重的非法拘禁、非法搜查、刑讯逼供、暴力取证、虐待被监管人、报复陷害等案件。

(三)技术侦查的对象

技术侦查的适用对象是犯罪嫌疑人、被告人以及与犯罪活动直接关联的人员。

(四)技术侦查的种类

根据《公安机关办理刑事案件程序规定》(公安部令第127号)第二百五十五条的规定,技术侦查包括记录监控、行踪监控、通信监控、场所监控等措施。

1. 记录监控。包括对犯罪嫌疑人、被告人及与犯罪活动有关的人的网络聊天记录监控，相关场所、路段监控录像的监控等。

2. 行踪监控。包括对犯罪嫌疑人、被告人及与犯罪活动有关的人的出行、上下班等情况的跟踪监控。

3. 通信监控。包括对犯罪嫌疑人、被告人及与犯罪活动有关的人的手机、电话、电报等通信情况的监控。

4. 场所监控。包括对犯罪嫌疑人、被告人及与犯罪活动有关的人的住宅、办公场所等的监控。

（五）技术侦查的实施

人民检察院职务犯罪侦查部门认为需要采取技术侦查的，应当制作呈请采取技术侦查报告，经检察长批准后制作采取技术侦查决定书，交设区的市一级公安机关负责人批准，公安机关负责人批准后交负责技术侦查的部门执行，并将执行情况通知人民检察院。

在技术侦查的实施过程中，人民检察院办案部门应当随时和负责技术侦查的部门保持紧密联系，时刻关注和了解技术侦查所获取的情况，并注意收集和固定证据。

人民检察院职务犯罪侦查部门认为需要延长技术侦查期限或者需要变更、解除技术侦查的，应当制作相关的报告，按上述程序办理相关手续。

（六）技术侦查的期限

技术侦查的期限一般以三个月为限。对于复杂、疑难案件，期限届满仍有必要继续采取技术侦查的，期限可以延长，但每次不得超过三个月。

（七）技术侦查的变更、解除

1. 技术侦查的变更。在实施技术侦查的过程中，发现需要变更技术侦查种类或者适用对象的，应当按照规定重新办理审批手续。

2. 技术侦查的措施解除。技术侦查在三种情况下可以解除。一是在技术侦查的实施过程中，证据已经收集到位、犯罪嫌疑人、被告人已经到案的，办案部门认为可以解除技术侦查。二是负责技术侦查的部门认为需要解除的。三是在技术侦查实施期限届满之后，没有按程序报请延长的，应当解除技术侦查。

（八）技术侦查所获取资料的处理

采取技术侦查收集的物证、书证及其他证据材料，侦查人员应当制作相应的说明材料，写明获取证据的时间、地点、数量、特征以及采取技术侦查的批准机关、种类等，并签名和盖章。

对采取技术侦查获取的与案件无关的材料，应当及时销毁，并对销毁情况制作记录。

（九）技术侦查的要求

1. 采取技术侦查，必须经过严格的批准手续后才能交有关机关执行。

2. 采取技术侦查收集的材料作为证据使用的，批准采取技术侦查的法律决定文书应当附卷，辩护律师可以依法查阅、摘抄、复制。

3. 检察人员对采取技术侦查过程中知悉的国家秘密、商业秘密和个人隐私，应当保密。

4. 对于使用技术侦查获取的证据材料，如果可能危及特定人员的人身安全、涉及国家秘密或者公开后可能暴露侦查秘密或者严重损害商业秘密、个人隐私的，应当采取不暴露有关人员身份、技术方法等保护措施。在必要的时候，可以建议不在法庭上质证，由审判人员在庭外对证据进行核实。

5. 采取技术侦查获取的证据、线索及其他有关材料，只能用于对犯罪的侦查、起诉和审判，不得用于其他用途。

二、通缉

通缉是指公安机关以发布通缉令的方式对应当逮捕而在逃的犯罪嫌疑人，通报缉拿归案的一种侦查行为。人民检察院在办理职务犯罪案件过程中，需要追捕在逃的犯罪嫌疑人时，经检察长批准作出通缉决定后，通知公安机关，由公安机关发布通缉令。

（一）通缉的对象

被通缉的对象必须是依法应当逮捕而在逃的犯罪嫌疑人或者是已被逮捕的犯罪嫌疑人脱逃的。具体来说，有以下几种对象：1. 已依法决定逮捕而逃跑或者下落不明的犯罪嫌疑人；2. 已依法决定拘留而逃跑或下落不明的现行犯或者重大犯罪嫌疑人；3. 已被依法拘留、逮捕后从羁押场所逃跑的犯罪嫌疑人；4. 在依法押解途中或者讯问期间趁机逃跑的犯罪嫌疑人；5. 在依法取保候审、监视居住期间逃跑的犯罪嫌疑人；6. 已经判刑，在服刑、关押期间越狱逃跑的犯罪嫌疑人。

（二）通缉的条件

要使用通缉的侦查措施，必须符合以下三个条件：

1. 被通缉人必须是犯罪嫌疑人、现行犯或者重大犯罪嫌疑人；

2. 被通缉人必须符合法定的逮捕、拘留条件，即有证据证明该被通缉人应当采取逮捕、拘留措施；

3. 应当逮捕或者拘留的人确实在逃避法律责任而逃跑或下落不明，即有证据证明被通缉人已无法联系或失去行踪。

（三）通缉的决定

人民检察院侦查直接受理的案件，应当逮捕的犯罪嫌疑人如果在逃，或者已被逮捕的犯罪嫌疑人脱逃的，办案人应当制作《通缉通知书》，经检察长批准，作出通缉决定。并将《逮捕决定书》和犯罪嫌疑人的照片、身份、特征等情况及简要案情，送达同级公安机关，由公安机关按照规定发布通缉令，检察机关应当予以协助。

各级人民检察院需要在本辖区内通缉犯罪嫌疑人的，可以直接决定通缉；需要在本辖区外通缉犯罪嫌疑人的，应当由立案侦查的人民检察院提出通缉令发送范围，报请上级人民检察院批准后，交由上级人民检察院同级的公安机关发布通缉令。需要在全国范围内通缉的，应采取打印形式填写《在逃人员登记表》，先在当地公安机关上网，然后由省级人民检察院将报请进行全国通缉的报告等材料，呈报最高人民检察院批准后，商请公安部办理。

（四）通缉的发布

人民检察院应当将通缉通知书和通缉对象的照片、身份、特征、案情简况送达公安机关，由公安机关发布通缉令，追捕归案。

县级以上公安机关在自己管辖的地区内，可以直接发布通缉令；超出自己管辖的地区，应当报请有权决定的上级公安机关发布。

通缉令的发送范围，由签发通缉令的公安机关负责人决定。通缉令应当广泛张贴，并可以通过广播、电视、报刊、计算机网络等方式发布。

（五）通缉令的内容

通缉令的内容应当具体、简练、明确，使人能一目了然，便于查缉。其主要内容包括：1. 被通缉人的姓名、曾用名、绰号、性别、年龄、籍贯、出生地、户籍所在地、居住地、衣着、语音、体貌特征、行为习惯和所犯罪名等；2. 被通缉人的近照、身份证号码，有条件的还可附指纹或其他物证照片；3. 除必须保密的事项以外，应当写明发案的时间、地点、简要案情；4. 发布通缉令的机关及公章，联系地址及电话号码；5. 发布通缉令的时间。

（六）上网通缉（网上追逃）

"网上追逃"是指在追捕逃犯工作中，侦查机关把各类在逃犯罪嫌疑人的具体情况制成光盘，刑侦、治安、户政、交警等诸警种合作，以计算机网络通信技术及其《在逃人员信息系统》为查询比对工具，检索查询可疑人员和在逃犯罪嫌疑人的资料，以发现、查获和缉捕在逃犯罪嫌疑人的一项技术性侦查措施。

人民检察院决定通缉的，应商请同级公安机关将被通缉人信息上网，利用公安系统计算机网络追逃。对案情重大、情况紧急，来不及办理逮捕手续的在逃犯罪嫌疑人，经县级以上人民检察院负责人批准，可商公安机关先上网通缉，上网后七日内补办逮捕手续。需要在全国范围内通缉的，应填写《在逃人员登记表》，先在当地公安机关上网，然后将报请进行全国通缉的通报，附《在逃人员登记表》和立案决定书、逮捕证复印件以及被通缉人近期一至二寸清晰照片两张,由省级人民检察院呈报最高人民检察院批准后,商公安部办理。

(七) 通缉的补报

通缉令发出后,立案侦查的人民检察院如果发现新的重要情况,可补发通报,送达同级公安机关办理,或者按原通缉令办理途径由原发布通缉令的上级公安机关办理。补发通报的,应写明通缉令的编号和日期。

(八) 通缉的撤销

通缉令发布后,检察机关撤销案件、犯罪嫌疑人已经自动投案、被击毙或者被抓获,以及发现有其他不需要采取通缉的情形的,人民检察院应当办理撤销通缉手续,并于四十八小时以内向公安机关通报,通知公安机关撤销通缉令。发布机关应当在原通缉范围内,撤销通缉令。

(九) 通缉的要求

1. 人民检察院开展通缉工作,应当迅速、及时、依法进行。
2. 人民检察院应当与公安机关积极配合,及时检查监督通缉的执行情况。
3. 对抓获被通缉人或者提供关键线索的有功人员应当予以奖励。

奖励金额依照公安部有关规定,根据案件具体情况与公安机关协商确定,由立案侦查的人民检察院负责筹集提供。

三、边控

边境控制即通常所说的边控,是指侦查机关为了抓捕犯罪嫌疑人,防止犯罪嫌疑人逃往境外,依法在边境口岸采取的阻止犯罪嫌疑人出境的一项紧急性侦查措施。

(一) 边控的对象

边控的对象包括刑事案件的被告人、人民检察院认定的犯罪嫌疑人或者案件其他重要关系人。

(二) 边控的方式

边控的方式有以下两种:

1. 对于有出入境证件的犯罪嫌疑人,对其限制出境;
2. 对于没有出入境证件、需限制其出境的犯罪嫌疑人和案件其他重要关系人,对其不予办理出入境证件。

(三) 边控的决定与实施

1. 限制出境

对需在边防口岸阻止出境的,立案侦查的人民检察院应当制作《边控对象通知书》,经检察长批准后,向省级人民检察院提交边控请求函,并提供被控对象的姓名、性别、出生年月、出入境证件种类、号码等材料,以及申请边控期限和起止时间。呈报省级人民检察院批准后,由省级人民检察院出具公函向有关出入境边防检查总站或省级公安厅（局）、边防局（处）交控。在紧急情况下，县、市人民检察院来不及向省人民检察院呈报而在当地边防检查站临时交控的，应在交控后的七日内按规定补办手续。

对需要办理边控的犯罪嫌疑人，应当根据案件的需要并按公安部《关于公安机关办理边控有关问题的通知》要求，同公安机关明确所控对象的控制办法和期限。对需要扣留人员的，人民检察院需要同时出具《逮捕证》或《拘留证》等有关法律文书。交控的人民检察院应提供二十四小时联系电话和联系人。

2. 不予办理出境证件

对没有办理出入境证件、需要限制其出境的犯罪嫌疑人和案件中其他重要关系人，立案侦查的人民检察院可以出具公函通报同级公安机关，不予为其办理出入境证件。

（四）边控的撤销

检察机关撤销案件、犯罪嫌疑人自首或经核实确已被抓获，不再需要边控，以及其他不再需要边控的，立案侦查的人民检察院应当于四十八小时以内向当地公安机关通报。

最高人民检察院批准边控的，由省级人民检察院呈报最高人民检察院商公安部办理撤销边控通知的命令。

四、追逃

追逃是指人民检察院为了抓捕已经潜逃、脱逃的犯罪嫌疑人、被告人而采取的一系列工作措施。2014年12月30日，中央全面深化改革领导小组第八次会议审议通过的《关于进一步规范刑事诉讼涉案财物处置工作的意见》中明确：要加强境外追赃追逃工作，抓紧健全境外追赃追逃工作体制机制，运用法治思维和法治方式开展追赃追逃工作。因此，进一步强化追逃工作，确保已经潜逃、脱逃的职务犯罪犯罪嫌疑人及时归案，是检察机关需要重视的一项重要工作。

（一）追逃的对象

实践中，追逃的对象一般可分为两种。一种是已经携款潜逃的犯罪嫌疑人；另一种是人民检察院已经立案，在对其采取强制措施之前或者实施强制措施的过程中脱逃的犯罪嫌疑人。

（二）追逃对象的确定

开展追逃工作要以犯罪嫌疑人潜逃、脱逃为前提。确定犯罪嫌疑人潜逃以发现其失踪即可。只要传讯犯罪嫌疑人不到而又无法确定其所在位置时，即可认为潜逃事实已经发生。一旦确定犯罪嫌疑人潜逃，即可确定其为追捕对象。

犯罪嫌疑人脱逃指犯罪嫌疑人在被人民检察院讯问期间，或者在被拘传、拘留、逮捕、取保候审、监视居住期间逃走。这种情况下，人民检察院有充分的证据证实犯罪嫌疑人脱逃。

（三）追逃对象的报告

1. 各级检察机关对于案犯携款潜逃的案件，要按照规定逐级上报。各省、自治区、直辖市人民检察院应按最高人民检察院的要求，逐月、按时报告。对于携款潜逃境外的，应实行专项报告制度，一案一报，并随时报告案件进展情况和遇到的问题。

2. 县区人民检察院在发现犯罪嫌疑人潜逃、脱逃后的三天内应向分州市院报告（边远和交通不便的地区可延长至五天）；分州市院在接到县区院报告或自己在办案中发现犯罪嫌疑人潜逃、脱逃的，应在两天内向省级院报告；省级院接到分州市院报告或自己在办案中发现犯罪嫌疑人潜逃、脱逃的，应在两天内向最高人民检察院侦查指挥中心报告。情况特别紧急需采取边控、堵截等措施的，应加密电传直报最高人民检察院侦查指挥中心。

（四）追逃对象的备案

根据最高人民检察院《关于认真做好贪污贿赂等大案要案案犯潜逃、脱逃备案工作的通知》要求各级人民检察院应当做好以下备案工作：

1. 各级检察机关在办案中一经发现贪污贿赂等经济案犯潜逃、脱逃，应逐级层报省级检察院贪污贿赂检察部门备案。其中，对立案前，有重大犯罪嫌疑，贪污贿赂五万元以上，挪用公款十万元以上；对立案后，贪污贿赂一万元以上，挪用公款五万元以上；县处级以上干部携款潜逃、脱逃的，应上报最高人民检察院贪污贿赂罪案侦查指挥中心。

2. 上报备案应逐案填写贪污贿赂等大案要案案犯潜逃、脱逃报告表，注明犯罪嫌疑人的基本情况，是否持有出国护照及立案、采取强制措施情况，主要犯罪事实、家庭成员及主要社会关系的工作单位、住址情况，可能潜逃、脱逃的方向和采取缉捕措施情况。备案材料应附两张犯罪嫌疑人近期照片。

3. 上报贪污贿赂等经济犯潜逃、脱逃情况要做到及时、迅速、保密。

4. 负责查办案件的检察机关对已潜逃的犯罪嫌疑人应及时立案，并组织力量缉捕。对潜逃、脱逃后被抓获或潜逃、脱逃中死亡的，应写出简要情况，逐级上报最高人民检察院侦查指挥中心销号。

（五）追逃的措施

追逃的措施可分为国内追逃措施和境外追逃措施。各项具体措施的操作程序参见各章程序部分。

1. 国内追逃措施

在国内追逃的具体措施通常有：全国通缉、网络通缉、通报、追捕协查、边境口岸控制、边境协查、专项追捕行动等。

一是全国通缉。指公安部在全国范围内,以布告令的方式向全国公布追捕对象,并对其实施缉捕的侦查措施。通缉令一律由公安机关发布。发布全国通缉令,可以在全国范围内对追捕对象实施缉拿,通常主要是由全国各级公安机关负责实施。为提高通缉的有效性,对抓获追捕对象的有功单位或人员要给予一定的奖励。由于电子技术的高速发展,全国通缉通常在电子网络中进行。

二是网络通缉。即上网通缉,指全国各级公安机关通过专用的电子通缉网络,将追捕对象的相应资料上网公布,一旦被发现举报,公安机关即行逮捕的侦查措施。网络通缉具有方便快捷的特点,也是检察机关追捕行动中运用最为广泛的措施。

三是通报。指由公安机关相互之间,通过书面文书形式发送到相关地区的公安机关,以便接受地公安机关采取相应的侦查措施。对于由公安机关协助的追捕行动,检察机关应及时将有关追捕对象的重要情况通知签发通报的公安机关,以便及时补报,提高追捕措施的有效性。在公安配合的专项追捕行动中,通报往往是不可缺少的侦查措施。

四是追捕协查。指检察机关之间为缉拿追捕对象所进行的侦查协作行为。它可以是发函协查,也可以是派员协查。这是除通缉措施之外,运用较为广泛的追捕措施。它也是检察机关之间侦查协作的主要内容之一。追捕协查须具备一定的法律手续,需要公安机关着力配合。

五是边境口岸控制。即通常所说的边控,指通过履行法定手续,公安边防部门在某些区域或全国范围内的边境口岸对追捕对象实施控制,待其出境时予以拘留的侦查措施。就境内追捕而言,边控可以截获外逃的追捕对象,进而将其捕获。目前,世界上绝大多数国家均有此种措施,以防止和控制犯罪嫌疑人外逃。根据不同的案情,边控既有事先的预防性质,也有事后的补救性质。

六是边境协查。指侦查人员掌握追捕对象在某些边境地区行踪的信息后,为防止其出境外逃并尽快将其抓获而发函或派员到边境地区,并请求当地检察机关协助实施追捕的侦查措施。边境协查通常要由当地公安机关、武警部队配合实施。

七是专项追捕行动。即集中行动、集中打击,指在一定时间或一定区域范围内,统一组织、统一指挥,集中力量追缉、查找、捕获在逃犯罪嫌疑人的侦查行为。它往往需要多部门的配合与协作。专项追捕行动由于追捕力量的集中与行动的周密筹划,具有见效快、成果大的特点。集中追捕行动可以在不同范围或不同时间段内进行。

2. 境外追逃措施

犯罪嫌疑人潜逃出境的,一般可以采取"红色通缉令"、港澳协查、引渡、遣返、异地追诉、劝返等措施。

一是"红色通缉令"。即红色通报，指为查找潜逃出境的追捕对象，由国际刑警组织中国国家中心局局长和国际刑警组织总秘书长签发，并向所有国际刑警组织成员国发布，成员国可以据此实施为逮捕或为引渡而拘留被通缉者的国际警务合作项目（措施）。红色通缉的关键在于发现境外追捕对象所逃往的国家或地区，以便进一步启动引渡程序或采取其他相应措施。

二是港澳协查。指为缉捕追捕对象，依一定法律程序通过境内的港澳协查机构，由港澳相应的执法机关协助查缉追捕对象的侦查协作措施。通过这一措施，可以核查或查找追捕对象是否居住港澳，以及与追捕对象有关的其他事项。

三是引渡。指一国应外国的请求，把在其境内的被外国指控为犯罪或判刑的外国人，移交给请求国审理或处罚的一种国际司法协助行为。引渡是境外追逃最主要的司法合作方式。

四是遣返。遣返和引渡相同，其区别在于：遣返是没有条约的引渡，即发生在没有签署引渡条约的两个国家之间。

五是异地追诉。异地追诉是引渡的另一种替代手段，由中国主管机关向逃犯躲藏地国家的司法机关提供该逃犯触犯该外国法律的犯罪证据，由该外国司法机关依据本国法律对其实行缉捕和追诉。

六是劝返。劝返是具有中国特色的引渡替代手段，即通过邮件、电子通信手段直接劝说或者通过被追逃对象的亲属、朋友等人劝说服其自愿回国投案。

（六）追逃的主要方法

追逃的主要方法有：分析涉案关系人信息、获取知情人员情报、查卡寻踪、走访调查、在逃人员资料管理与分析、用计施谋等。

1. 分析涉案关系人信息。涉案关系人信息，是指通过与案情有重要关联的人员所掌握的有关追捕对象的信息。比如通过已羁押或未羁押的同案共犯嫌疑人、拟立案侦查的犯罪嫌疑人以及未构成犯罪但对案件负有一定责任的人员所了解到的信息。通过对此类信息的分析，可以发现追捕对象过去、目前和即将发生的种种情况，进而结合其他情报判断追捕对象的行踪和位置，以提高抓捕行动的效率。对于贪污贿赂犯罪的窝、串案件，此类信息是追捕工作中不可缺失的信息资源。

2. 获取知情人员情报。知情人员情报，是指对犯罪事实和追捕对象有一定程度的知悉，但未介入犯罪的人员所提供的情报。比如追捕对象的同事、家属、亲友等。职务犯罪嫌疑人不同于其他犯罪嫌疑人的重要方面就是：其不可能流窜作案，其同事或家属对其日常行为、交往、社会关系总有一定的了解，通过知情人所提供的情报，往往能够发现追捕对象的蛛丝马迹，甚至关键问题，从而一举将其捕获。

3. 查卡寻踪。查卡寻踪，是指侦查人员在掌握追捕对象所持有的信用卡、会员卡等卡片后,通过金融机构或特定的消费场所的支付记录,发现追捕对象行踪的侦查方法。世界上大多数国家的警方都采用查卡、控卡的侦查方法。随着通信、交通的高速发展,作为一种有效的工具,信用卡等也常被追捕对象所使用。持卡的在逃人员,为了生存和继续潜逃通常会使用信用卡支付或提现,通过对支付等记录的分析可以发现潜逃的方向或位置。

4. 走访调查。走访调查,是指为了解追捕对象的行踪,对追捕对象可能出现地点的周边群众或潜逃前与其接触的人员进行实地调查。此种工作如做得细致,通常会有重大发现。

5. 用计施谋。用计施谋,是指在追捕过程中,侦查人员根据所掌握的大量信息材料,通过精心筹划和运作,使追捕对象发生错误的判断,实施有利于追捕机关追捕的行为。即通常所讲的设计布阵,引其上钩,使其失误而被擒。常用的方法有声东击西、外松内紧,等等。

6. 在逃犯罪嫌疑人备案资料管理与分析。这主要是指对所有备案但未归案的追捕对象资料进行整理、归纳和分析,从中发现规律、特点或重要信息后,对某类追捕对象实施追捕行动的侦查方法。只要已对此备案建库的检察机关,都可以责成专人从事此项工作。这也是挖掘信息资源,发挥备案作用的重要工作方法之一。资料管理主要是资料分类、情报跟踪和收集等;资料分析主要是根据已有的材料分析判断和决定是否有必要采取追捕行动。这主要是针对那些长期追捕未获、线索中断或条件受限未能实施追捕行动的追捕对象,在发现新的线索或有利时机后,由备案的检察机关提请实施追捕的侦查方法。此种方法要求工作人员要对资料定期研究、掌握动态,以便在时机成熟时迅速将追捕对象抓获归案。它既是追捕工作的程序要求,也是追捕工作的重要方法之一。对于备案的上级检察院来说,通过备案可以全面掌握追捕对象的潜逃情势,对启动专项追逃行动或指导下级院个案缉捕行动都有重要的作用。同时,这也是建立追捕工作长效机制的途径之一。

附件:

一、本节流程图

1. 技术侦查流程图
2. 追逃流程图
3. 通缉流程图
4. 边控流程图

二、法律文书、工作文书格式样本

1. 采取技术侦查措施申请书
2. 采取技术侦查措施决定书、执行通知书
3. 解除技术侦查措施决定书
4. 延长技术侦查措施期限申请书
5. 延长技术侦查措施期限决定书、通知书
6. 调取技术侦查证据材料通知书
7. 技术侦查证据材料移送清单
8. 委托技术协助书
9. 委托技术性证据审查书
10. 通缉通知书
11. 撤销通缉通知书
12. 红色通报申请表
13. 撤销红色通缉令通知书
14. 撤销边控对象通知书
15. 边控工作呈批表
16. 关于缉控措施的批复
17. 在逃人员信息登记/撤销表
18. 上网追逃人员登记/撤销/删除表

职务犯罪侦查流程与规范

技术侦查流程图

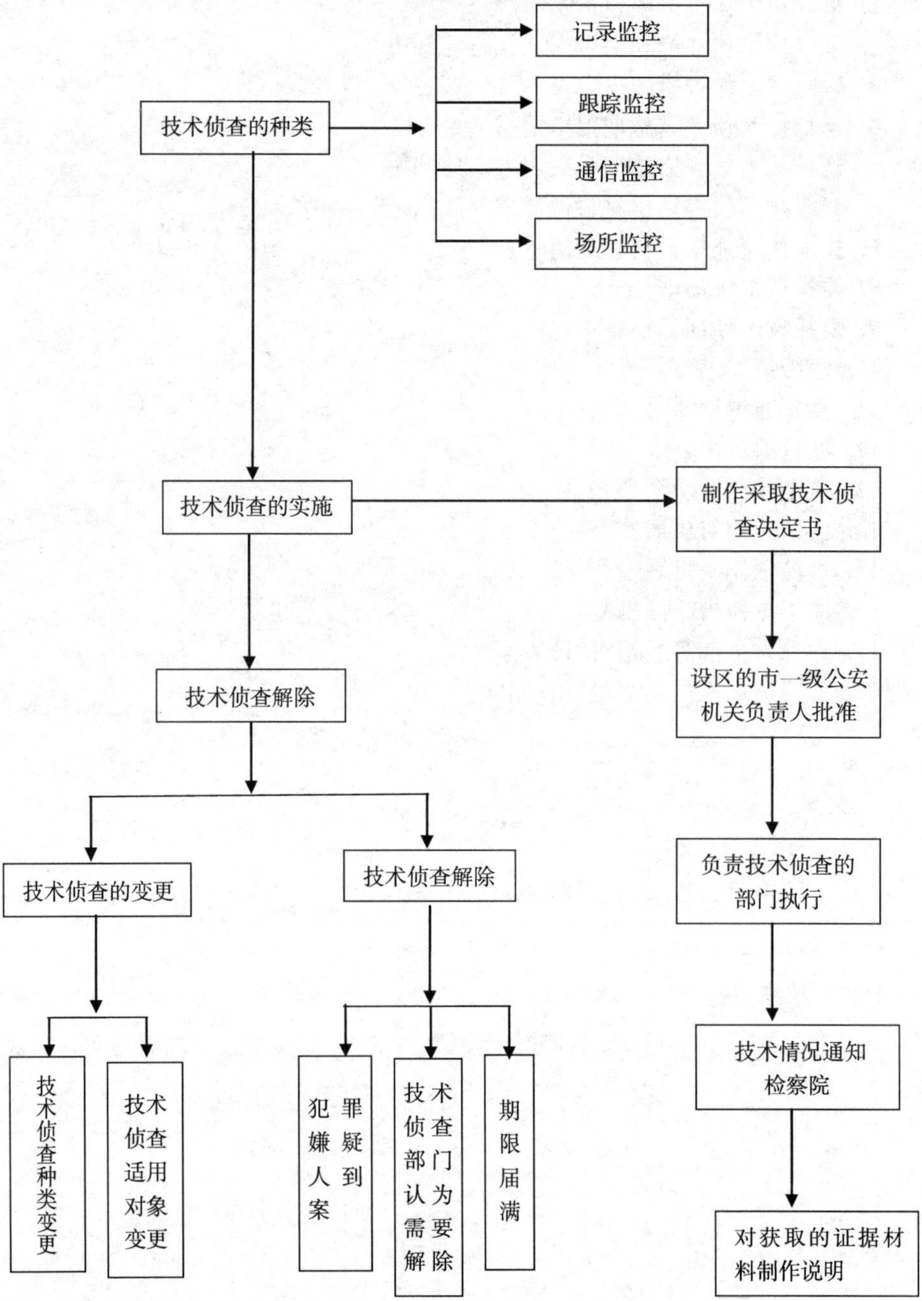

技术侦查的种类 →
- 记录监控
- 跟踪监控
- 通信监控
- 场所监控

技术侦查的实施

技术侦查解除

技术侦查的变更
- 技术侦查种类变更
- 技术侦查适用对象变更

技术侦查解除
- 犯罪嫌疑人到案
- 技术侦查部门认为需要解除
- 期限届满

制作采取技术侦查决定书 → 设区的市一级公安机关负责人批准 → 负责技术侦查的部门执行 → 技术情况通知检察院 → 对获取的证据材料制作说明

— 350 —

追逃流程图

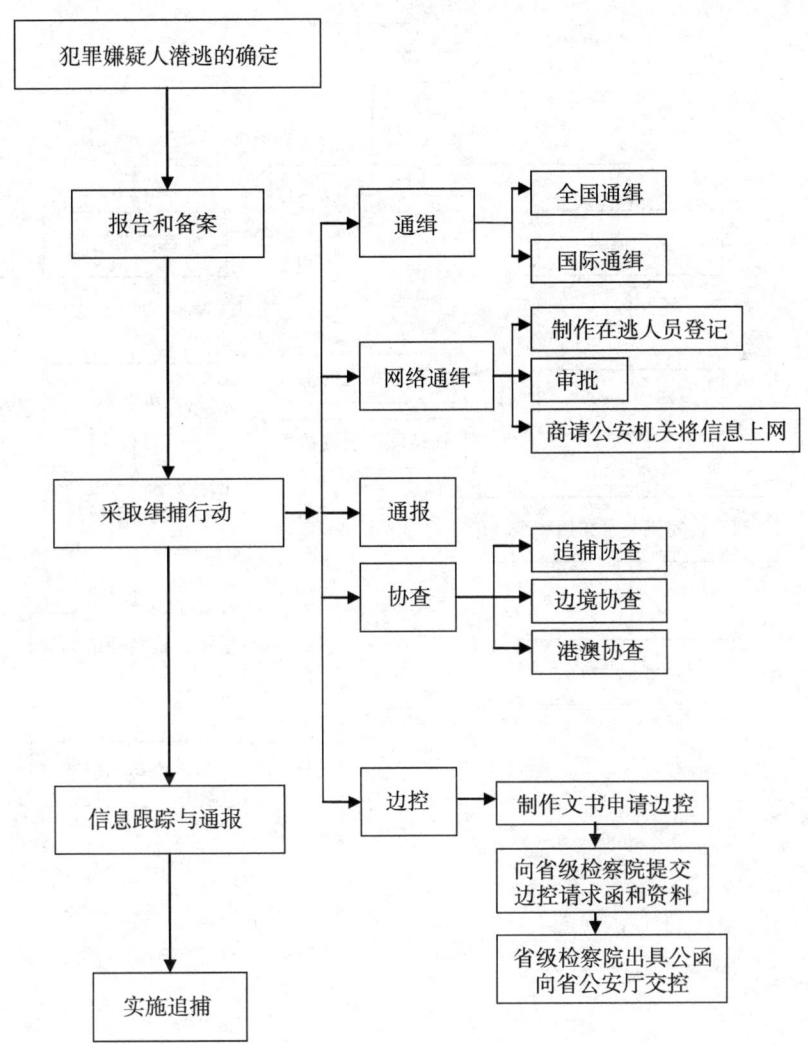

通缉流程图

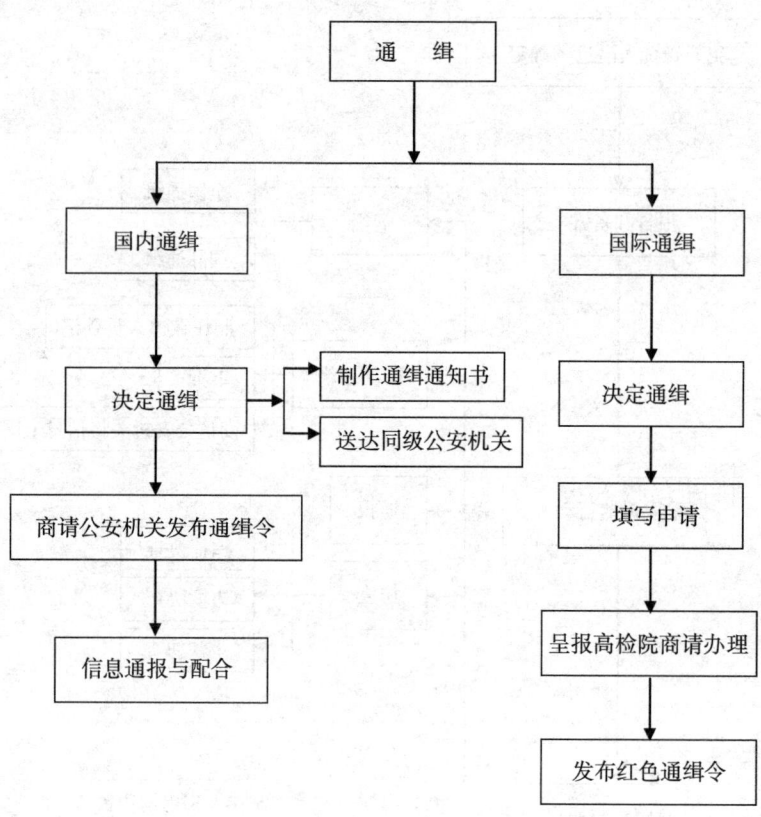

边控流程图

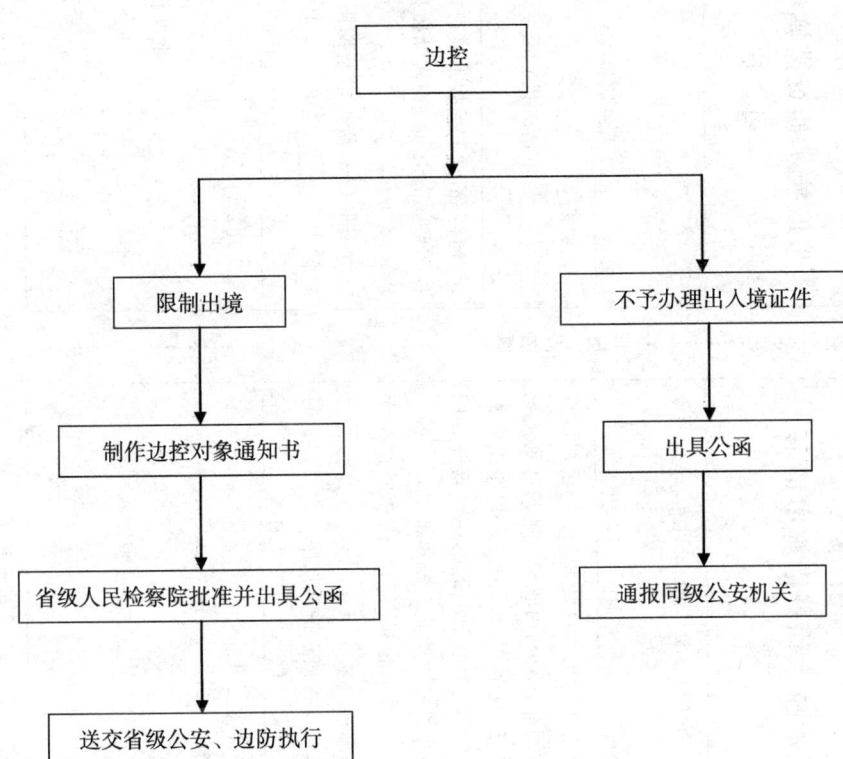

××人民检察院 采取技术侦查措施申请书（回执）

××人民检察院：

你院 ____ 年 ____ 月 ____ 日以 _____ 号申请对犯罪嫌疑人 _____ 采取记录/通信活动监控技术侦查措施，已经批准采取记录/通信活动监控技术侦查措施。采取技术侦查措施期限为三个月，时间从 ____ 年 ____ 月 ____ 日至 ____ 年 ____ 月 ____ 日。

此复

批准机关：
（公章）
____ 年 ____ 月 ____ 日

第三联 存内卷

检请技侦〔 〕 _____ 号

××人民检察院 采取技术侦查措施申请书

我院 ____ 年 ____ 月 ____ 日以 _____ 号决定立案的犯罪嫌疑人 _____，因涉嫌重大的贪污/贿赂/利用职权实施的严重侵犯公民人身权利的重大犯罪案件，根据《中华人民共和国刑事诉讼法》第一百四十八条第二款之规定，现申请对 _____ 采取记录/通信活动监控技术侦查措施。采取技术侦查措施期限为三个月，时间从 ____ 年 ____ 月 ____ 日至 ____ 年 ____ 月 ____ 日。

此致

（检察院印）
____ 年 ____ 月 ____ 日

第二联 交批准机关

检请技侦〔 〕 _____ 号

××人民检察院 采取技术侦查措施申请书（存根）

检请技侦〔 〕 _____ 号

案件名称 _____
案件编号 _____
办案部门 _____
办案人 _____
采取措施原因 _____
适用对象 _____
措施种类 _____
起算时间 _____
批准人 _____
批准时间 _____
填发人 _____
填发时间 _____

第一联 统一保存

××人民检察院
采取技术侦查措施决定书

检技决〔　〕　号

　　　　　　　人民检察院：
　　根据《中华人民共和国刑事诉讼法》第一百四十八条之规定，现决定对涉嫌　　　　　的犯罪嫌疑人　　　　　采取　　　　　技术侦查措施。采取技术侦查措施期限为三个月，时间从　　年　　月　　日至　　年　　月　　日。

年　月　日
（院印）

第三联　交提请采取技术侦查措施的人民检察院

××人民检察院
采取技术侦查措施决定书
（副　本）

检技决〔　〕　号

　　根据《中华人民共和国刑事诉讼法》第一百四十八条之规定，现决定对涉嫌　　　　　的犯罪嫌疑人　　　　　采取　　　　　技术侦查措施。采取技术侦查措施期限为三个月，时间从　　年　　月　　日至　　年　　月　　日。

年　月　日
（院印）

第二联　作出决定的人民检察院附卷

××人民检察院
采取技术侦查措施决定书
（存　根）

检技决〔　〕　号

案件名称　　　　　
案件编号　　　　　
办案部门　　　　　
办案人　　　　　
采取措施原因　　　　　
适用对象　　　　　
措施种类　　　　　
起算时间　　　　　
批准人　　　　　
批准时间　　　　　
填发人　　　　　
填发时间　　　　　

第一联　统一保存

××人民检察院
采取技术侦查措施执行通知书
（回执）

检技决〔　〕　号

_____人民检察院：

你院_____号采取技术侦查措施决定书收悉。对犯罪嫌疑人_____已经采取_____技术侦查措施。采取技术侦查措施期限为三个月，时间从____年____月____日至____年____月____日。此复

　　　　　　　　　　　　　　年　月　日
　　　　　　　　　　　　　　（单位公章）

第五联 执行机关退回后附卷

××人民检察院
采取技术侦查措施执行通知书

检技决〔　〕　号

根据《中华人民共和国刑事诉讼法》第一百四十八条之规定，现决定对涉嫌_____的犯罪嫌疑人_____采取_____技术侦查措施。采取技术侦查措施期限为三个月，时间从____年____月____日至____年____月____日。特通知执行。

此致

　　　　　　　　　　　　　　年　月　日
　　　　　　　　　　　　　　（院印）

第四联 交技术侦查措施执行机关

制作说明

一、本文书为新增法律文书。本文书依据《刑事诉讼法》第一百四十八条、第一百四十九条的规定制作。为人民检察院在侦查过程中，对符合《刑事诉讼法》第一百四十八条第二款规定的犯罪案件，决定采取技术侦查措施时使用。

二、本文书共五联，第一联保存备查，第二联由作出决定的人民检察院附卷，第三联交提请采取技术侦查措施的人民检察院，第四联交技术侦查措施执行机关，第五联由技术侦查措施执行机关退回后附卷。

××人民检察院 解除技术侦查措施决定书（存根）

检解技〔　〕　号

案件名称
案件编号
办案部门
办案人
解除原因
解除措施种类
送达单位
批准人
批准时间
承办人
填发人
填发时间

第一联　统一保存

××人民检察院 解除技术侦查措施决定书（副本）

检解技〔　〕　号

根据《中华人民共和国刑事诉讼法》第一百四十九条之规定，现决定解除对犯罪嫌疑人_____的_____技术侦查措施。解除技术侦查措施时间：_____年_____月_____日。

年　月　日
（院印）

第二联　附卷

××人民检察院 解除技术侦查措施决定书

检解技〔　〕　号

根据《中华人民共和国刑事诉讼法》第一百四十九条之规定，现决定解除对犯罪嫌疑人_____的_____技术侦查措施。解除技术侦查措施时间：_____年_____月_____日。特通知你_____执行。

年　月　日
（院印）

第三联　交技术侦查措施执行机关

××人民检察院 解除技术侦查措施决定书（回执）

_____人民检察院：

你院_____号解除技术侦查措施决定书收悉。对犯罪嫌疑人_____已经解除_____技术侦查措施。此复

年　月　日
（单位公章）

第四联　退回后附卷

制作说明

一、本文书为新增法律文书。本文书根据《刑事诉讼法》第一百四十九条的规定制作,为人民检察院决定解除技术侦查措施时使用。

二、本文书共四联,第一联统一保存备查,第二联附卷,第三联交技术侦查措施执行机关,第四联执行机关退回后附卷。

××人民检察院 延长技术侦查措施期限申请书(存根)

检请延技〔　　〕　号

案件名称：
案件编号：
办案部门：
办案人：
延长措施原因：
延长措施种类：
延长时限：
送达单位：
批准人：
批准时间：
承办人：
填发人：
填发时间：

第一联 统一保存

××人民检察院 延长技术侦查措施期限申请书

检请延技〔　　〕　号

　　　　　　人民检察院：
　　本院于　　年　　月　　日以　检　技侦字〔　　〕　号检察院决定书对　　　　　　　采取技术侦查措施，现因案情复杂、疑难，需要继续采取技术侦查措施，根据《中华人民共和国刑事诉讼法》第一百四十九条之规定，现申请延长技术侦查措施期限。
　　延长技术侦查措施期限为三个月，自　　年　　月　　日至　　年　　月　　日。

　　　　　　　　　　　　　　年　　月　　日
　　　　　　　　　　　　　　　（院印）

第二联 交技术侦查措施批准机关

××人民检察院 延长技术侦查措施期限申请书(回执)

检请延技〔　　〕　号

　　　　　　人民检察院：
　　你院延长技术侦查措施申请书收悉。对犯罪嫌疑人　　　　　　批准/不批准延长采取记录通信/活动监控技术侦查措施。
　　此复

　　　　　　　　　　　　　批准机关：
　　　　　　　　　　　　　　年　　月　　日

第三联 附卷

××人民检察院
延长技术侦查措施期限决定书

检延技〔　〕号

人民检察院：

根据《中华人民共和国刑事诉讼法》第一百四十九条之规定，现决定的 _____ 延长对犯罪嫌疑人 _____ 技术侦查措施期限。

延长技术侦查措施期限为三个月，时间从 _____ 年 _____ 月 _____ 日至 _____ 年 _____ 月 _____ 日。

_____ 年 _____ 月 _____ 日
（院印）

第三联　交提请延长的人民检察院

××人民检察院
延长技术侦查措施期限决定书
（副　本）

检延技〔　〕号

根据《中华人民共和国刑事诉讼法》第一百四十九条之规定，现决定的 _____ 延长对犯罪嫌疑人 _____ 技术侦查措施期限。

延长技术侦查措施期限为三个月，时间从 _____ 年 _____ 月 _____ 日至 _____ 年 _____ 月 _____ 日。

_____ 年 _____ 月 _____ 日
（院印）

第二联　由作出决定的人民检察院附卷

××人民检察院
延长技术侦查措施期限决定书
（存　根）

检延技〔　〕号

案件名称 _____
案件编号 _____
办案部门 _____
办案人 _____
采取措施原因 _____
适用对象 _____
措施种类 _____
起算时间 _____
批准人 _____
批准时间 _____
填发人 _____
填发时间 _____

第一联　统一保存

××人民检察院
延长技术侦查措施期限通知书
（回 执）

检延技〔　〕　号

　　　　　人民检察院：

　　你院　　　　　　　号延长技术侦查措施决定书收悉。对犯罪嫌疑人　　　　　已经延长采取技术侦查措施的期限。

　　延长技术侦查措施期限为三个月，时间从　　年　　月　　日至　　年　　月　　日。

　　此复

　　　　　　　　　　　　　　　年　月　日
　　　　　　　　　　　　　　　（单位公章）

第五联 退回后附卷

××人民检察院
延长技术侦查措施期限通知书

检延技〔　〕　号

　　根据《中华人民共和国刑事诉讼法》第一百四十九条之规定，现决定延长对犯罪嫌疑人　　　　　的技术侦查措施期限。

　　延长技术侦查措施期限为三个月，时间从　　年　　月　　日至　　年　　月　　日。特通知你　　　　执行。

　　此致

　　　　　　　　　　　　　　　年　月　日
　　　　　　　　　　　　　　　（院印）

第四联 交技术侦查措施执行机关

制作说明

一、本文书为新增法律文书。本文书依据《刑事诉讼法》第一百四十九条的规定制作。为人民检察院在侦查过程中，决定延长技术侦查措施时使用。

二、本文书共五联，第一联保存备查，第二联由作出决定的人民检察院附卷，第三联交提请延长的人民检察院，第四联交技术侦查措施执行机关，第五联由技术侦查措施执行机关退回后附卷。

××人民检察院 调取技术侦查证据材料通知书（回执）

检调技证〔 〕 号

_____人民检察院：

你院_____号决定调取案有关的下列技术侦查证据材料通知书收悉。所调取技术侦查证据材料随附。

此复

（公安局印）

年 月 日

第三联 退回后附卷

××人民检察院 调取技术侦查证据材料通知书

检调技证〔 〕 号

_____：

根据《中华人民共和国刑事诉讼法》第一百五十二条之规定，现决定调取_____案有关的下列技术侦查证据材料：_____。

（院印）

年 月 日

第二联 交技术侦查措施执行机关

××人民检察院 调取技术侦查证据材料通知书（存根）

检调技证〔 〕 号

案件名称_____
案件编号_____
调取部门_____
调取人_____
调取证据_____
批准人_____
批准时间_____
填发人_____
填发时间_____

第一联 统一保存

制作说明

一、本文书为新增法律文书。本文书依据《刑事诉讼法》第一百五十二条的规定制作。为人民检察院在办案过程中，依法调取技术侦查措施收集的材料作为证据时使用。

二、本文书一式三联，一联保存备查，一联交技术侦查措施执行机关，一联由技术侦查措施执行机关填写退回后附卷。

技术侦查证据材料移送清单

编号：
第 页 共 页

编号	证据产生时间	证据产生形式	证据主要内容	备注

证据收集单位：　　　　　　　办案单位：
办案人：
　年　月　日　　　　　　　　年　月　日

注：本清单一式二份，一份附卷，一份交办案部门。

××人民检察院
委托技术性证据审查书

检委审〔　〕　号

本院（部门）办理的＿＿＿＿＿＿一案，需对＿＿＿＿＿＿进行技术性证据审查，现委托你单位（部门）按下列要求进行：

　年　月　日
（部门公章）

第二联

检技延〔　〕　号

××人民检察院
委托技术协助书

检委协〔　〕　号

本院（部门）办理的＿＿＿＿＿＿一案，需对＿＿＿＿＿＿进行技术协助，现委托你单位（部门）按下列要求进行：

　年　月　日
（部门公章）

第一联

××人民检察院 通缉通知书（副本）

检缉〔 〕 号

_____人民检察院正在侦查犯罪嫌疑人_____涉嫌_____一案，该犯罪嫌疑人应当逮捕但现在逃。根据《中华人民共和国刑事诉讼法》第一百五十三条和第一百六十二条的规定，决定予以逮捕。接到本通知后，请在_____范围内发布《通缉令》予以通缉。

此致

年 月 日
（院印）

附：《在逃人员登记表》、《立案决定书》和《逮捕证》复印件及犯罪嫌疑人近期照片、身份证号码、指纹、体貌特征、携带物品和注意事项等。

第三联 送达执行机关

××人民检察院 通缉通知书（副本）

检缉〔 〕 号

_____人民检察院正在侦查犯罪嫌疑人_____涉嫌_____一案，该犯罪嫌疑人应当逮捕但现在逃。根据《中华人民共和国刑事诉讼法》第一百五十三条和第一百六十二条的规定，决定予以逮捕。接到本通知后，请在_____范围内发布《通缉令》予以通缉。

此致

年 月 日
（院印）

第二联 附卷

××人民检察院 通缉通知书（存根）

检缉〔 〕 号

案由	
犯罪嫌疑人基本情况（姓名、性别、年龄、住址、工作单位、身份证号码、是否人大代表、政协委员）	
通缉原因	
送达机关	
批准人	
承办人	
填发人	
填发时间	

第一联 统一保存

368

制作说明

一、本文书根据《刑事诉讼法》第一百五十三条和第一百六十二条的规定制作。为人民检察院在办理自侦案件过程中,对已决定逮捕而在逃的犯罪嫌疑人决定通缉,通缉执行机关发布《通缉令》予以追捕时使用。

二、应按要求尽可能地提供通缉犯的身份、特征、案情简况等作为本文书附件,一并送达执行机关。

三、本文书一式三联,第一联统一保存备查,第二联附卷,第三联送达执行机关。

××人民检察院
撤销通缉通知书

检撤缉〔 〕 号

_____人民检察院正在通缉的犯罪嫌疑人_____，涉嫌_____一案，因_____，现决定撤销通缉。接到本通知后，请在原发布《通缉令》范围内予以通知。

此致

_____

人民检察院
（院印）
年 月 日

第三联 送达执行机关

××人民检察院
撤销通缉通知书
（副本）

检撤缉〔 〕 号

_____人民检察院正在通缉的犯罪嫌疑人_____，涉嫌_____一案，因_____，现决定撤销通缉。接到本通知后，请在原发布《通缉令》范围内予以通知。

此致

_____

人民检察院
（院印）
年 月 日

第二联 附卷

××人民检察院
撤销通缉通知书
（存根）

检撤缉〔 〕 号

案由	
犯罪嫌疑人	
性别	年龄
工作单位	
住址	
身份证号码	
人大代表	
政协委员	
通缉时间及原因	
通缉通知书文号	
撤销通缉原因	
送达机关	
批准人	
承办人	
填发人	
填发时间	年 月 日

第一联 统一保存

红色通报申请表

通缉该人以便服刑或起诉

| 通报媒体（包括互联网） | [ ] 是 [V] | |

通报	
	请求国：CHINA
以下信息系：( ) 通缉待服刑逃犯 ( ) 通缉逃犯以便起诉	

1 - 身份信息	
照片	日期： 地点：
指纹	日期： 地点：
注意	该人可能是： ( ) 暴力 ( ) 传染 ( ) 精神疾病 ( ) 自杀 ( ) 吸毒 ( ) 拥有武器 ( ) 危险 ( ) 其他____
1.1 姓	
1.2 本姓（出生时）	
1.3 名	
1.4 性别	( ) 男 ( ) 女
1.5 出生日期和地点	
1.6 曾用名	
1.7 其他出生日期	
1.8 父亲姓名	
1.9 母亲姓名	
1.10 身份	( ) 确认 ( ) 没确认
1.11 国籍	( ) 确认 ( ) 没确认
1.12 身份文件	

续表

1.13 职业（技巧、专业资格等）			
1.14 语言	常用：		其他：
1.15 体貌	身高（cm）： 体重（kg）： 体态：		发色： 眼睛颜色：
1.16 特征标记 （伤疤、文身、畸形、截肢）			
1.17 DNA 编码			
1.18 可能前往地区和国家			
1.19 其他信息 （犯罪前科）			
2 – 司法信息			
2.1 简要案情（发案时间、地点、案情及作案手段等）			
2.2 同案犯（姓名、出生日期）			
通缉逃犯以便起诉			
2.3 罪名			
2.4 适用法律（第___条第___款）			
2.5 最高刑期			
2.6 起诉时限或逮捕证有效期			
2.7 逮捕证 （逮捕证号码、签发日期和地点、签发机关）			
2.8 签发人			
	如需要，总秘书处将提供逮捕证副本 （　）是　　　（　）否		

续表

3 – 一旦发现逃犯将采取的行动	
3.1	立即通报国际刑警组织中国国家中心局＿＿＿年＿月＿日之档案号：＿＿＿＿＿并通报国际刑警总秘书处
3.2	如红通可视为临时拘捕依据则应对逃犯施行逮捕，为此请说明贵国是否属于下列公约签字国。 （　）欧洲引渡公约 （　）阿拉伯国家司法互助公约 （　）西非经济共同体国家引渡公约
	（　）从任何与申请国签有双边引渡协议、引渡条约的国家或签有包括引渡内容的协定或条约的国家提出引渡逃犯的要求
	（　）从任何与申请国签有双边引渡协议、引渡条约的国家或签有包括引渡内容的协定或条约的国家提出引渡逃犯的要求；不包括下列国家
	（　）从任何与申请国签有双边引渡协议、引渡条约的国家或签有包括引渡内容的协定或条约的国家提出引渡逃犯的要求；包括下列国家
签发人	
	申请签发红通的中心局的地址 （电话和传真） Interpol NCBChina, 14, Dong Chang An Street, Beijing 100741, China Tel：+86 10 6512×××× ； Fax：+86 10 6512×××× 主管官员姓名

国际刑警组织红色通报表格及填写说明

国际刑警组织中国国家中心局
二〇〇四年五月

《红通》填表之注意事项备忘录

本备忘录目的是协助各中心局为要求逮捕与引渡外逃罪犯填写申请表。填表前请详细阅读本部 1997 年 12 月 19 日下发之通函：No23，97/D. 3/SDI/No71/10 号。

如你中心局按规定把红通表内各项填全，总部一定下发此令，但违背章程第 3 条案件除外。但如果表中有重要项目未填，总部也不能照发。（参报告 3.3 条）

如果填表中发现特别问题，请迳与总部"通缉通报处"联系。

一、标题

"请求国"应填写请求国家的名称。总部将按照中心局要求发布红通，共两类：

（1）要求对逃犯进行起诉
（2）要求逃犯服刑

二、红通

1. 身份描述

本项无须详解，但要注意填写内容详尽、准确，为避免重名人，故应填父母名。（注：如不写父母名有的国家不给查，因怕抓错了同名无辜者）

国籍应填准，如多重国籍应都填上因这将与司法引渡程序有关。

2. 司法内容

2.1. 案情摘要至关重要，有助于被申请国定罪或双重定罪。因为按照引渡法所列罪名不仅在申请国定罪，在被申请国，亦应定罪，但双方定罪名目不一定相同（见2.3条）。但只要被通缉人被控罪名在被申请国构成犯罪，即足以要求引渡。

另：详细案情介绍还有助于被申请国按自身法律量刑决定是否执行红通。

2.2. 同案犯

要说明同案犯或同案中人有否为红通缉拿对象，如已通缉过，应予说明。

2.3. 罪名

应按2.1中所列罪名规定其法律定义，并应引用申请国之刑法条文。

引用有关法条

有关此案引用法条应详述法律条目，法规名称及公布实施日期。刑期应按引用法条说明对逃犯可能判处之罪高刑罚，刑罚应为终审判决。

有关待服遗留刑期指在押期间逃亡，假释不归之人。此联亦应填实。

如逃犯犯有多种罪行则"刑期"与"最高刑期"应分别填写。

执法时效系指被通缉人在申请国起诉之有效期限。此栏最好填具体，比如起诉期限和从某年某月某日到何年何月何日。

逮捕证之有效期亦应说明，无失效期应亦说明。有些国家很注重逮捕证时效。

逮捕证和判决书

逮捕证和判决书为必备之文件。它向被申请国表明红通是由申请国司法当局提请的，红通才具法律效力。如未提供此法律文书，被申请国有权拒绝协查。

如法律文书有编号，亦应写明；如无编号，亦应编有说明标记。

法律文书签发日期，地点都应说明。

签发当局、人士亦很重要。

上述法律文书应交总部一份副本存档，如非工作语言还应译好交总部存档。

三、发现逃犯后将采取何种行动

临时性拘捕

如双边有引渡协议，则申请国填表时应加说明，如：

a. 欧洲国家引渡条约有关临时性拘捕之第16条

b. 阿拉伯国家司法互助公约第43条

c. 西非经济共同体条约国公约第22条

引渡

如双方有引渡协议则第一步是要求临时性拘捕。

如双方签有协议其中有关引渡之内容亦在此例。

有些国家间虽无引渡条约或决议则也可按国际互助名义要求引渡。

但有的国家间虽存在引渡协议，但由于多种原因也无法引渡。

如填表内容有所更改（如增加或减少被申请国数目、名称）则应及时向总部更正。

鉴于红通涉及被通缉人人身自由，故发函前申请国对所填内容应与有关当局严肃核实。

如果申请国要求发布红通，但并不要求引渡则会给被申请国造成困难。

红通之更新

按照有关红通之规定，在下列情况下，申请国必须立即通知总部：

1）如被通缉人已被逮捕
2）如被通缉人已引渡
3）如已不需某些国家协查人犯
4）如逮捕证效期已逾期
5）如本国有关通缉对象之法律已更改

为便于拘捕引渡逃犯，红通中一切有关信息变更后应立即更新。如此材料已更新，则被申请国办案法庭对材料便无须核查。从而大大节约办案时间而能立即执行，拘捕避免其逃脱之危险。

××人民检察院
撤销红色通缉令通知书

检撤红缉〔 〕 号

　　＿＿＿＿＿人民检察院立案侦查的犯罪嫌疑人＿＿＿＿＿涉嫌＿＿＿＿＿一案，于＿＿年＿＿月＿＿日商国际刑警组织对其发布了红色通缉令，因＿＿＿＿＿，现决定撤销通缉。
　　特此通知。
　　此致

人民检察院
（院印）
年　月　日

第三联 送达立案单位

××人民检察院
撤销红色通缉令通知书
（副　本）

检撤红缉〔 〕 号

　　＿＿＿＿＿人民检察院立案侦查的犯罪嫌疑人＿＿＿＿＿涉嫌＿＿＿＿＿一案，于＿＿年＿＿月＿＿日商国际刑警组织对其发布了红色通缉令，因＿＿＿＿＿，现决定撤销通缉。
　　特此通知。
　　此致

人民检察院
（院印）
年　月　日

第二联 附卷

××人民检察院
撤销红色通缉令通知书
（存　根）

检撤红缉〔 〕 号

案由＿＿＿＿＿
犯罪嫌疑人＿＿＿＿＿
性别＿＿＿＿＿
年龄＿＿＿＿＿
工作单位＿＿＿＿＿
住址＿＿＿＿＿
身份证号码＿＿＿＿＿
人大代表＿＿＿＿＿
政协委员＿＿＿＿＿
发布红色通缉令时间及原因＿＿＿＿＿
撤销红色通缉令原因＿＿＿＿＿
批准人＿＿＿＿＿
承办人＿＿＿＿＿
填发人＿＿＿＿＿
填发时间　年　月　日

第一联 统一保存

××人民检察院
撤销边控对象通知书

姓	名			相片
化名：姓名				
籍贯或国籍		性别		
证件种类号码		出生日期		
职业或社会身份				
体貌特征				
住址	境内			
	境外			
入出境口岸		入出境后到达地点		
交控日期		控制期限至		
撤销边控原因				
审批机关领导批示			审批机关盖章	

××人民检察院
边控工作呈批表

姓名				照片
化名				
籍贯或国籍		性别		
护照种类、号码		出生日期		
职业或社会身份				
体貌特征				
住址	国内			
	国外			
入出境口岸		入出境后到达地点		
交控日期		控制期限至		
主要问题				
边控要求及发现后的处理方法				
法律依据				
交控单位		联系人及电话		
协办单位		联系人及电话		

××人民检察院
关于缉控措施的批复

_____（下一级人民检察院名称）：

你院 年 月 日关于拟对××采取缉控措施的请示（文号_____）收悉。经我院研究，决定（同意/不同意）对××采取缉控措施。

此复

（院印）

年 月 日

在逃人员信息登记/撤销表

主办单位（盖章）

在逃人员编号	T☐☐☐☐☐☐ ☐☐☐☐☐☐ ☐☐☐☐☐☐ ☐☐☐☐				
姓名		曾用名/别名/绰号			照片 如有其他照片 贴在背面
性别	☐男 ☐女	出生日期			
身份证号码			民族		
证件种类1		证件号码1			
证件种类2		证件号码2			
身高	厘米	职业			
户籍地址					
现住地址					
籍贯				口音	
体貌特征					
特殊标记					
案件编号	填立案编号		立案日期		
案件类别	附加案件类别1		附加案件类别2		
简要案情及附加信息：					
在逃类型		逃跑日期	年 月 日	逃跑方向	
法律文书	☐拘留证 ☐逮捕证	签发日期	年 月 日	奖金	
立案单位					
主办单位			主办单位分类		
主办人		联系方式			
登记填表人		登记日期		登记审批人	

附件：在逃人员法律文书

抓获日期	年　　月　　日	奖金兑现	□是　　□否	抓获方式	
抓获地点	省　　　市　　　县				
抓获单位	省　　　市　　　县			抓获单位分类	
指纹编号	R□□□□□□　□□□□□□　□□□□□□　□□□□				
撤销填表人		撤销日期		撤销审批人	

注：与通缉、边控等相关文书配套使用

上网追逃人员登记/撤销/删除表

在逃编号	T□□□□□□ □□□ □□□□□□ □□□□			□历年 □新增
姓名		别号/绰号		
性别		出生日期		免冠照片
身份证号				
其他证件一	名 称		号 码	
其他证件二	名 称		号 码	
身 高	厘米	体 型		
脸 形		口 音	身 份	
户籍地址	省 市 县			
现住地址				
特殊标记				
案件编号	A□□□□□ □□□ □□□□□□ □□□□			
案件类别		□涉黑	在逃类型	
简要案情：				

逃跑日期		逃跑方向		法律手续	
督捕级别	□部□省□地	通缉令级别	□部□省□地□县	奖金	元
通缉日期		通缉令编号	公缉〔　〕号（　）级		
立案单位				业务系统分类	
主办单位		主办人		联系方式	
登记填表人		登记日期	年 月 日	登记审批人	
抓获日期		抓获方式		奖金兑现	□是 □否
抓获地点					
抓获单位					
指纹编号	R□□□□□ □□□ □□□□□□ □□□□				
撤销填表人		撤销日期	年 月 日	撤销审批人	

登记填表单位（盖章）：　　　　　　　　撤销/删除填表单位（盖章）：

××人民检察院
上网追逃人员登记/撤销/删除表
（存　根）

检〔　　〕　号

案件名称＿＿＿＿＿＿＿＿＿＿＿＿＿＿＿＿＿＿＿＿＿＿＿＿
执行机关＿＿＿＿＿＿＿＿＿＿＿＿＿＿＿＿＿＿＿＿＿＿＿＿
批准人＿＿＿＿＿＿＿＿＿＿＿＿＿＿＿＿＿＿＿＿＿＿＿＿＿
承办人＿＿＿＿＿＿＿＿＿＿＿＿＿＿＿＿＿＿＿＿＿＿＿＿＿
确认人＿＿＿＿＿＿＿＿＿＿＿＿＿＿＿＿＿＿＿＿＿＿＿＿＿
填发时间＿＿＿＿＿＿＿＿＿＿＿＿＿＿＿＿＿＿＿＿＿＿＿＿

注：本联统一保存

第七章 刑事诉讼证据

根据《刑事诉讼法》第五十条的规定，人民检察院必须依照法定程序，收集能够证实犯罪嫌疑人、被告人有罪或者无罪、犯罪情节轻重的各种证据。严禁刑讯逼供和以威胁、引诱、欺骗以及其他非法方法收集证据，不得强迫任何人证实自己有罪。必须保证一切与案件有关或者了解案情的公民，有客观地、充分地提供证据的条件。因此，人民检察院对一切案件的认定都要重证据，重调查研究，不轻信口供。只有犯罪嫌疑人、被告人供述，没有其他证据的，不能认定犯罪嫌疑人、被告人有犯罪事实；没有犯罪嫌疑人、被告人供述，证据确实充分的，可以认定犯罪嫌疑人、被告人有犯罪事实。

第一节 刑事诉讼证据概述

可以用于证明案件事实的材料，都是证据。证据必须经过查证属实，才能作为定案的根据。

一、刑事诉讼证据的概念

刑事诉讼证据就是指审判人员、检察人员、侦查人员等依照法定的程序收集并审查核实，以法律规定的形式表现出来的能够证明案件关系的材料。《刑事诉讼法》第四十八条规定的证据有下列八种：物证；书证；证人证言；被害人陈述；犯罪嫌疑人、被告人供述和辩解；鉴定意见；勘验、检查、辨认、侦查实验笔录；视听资料、电子证据。

（一）书证

书证是指以文字、符号、图画等记载的内容和表达的思想内容来证明案件事实的书面文件和其他物品。包括用文字记载的内容来证明案情的书证、用符号表达的思想来证明案情的书证，用数字、图画、印章或其他方式表露的内容或意图证明案情的书证。

书证具有区别于其他证据种类的特征，具体表现在：

1. 书证能直接证明相关的案件事实。书证由于有具体、明确的思想内容，所以在通常情况下，能够依据其内容直接判明其与案件事实的联系。书证一般不需要通过任何媒介或中间环节来对其加以分析和判断，书证能够以其独特的客观化、具体化、形象化和固定化的文字、符号和图画本身所体现的思想内容起到证明案件事实的作用。书证依其本身所具有的形式和内容,可以直接进入调查过程。

2. 书证具有较强的稳定性。书证不仅内容明确,而且形式上也相对固定,稳定性强,一般不受时间的影响,易于长期保存。只要作为书证载体的物质材料本身未遭损坏,即使是经历了很长时间,其特定的思想内容仍然能够借助有关的文字、符号或图画等起到应有的证明作用。

3. 书证具有思想性。书证是人的有意识的思想的反映,就书证的内在形式而言,书写或刻印在纸张等物体上的文字、符号或有关图案必然反映出一定的人的思想、事件或人的行为等内容。

4. 书证具有物质性。书证的存在形式是能够承载信息的文件或者其他物品。作为其所反映的内容的物质载体,书证以纸张最为常见,但也包括诸如布帛、皮革、金石、竹木等其他物质材料。

（二）物证

物证是指能够以其存在形式、内在属性和外部特征证明案件待证事实的物品、痕迹或微量物等物质。物证以物体的外形、质量、状况、规格、特征等来肯定或否定案件的待证事实。物体的存在形式是指实体物和痕迹所处的位置、环境、状态以及与其他证据的相互关系等,物证的内在属性是指实体物的各种物理化学性质、质量、成分、结构、功能等,物证的外部特征是指实体物的形状、大小、数量、颜色、新旧程度等。

物证的主要特点有:

1. 物证的形成具有必然性。某一事件的发生发展必然要与一些物体发生联系,引起物体的存在形式、外部特征、内在属性中某些方面发生变化。随着有关事实的发生、发展,必然存在相关物体特征的改变,并可能成为证明有关事实的证据。

2. 物证具有客观性。物证是客观存在的物体和痕迹,是以物质的存在形式证明案件事实的。物证本身是实体物品的客观存在,物证起证明作用的特征与待证事实之间存在客观的不受人的意志影响的关系。

3. 物证具有不可替代性。物证的证明价值一般都属于特定的物体和痕迹,因此物证通常都有不可替代性。

4. 物证具有关联性。物证具有关联性一般表现为连接两个事实要素的桥梁,而且往往一方面连接已知案件事实,另一方面连接待证案件事实。

物证与书证的区别主要有:

1. 书证以客观物质材料作为其载体,借助文字、符号或图画等表达的思想内容来证明案件事实,而物证则以其存在方式、外部特征和物质属性来证明案件事实。

2. 书证是反映和表述人的主观思想及其行为的物质材料，在内容上具有主观属性；而物证则是独立与人的意识之外的客观物质材料，属于主观意识之外的客观范畴。

3. 书证所证明的案件事实的内容所表达的意识表示，一般都能为常人所理解，其反映的内容一般都较为明确、清楚；而物证在表现形式上则会受客观存在的特殊状态所决定，许多情况下必须借助专门的技术手段才能揭示其与案件事实的联系。

4. 书证在许多情况下可以证明案件主要事实或案件中的某一部分事实，而物证往往只能证明案件事实的个别片段。

5. 书证可以采用拍照、复印等方式予以保存、固定，而物证则缺乏相应的保存和固定的方式和手段，易受自然或人为的破坏，从而影响其证明效力。

（三）犯罪嫌疑人供述和辩解

犯罪嫌疑人供述和辩解指犯罪嫌疑人在刑事诉讼中就与案件有关的事实情况向侦查机关所做的供述、辩解和陈述，通常也称为口供。它包括三方面的内容：一是犯罪嫌疑人的供述。即犯罪嫌疑人向侦查机关承认自己有犯罪行为和关于犯罪的具体原因、过程、结果、情节的叙述。二是犯罪嫌疑人的辩解。即犯罪嫌疑人否认自己有犯罪行为，或者虽然承认自己犯了罪，但有依法不应追究刑事责任以及有从轻、减轻或者免除处罚等情节所作的申辩和解释。三是犯罪嫌疑人对同案其他人犯罪行为的检举、揭发。这里要注意的是，如果犯罪嫌疑人检举、揭发的是同案其他人的其他犯罪事实或者是检举、揭发的是非同案的其他人的犯罪事实，则不是属于犯罪嫌疑人的口供，而应是证人证言。

犯罪嫌疑人在刑事诉讼中处于特殊的地位，决定了其供述和辩解具有独特的特点：

1. 犯罪嫌疑人供述和辩解是其行使辩护权的基本方式。犯罪嫌疑人是被指控涉嫌犯罪的主体，犯罪嫌疑人作出供述和辩解，不仅是为侦查机关提供查明案件事实真相的有关材料，更重要的是其行使辩护权的基本方式之一。

2. 犯罪嫌疑人供述和辩解具有真实性。犯罪嫌疑人是案件的当事人，对自己是否实施了犯罪行为以及如何实施犯罪行为，比其他任何人更加清楚。如果犯罪嫌疑人如实供述自己的犯罪行为，就可以全面、详尽地反映出作案的动机、目的、手段和过程。犯罪嫌疑人的供述经查证属实，一般可以直接成为认定案件事实的直接证据。如果犯罪嫌疑人如实辩解，则可以提供证实其有无罪过、罪过轻重的证据和证据线索。

3. 犯罪嫌疑人供述和辩解虚假的可能性大。由于犯罪嫌疑人是被追诉的对象，案件的处理结果与其有切身的利害关系，在大多数情况下，犯罪嫌疑人为了逃避罪责，总是企图对自己的犯罪行为否认和抵赖。即使是犯罪嫌疑人自愿作出的有罪供述,也可能因为种种原因而虚假。

4. 犯罪嫌疑人供述和辩解具有反复性和不稳定性。由于案件的处理结果直接关系到犯罪嫌疑人的人身自由甚至生命,而其供述和辩解又影响甚至决定案件的处理结果,所以,随着诉讼的进行,犯罪嫌疑人也在反复权衡何种利益,其心理活动在不断地发生变化,也就必然使得其供述和辩解极易反复,随时可能翻供。

(四)证人证言

证人证言是指证人就自己所知道的案件事实情况向侦查机关所作的与案件情况有关的陈述。陈述的内容必须是与案件事实有关的内容,与案件无关的内容,或者是证人的估计、猜测、想象等,不能作为证言的内容。侦查人员只能要求证人陈述案件事实,而不能要求证人对这些事实作出判断。

证人证言作为一种独立的证据形式,其特点是:

1. 证人证言具有不可替代性。这是由证人本身的不可替代性决定的,证人作为某一方面案情的知情人,他是唯一的。因此,任何一个证人证言的证明作用都不能用其他证人证言的证明作用来代替。

2. 证人证言是由知晓案件有关情况的自然人所作的陈述。这是证人证言的本质特征。证人证言的内容是由证人通过对案件情况的感知、记忆、复述而形成的,就一般意义而言,证人必须对案件情况有亲身感受,亲自耳闻目睹了案件的有关情况。对于证人转述的他人陈述的证言,采取有限度承认的做法。一般要求证人说明传闻的来源,以便侦查机关进一步调查、审核证言。

3. 证人证言应当是对案件有关情况的客观陈述,证人只能对自己亲自感知的案件情况进行陈述,而不能对这些情况进行分析评价,不能对案件事实发表看法和意见,但如果是根据日常生活中的常识就自己所见所闻作出的简单推测、判断,则应当是允许并予以重视的。

4. 证人证言具有不稳定性和多变性。言词证据本身所固有的特性决定了证人证言容易受到主客观因素的影响、干扰而导致其不稳定和多变。证言的形成往往经过证人对案件事实的感知、记忆、表述三个过程,由于证人的个体差异,在每个阶段都可能出现误差,从而也会导致证言的不稳定性。

(五)被害人陈述

被害人陈述指犯罪行为的直接受害者就其所了解的案件情况,向侦查机关所作的陈述。被害人陈述的内容包括对犯罪分子侵害过程的事实陈述和对其了解的犯罪分子进行检举和揭发。

被害人陈述作为一种独立的证据种类,具有以下特点:

1. 被害人陈述具有不可替代性。被害人是受犯罪行为直接侵害的人,只有其本人才能提供这种证据。在任何一件刑事案件中,被害人都是特定的,不能由其他人代替。

2. 被害人陈述一般都是直接证据。被害人是受犯罪行为直接侵害的人，其与犯罪行为之间的关系决定了被害人通常比证人更了解犯罪行为，被害人不仅对犯罪行为的发生、发展、侵害后果清楚，甚至对犯罪嫌疑人的体貌特征等情况都有所了解，能够提供直接的、具体的、丰富的、形象的证明和信息。

3. 被害人陈述的虚假可能性比较大。也正是由于被害人是犯罪行为的直接受害者，其对犯罪嫌疑人可能存在强烈的痛恨和报复心理，以及要求严惩罪犯的偏激情形，因而在很多时候，被害人在陈述案件情况时可能会夸大案件事实，或者回避自己的责任、过失，从而导致陈述失实。

被害人陈述在内容、形式、功能等方面都与证人证言有相似之处，但二者之间的区别也很明显，主要体现在：

1. 证据的来源和提供的主体不同。证人证言只能由自然人提供，而被害人既可以是自然人，也可以是单位。

2. 证据的内容和真实性程度不同。被害人是犯罪行为的直接侵害者，与案件结果有切身的利害关系，在陈述时会因情绪有意无意地夸大案件事实。而证人与案件没有直接的利害关系，其证言的客观性、真实性程度比被害人陈述高。

3. 提供证据的难易程度不同。由于被害人与案件有直接的利害关系，因此其向侦查机关提供证据的积极性、主动性比较高。而证人由于和案件没有直接的利害关系，如果其受到干扰，证言的获得就比被害人陈述更难。

4. 被害人、证人故意作虚假陈述的法律后果不同。前者故意作虚假陈述可能构成诬告陷害罪，而后者则可能构成伪证罪。

（六）鉴定意见

鉴定意见是侦查机关指派或聘请具有鉴定资格的鉴定人，运用其专门的知识和现代科学技术手段，对诉讼中涉及的某些专门性问题进行检测、分析、判断后，所作出的结论性的书面意见。常见的鉴定有法医鉴定、司法精神病鉴定、刑事科学技术鉴定、司法会计鉴定和其他专业技术鉴定等。

鉴定意见具有以下特点：

1. 鉴定意见是主观性和客观性的统一。一方面，鉴定意见是有关方面的专家运用专门的知识，借助于必要的仪器和设备得出的结论，这种结论一般符合当时历史条件下的知识技术水平，具有相对的科学性、客观性。另一方面，鉴定意见毕竟是依赖专家个人的知识技能才能作出，它反映了鉴定人的个人见解和看法，带有鉴定人的个体性特征，具有一定程度上的主观性色彩。

2. 鉴定意见的事实具有针对性。鉴定意见是在对鉴定对象分析研究的基础上，对发现的现象及其所能说明的事实作出的判断，只能对鉴定对象的有关事实发表检测和判断意见，而不能就案件中的法律问题提供咨询意见。

3. 鉴定意见的书面性。鉴定意见是鉴定人本人书写的书面意见，必须采用书面形式。书面鉴定意见应当详细记载有关的鉴定事项,以备存查。

4. 鉴定意见的确定性。一项鉴定意见应当明确、直接确定与案件有关的人或物,认定事实的真伪,确定事实的有无、程度,确定事实之间的因果关系,认定某一事实是否有证明力及证明力的大小。

（七）勘验、检查笔录

勘验、检查笔录指侦查人员在对与案件有关的场所、物品、人身或尸体进行勘验、检查时,将勘验、检查过程、结果进行记录所形成的文字资料。

勘验、检查笔录包括以下几种笔录。

1. 场所勘验笔录。场所勘验笔录是对犯罪现场及其他与犯罪有关的场所进行勘验时制作的记录。记录的内容包括勘验的人员、过程和发现的证据等情况,记录的形式包括勘验笔录、绘图、照相、录音、录像等。

2. 物证检查笔录。物证检查笔录是对单个物证进行检查时制作的记录。记录的内容包括对物证检查的过程以及发现物证的位置和物证的性质、特征等情况。记录的形式包括检查笔录、绘图、照相、录像等。

3. 尸体检验笔录。尸体检验笔录是对尸体进行外表检验或解剖检验时制作的笔录。记录的内容包括检验的过程、发现的情况、死亡的原因等。记录的形式包括检验笔录、照相、录像等。

4. 人身检查笔录。人身检查笔录是对活人的身体进行检查时制作的笔录。笔录的内容包括检查的人员、过程、发现的各种情况等。记录的形式包括检查笔录、照相、录像等。

5. 侦查实验笔录。侦查实验笔录是对侦查人员为了验证某些事实或情节是否存在或者可能发生而进行的侦查实验的记录。记录的内容包括实验的参加人员、过程、结果等情况。记录的形式包括实验笔录、照相、录音、录像等。

6. 搜查笔录。搜查笔录指侦查人员对场所或人身进行搜查时制作的记录。记录的内容包括搜查的人员、对象、过程、发现和提取的证据等情况。记录的形式包括搜查笔录、照相、录像等。

勘验、检查笔录具有以下特点：

1. 勘验、检查笔录的客观性较强。勘验、检查笔录的内容都是与客观存在的案件事实有关的情况,制作的基本要求是客观记录,只能是记录其所看到的、听到的以及通过其他方式感知到的事实情况,因此其比较客观,不会夹杂着个人情绪。

2. 勘验、检查笔录具有综合性。勘验、检查笔录反映的是客体的多方面的综合性特征,还反映有关场所内多种证据存在的情况,其通过文字记录、现场绘图、现场照片及现场录像等多种形式反映勘验、检查对象的具体情况,因而具有综合证明的功能。

3. 勘验、检查笔录的证明具有间接性。勘验、检查笔录是对有关人、物品、场所状况的客观记录，虽然这些状况是案件行为的结果，但这些记录本身并不能直接证明曾经发生案件的主要事实。

4. 勘验、检查笔录具有规范性。勘验、检查笔录必须使用格式化的表格或者专门的笔录纸，使用规范化的称谓和描述用语，并且由勘验、检查人员和见证人签名或盖章，具有其他证据种类所不具有的规范性的特征。

（八）视听资料

视听资料是指运用现代科学技术手段，以录音、录像所反映的声音、形像、计算机所储存的资料、其他科技设备所提供的资料来证明案件事实情况的证据。

视听资料作为一种新的诉讼证据，其特点是：

1. 视听资料表现为含有一定科技成分的载体。与其他证据种类相比，视听资料含有其他证据一般不具有的极高的科学技术成分，主要体现在记录信息的设备，如录像设备、电影摄影设备和计算机程序等，都有高度的科学技术成分；并且记录、存储和播放的过程也是使用高科技设备进行的带有明显科学技术运用性质的过程。

2. 视听资料具有准确性和逼真性。视听资料在形成过程中一般不受录制人、操作者或其他人主观因素的影响，并且能够直接记录现实世界的人和事物的空间面貌和各种音响，可以逼真地反映人和事物的各种状态、运动和发展，再现人和事物的声音和色彩。

3. 视听资料具有动态直观性。视听资料往往是在一定持续时间内对音响、活动影像进行的复制，它记录和存储的往往是动态过程。

4. 视听资料具有便利、高效的特点。视听资料具有本身体积小、存储信息量大、便于保存、便于检索、便于使用的特点。同其他证据相比，具有明显的便利性和高效性。

（九）电子证据

电子证据指在计算机或者计算机运行过程中产生的可以内化为数码的文字、图形、视频、程序、记录、轨迹等数据，以其记录的内容来证明案件事实的电磁记录物。电子证据包括 BBS 留言、网络聊天记录、EDI 电子邮件、软件使用界面等。

电子证据具有以下特点：

1. 电子证据具有依赖性。电子证据的存在和解读都具有很强的依赖性。电子证据存在的载体通常表现为磁盘、芯片、硬盘或者光盘等具有高技术含量的物资。电子证据的解读必须依赖于计算机或者其他电子设备，没有特定的电子设备主件，没有相应的播放、检索、显示设备，电子证据就不能为人们所感知。解读电子证据的设备必须安装有与电子数据存储物资相兼容的程序，否则就无法解读或展现其内容。

2. 电子证据具有稳定性。绝大多数电子证据都以系统数据的形式存在，通常不容易被修改或删除，即使被修改或删除，也会留下痕迹，并且还可以通过恢复软件恢复被修改或删除的数据，因此，电子证据具有较强的稳定性。

3. 电子证据具有复合性。电子证据的最终表现形式具有复合性，不仅可以通过文本形式证明案件事实，还可以通过图形、FLASH 动画、音频、视频、图像等多媒体形式证明案件事实。

（十）情况说明

情况说明并不是刑事诉讼法规定的证据种类之一，但是由于其在办案过程中运用广泛，因此有必要对情况说明的制作进行规范。

1. 情况说明的适用范围

在实践中，一般在两种情况下会要求提供情况说明。

一是对于犯罪嫌疑人、被告人从轻情节的说明。对于犯罪嫌疑人、被告人自首、立功的情节，侦查人员需要出具情况说明，介绍破案经过和犯罪嫌疑人、被告人的实际表现。最高人民法院、最高人民检察院、公安部、国家安全部、司法部《关于办理死刑案件审查判断证据若干问题的规定》第三十一条第二款规定："对破案经过有疑问，或者对确定被告人有重大嫌疑的根据有疑问的，应当要求侦查机关补充说明。"

二是在非法证据排除时，需要侦查人员对侦查程序的合法性进行说明。《刑事诉讼法》第一百七十一条第一款规定："人民检察院审查案件，可以要求公安机关提供法庭审判所必需的证据材料；认为可能存在本法第五十四条规定的以非法方法收集证据情形的，可以要求其对证据收集的合法性作出说明。"

2. 情况说明的格式

最高人民法院、最高人民检察院、公安部、国家安全部、司法部《关于办理死刑案件审查判断证据若干问题的规定》第三十一条第一款规定："对侦查机关出具的破案经过等材料，应当审查是否有出具该说明材料的办案人、办案机关的签字或者盖章，"最高人民法院、最高人民检察院、公安部、国家安全部、司法部《关于办理刑事案件排除非法证据若干问题的规定》第七条第三款规定："公诉人提交加盖公章的说明材料，未经有关讯问人员签名或者盖章的，不能作为证明取证合法性的证据。"因此，出具的说明材料除了应当有两名以上办案人员签名或者盖章之外，还应当加盖办案机关的公章。

3. 出具情况说明的要求

一是情况说明的内容应当具体、明确。特别是反映破案经过的情况说明应当翔实具体，排除有关矛盾和疑问，能够反映破案的过程、抓捕的经过、犯罪嫌疑人的到案情况、是否投案自首、是否存在立功或者重大立功等情况。

二是对证据的合法性进行的说明要合理。由于收集证据的程序、方式存在瑕疵而对证据的合法性进行说明时，要注意解释的合法性、合理性，不能为了解释而出现另一个违法的情况。如对搜查中未表明身份、出示工作证件的问题，可以解释为情况紧急，出发匆忙，忘记了携带证件，但执行搜查的人员确系所在单位的检察人员，就可视为符合情理的解释。

二、刑事诉讼证据的特点

（一）客观性

证据的客观性是指证据本身所体现的形式、思想内容具有客观上的本质属性。证据是伴随着案件的发生、发展的过程而遗留下来的，不以人们的主观意志为转移而存在的事实，其不依赖于提供证据的人存在，并且不因与人的联系而改变它的本来面目。如物证是以其存在、外部特征和构成属性来证明案件事实的，作为体现其存在、外部特征或者构成属性的形状、大小、数量、颜色、质量、重量、成分、材料、性能等便是客观属性的必然反映，书证则是通过其记载的内容来反映相应的客观事物，其客观属性也是显而易见的。

1. 证据必须是对事物的客观反映。从证据的内容来看，证据是对客观事物的反映。虽然可能会存在一定的偏差和错误，但它必须以客观事物为基础，不能以主观臆断来代替客观事实。如证人证言能采信的内容只能是其所陈述的关于案件的事实和情节，而不能是其对案件的分析判断。

2. 证据必须具有客观的外在表现形式。从证据的表现形式来看，证据必须是客观存在的，必须是人们可以通过某种方式所感知的东西。

3. 证据的客观性是不以人的意志为转移的，但到了诉讼阶段，由于人的目的性与实践性所决定，使那种具有普遍意义的证据材料受到人的主观意志所驾驭，从而使这种证据材料注入人的主观因素。因此，证据材料的客观性被打上了主观性的烙印，从而使这种诉讼证据构成主观性与客观性有机统一。因此，诉讼证据的客观性是相对的。

对于证据的客观性，司法实践中应当注意：

1. 检察人员不能把任何个人的想象、推测、判断、猜测、怀疑等作为证据，证据必须具有正确的来源。对于无法查找来源，不具备客观真实性的，不能作为证据使用。

2. 检察人员对案件的分析、判断与证据的客观性并不矛盾。检察人员收集证据材料后对其进行审查判断和分析，是对证据材料的运用，并不与证据的客观性相矛盾。

（二）关联性

证据的关联性，是指证据必须同案件事实存在某种客观联系，并因此对证明案情具有实际意义。证据不仅是客观存在的事实，而且必须是与案件有某种联系的事实。由于客观事物发展的复杂性和曲折性，以及人的主观能动性所限，加之一些执法环境的不利因素所致，在司法实践中，有时在开始认为与案件密切相关的证据材料，也有可能到了定案时竟变得毫无价值。证据具有证明力的价值，始于对证据材料的收集，在对证据的收集阶段，凡收集到的证据材料，都视为与待证事实有关，也正因为如此，便把一切与待证案件无关的材料排斥在证据材料之外。

证据的关联性主要体现在两个方面：

1. 证据必须与案件事实存在联系。即必须是与案件事实有联系的证据才能在案件中作为证据使用。

具体来说：一是证据与案件事实应该存在某种联系，对查明案件事实真相具有一定的实际意义。二是证据与案件事实之间的联系是客观存在的，只能通过某种方式表现出来而已。三是证据与案件事实之间的联系的表现形式多样化，有时间联系、空间联系、因果联系、肯定联系、否定联系等。

2. 证据必须能够证明案件事实。事物间的联系是普遍的，只有对证明案情有实质性、证明性的材料，才是真正有关联的证据。

实质性就是运用证据证明的问题属于依法需要运用证据加以证明的待证事实，包括实体性事实和程序性事实。

证明性是指证据必须是能够证明案件的某个事实。有些证据虽然与案件事实有一定的客观联系，但并不能证明案件的真实情况。

对于证据的关联性，检察人员在实践中应当注意：

1. 检察人员在理解分析证据的关联性时，不能凭自己的主观想象，要关注证据与案件事实之间的联系是否客观存在。

2. 由于证据与案件事实之间的联系多样，检察人员必须随时调整收集证据的方向和范围，全面收集证据。

（三）合法性

证据的合法性，是指证据的来源、形式、收集和认定等均符合法律的规定。证据的合法性是证据的客观性和关联性的重要保证，也是证据具有法律效力的重要条件。

证据的合法性具体包括五个方面的内容：

1. 证据必须具有合法的形式。《刑事诉讼法》第四十八条第二款所规定的证据种类即为证据的法定形式，一定的事实材料只有符合这些形式时才能成为诉讼证据；

2. 提供、收集证据的主体必须合法。证据必须由法律规定的人员收集。《中华人民共和国刑事诉讼法》规定只有审判人员、检察人员、侦查人员、行政执

第七章 刑事诉讼证据

法人员、辩护律师等才能收集证据。提供证据的人员也必须符合法律规定,犯罪嫌疑人及其家属、鉴定人等可以提供证据;

3. 证据的内容必须合法。证据的内容不能有违反法律规定的情形出现;
4. 证据必须依照法定程序收集,违反法律程序收集的证据不具有合法性;
5. 证据必须按照法律规定的方法收集。以非法方法获取的证据不能作为证据使用。

刑事诉讼证据的客观性、关联性和合法性是互相联系、缺一不可的。客观性和关联性是证据的内容,合法性是证据的形式,证据的内容和形式必须得到有机的统一,才能作为定案的依据。

三、刑事诉讼证据的分类

刑事诉讼证据的分类是指在理论研究上将刑事诉讼证据按照不同的标准划分为不同类别,其目的在于研究不同类别证据的特点及其运用规律,便于指导办案。通常可以分为以下几大类:控诉证据与辩护证据、原始证据和传来证据、直接证据和间接证据、言词证据和实物证据。

(一)控诉证据和辩护证据

控诉证据指用来证明犯罪嫌疑人有罪、罪重的证据或者是从重、加重处罚的证据。如证实犯罪嫌疑人多次受贿、受贿数额特别巨大的证据。

辩护证据指用来证明犯罪嫌疑人无罪、罪轻的证据或者是从轻、减轻、免除处罚的证据。如犯罪嫌疑人具有自首、立功情节的证据。

(二)原始证据和传来证据

原始证据指直接来源于案件事实或者是从第一来源所获取的证据。如犯罪嫌疑人供述、物证、书证的原本等。

传来证据指从原始证据中派生出来的,不是直接来源于案件事实的证据,或者是从派生证据中再派生的证据。如书证的复印件、物证的复制件等。

(三)直接证据和间接证据

直接证据指与案件主要事实相联系,能够单独直接证明案件主要事实的证据。如犯罪嫌疑人供述和辩解、证人亲眼目睹犯罪事实的证言等。

间接证据指不能单独地、直接地证明案件主要事实的证据。如物证、勘验、检查笔录、鉴定意见等。

(四)言词证据和实物证据

言词证据指人们以口头或书面的形式表述其直接感知的案件事实或者间接得知的与案件有联系的相关情况。如犯罪嫌疑人供述和辩解、证人证言、鉴定意见等。

实物证据指以物品的外部特征、物质属性、所处位置或记载的内容来证明与案件有关的某种事实的证据。如物证、书证、勘验笔录、检查笔录、视听资料等。

第二节 刑事诉讼证据的收集

在刑事诉讼过程中,及时获得确实、充分的证据来确认案件事实是侦查机关的首要职责和任务。证据的收集就是指侦查机关为了查明案件事实,通过一定的行为,采取必要的方法获取和汇集有关证据的活动。

一、证据收集的原则

侦查机关在证据收集的过程中,要严格遵守相关法律法规的规定,坚持证据收集的原则,切实做到依法收集、及时收集、全面收集。

1. 依法收集的原则。证据的合法性原则决定了我们在证据的收集过程中必须坚持依法收集:一是必须由法定的人员收集;二是必须依照法定的程序收集;三是必须采用法律规定的方法收集;四是收集的证据必须具备法定的形式;五是收集的证据必须具有合法的来源。

2. 及时收集的原则。由于证据的可变性和易损毁的特点,在侦查工作中,我们必须始终贯彻及时收集的原则。一是收集措施要及时。根据不同的证据特点,及时采取不同的收集措施来收集证据,如在突破犯罪嫌疑人的口供后,要及时采取搜查、录音录像等措施来收集证据。二是收集的方法要及时。在出现事先预料之外的情况时,要及时调整思路,用合适的方法来收集相关证据。

3. 全面收集的原则。根据《刑事诉讼法》的有关规定,侦查机关不仅要收集证明犯罪嫌疑人有罪、罪重的证据,也要收集犯罪嫌疑人无罪或罪轻的证据。不仅要收集各种直接证据,还要收集各种间接证据,力争用证据链条固定案件事实。

4. 严禁非法收集证据的原则。《刑事诉讼法》第五十条规定,严禁刑讯逼供和以威胁、引诱、欺骗以及其他非法方法收集证据。凡是以刑讯逼供手段收集的言词证据,都应当一律加以排除,不得作为证据使用。对于以其他非法方法收集的证据,除特殊情况下可以补强之外,一般也应当排除,不得作为证据使用。

5. 证据保密原则。在收集证据的过程中,对于涉及国家秘密、商业秘密和个人隐私的证据,应当保密,不得随意泄露。

二、证据收集的方法

证据的种类不同,提取的方法也往往不同。总的来说,在刑事诉讼中,证据的收集方法主要有:询问、讯问、勘验、检查、搜查、查封、扣押、录音录像、调取,鉴定等。

(一)物证的收集方法

1. 通过勘验收集。勘验是侦查人员对与犯罪有关场所、物品、尸体进行勘查、检验,以发现和收集犯罪活动所留下的各种物品、痕迹的侦查活动。通过勘验,通常能够取得证明有关案件事实的实物证据,或者发现有利于进一步侦查的案件线索。

2. 通过检查收集。检查是办案人员为确定被害人、犯罪嫌疑人的某些特征、伤害情况或者生理状态,对人身进行检查,提取指纹信息、采集血液、尿液等生物样本。通过人身检查,可以发现犯罪嫌疑人、被害人身上可能留下的物证。

3. 通过搜查收集。搜查是指为了收集隐匿的犯罪证据,查获犯罪嫌疑人而对相关的场所、物品、人的身体进行的搜索活动。通过搜查,能及时发现与犯罪有关的物证。

4. 通过查封、扣押收集。在侦查活动中发现的可以证明犯罪嫌疑人有罪或无罪的各种物品,都应当查封或者扣押。

5. 通过调取收集。人民检察院可以向有关单位或个人调取证据,有关单位或个人应当如实提供证据。

6. 由犯罪嫌疑人或其他人自行提供。犯罪嫌疑人或者其他持有相关物品的人,可以主动向人民检察院提交能够证明犯罪嫌疑人有罪或无罪、罪重或罪轻的物证。

物证收集过程中应当注意的问题:

1. 要明确说明物证的来源。收集、固定物证时,应注意说明来源,主要包括物证在什么时间、什么地点、哪一种情况下,由什么人提供或者以哪一种方式收集、调取,以及取得过程的合法性等。

2. 注重收集原始证据。在侦查取证时,应尽可能地收集原始的物证,但在物证不便搬运、不宜保存或者依法应当返还被害人时,可以拍摄或者制作足以反映原物外形或内容的照片、录像、模型或者复制品。制作的照片、录像、模型或者复制品应当与原物相符。

3. 要确保物证的关联性。在收集物证时,要注意运用相关的证据来证明物证的关联性,如将物证交由当事人或证人辨认,并制作辨认笔录等。

4. 要严格按照法定程序收集物证。收集物证需要准备的法律手续要齐全,收集过程要合法,收集过程中的见证人、收集人要签名,收集物证过程中形成的相关笔录要健全。

5. 要全面收集物证。对与案件有关联的物证都要收集,一时无法判断是否有关联的,如果有必要,也可以先收集,待核实清楚与案件无关后再依法退还。

6. 如果收集的物证有瑕疵,要及时补正。如果物证的收集程序、方式存在瑕疵，应当予以补正。如收集的物证照片、录像或者复制品未注明与原件核对无误的，无复制时间、无被收集人、调取人或单位签名、盖章的；物证照片、录像或者复制品无制作人关于制作过程及原物存放何处的说明或者说明中没有签名的，都应当补正。

（二）书证的收集方法

1. 通过勘验收集。勘验是侦查人员对与犯罪有关场所、物品、尸体进行勘查、检验，以发现和收集犯罪活动所留下的各种物品、文件、痕迹的侦查活动。通过勘验，通常能够取得证明有关案件事实的文件，或者发现有利于进一步侦查的案件线索。

2. 通过搜查收集。搜查是指为了收集隐匿的犯罪证据，查获犯罪嫌疑人而对相关的场所、物品、人的身体进行的搜索活动。通过搜查，能及时发现与犯罪有关的书证。

3. 通过查封、扣押收集。在侦查活动中发现的可以证明犯罪嫌疑人有罪或无罪的各种文件，都应当查封或者扣押。

4. 通过调取收集。人民检察院可以向有关单位或个人调取证据，有关单位或个人应当如实提供证据。

5. 由犯罪嫌疑人或其他人自行提供。犯罪嫌疑人或者其他持有相关物品的人，可以主动向人民检察院提交能够证明犯罪嫌疑人有罪或无罪、罪重或罪轻的书证。

书证收集过程中应当注意的问题：

1. 要明确说明书证的来源。收集、固定书证时，应注意说明来源，主要包括书证在什么时间、什么地点、哪一种情况下，由什么人提供或者以哪一种方式收集、调取，以及取得过程的合法性等。

2. 注重收集原始证据。在侦查取证时，应尽可能地收集原始的书证，但在书证不便搬运、不宜保存或者依法应当返还被害人时，可以提取副本或者复制品。书证的副本或者复制品应当与原物相符。

3. 要确保书证的关联性。在收集书证时，要注意运用相关的证据来证明书证的关联性，如将书证交由当事人或证人辨认，并制作辨认笔录等。

4. 要严格按照法定程序收集书证。收集书证需要准备的法律手续要齐全，收集过程要合法，收集过程中的见证人、收集人要签名，收集书证过程中形成的相关笔录要健全。

5. 要全面收集书证。对与案件有关联的书证都要收集，一时无法判断是否有关联的，如果有必要，也可以先收集，待核实清楚与案件无关后再依法退还。

6. 如果收集的书证有瑕疵，要及时补正。如果书证的收集程序、方式存在瑕疵，应当予以补正。如收集的书证副本或者复制件未注明与原件核对无误的，无复制时间、无被收集人、调取人或单位签名、盖章的；书证的副本或者复制件无制作人关于制作过程及原物存放何处的说明或者说明中没有签名的，都应当补正。

（三）犯罪嫌疑人供述和辩解的收集方法

1. 通过讯问收集。讯问是收集犯罪嫌疑人供述和辩解的最主要手段，讯问必须严格依法进行，必须保障犯罪嫌疑人应有的权利，不得以非法的方法进行讯问。

2. 通过同步录音录像收集。根据最高人民检察院的规定，人民检察院讯问职务犯罪嫌疑人，必须进行全程同步录音录像。同步录音录像能比讯问笔录更直接、更全面地展现犯罪嫌疑人的态度、陈述的犯罪事实和辩解。

3. 犯罪嫌疑人自己书写。由犯罪嫌疑人自己书写供词，能够体现犯罪嫌疑人的认罪态度，能进一步证实犯罪嫌疑人的交代。

在收集犯罪嫌疑人供述或者辩解时应当注意：

1. 应当依法告知并保障犯罪嫌疑人的合法权益。要严格按照法律规定在不同的阶段履行相应的告知义务，明确告知犯罪嫌疑人依法应享有的各项权利。在讯问过程中，要严格依法保障犯罪嫌疑人的合法权益。

2. 要严格依法文明讯问。要严格按照法定程序进行讯问，履行必要的法定手续，严禁在讯问过程中采取刑讯逼供等非法手段，应使用文明、规范的讯问语言，不得对犯罪嫌疑人进行人身侮辱。

3. 讯问笔录的制作要依法、规范。讯问笔录要详细注明讯问的人员、讯问的起止时间、讯问的地点，笔录应当交犯罪嫌疑人核对并签名或者盖章、捺手印，犯罪嫌疑人要对笔录进行修改的，应当允许，并要求其在修改的地方捺手印，讯问笔录的记录应当全面、客观，应当忠实于犯罪嫌疑人的原话，无法记录原话的，应当与犯罪嫌疑人表述的意思相符。讯问笔录中记载的内容应当与同步录音录像中犯罪嫌疑人讲述的内容基本一致。

4. 同步录音录像应当依法、规范。应当严格按要求进行全程同步录音录像，严格执行同步录音录像的相关规定，确保同步录音录像的合法、有效。

5. 及时对有瑕疵的犯罪嫌疑人供述进行补正。讯问笔录制作完成后，应及时对讯问笔录进行检查，发现存在瑕疵的，应当及时予以补正。如讯问人没有签名的，首次讯问笔录没有记录告知犯罪嫌疑人权利的等。

（四）证人证言的收集方法

1. 通过询问收集。询问证人是收集证人证言的最主要手段，询问必须严格依法进行，必须保证证人有客观地、充分地提供证据的条件，必须保障证人的权利。

2. 通过同步录音录像收集。经证人同意，可以在询问的同时，进行同步录音录像。同步录音录像能进一步印证证人的证言。

3. 由证人自己书写。由证人自己书写证言，能进一步证实证人的说法，但是由于证人的水平限制，其自己书写的证言可能存在不全面、细致的情况。

在收集证人证言时应当注意：

1. 要重视证人证言的来源。在询问笔录中要对证人如何知晓相关案件事实的情况进行详细记载，查明其是直接感知还是从其他人那里得知，从而判断其证言的可靠性。

2. 要了解证人与案件的利害关系。证人与案件当事人或者案件处理结果是否有利害关系，直接影响到证人证言的真实性和证明力。在询问笔录中，应当对此详细记载。

3. 要了解证人的作证能力。证人的年龄、精神状态、身体状态都会对证人的作证能力产生影响。因此，在询问笔录中，要注意了解证人的感知能力、记忆能力和表达能力，尤其是对证人知晓相关案件事实的身体状况、精神状况，以确保证人作证的合法性、有效性。

4. 要严格依法询问证人。询问证人的人员、地点、时间等都必须严格依法，严禁使用暴力、威胁等非法手段询问，询问前要告知证人的权利、义务，要保障证人的合法权益。

5. 要依法制作询问笔录。询问笔录要详细注明询问的人员、询问的起止时间、询问的地点，笔录应当交证人核对并签名或者盖章、捺手印，证人要对笔录进行修改的，应当允许，并要求其在修改的地方捺手印，询问笔录的记录应当全面、客观，应当忠实于证人的原话，无法记录原话的，应当与证人表述的意思相符。询问笔录中记载的内容应当与同步录音录像中证人讲述的内容基本一致。

6. 要确保证人证言的关联性。询问证人应当紧密围绕案件事实开展，如果证人知晓的相关情况与案件无关的，则该份询问笔录可以不装入侦查卷。

7. 必要时进行同步录音录像。对于关键性的证人证言，在征得证人同意后，应当对其进行全程同步录音录像。同步录音录像必须严格依法进行。

8. 及时对有瑕疵的证人证言进行补正。询问笔录制作完成后，应当进行检查，发现存在瑕疵的，应当及时进行补正。如没有填写询问人、记录人、询问起止时间、询问地点的，没有告知证人权利、义务的等。

（五）被害人陈述的收集方法

被害人陈述的收集方法与证人证言的收集方法相类似。

（六）鉴定意见的收集方法

鉴定意见可以由人民检察院指派内部技术人员出具，也可以聘请有鉴定资格的其他鉴定人员出具。

在鉴定意见的收集中应当注意：

1. 要严格依法指派或者聘请鉴定人。要按照法定程序办理指派、聘请手续，应当指派、聘请与本案无利害关系的鉴定人，鉴定机构、鉴定人应当具备鉴定所需的资质条件。

2. 要协助做好配合工作。要全面提供鉴定所需的材料，要对检材的来源、取得、保管、送检等严格把关。对鉴定人需要进行说明的问题，要及时予以解决，要为鉴定提供充分、必要的条件。

3. 要注重对鉴定意见的审查。对形成的鉴定意见，不能一味地盲目相信，要根据案件情况和现实条件进行全面、客观、细致的审查，没有出现矛盾、没有存在违法情形时才能予以采信。

4. 要严格履行告知义务。鉴定意见形成后，应当按照规定及时告知犯罪嫌疑人。犯罪嫌疑人有异议的，可以做出解释；犯罪嫌疑人要求补充鉴定或者重新鉴定的，应当进行补充鉴定或者重新鉴定。

（七）视听资料的收集方法

1. 通过勘验收集。勘验是侦查人员对与犯罪有关场所、物品、尸体进行勘查、检验，以发现和收集犯罪活动所留下的各种物品、文件、痕迹的侦查活动。通过勘验，通常能够取得证明有关案件事实的视听资料。

2. 通过搜查收集。搜查是指为了收集隐匿的犯罪证据，查获犯罪嫌疑人而对相关的场所、物品、人的身体进行的搜索活动。通过搜查，能及时发现与犯罪有关的视听资料。

3. 通过查封、扣押收集。在侦查活动中发现的可以证明犯罪嫌疑人有罪或无罪的各种视听资料，都应当查封或者扣押。

4. 通过调取收集。人民检察院可以向有关单位或个人调取证据，有关单位或个人应当如实提供证据。

5. 由犯罪嫌疑人或其他人自行提供。犯罪嫌疑人或者其他持有相关物品的人，可以主动向人民检察院提交能够证明犯罪嫌疑人有罪或无罪、罪重或罪轻的视听资料。

6. 通过技术侦查收集。人民检察院可以对犯罪嫌疑人采取技术侦查措施，通过技术侦查措施获取的视听资料能更直接地证明案件的有关事实。

在收集视听资料时应当注意：

1. 要确保视听资料的合法性。在收集、制作视听资料时，应当严格依照法定的程序进行，不能采取非法的手段。要确保视听资料的真实性，不得进行剪辑、删改、编辑等处理。

2. 应尽可能地调取原件。视听资料，应当调取原件，对于原件无法调取的，应当调取复制件，并说明无法调取原件的原因、复制件的制作过程和原件的存放地点，制作人和提供人应当在说明上签名或者盖章。

3. 要注重视听资料的关联性。调取的视听资料应当与案件事实有关,并且能够证实案件的某个或者某些情况,与案件无关的视听资料不应调取。

（八）电子证据的收集方法

1. 通过勘验收集。勘验是侦查人员对与犯罪有关场所、物品、尸体进行勘查、检验,以发现和收集犯罪活动所留下的各种物品、文件、痕迹的侦查活动。通过勘验,通常能够取得证明有关案件事实的电子证据。

2. 通过搜查收集。搜查是指为了收集隐匿的犯罪证据,查获犯罪嫌疑人而对相关的场所、物品、人的身体进行的搜索活动。通过搜查,能及时发现与犯罪有关的电子证据。

3. 通过查封、扣押收集。在侦查活动中发现的可以证明犯罪嫌疑人有罪或无罪的各种电子证据,都应当查封或者扣押。

4. 通过调取收集。人民检察院可以向有关单位或个人调取证据,有关单位或个人应当如实提供证据。

5. 由犯罪嫌疑人或其他人自行提供。犯罪嫌疑人或者其他持有相关电子证据的人,可以主动向人民检察院提交能够证明犯罪嫌疑人有罪或无罪、罪重或罪轻的电子证据。

6. 通过技术侦查收集。人民检察院可以对犯罪嫌疑人采取技术侦查措施,通过技术侦查措施获取的电子证据能更直接地证明案件的有关事实。

电子证据的收集应当注意：

1. 要严格依法调取电子证据。应当依法制作、调取、出示电子证据,对电子证据的取证人、制作人、持有人、见证人都应签名或者盖章。调取的过程应当制作说明,记明电子证据形成的时间、地点、对象、制作人、制作过程等情况。

2. 要对调取过程录音录像。对电子证据的制作、调取、出示应全程录音录像,以进一步固定证据,防止出现意外情况。

3. 要保证证据形式的合法性。对于电子证据的存储磁盘、光盘、U盘等可移动的存储介质,应当同时打印纸质证据材料,以对电子证据进行进一步的固定和运用。在案件移送时,应当同时移送可移动存储介质和打印件。

4. 要确保电子证据的真实性。对于收集制作的电子证据,不得进行剪辑、删改、编辑等处理,要确保电子证据的原状,必要时,可以进行复制。

5. 要确保电子证据的关联性。调取的电子证据应当与案件事实有关,并且能够证实案件的某个或者某些情况,与案件无关的电子证据不应调取。

第三节　刑事诉讼证据的审查

刑事诉讼证据的审查指司法人员对在刑事诉讼活动中收集的证据进行分析、研究和鉴别，找出它们与案件事实之间的客观联系，判明证据材料的证据能力和证明能力，从而对案件事实作出正确决定的活动。证据审查的任务就是对证据是否达到了"确实、充分"这一标准予以确认。对证据的审查认定，应当结合案件的具体情况，从证据与待证事实的关联程度、各证据之间的联系、是否依照法定程序收集等方面进行综合审查判断。

一、证据审查的原则

根据《刑事诉讼法》的规定，审查证据应当坚持真实性、关联性和合法性的原则。

（一）真实性原则

真实性是证据最重要的属性，证据的审查首先就要审查证据是否具备真实性，以保障定案依据能真实地反映案件事实。审查证据的真实性，一般从这几个方面进行：

1. 审查证据的来源。即审查证据是如何形成的，由谁提供的，收集的程序是否合法或合理，证据的来源如何与证据的真实性是紧密相关的。

2. 审查证据的内容。主要是审查证据的内容本身是否真实，有无伪造的可能。确定证据内容是否真实，一般可以通过审查证据的内容是否符合常理、内容前后有无矛盾等来判断。

3. 审查证据之间的联系。证据之间应该是协调一致的，如果中间存在矛盾，则说明证据要么与本案无关，要么是虚假的。

（二）关联性原则

关联性是证据必备的自然属性，是证据区别于非证据的关键所在。对不同的证据而言，其与案件事实之间的关联程度是不同，但不论程序如何，只要对案件事实具有证明作用，就具备了证据的关联性。这里所说的"案件事实"就是指犯罪构成要件的事实。关联性表达的是证据内容与案件事实之间的关系，具备关联性的证据就意味着对案件有一定的证明作用，证据的证明力大小依赖于其与案件关联的程度，关联性强的，证明力就强。

确定证据之间是否有关联性：一是要分析证据与案件事实之间有无客观联系；二是要分析证据与案件事实之间联系的形式和性质；三是要分析证据与案件事实之间联系的确定性。

（三）合法性原则

证据的合法性，是指证据的形式以及证据的收集运用必须符合法律的规定。一般从以下三个方面来审查证据的合法性：

1. 证据必须由法定的证据收集主体依照法定程序以合法的方式来收集；
2. 证据的形式和来源是否合法；
3. 证据必须经法定程序质证。

二、证据审查的步骤

审查证据是一种认识活动，应当坚持实事求是，一切从实际出发，具体情况具体分析，由浅入深，从个别到整体，循序渐进地进行。一般来说，证据审查的步骤有以下三个：

1. 对单个证据的审查

单个证据的审查就是依据客观事物发生、发展、变化的一般规律与常识逐一辨别每一个证据的真伪，初步判断其证明力的有无及大小。对单个证据的审查实际上就是对证据真实性、关联性、合法性的审查。通过三性的审查看证据是否真实可靠，是否具有证据能力，是否具有证明价值。对于那些明显虚假、毫无证明价值或者因其他原因依法不具有证据能力的证据，经进行单个证据审查即可排除。

2. 对多个证据的审查

对多个证据的审查就是对案件中证明同一事实的两个或两个以上的证据进行比较和对照，看其内容和所反映的情况是否一致，是否能合理地共同证明该案件事实。通过对多个证据的审查，不仅要找出它们之间的相同点和差异点，而且要分析这些相同点和差异点，看其是否合理，是否符合客观实际。证据是不能自证属实的，要查证其真实情况就必须将每一个证据与案件中的其他证据加以对照和印证，看是否能协调一致，能否排除证据间的矛盾。

对多个证据的审查可以采取两种方法：

一是纵向对比审查。如对同一个人就一个案件事实在不同时间所提供的证言作前后对比，看其所陈述的内容是否保持一致，有无矛盾存在。如果同一个人对同一事实的陈述前后不一，出现矛盾，在矛盾不能合理排除的情况下不能作为定案的依据。

二是横向对比审查。即对案件中证明同一个案件事实的不同种类证据，或者是不同诉讼参与人对同一个案件事实提供的言词证据做并列对比，看其所证明的内容是否协调一致，有无矛盾。这里所说的前后内容协调一致，是指合理的一致，并不是要求所陈述的内容完全一致。因为不同的人对事物感知、记忆和表达的方式不同，存在某些差异是完全可能和合理的。横向对比审查证据，除了对比言词证据外，还要对比言词证据与物证、书证、鉴定结论及其他证据相互之间的异同。

3. 对全案证据的审查

对全案证据的审查是指将全案所有的证据联系起来，将证据与待证事实联系起来，进行综合性的分析、研究和鉴别，看其内容和所反映的情况是否协调一致，有无矛盾，能否相互印证，能否证明案件的全部事实。对全案证据的审查包括对证据确实性的审查和对证据充分性的审查。

对证据确实性的审查主要采取印证的方法，即将全案所有证据按照分别证明的若干案件事实结合起来进行检验，以判断其是否相互印证、协调一致；审查全案证据与证据之间、证据与案件事实之间是否相互关联，联系方式是否合理，以此来判断各类证据的真伪及证明力的强弱。

对证据充分性的审查主要采取分析的方法。首先，要把收集到的证据材料数量与具体案件的证明对象范围联系起来进行分析、判断，看案件的各个证明对象是否都已得到了充分的证明，有无应该证明而没有证明的情况存在。其次，要把收集到的证据材料数量与案件自身的类型和特点联系起来进行分析，看间接证据是否形成了环环相扣的证据锁链。最后，要把收集到的证据材料数量与定案结论的数量联系起来进行分析，只有根据现有的证据而得出的定案结论是唯一的，排除了其他各种结论的可能性，才能认为达到了证据充分的证明标准。

三、证据审查的方法

要正确地审查证据，除了要遵循证据审查的基本步骤外，还必须掌握科学的方法。一般来说，主要有以下几种方法：

1. 鉴别法。即根据客观事物发生、发展、变化的一般规律和常识去辨别证据的真伪。鉴别法主要适用于对单个证据的审查，主要看每个证据是否符合事物发展规律，是否合情合理，来源是否真实可靠。鉴别法是审查证据最常用、最先使用的方法，它可以对证据进行初次净化和筛选，为进一步的审查打下基础。

2. 比对法。即对证明同一案件事实的证据进行比较和对照，以判断其是否具有证据能力和证明力。比对法主要用于对两个或两个以上证据的分析判断，一般来说，经过比较，证据所反映的内容基本一致，没有矛盾，就说明证据是真实可靠的。在运用比对法时，要注意各个证据之间具有"可比性"，即各个证据所证明的对象必须是同一事实。

3. 印证法。即将若干证据所分别证明的同一案件的若干事实联系起来进行考察，以判断它们之间是否协调一致。按照唯物辩证法原理，事物总是互相联系的。某一案件发生后，不仅证据与一定的案件事实之间存在必然的联系，而且证据与证据之间也有一定的联系，甚至某些证据的形成是互为条件的，这就使得我们在审查某一证据时，可以将该证据与案件事实以及案件的其他证据联系起来进行考察。印证法与比对法不同，它不要求证明对象的同一，只要求证据与证明的案件事实之间存在客观联系，因而在实践中是被普遍运用的，特别是在查明间接证据的真伪时，更要注意用印证法来进行审查。

4. 鉴定法。即对于案件中的某些专门性问题，由具有专门知识的人进行鉴别并作出结论性的意见。对于某些物证、书证、视听资料，仅凭侦查人员或当事人是无法判明其真伪的，必须由具有专门知识或技术的人借助科学技术手段来进行鉴别并作出结论性意见。对于鉴定结论，必须与其他证据联系起来进行对比分析，经查证属实后才能作为定案的根据，绝不能单凭鉴定结论定案。

5. 辨认法。即在侦查人员的主持下，由犯罪嫌疑人、证人对与案件有关的物证、书证进行辨别和确认。通过辨认，可以对与案件有关的物证、书证的真伪予以确认，从而判明有关证据的真实性，正确认定案件事实。对辨认的结果必须结合其他证据经查证属实后，才能作为定案的根据，否则容易发生错误。

四、证据审查的内容

（一）对书证的审查

书证一般能直接证明案件事实，而且具有一定的稳定性。真实的书证具有其他证据不可比拟的优点，但也极易被伪造、变造。对书证的审查应当从以下几个方面进行：

1. 书证是否为原件，书证的副本、复制件与原件是否相符；书证是否经过辨认、鉴定；书证的副本、复制件是否由两人以上制作，有无制作人关于制作过程及原件、原物存放于何处的文字说明及签名。

2. 书证的收集程序、方式是否符合法律及有关规定；经勘验、检查、搜查提取、扣押的书证，是否附有相关笔录或者清单；笔录或者清单是否有侦查人员、物品持有人、见证人签名，没有物品持有人签名的，是否注明原因。

3. 书证在收集、保管及鉴定过程中是否受到破坏或者改变。

4. 书证与案件事实有无关联。审查书证与案件事实是否存在影响定罪量刑的联系，有无矛盾存在，能否排除合理的怀疑。

5. 与案件事实有关联的书证是否全面收集。

审查书证，可以采取辨认、鉴定等方法，同时也要注意把书证同其他证据和案件情况联系起来进行比较分析，看是否一致，能否相互印证。

（二）对物证的审查

物证一般属于间接证据，只能证明某一方面的问题，但物证对其他证据的佐证具有其他证据所不可替代的作用，对物证的正确审查对于保障案件质量具有重要的意义。

1. 物证是否为原物，物证的照片、录像或者复制品与原物是否相符；物证是否经过辨认、鉴定；物证的照片、录像或者复制品是否由两人以上制作，有无制作人关于制作过程及原件、原物存放于何处的文字说明及签名。在侦查过程中，要尽可能地提取原物，原物不便提取的，可以拍照或录像，或提交复制品，但应严格按法定程序操作。

2. 物证的收集程序、方式是否符合法律及有关规定；经勘验、检查、搜查提取、扣押的物证，是否附有相关笔录或者清单；笔录或者清单是否有侦查人员、物品持有人、见证人签名，没有物品持有人签名的，是否注明原因；对物品的特征、数量、质量、名称等注明是否清楚。

3. 物证在收集、保管及鉴定过程中是否受到破坏或者改变。真实的物证一般伴随着犯罪事实而自然形成，并且以其客观存在发挥证明作用。但在受到各种自然条件或人为条件的影响下，也可能发生变形、变色或变质的情况。因此，要充分考虑各种条件的影响，看物证的变化是否属于正常的范畴，准确及时地作出判断，正确识别真伪。

4. 物证与案件事实有无关联。物证是不会说话的证据，伴随着犯罪行为的发生或实施而产生，必然与案件事实有着客观的联系。凡是没有联系的，就不能作为物证使用。

5. 对现场遗留与犯罪有关的具备检验鉴定条件的血迹、指纹、毛发、体液等生物物证、痕迹、物品，是否通过DNA鉴定、指纹鉴定等鉴定方式与犯罪嫌疑人、被告人或者被害人的相应生物检材、生物特征、物品等作同一认定。

6. 与案件事实有关联的物证是否全面收集。

审查物证，既可以采用将物证交由犯罪嫌疑人、证人辨认的方法，也可以采用鉴定、勘验的方法。但最重要的还是要把物证和全案其他证据联系起来进行对照分析，从中排除疑问，鉴别真伪。

(三) 对证人证言的审查

证人证言是一种重要的言词证据，以其独特的直接性、形象性为显著特征。但由于受各种主客观条件的影响，证人证言也可能不真实或不完全真实，因此，审查证人证言，关键的就是审查其真实性。

1. 证言的内容是否为证人直接感知。一般来讲，证人证言的来源有两个途径：一是直接感知；二是听他人陈述。对于后者，则要进一步查明是听谁陈述的，在什么情况下陈述的，有无失实的可能，并要尽可能地找到讲述人调查核实。如果证人证言来源于证人的主观想象、猜测或道听途说，则不能作为证据使用。

2. 证人作证时的年龄、认知水平、记忆能力和表达能力，生理上和精神上的状态是否影响作证。对于不具备作证能力的证人证言应当予以排除。

3. 证人与案件当事人、案件处理结果有无利害关系。一般来说，如果证人与案件当事人存在亲属、朋友、恩怨、同学等关系，就有可能故意提供不真实或不完全真实的证言，夸大或缩小自己所知道的案件情况。如果证人与案件处理结果有利害关系，也会影响到证人证言的真实性。

4. 证言的取得程序、方式是否符合法律及有关规定：有无使用暴力、威胁、引诱、欺骗以及其他非法手段取证的情形；有无违反询问证人应当个别进行的规定；笔录是否经证人核对确认并签名（盖章）、捺指印；询问未成年证人，是否通知了其法定代理人到场，其法定代理人是否在场等。

5. 证人证言之间以及与其他证据之间能否相互印证，有无矛盾。既要审查证言所表达的内容与案件事实是否有关联，还要审查是何种关联。当证人证言与其他证据出现矛盾，或与已发生的案件事实相抵触的，应结合其他证据相互印证，必要时要依法补充证据。对于上述内容，如果有同步录音录像资料的，应当结合同步录音录像资料审查。

（四）对被害人陈述的审查

对被害人陈述的审查适用对证人证言的审查。

（五）对犯罪嫌疑人供述和辩解的审查

犯罪嫌疑人是对犯罪行为最为了解的人，其供述和辩解是认定案件事实的最为有力的证据，但由于涉及个人自身利益，具有虚实共存、真假难辨的特点。在审查犯罪嫌疑人的供述和辩解时重要是审查其真实性。

1. 讯问的时间、地点、讯问人的身份等是否符合法律及有关规定，讯问犯罪嫌疑人的侦查人员是否不少于两人，讯问犯罪嫌疑人是否个别进行等。

2. 讯问笔录的制作、修改是否符合法律及有关规定，如讯问笔录是否注明讯问的起止时间和讯问地点，首次讯问时是否告知犯罪嫌疑人申请回避、委托辩护人等诉讼权利，犯罪嫌疑人是否核对确认并签名（盖章）、捺指印，是否有不少于两人的讯问人签名等。

3. 讯问聋哑人、少数民族人员、外国人时是否提供了通晓聋、哑手势的人员或者翻译人员，讯问未成年同案犯时，是否通知了其法定代理人到场，其法定代理人是否在场。

4. 犯罪嫌疑人的供述有无以刑讯逼供等非法手段获取的情形，必要时可以调取犯罪嫌疑人进出看守所的健康检查记录、笔录；审讯犯罪嫌疑人时不能采用任何刑讯逼供等非法手段，否则就不具有证据效力。同时，还应查明犯罪嫌疑人在事先是否有串供、订立攻守同盟或受到外界影响等情况。

5. 犯罪嫌疑人的供述是否前后一致，有无反复以及出现反复的原因；犯罪嫌疑人的所有供述和辩解是否均已收集入卷；应当入卷的供述和辩解没有入卷的，是否出具了相关说明。

6. 犯罪嫌疑人的辩解内容是否符合案情和常理，有无矛盾。对犯罪嫌疑人供认的犯罪事实或提出的辩解要根据各个案件的具体情况,从犯罪的时间、动机、目的、手段、结果等各个方面去分析,看其到底有无犯罪,其供述和辩解是否符合案件的实际情况和事物发展的规律,并注意审查其口供前后是否一致,有无矛盾,并要尽可能地排除矛盾。

7. 犯罪嫌疑人的供述和辩解与同案犯的供述和辩解以及其他证据能否相互印证,有无矛盾。

对于上述内容,有录音录像资料的,应当结合相关录音录像资料进行审查。

(六) 对勘验、检查笔录的审查

勘验、检查笔录作为定案的根据使用,必须经过严格的审查判断。对其的审查判断主要从以下几个方面进行。

1. 勘验、检查是否依法进行,笔录的制作是否符合法律及有关规定的要求,勘验、检查人员和见证人是否签名或者盖章等。

2. 勘验、检查笔录的内容是否全面、详细、准确、规范:是否准确记录了提起勘验、检查的事由,勘验、检查的时间、地点,在场人员、现场方位、周围环境等情况;是否准确记载了现场、物品、人身、尸体等的位置、特征等详细情况以及勘验、检查、搜查的过程;文字记载与实物或者绘图、录像、照片是否相符;固定证据的形式、方法是否科学、规范;现场、物品、痕迹等是否被破坏或者伪造,是否是原始现场;人身特征、伤害情况、生理状况有无伪装或者变化等。

3. 补充进行勘验、检查的,前后勘验、检查的情况是否有矛盾,是否说明了再次勘验、检查的缘由。

4. 勘验、检查的现场是否完整。对勘验、检查笔录进行审查,应当审查现场的保护情况,以确保现场完整。通常是审查勘验、检查笔录中记载的现场情况、物品、痕迹等有无受到自然环境或人为的破坏,在人身特征或生理状态上有无故意制造假象或者伪装的情形,笔录有无篡改或伪造的现象等。

5. 勘验、检查笔录中记载的情况与犯罪嫌疑人、被告人供述、被害人陈述、鉴定意见等其他证据能否印证,有无矛盾。

(七) 对视听资料的审查

视听资料对高科技的依赖性,决定了它容易被伪造或篡改,而且在被伪造、篡改后还难以被发现。因此,必须认真进行审查。

1. 视听资料的来源是否合法,制作过程中当事人有无受到威胁、引诱等违反法律及有关规定的情形。确认视听资料是由何人录制、摄制、输入的,以及制作的具体时间、地点和当时的具体环境状况。

2. 是否载明制作人或者持有人的身份,制作的时间、地点和条件以及制作方法。

3. 是否为原件，有无复制及复制份数；调取的视听资料是复制件的，是否附有无法调取原件的原因、制作过程和原件存放地点的说明，是否有制作人和原视听资料持有人签名或者盖章。

4. 视听资料的内容和制作过程是否真实，有无经过剪辑、增加、删改、编辑等伪造、变造情形。一方面，要审查制作及收集过程中有无违法行为；另一方面，要审查是以公开方式还是以秘密方式制作的，秘密制作的话是否经过授权，是否依法定程序进行的等。

5. 制作、存储视听资料的技术设备的性能。视听资料真实可靠性的程度大小同技术设备、仪器和有关装置的品质和性能有直接关系。如果借助性能可靠、灵敏度高、品质优良的技术设备、仪器和有关装置，一般就能获得真实性高、可靠性强的视听资料。

6. 视听资料的内容与案件事实有无关联性。视听资料与案件事实的联系方式和途径是多种多样的，需要通过科学的分析研究，排除各种矛盾和其他可能性，确定其与案件事实到底有无联系，联系的程度如何。只有与案件事实有关的视听资料，才能作为证据使用。

对视听资料有疑问的，应当进行鉴定。

（八）对鉴定意见的审查

由于鉴定的专门性问题多种多样，鉴定人的水平参差不齐，鉴定过程又不可避免地受到各种主客观条件的影响，因而鉴定也可能发生错误。

1. 鉴定人是否存在应当回避而未回避的情形。如果存在应当回避的情形，则可能影响鉴定意见的公正性。

2. 鉴定机构和鉴定人是否具有合法的资质，与案件事实有无利害关系。没有鉴定资格的机构和人员就不能做鉴定意见，与案件当事人有利害关系的鉴定人，则会影响鉴定意见的公正性。

3. 鉴定程序是否符合法律及有关规定。鉴定活动是一项非常严谨的活动，必须严格依照法定程序进行，他要求鉴定对象的提取、保管、送鉴定、鉴定、鉴定人数、鉴定书的出具均需依照法律程序进行。

4. 检材的来源、取得、保管、送检是否符合法律及有关规定，与相关提取笔录、扣押物品清单等记载的内容是否相符，检材是否充足、可靠。

5. 鉴定的程序、方法、分析过程是否符合本专业的检验鉴定规程和技术方法要求。科学的鉴定方法、精良的鉴定设备、优良的工作条件是做好鉴定工作的重要保证。在审查时，必须对鉴定的设备、方法和其他条件进行仔细分析，以判断鉴定结论的准确性。

6. 鉴定意见的形式要件是否完备：是否注明提起鉴定的事由、鉴定委托人、鉴定机构、鉴定要求、鉴定过程、检验方法、鉴定文书的日期等相关内容，是否由鉴定机构加盖鉴定专用章并由鉴定人签名盖章。

7. 鉴定意见是否明确，是否唯一。鉴定意见不明确就不能作为证据使用。

8. 鉴定意见与案件待证事实有无关联。只有与案件事实有关的鉴定意见，才能作为证据使用。

9. 鉴定意见与其他证据之间是否有矛盾，鉴定意见与检验笔录及相关照片是否有矛盾。如果存在矛盾，则要分析产生矛盾的原因，并采取针对性的侦查措施以消除矛盾。

10. 鉴定意见是否依法及时告知相关人员，当事人对鉴定意见是否有异议。当事人对鉴定意见有异议的，可以申请补充鉴定或者重新鉴定。

（九）对电子证据的审查

由于电子证据易被修改、编辑，因此在审查时更应注意。

1. 该电子证据存储磁盘、存储光盘等可移动存储介质是否与打印件一并提交。二者之间的内容是否一致，如果不一致，则要查明原因。

2. 是否载明该电子证据形成的时间、地点、对象、制作人、制作过程及设备情况等。

3. 制作、储存、传递、获得、收集、出示等程序和环节是否合法，取证人、制作人、持有人、见证人等是否签名或者盖章。

4. 内容是否真实，有无剪裁、拼凑、篡改、添加等伪造、变造情形。对可能存在伪造、变造情形的，要通过技术手段还原。

5. 收集电子证据的主体是否合法。必须是司法机关的工作人员按照法定程序收集，另外还要考察收集人员对计算机信息技术的掌握程度，以免在收集过程中对证据造成人为的损害和疏失。

6. 该电子证据与案件事实有无关联性。电子证据必须与案件事实有关联才具有证明效力，否则就会失去证据意义。

对电子证据有疑问的，应当进行鉴定。

（十）对行政机关移送证据的审查

行政机关在行政执法和查办案件过程中收集的物证、书证、视听资料、电子数据等证据材料，应当以该机关的名义移送，经人民检察院审查符合法定要求的，可以作为证据使用。

行政机关在行政执法和查办案件过程中收集的鉴定意见、勘验、检查笔录，经人民检察院审查符合法定要求的，可以作为证据使用。

人民检察院办理直接受理立案侦查的案件，对于有关机关在行政执法和查办案件过程中收集的涉案人员供述或者相关人员的证言、陈述，应当重新收集；确有证据证实涉案人员或者相关人员因路途遥远、死亡、失踪或者丧失作证能力，无法重新收集，但供述、证言或者陈述的来源、收集程序合法，并有其他证据相印证，经人民检察院审查符合法定要求的，可以作为证据使用。

以上所指的行政机关包括根据法律、法规赋予的职责查处行政违法、违纪案件的组织。

对行政机关移交的具体证据的审查参见本节有关内容。

第四节 非法证据排除

2010年6月24日，最高人民法院、最高人民检察院、公安部、国家安全部、司法部联合发布了《关于办理刑事案件排除非法证据若干问题的规定》，首次提出了非法证据排除。2012年3月14日，修改后的《刑事诉讼法》第五十四条至第五十八条对此作进一步明确的规定。修改后的《人民检察院刑事诉讼规则（试行）》第六十五条至第七十五条对什么是非法证据，人民检察院在诉讼过程中怎样排除非法证据予以进一步完善。

一、非法证据排除的定义

所谓非法证据排除是指对采取非法方法收集的犯罪嫌疑人、被告人供述、证人证言、被害人陈述应当依法排除，不得作为定案的依据；对于收集的物证、书证等证据不符合法定程序，可能严重影响司法公正的，经要求补正或者作出书面解释，却不能补正或者无法作出合理解释的，也应当予以排除，不得作为定案的依据。

非法证据排除根据证据的种类不同，适用不同的方法排除。对于非法言词证据，即犯罪嫌疑人、被告人供述、证人证言、被害人陈述，只要依法确认系采取刑讯逼供或暴力、威胁等其他非法方法收集的，就应当予以排除。对不符合法定程序收集的其他证据，可能严重影响司法公正的，只有在要求补正或者作出书面解释，办案机关却无法补正或无法作出合理解释的情况下，才能予以排除。

这里的刑讯逼供是指使用肉刑或者变相使用肉刑，使犯罪嫌疑人在肉体或者精神上遭受剧烈疼痛或者痛苦以逼取供述的行为。其他非法方法是指违法程度和对犯罪嫌疑人的强迫程度与刑讯逼供或者暴力、威胁相当而迫使其违背意愿供述的方法。

二、非法证据排除程序的启动

根据《刑事诉讼法》第五十五条的规定：人民检察院接到报案、控告、举报或者发现侦查人员以非法方法收集证据的，应当进行调查核实。对于确有以非法方法收集证据情形的，应当提出纠正意见；构成犯罪的，依法追究刑事责任。

（一）启动的方式

1. 依职权直接启动。人民检察院在侦查、审查起诉和审判阶段，发现侦查人员存在以非法方法收集证据的，应当报经检察长批准，及时进行调查核实。

2. 因报案、举报、控告而启动。当事人及其辩护人、诉讼代理人报案、控告、举报侦查人员采用刑讯逼供等非法方法收集证据并提供涉嫌非法取证的人员、时间、地点、方式和内容等材料或者线索的，人民检察院应当受理并进行审查，对于根据现有材料无法证明证据收集合法性的，应当报经检察长批准，及时进行调查核实。

（二）启动的条件

人民检察院发现存在下列情形的，应当启动非法证据排除：

1. 认为讯问活动可能存在刑讯逼供等非法取证行为的；

2. 犯罪嫌疑人、被告人或者辩护人提出犯罪嫌疑人、被告人供述系非法取得，并提供相关线索或者材料的；

3. 犯罪嫌疑人、被告人对讯问活动合法性提出异议或者翻供，并提供相关线索或者材料的。

三、非法证据排除的调查

经检察长批准，人民检察院可以对非法证据及时进行调查核实。

上一级人民检察院接到对侦查人员采用刑讯逼供等非法方法收集证据的报案、控告、举报的，可以直接进行调查核实，也可以交由下级人民检察院调查核实。交由下级人民检察院调查核实的，下级人民检察院应当及时将调查结果报告上一级人民检察院。人民检察院决定调查核实的，应当及时通知办案机关。

（一）调查核实的主体

对于非法证据的调查核实，在侦查阶段由侦查监督部门负责；在审查起诉、审判阶段由公诉部门负责。必要时，渎职侵权检察部门可以派员参加。

（二）调查核实的方法

人民检察院可以采取以下方式对非法取证行为进行调查核实：1. 讯问犯罪嫌疑人；2. 询问办案人员；3. 询问在场人员及证人；4. 听取辩护律师意见；5. 调取讯问笔录、讯问录音、录像；6. 调取、查询犯罪嫌疑人出入看守所的身体检查记录及相关材料；7. 进行伤情、病情检查或者鉴定；8. 其他调查核实方式。

（三）调查核实后的处理

人民检察院调查完毕后，应当制作调查报告，根据查明的情况提出处理意见，报请检察长决定后依法处理。

办案人员在审查逮捕、审查起诉中经调查核实依法排除非法证据的，应当在调查报告中予以说明。被排除的非法证据应当随案移送。对于确有以非法方法收集证据情形,尚未构成犯罪的,应当依法向被调查人所在机关提出纠正意见。对于需要补正或者作出合理解释的,应当提出明确要求。经审查,认为非法取证行为构成犯罪需要追究刑事责任的,应当依法移送立案侦查。

四、非法证据排除的情形

对于存在下列情形的证据,应当依法予以排除。

(一) 物证

物证不能作为定案依据的情形有:1. 原物的照片、录像或者复制品不能反映原物的外形和特征的;2. 经勘验、检查、搜查提取、扣押的物证,未附有勘验、检查笔录,搜查笔录,提取笔录,扣押清单,不能证明物证的来源的;3. 对物证的来源及收集过程有疑问,不能作出合理解释的;4. 物证的取得明显违反法律的规定,可能影响公正审判,拒不予以补正或者作出合理解释的。

(二) 书证

书证不能作为定案依据的情形有:1. 书证有更改或者更改迹象不能作出合理解释的;2. 书证的副本、复制件不能反映书证的原件及其内容的;3. 经勘验、检查、搜查提取、扣押的书证,未附有勘验、检查笔录,搜查笔录,提取笔录,扣押清单,不能证明书证的来源的;4. 对书证的来源及收集过程有疑问,不能作出合理解释的;5. 书证的取得明显违反法律的规定,可能影响公正审判,拒不予以补正或者作出合理解释的。

(三) 犯罪嫌疑人供述和辩解

犯罪嫌疑人供述和辩解不能作为定案依据的情形有:1. 采用刑讯逼供等非法方法取得的犯罪嫌疑人供述;2. 讯问笔录没有经犯罪嫌疑人核对确认并签名(盖章)、捺手印的;3. 讯问聋哑人、不通晓当地通用语言、文字的人员时,应当提供通晓聋哑手势的人员或者翻译人员而未提供的;4. 被告人庭前供述和辩解出现矛盾,庭审中不供认,且无其他证据与庭前供述相印证的。

(四) 证人证言

证人证言不能作为定案依据的情形有:1. 以暴力、威胁等非法手段取得的证人证言;2. 处于明显醉酒、麻醉品中毒或者精神药物麻醉状态,以致不能正确表达的证人提供的证言;3. 根据一般生活经验判断符合事实除外的证人的猜测性、评论性、推断性语言;4. 询问证人没有个别进行而取得的证言;5. 没有经过证人核对确认并签名(盖章)、捺手印的证言;6. 询问聋哑人、不通晓当地通用语言、文字的人员、外国人时,应当提供通晓聋哑手势的人员或者翻译人员而未提供的;7. 人民法院根据人民检察院、被告人及其辩护人异议,认为对定罪量刑有重大影响的证人需要出庭作证,以及人民法院认为其他需要出庭作证的证人，经人民法院依法通知，但不出庭作证，该证人的书面证言经质证无法确认的；8. 未出庭作证的证人的书面证言出现矛盾，不能排除矛盾且无证据印证的。

（五）被害人陈述

被害人陈述不能作为定案依据的情形同证人证言的情形。

（六）鉴定意见

鉴定意见不能作为定案依据的情形有：1. 鉴定机构不具备法定的资格和条件，或者鉴定事项超出本鉴定机构项目范围或者鉴定能力的；2. 鉴定人不具备法定的资格和条件、鉴定人不具有相关的专业技术或者职称、鉴定人违反回避规定的；3. 鉴定程序、方法错误的；4. 鉴定意见与证明对象没有关联的；5. 鉴定对象与送检材料、样本不一致的；6. 送检材料、样本来源不明或者确实被污染且不具备鉴定条件的；7. 违法有关鉴定特定标准的；8. 鉴定文书缺少签名、盖章的；9. 其他违反有关规定的情形。

（七）勘验、检查笔录

勘验、检查笔录不能作为定案依据的情形有：勘验、检查笔录存在明显不符合法律及有关规定的情形，并且不能作出合理解释和说明的。

（八）视听资料

视听资料不能作为定案依据的情形有：1. 视听资料经审查或者鉴定无法确定真伪的；2. 对视听资料的制作和取得的时间、地点、方式等有异议，不能作出合理解释或者提供必要证明的。

（九）电子证据

电子证据不能作为定案依据的情形有：1. 电子证据经审查或者鉴定无法确定真伪的；2. 对电子证据的制作和取得的时间、地点、方式等有异议，不能作出合理解释或者提供必要证明的。

（十）辨认结果

辨认结果不能作为定案依据的情形有：1. 辨认不是在侦查人员的主持下进行的；2. 辨认前使辨认人见到辨认对象的；3. 辨认人的辨认活动没有个别进行的；4. 辨认对象没有混杂在具有类似特征的其他对象中，或者供辨认的对象数量不符合规定的，尸体、场所等特定辨认对象除外；5. 辨认中给辨认人明显暗示或者明显有指认嫌疑的。

五、证据的补正与解释

证据的收集程序、方式存在瑕疵，通过办案人员的补正或者作出合理解释后，可以作为定案的依据。

（一）物证

物证的收集程序、方式存在下列瑕疵，经过补正或者作出合理解释的，可以作为定案的依据：1. 收集调取的物证，在勘验、检查笔录、搜查笔录、提取笔录、扣押清单上没有侦查人员、物品持有人、见证人签名或者物品特征、数量、质量、名称等注明不详的；2. 收集调取的物证照片、录像或者复制品未注明与原件核对无异，无复制时间、无被收集、调取人（单位）签名（盖章）的；3. 物证的照片、录像或者复制品没有制作人关于制作过程及原物存放于何处的说明或者说明中无签名的；4. 物证的收集程序、方式存在其他瑕疵的。

（二）书证

书证的收集程序、方式存在下列瑕疵，经过补正或者作出合理解释的，可以作为定案的依据：1. 收集调取的书证，在勘验、检查笔录、搜查笔录、提取笔录、扣押清单上没有侦查人员、物品持有人、见证人签名的；2. 收集调取的书证的副本、复制件未注明与原件核对无异，无复制时间、无被收集、调取人（单位）签名（盖章）的；3. 书证的副本、复制件没有制作人关于制作过程及原物存放于何处的说明或者说明中无签名的；4. 书证的收集程序、方式存在其他瑕疵的。

（三）证人证言

证人证言的收集程序、方式存在下列瑕疵，经过补正或者作出合理解释的，可以作为定案的依据：1. 没有填写询问人、记录人、法定代理人姓名或者询问的起止时间、地点的；2. 询问证人的地点不符合规定的；3. 询问笔录没有记录告知证人应当如实提供证言和有意作伪证或者隐匿罪证要负法律责任内容的；4. 询问笔录反映出在同一时间段内、同一询问人员询问不同证人的。

（四）犯罪嫌疑人供述和辩解

犯罪嫌疑人供述和辩解的收集程序、方式存在下列瑕疵，经过补正或者作出合理解释的，可以作为定案的依据：1. 笔录填写的讯问时间、讯问人、记录人、法定代理人等有误或者存在矛盾的；2. 讯问人没有签名的；3. 首次讯问笔录没有记录告知被讯问人诉讼权利内容的。

（五）被害人陈述

被害人陈述存在瑕疵，经补正或者作出合理解释能够作为定案依据的情形同证人证言的情形。

（六）勘验、检查笔录

勘验、检查笔录存在勘验、检查没有见证人的，勘验、检查人员和见证人没有签名、盖章的，勘验、检查人员违反回避规定的等情形，应当结合案件其他证据，审查其真实性和关联性。

（七）辨认结果

辨认结果的收集程序、方式存在下列瑕疵，经过补正或者作出合理解释的，可以作为定案的依据：1. 主持辨认的侦查人员少于两人的；2. 没有向辨认人详细询问辨认对象的具体特征的；3. 对辨认经过和结果没有制作专门的规范的辨认笔录，或者辨认笔录没有侦查人员、辨认人、见证人的签名或者盖章的；4. 辨认记录过于简单，只有结果没有过程的；5. 案卷中只有辨认笔录，没有被辨认对象的照片、录像等资料，无法获悉辨认的真实情况的。

（八）视听资料

对视听资料的制作和取得的时间、地点、方式等有异议，能够作出合理解释或者提供必要证明的，可以作为定案的依据。

（九）电子证据

对电子证据的制作和取得的时间、地点、方式等有异议，能够作出合理解释或者提供必要证明的，可以作为定案的依据。

职务犯罪侦查流程与规范

第八章 侦查一体化与侦查指挥

第一节 侦查一体化

侦查一体化是指检察机关根据检察一体化原则,为了进一步整合侦查资源,加大查办职务犯罪案件的力度,提高执法水平和办案质量,提高侦查职务犯罪案件的整体能力,结合检察工作实际,在职务犯罪案件的侦查过程中统一管理案件线索、统一组织侦查活动、统一调度侦查力量和侦查装备、强化检察机关相互之间的侦查协作而形成的纵向指挥有力、横向协作紧密、运转高效有序的一种侦查工作机制。

在职务犯罪案件侦查过程中实行侦查一体化,首先,有利于从机制上强化最高人民检察院对全国各级人民检察院和专门人民检察院、上级人民检察院对下级人民检察院职务犯罪侦查工作的统一领导和指挥,可以有效地解决当前办案中存在的外部干扰多、阻力大等问题。其次,有利于整合检察机关案件线索、侦查力量和侦查装备等侦查资源,形成内部整体合力,发挥检察机关内部的整体优势。再次,它有利于加大侦查协作配合与司法协助的力度。最后,有利于加大查办职务犯罪案件的力度,提高执法水平和办案质量,提高办案效率,节约侦查成本,促进严格执法、公正执法,从而更好地实践检察工作专题,服务党和国家大局。

一、侦查一体化的依据

1. 侦查一体化的理论依据

检察机关职务犯罪侦查一体化的理论依据是检察一体原则。检察一体原则的核心,就是全国检察机关是一个不可分割的整体。根据《刑诉规则(试行)》第十三条的规定,虽然人民检察院对查办职务犯罪案件工作实行分级立案侦查的制度,但查办职务犯罪是全国检察机关共同的职责要求和共同的工作目标,全国检察机关作为一个不可分割的整体,应当充分发挥检察机关的整体优势,统一管理案件线索、统一组织侦查活动、统一调度侦查力量和侦查装备、强化检察机关相互之间的侦查协作。

2. 侦查一体化的法律依据

《人民检察院组织法》第十条明确规定了检察机关的领导体制,即"最高人

第八章 侦查一体化与侦查指挥

民检察院领导地方各级人民检察院和专门人民检察的工作，上级人民检察院领导下级人民检察院的工作"。同时该法第三条明确规定，"检察长统一领导检察院的工作"。

《刑诉规则（试行）》第十三条、第十四条、第十八条分别规定：人民检察院对直接受理的案件实行分级立案侦查的制度；上级人民检察院在必要的时候，可以直接侦查或者组织、指挥、参与侦查下级人民检察院管辖的案件，也可将本院管辖的案件交由下级人民检察院侦查，下级人民检察院认为案情重大、复杂，需要由上级人民检察院侦查的案件，可以请求移送上级人民检察院侦查；上级人民检察院可以指定下级人民检察院立案侦查管辖不明或者需要改变管辖的案件。

2006年9月，最高人民检察院下发了《关于健全职务犯罪侦查一体化的若干规定》，在对多年来检察机关探索侦查一体化经验进行了全面总结的基础上，又进一步对健全侦查一体化机制提出了明确要求。

二、侦查一体化的职能

侦查一体化有以下四项职能：

（一）统一管理案件线索

在职务犯罪侦查工作中，对案件线索实行分级管理并备案的原则。

1. 明确了线索分级备案制度。省级人民检察院管辖的厅局级干部犯罪线索，应当报最高人民检察院备案；分、州、市人民检察院管辖的县处级干部犯罪线索，应当报省级人民检察院备案，其中涉嫌犯罪数额特别巨大或者犯罪情节特别严重的，层报最高人民检察院备案；基层人民检察院管辖的科级干部犯罪线索，应当报分、州、市人民检察院备案。

2. 明确了报备时间。对应当由上级人民检察院备案管理的犯罪线索，下级人民检察院应当自受理之日起十日内，将有关线索材料复印件和办理意见报上一级人民检察院备案。

3. 明确了审查处理程序。上级人民检察院对备案的线索材料及办理意见，应当及时进行审查，如有不同意见，应当及时通知下级人民检察院。下级人民检察院应当按照上级人民检察院的指示办理。

通过加强线索管理，深化了上级院对下级院所掌握的重大职务犯罪线索的把控能力，能有效监督下级院对重大案件线索的处理，防止有案不办、压案不查或者对案件线索的处理不当，提高案件线索的利用率和初查实效。上级院掌握线索后，可灵活运用督办、交办、提办、参办或指定管辖的方式帮助下级院查处干扰阻力大、查账难的案件。

（二）统一组织侦查活动

统一组织侦查活动的方式有以下七种：专项侦查行动、专案侦查、参办、督办、交办、提办、指定侦查。

（三）统一调度侦查力量和侦查装备

上级人民检察院可从本级侦查人才库、辖区内各级人民检察院抽调侦查人员，也可以调集若干下级人民检察院的侦查力量统一进行侦查。

根据侦查工作的需要，上级人民检察院可以调用下级人民检察院的侦查装备，下级人民检察院也可以向上级人民检察院或者其他人民检察院申请借用侦查装备。

（四）强化检察机关相互之间的侦查协作

侦查协作的具体操作按照最高人民检察院《关于人民检察院侦查协作的暂行规定》进行；办理案件过程中需要香港、澳门特别行政区有关部门协查或者司法合作的，依照最高人民检察院关于办理涉港澳刑事个案协查和司法合作的有关规定办理。

此外，侦查一体化还具有潜逃人员信息管理与备案及协助追逃职能。具体要求为：对确有证据证明犯罪嫌疑人逃往境外的，应当及时层报最高人民检察院备案；对犯罪嫌疑人去向不明的，应当层报省级人民检察院备案；需要在全国范围内通缉或者采取边控措施的，由省级人民检察院报请最高人民检察院办理。

三、侦查一体化的范围

上级人民检察院启动侦查一体化查办案件的范围，原则上主要为两类案件：一是案情重大复杂、下级人民检察院查办确有困难的案件；二是需要跨区域侦查的案件。

启动侦查一体化的范围既不是指全部大案要案，也不是仅仅指大案要案，而是符合上述条件之一的部分大案要案或其他案件。

四、侦查一体化的功能

侦查一体化具有四大功能：

1. 决策指挥功能。根据职务犯罪案件的实践和掌握的信息资源，可以就查与不查、人员调配、初查方向、初查重点、侦查方向、侦查行动等一系列问题作出决策；根据线索和案件开展的具体情况，可以及时制定具体实施方案，并下达指令，以确保侦查任务的完成。

2. 组织协调功能。积极有效的组织协调工作是初查、侦查成功的保障。善于整合调动各种资源，包括政治资源、法律资源和人力资源，做到为我所用，为侦查工作服务；主动接受党委领导，可以争取党委的理解和支持；积极寻求、调动公安、法院、纪委、审计、审查逮捕、公诉、技术等内外力量，可以有效整合人力、物力、装备资源，克服自身的不足与困境，从而发挥各种资源的最大效用，提高办案效率。

3. 排忧解难功能。在查办职务犯罪案件过程中,时时会碰到地方、部门保护主义或各种关系网为案件设置的重重障碍,严重影响了侦查工作的开展。上级人民检察院采取督办、提办,统一调度侦查力量等形式,可以有效帮助和支持下级院冲破地方保护主义或部门保护主义等各种关系网的干扰,解决办案力量不足及排除干扰阻力等实际困难。

4. 信息管理功能。职务犯罪侦查决策离不开相关信息。一体化机制对信息的要求,就是及时、准确、全面和畅通。侦查指挥中心通过加强与纪检、监察、审计、金融、工商、税务、公安、国资委等公共权力部门的工作协作和联系,可以建立公共信息网络及管理平台;通过强化下级检察机关对上级检察机关的信息移送、报送制度,可以及时、准确地掌控有关信息,并据此研究、预测职务犯罪侦查工作的新动向、新规律,及时调整侦查工作思路和部署;依据督办、参办等工作机制,可以了解和掌握个案办理中存在的困难和问题。

五、侦查一体化的原则

为确保侦查一体化纵向指挥有力、横向协作紧密、运转高效有序,侦查工作一体化应坚持以下四项原则。

1. 统一指挥。统一指挥指最高人民检察院领导地方各级人民检察院和专门人民检察院、上级人民检察院领导下级人民检察院、检察长领导检察院的工作;上级人民检察院应加强对侦查工作的统一领导,下级人民检察院应该服从上级人民检察院的命令,听从上级人民检察院的指挥;检察长依法作出的决策,要做到上令下从,步调一致。

2. 严格依法。严格依法指要严格依照法律规定和检察工作制度办案;运用侦查一体化查办的案件,无论初查、决定立案侦查、逮捕、起诉还是移送不起诉、撤案,都必须符合法定条件,依照规定的程序进行。

3. 各司其职。各司其职指依照最高人民检察院关于分级办理职务犯罪案件的有关规定,在坚持分级办理职务犯罪案件的基础上,上级人民检察院要加强对查办重大复杂案件工作的领导,支持下级人民检察院依法行使职权;下级人民检察院在上级人民检察院的领导下,要认真做好自身职责范围内的侦查工作。

4. 密切配合。密切配合指要强化大局意识和整体观念,人民检察院相互之间、人民检察院与有关职能部门之间、各级人民检察院内部机构相互之间,都要相互支持,密切配合,协同作战,在内、外部形成侦查职务犯罪案件的整体合力。

六、侦查一体化的方式

(一)侦查指挥中心

组织、实施侦查一体化的部门是侦查指挥中心。最高人民检察院、省级人民检察院和分、州、市人民检察院应当分别设立侦查指挥中心。侦查指挥中心的指挥，由检察长或主管职务犯罪侦查工作的副检察长兼任，副指挥由主管职务犯罪侦查工作的副检察长或反贪污贿赂部门、反渎职侵权部门主要负责人兼任。侦查指挥中心下设办公室，作为日常办事机构，设在反贪污贿赂部门、反渎职侵权部门内，其规格应当不低于反贪污贿赂部门、反渎职侵权部门的其他内设机构。办公室主任由反贪污贿赂部门、反渎职侵权部门主要负责人兼任，办公室人员编制根据工作需要确定。

1. 指挥中心的工作职责

最高人民检察院侦查指挥中心负责组织、指挥、协调全国范围内有重大影响或跨省级的大案要案的侦查工作和相关事项。省级人民检察院侦查指挥中心负责组织、指挥、协调本省级范围内有重大影响或跨地区的大案要案的侦查工作和相关事项。分、州、市人民检察院侦查指挥中心负责组织、指挥、协调本级人民检察院辖区范围内有重大影响或跨区、县的大案要案的侦查工作和相关事项。

侦查指挥中心的工作应遵循下级服从上级、协调一致、务实高效的原则。侦查指挥中心办公室具体承办侦查指挥中心决定的相关事项。上级人民检察院侦查指挥中心办公室对下级人民检察院侦查指挥中心办公室的工作进行指导。侦查指挥中心办公室接到有关侦查指挥中心工作事项的批示、请示和相关材料后，应当确定专人承办，提出书面意见，经侦查指挥中心办公室负责人审核后，报指挥或副指挥审定。重要事项应当报检察长决定。

具体来说，指挥中心办公室具体承担下列十方面的职责：（1）案件线索的管理、备案与审查；（2）侦查活动的组织与备案；（3）侦查力量的调度和侦查装备的调用、借用；（4）侦查协作、协查与司法合作的办理；（5）职务犯罪嫌疑人潜逃或去向不明的信息管理与备案；（6）全国范围内通缉、边控措施的报请与办理；（7）公共信息网络及管理平台的建设与管理；（8）协助追逃与追逃信息的管理；（9）一体化办案中涉案款物的协助处理；（10）协调审判管辖。此外，指挥中心办公室还应承担两方面的职责，即会同本院政工部门管理本级侦查人才库，侦查指挥室的证据资料传送及其管理。

侦查指挥中心应当建立信息资料数据库，确定专人负责对下列信息资料进行收集和管理：（1）侦查指挥中心实施统一组织、指挥、协调的案件取得的重大进展、遇到的重大问题或发生的紧急情况；（2）当地党委、人大对查办大案要案作出的重要指示和安排意见；（3）涉及大案要案的重要社会动态情况；（4）犯罪嫌疑人潜逃、脱逃及抓获情况；（5）上级人民检察院侦查指挥中心要求收集上报的其他情况。

2. 指挥中心的工作程序

发生需要启动一体化机制的事由；上级院侦查指挥中心办公室确定专人具体

承办，提出意见和建议；报经本院侦查指挥中心办公室主任审核后，再报经检察长或兼任指挥、副指挥的分管副检察长决定或批准；向下级院发出指令；下级院按上级院的指令和要求办理。办公室进行信息传递与反馈；归档。

（二）侦查一体化的工作方式

侦查一体化的工作方式主要有以下几种：

1. 专项侦查行动

（1）专项侦查行动的定义

侦查指挥中心经本院检察长决定或批准，可以根据职务犯罪侦查工作的需要，组织开展专项侦查工作和集中统一行动。专项侦查行动是指上级人民检察院针对某类犯罪或者某些行业、领域犯罪易发多发的情况，或者根据集中追捕在逃职务犯罪嫌疑人的需要，经检察长批准或者检察委员会决定，集中时间、集中力量在辖区内集中开展统一侦查活动。专项侦查行动能够实现规模办案，取得单兵作战无法达到的规模效应，实现办案效果的最大化。

（2）专项侦查行动的范围

侦查指挥中心经本院检察长决定或批准，可以根据职务犯罪侦查工作的需要，组织开展专项侦查工作和集中统一行动。开展专项侦查行动主要有三种情形：一是针对某类犯罪易发多发而开展的专项侦查行动；二是针对某些行业、领域犯罪易发多发而开展的专项侦查行动；三是针对追捕在逃职务犯罪嫌疑人而开展的专项追逃行动。

（3）专项侦查行动的实施

上级人民检察院在部署开展专项侦查行动前，深入调查某类犯罪、某些行业领域犯罪易发多发的主要特点、作案环节及其作案方式，或深入分析在逃职务犯罪人的基本情况及潜逃去向；制定针对性强的专项侦查行动实施方案，经检察长批准或检察委员会决定后下发下级检察机关同步开展；下级检察机关根据上级机关制定下发的专项侦查行动实施方案，结合本地情况因地制宜制定自己的专项侦查行动实施方案并报上一级检察机关备案；专项侦查行动结束后，上、下级检察机关及时对专项侦查行动的开展状况、效果、主要经验与做法、存在的主要问题与教训进行认真的总结；及时传递、反馈专项侦查行动的开展情况；对专项侦查行动中措施有力、效果明显的有关单位和个人通报表彰。

省级人民检察院侦查指挥中心在所辖区域内组织实施专项侦查工作，应当报最高人民检察院侦查指挥中心备案；分、州、市人民检察院侦查指挥中心在所辖区域内组织实施专项侦查工作，应当报省级人民检察院侦查指挥中心备案。下级人民检察院之间在统一侦查行动中产生的争议，由各方协商解决。协商不成的，报共同的上级人民检察院侦查指挥中心协调。经协调后，仍不能达成一致意见的，由共同的上级人民检察院侦查指挥中心提出意见，报检察长决定。

2. 专案侦查

（1）专案侦查的定义

专案侦查是指上级人民检察院对辖区内发生的需要统一部署侦查的重大复杂案件，经检察长批准或决定，列为专案，从本级侦查人才库、辖区内各级人民检察院抽调侦查人员，成立专门的办案组织，或调集若干下级人民检察院的侦查力量，统一进行侦查的一种一体化侦查方式。

（2）专案侦查的范围

专案侦查的范围是重大复杂案件。

（3）专案侦查的实施

指挥中心办公室提出列为专案侦查的重大复杂案件名单及理由并报经检察长批准或决定；从本级侦查人才库、辖区内各级人民检察院抽调侦查人员成立专门的办案组织即专案组或调集若干下级人民检察院的侦查力量；进行人员分工，明确责任，成立专案组的可以分为外部取证组、突审组、资料组和后勤保障组，未成立专案组的也要明确专案参与人员的不同岗位责任；对办案人员统一进行保密和安全等办案纪律教育；统一进行具体的侦查活动；专案侦查结束后及时将专案侦查情况进行归档。

3. 参办

（1）参办的定义

参办是指上级人民检察院应下级人民检察院的请求或者认为确有必要时，经检察长批准或决定，派员参与下级人民检察院正在办理的重大复杂案件的侦查工作，协调解决侦查工作中遇到的问题的一种一体化侦查方式。

（2）参办的范围

适用参办有两种情形。一是上级人民检察院应下级人民检察院的请求参办；二是上级人民检察院认为确有必要时主动派员参办。

（3）参办的实施

下级人民检察院职务犯罪侦查部门向上级机关侦查指挥中心办公室提出参办具体案件的请求与理由，或指挥中心办公室提出参办具体案件的建议与理由；报检察长批准或决定；上级机关派人协调解决下级院正在办理的重大复杂案件侦查工作中遇到的重大问题；将解决的情况与效果报告领导并归档。

4. 督办

（1）督办的定义

督办是指上级人民检察院对下级人民检察院办理的在本辖区内具有重大社会影响的案件，发函督查办理或直接派员督查办理，下级人民检察院应当按照上级人民检察院的要求办理，并及时报告进展情况和查处结果的一种一体化侦查方式。

（2）督办的范围

督办案件的范围是下级人民检察院办理的案件在其辖区内有重大社会影响。

（3）督办的方式

督办的方式有两种：一是发函督办；二是派员督办。

（4）督办的实施

上级人民检察院侦查指挥中心提出督办案件的名单及理由的建议；报经领导批准；发函督办或直接派员督办；下级人民检察院按上级人民检察院的要求办理；下级院及时向上级院报告进展情况和查处结果；上级人民检察院指挥中心办公室对督办结果情况进行归档。

5. 交办

（1）交办的定义

交办是指上级人民检察院对应当由本院管辖的案件或者案件线索，经检察长批准或决定后，交由下级人民检察院侦查，或本院初查后再交由下级人民检察院侦查的一种一体化侦查方式。

（2）交办的范围

交办案件的范围是根据案件分级立案侦查原则，本应当由交办案件的人民检察院管辖的案件或案件线索而交给其下级人民检察院侦查或初查。

（3）交办的方式

交办案件有两种情形：一是上级院将应由本院管辖的案件，先由本院初查、立案，再交由下级人民检察院继续侦查办理，如市级院将要案立案后交由其下级某院继续侦查。二是上级院将应由本院管辖的案件或案件线索，直接交由下级人民检察院初查并立案侦查。前者为上级机关立案后再交办，后者为上级机关立案前的交办。

（4）交办的实施

上级人民检察院指挥中心提出应交办具体案件或具体线索的建议；报本院检察长批准或决定，签发交办函；承办案件的人民检察院按照上级人民检察院的要求办理。

承办院向上级院及时报告进展情况和查处结果；承办案件的人民检察院在办理交办案件过程中发现有不属于本院管辖的其他人员重大职务犯罪线索，及时报告交办案件的上级人民检察院处理；作出交办决定的人民检察院将交办情况报上一级检察院备案。

6. 提办

（1）提办的定义

提办是指上级人民检察院对下级人民检察院正在侦查的有关案件提上来自己办理的一种一体化侦查方式。

(2) 提办的范围

提办范围包括：一是下级人民检察院侦查的案件久拖不结的；二是下级人民检察院正在侦查的案件与上级院管辖的案件有关联的；三是下级人民检察院在办案过程中遇到复杂情况、难以继续侦查的。

(3) 提办的方式

一是上级人民检察院依职权主动将本应由下级院侦查的案件提由本院直接侦查办理；二是下级人民检察院向上级人民检察院提出提办的请求后，上级人民检察院经审查认为符合提办范围再决定提办。

(4) 提办的实施

下级院提出请求上级人民检察院提办的建议与理由或上级人民检察院指挥中心办公室提出拟提办的具体个案名单与理由，报检察长批准或决定；由上级人民检察院直接办理；应上级人民检察院的要求原承办案件的下级人民检察院协助侦查；作出提办决定的人民检察院将提办情况报上一级人民检察院备案。

7. 指定侦查

(1) 指定侦查的定义

指定侦查是指上级人民检察院对不宜由下级人民检察院侦查或者下级人民检察院难以继续侦查的案件及线索，指定辖区内的其他下级人民检察院侦查的一种一体化侦查方式。

(2) 指定侦查的范围

指定侦查的范围：一是不宜由下级人民检察院侦查的案件及线索；二是下级人民检察院难以继续侦查的案件及线索。

(3) 指定侦查的实施

指挥中心办公室提出拟指定侦查的案件或线索的具体建议，填写《指定管辖决定书》，报检察长批准或决定；将《指定管辖决定书》分别发送给原办理案件的人民检察院和接受指定管辖的人民检察院；原办理案件的人民检察院及时将案件有关材料移送被指定管辖的人民检察院并协助做好案件查办工作；接受指定管辖的人民检察院按照上级人民检察院的要求办理，并及时报告进展情况和查处结果；接受指定的人民检察院对于侦查中发现的指定范围以外不属于本院管辖的案件线索，及时报告上级人民检察院；决定指定管辖的人民检察院将指定管辖的情况报上一级人民检察院备案；归档。

第二节 侦查指挥

侦查指挥是指侦查指挥人员通过下达命令、指示等形式,使检察系统内部下级的意志服从上级的意志或个人的意志服从统一的意志,将侦查决策和计划变成全系统或全体成员的统一行动,从而协同一致地去完成侦查任务的行动过程。

侦查指挥具有以下内涵:一是决策,即指挥员在发扬民主、集思广益基础上作出决定与策划的一种指挥活动。二是组织,即指挥员在决策的基础上,对侦查力量进行合理安排分工的一种指挥活动。三是协调,即指挥员在侦查指挥前的静态和侦查工作开展的动态过程中根据实际情况和侦查需要协助、调和各种关系的处理的一种指挥活动。

一、侦查指挥的原则

1. 统一指挥原则

统一指挥原则是侦查工作协调有序的重要保证。职务犯罪侦查工作只能服从一个指挥,不能政出多门,各行其是。一个下级机关或其工作人员只接受一个上级机关或其领导人的直接指挥,并对这个机关或其领导人负责。正常情况下,上级机关及其领导人不能越级指挥,下级机关及其工作人员也不能越级请示汇报工作。

2. 权责统一原则

指挥员拥有对部属的指挥权。指挥员对部属人员的思想、纪律、工作及案件的侦破结果负责。这一原则,体现了侦查指挥员对侦查工作的权力和责任,是侦查指挥员权力和责任的统一。权责统一原则有利于发挥侦查指挥员的主观能动性和积极开拓性,有利于提高指挥效率。

3. 快速反应原则

职务犯罪嫌疑人作案后,为了逃避法律制裁,不可避免地会进行串供、毁证、匿赃、逃跑、编织保护网等逃避、对抗侦查的活动。

4. 随机应变原则

在侦查中,侦查人员与犯罪嫌疑人双方总是围绕侦查与反侦查展开多种形式的动态的博弈,情况变化发展多端。因此,侦查指挥不能简单套用一般的侦查规定,也不能固守原有的预测和决策,而要随着情况的变化,因时因地制宜,从变化了的实际情况出发,灵活应对和决策。

5. 目标导向原则

在侦查指挥中,指挥员要围绕证实犯罪的目的,科学地制定侦查行动所要达到的总体目标,并分阶段、分层次分解。要选定各个侦查小组乃至每个侦查员经过努力有可能达到的分目标和各个阶段的分目标,以此统筹各个侦查方向、各个侦查阶段、各个侦查员的侦查活动,提高侦查活动的协调性。通过建立各种目标,把整个侦查队伍的思想和行动凝聚和统一起来。

6. 队伍激励原则

在侦查工作中,指挥员必须充分调动侦查人员的积极性、主动性和创造性。侦查指挥员在指挥活动中,不但要时时注意分析案情,还要最大限度地调动侦查人员的积极性、主动性、创造性,使其在侦查活动中尽可能充分地发挥聪明才智,促进案件的迅速侦破。

7. 公正理性原则

公正司法,理性办案,是侦查指挥应遵循的原则之一。一方面侦查指挥人员要在办案过程中实现实体公正,即犯罪事实清楚,证据确凿、充分,适用罪名准确,确保案件立得起、诉得出、判得了。另一方面是侦查指挥人员在办案过程中要注意程序公正,严格根据刑事诉讼法的有关规定行使侦查权,依法合理采取侦查措施、强制措施,依法确保犯罪嫌疑人的合法权益。

二、侦查指挥的方法

侦查指挥的总体方法,就是必须以科学发展观为指导,因人、因案、因地、因时而异,切忌千篇一律,生搬硬套。

1. 准确把握时机

侦查指挥员要善于准确抓住战机。在侦查活动中,如果不善于把握战机,就有可能造成案犯潜逃、串供、毁灭罪证,增大侦查取证、破案工作的难度,甚至造成骑虎难下的被动局面。

2. 合理布置任务

指挥员在熟悉案件情况的基础上,要根据案件的性质、大小、易难等特点,结合侦查人员的素质、特长,进行合理的任务分配。如果案件性质属于贪污或挪用公款,就交给懂财会业务且会查账的侦查人员去完成;如果案件疑难、复杂或重大,就交给侦查能力较强、富有一定侦查经验、能突破重大疑难案件的优秀侦查人员去负责。

3. 精心组织力量

在职务犯罪侦查指挥中,侦查指挥人员能否适当调配、合理安排人员,最能体现其运筹能力。对侦查力量的安排、使用,应考虑到侦查人员之间业务能力、组织能力、特殊技能、年龄体质、气质、个性、情绪等差异性。在考虑这些因素之后,再根据个人的特点和优势,量才适用,充分发挥每个人的才干和能力。要发挥群体功能作用,要根据案件的不同特点及办案人员的不同特点进行适当调配,如强弱结合、新老结合、老少结合、刚柔结合。

此外，还要善于借用他人力量，为我所用，增强检察机关的战斗力。一是借用其他检察机关的侦查力量，搞好协查工作；二是加强与纪检监察的协作配合，形成合力；三是争取发案单位的配合与支持，争取发案单位领导和职工的理解与协助；四是借助其他行政执法机关，甚至其他国家、国际组织的力量，协助查办案件。

4. 民主科学决策

决策与指挥关系密切，正确的指挥来源于正确的决策，决策的过程也就是指挥的施行过程。在侦查指挥中，决策要做到民主化、科学化，要博采他人之长，充分发挥民主，在权衡利弊、分析评估的基础上拍板决定，并及时跟踪决策，修正决策，在动态中决策，在决策的执行过程中再决策。

三、侦查指挥的内容

（一）侦查方案的制定

制定详细全面的侦查方案，是开展侦查指挥的前提。侦查方案主要包括以下内容：

1. 犯罪嫌疑人的基本情况，包括其工作经历、学习简历、生活习惯、喜好、家庭成员的基本情况、其交好的同学、朋友基本情况、关系熟悉的单位同事的基本情况、家庭存款、房产情况、车辆情况、出行情况等。

2. 与犯罪嫌疑人有牵连的相关人员情况。包括共同参与实施犯罪的人员情况、可能知晓案情的人员基本情况等。

3. 犯罪嫌疑人可能涉嫌的罪名或已掌握的涉嫌犯罪的线索，要对其进行详细的分析判断，并列出重点。

4. 开展侦查工作的谋略、方法、步骤。要针对犯罪嫌疑人可能涉嫌的不同罪名、不同事实采取相应的侦查方法和手段，并明确每一步骤要解决的重点问题。

5. 侦查人员的组成和分工、职责和任务、完成时间和要求，并明确各自的负责人。

6. 后勤保障的人员和要求，并在侦查工作开展前准备到位。

7. 侦查应变方案，针对可能遇到的问题或阻碍提前进行预测，并制定相应的应对措施。

8. 安全防范预案，针对办案过程中可能出现的安全问题进行预测，并安排专人提前做好防范工作。

（二）侦查力量的调配

无论职务犯罪案件的大小，都涉及侦查力量的调配问题。小的案件只需明确案件承办人员和协助人员，重大、复杂的案件则需组成专案组，分成几个小组来共同办理。一般来说，主要分为：

1. 指挥小组。负责侦查活动的整体谋划，侦查方向的制定，侦查力量的调配，侦查工作的分工、调度，侦查协调和指令下达等。

2. 综合组。负责侦查资料的汇总、分析，信息反馈，会议记录，工作协调，司法文书的制作，证据的审查，律师接待等。

3. 审讯组。根据案件的情况可以设立两个以上的审讯组，可以实行轮换，也可以由一组审讯人员一审到底。有多名犯罪嫌疑人的，各审讯组之间要注意相互协调和沟通。

4. 取证组。根据侦查工作的需要，可以成立两个以上的取证小组，各自负责对各项犯罪事实进行调查取证，取证组要与综合组、审讯组保持紧密的联系，随时调整各自的取证方向或审讯方向。

5. 技术组。由计算机技术人员、司法会计人员、翻译人员等组成，负责协助做好侦查中的电子证据调取、司法鉴定、翻译等工作。

6. 后勤保障组。负责办案期间的经费申报、管理、报账，交通工具、办案设备的保障，解决吃、住、行等问题。

（三）侦查阶段的规划

在不同的侦查阶段，侦查指挥的侧重点不同。

1. 基础性侦查阶段，即犯罪嫌疑人被逮捕前。这时案件才刚立案，犯罪嫌疑人才开始审讯，这一阶段的任务是打好基础，为全面突破犯罪嫌疑人做准备。要求尽快查清犯罪嫌疑人的一两笔犯罪事实，并收集足够的证据，以确保能够对犯罪嫌疑人采取逮捕的强制措施。

2. 重点性侦查阶段，即犯罪嫌疑人被逮捕后的一个月之内。这一阶段是侦查的攻坚阶段，要对侦查的重点方向、重点任务、重点线索开展进一步侦查，以全面获取犯罪嫌疑人的口供，全面掌握犯罪嫌疑人的犯罪事实和证据，要根据审讯、取证情况适时调整工作方向和工作重点。

3. 深挖拓展阶段，即案件侦查终结前。这是案件已经进入收尾阶段，但侦查工作并未结束，应当在突破重点的基础上进一步扩大战果，深挖余罪、余犯。同时要进一步固定完善证据，防止犯罪嫌疑人翻供。

（四）侦查方向的选择

越是重大、复杂的案件，侦查的方向越多，作为侦查指挥人员，要有清醒的头脑、明确的思路，从中选择中正确、合理、有效的路径。一般来说，可以根据案件具体情况，选择以下几种侦查方向：

1. 以涉案人员的职权范围、职权行使轨迹确定侦查方向。职务犯罪案件都与涉案人员的职权密切相关，在对其职权的调查中，必然能发现、证实其犯罪。

2. 以犯罪行为的实际受益人为侦查方向。不论是贪污贿赂犯罪，还是渎职侵权犯罪，都存在具体的实际受益人，以此为突破口，往往不仅能证实犯罪嫌疑人的犯罪，还能挖出其他的犯罪嫌疑人。

3. 以作案规律和犯罪手段确定侦查方向。职务犯罪嫌疑人往往是多次作案，在其作案过程中，往往会形成其独特的特点和习惯，要善于分析，找出其中的规律，以此达到举一反三的效果。

4. 以犯罪案件中的疑点、无法解释的问题为侦查方向。犯罪案件中的疑点、无法解释的问题后面往往隐藏着犯罪，侦查工作中，要善于发现容易被忽视的隐形问题，并以此为突破口来深挖犯罪。

5. 以确定的举报线索为侦查方向。针对举报反映出的线索，从中选择一个容易突破、取证的线索，以此为切入点，查实一个，追查全部的线索。

6. 以犯罪嫌疑人的家庭财产为侦查方向。对犯罪嫌疑人的家庭财产进行调查，不仅可以发现、收集犯罪证据，还可以查明巨额财产来源不明，更好地实现打击犯罪的目的。

7. 以涉案人的社会背景、社会关系和特殊关系人员为侦查方向。在案件进入到深挖拓展阶段时往往以此为方向，通过对涉案人的社会背景、社会关系、特殊关系人员的侦查，能够进一步查明犯罪嫌疑人可能涉嫌的犯罪事实，进一步扩大战果。

（五）侦查工作的协调

在侦查过程中，侦查指挥人员为实现侦查的目的，通过与相关部门和单位的互相联系和沟通，促进侦查工作的顺利开展，为侦查工作提供强有力的后盾。

1. 与相关部门的协调。在侦查过程中，可协调参与纪检监察部门的调查，也可商请审计、工商、质检、技术监督、税务等部门参与案件的部分环节，在拘留、逮捕、追逃及技术侦查手段的使用上，可借助公安部门的技术和网络资源，与银行、房产、通信等部门协调，以尽快获取当事人的资产、通话等有效信息。

2. 与发案单位及其主管部门的协调。加强与发案单位及其主管部门的沟通协调，有利于迅速及时调取相关证据材料，有利于发动群众提供线索、信息，有利于维护单位的正常生产、工作秩序，有利于整章建制、堵塞漏洞，建立良好预防机制，共同推动反腐败工作的深入开展。

3. 与检察机关内部各部门的协调。在侦查工作中，需要检察机关内部法警、办公室、技术、后勤、侦查监督、公诉、刑事执行检察、案件管理等部门的支持配合，以整合侦查资源，形成职务侦查全院"一盘棋"的大格局，更好地促进侦查工作的顺利开展，为起诉、审判奠定坚实的基础。

附件：

一、本章流程图

1. 侦查一体化运行流程图
2. 专项侦查行动流程图
3. 专案侦查流程图
4. 参办流程图
5. 督办流程图
6. 提办流程图
7. 交办流程图
8. 指定侦查流程图

二、法律文书、工作文书格式样本

1. 指定管辖决定书
2. 督办案件决定书
3. 交办案件决定书
4. 提办案件决定书
5. 参办案件决定书

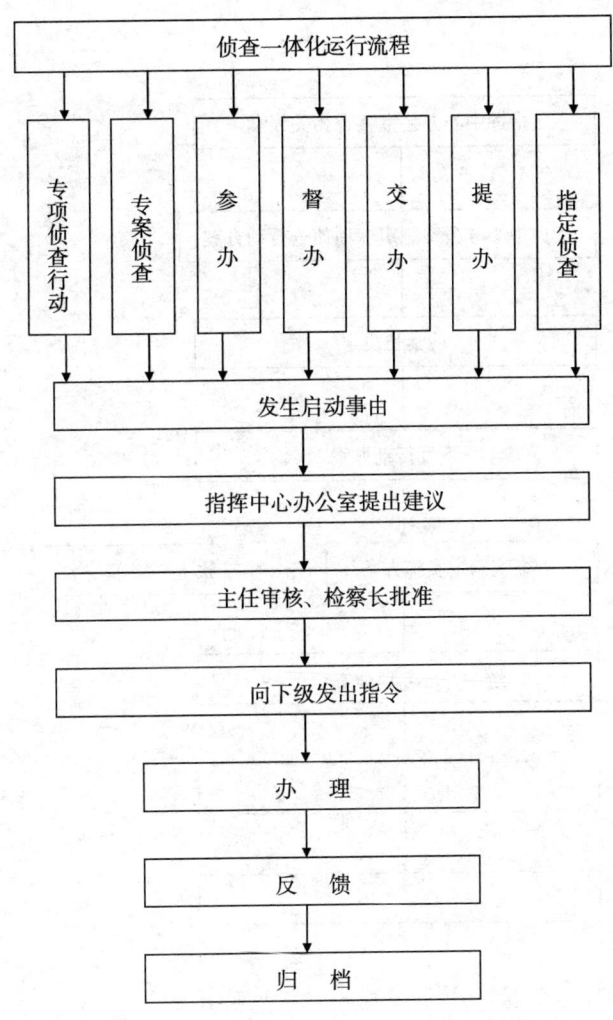

侦查一体化运行流程图

职务犯罪侦查流程与规范

专项侦查行动流程图

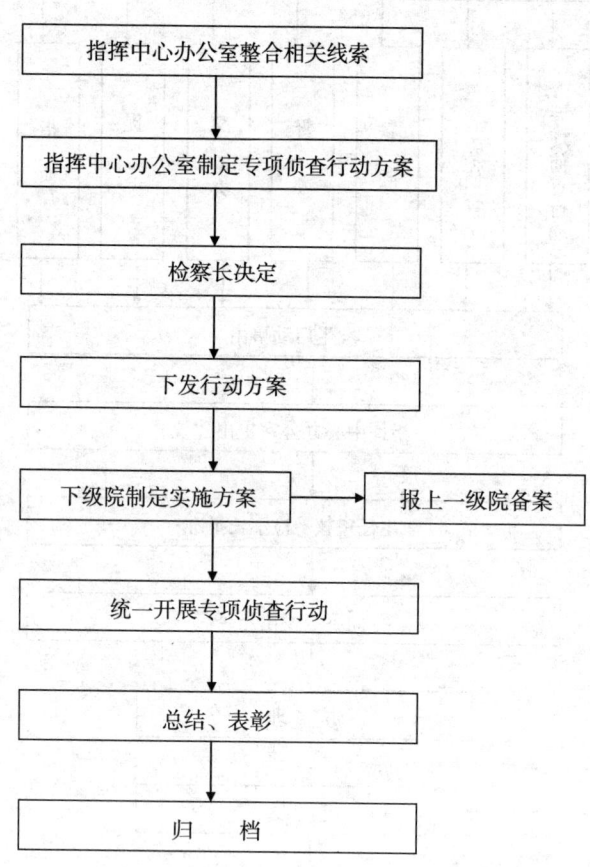

专案侦查流程图

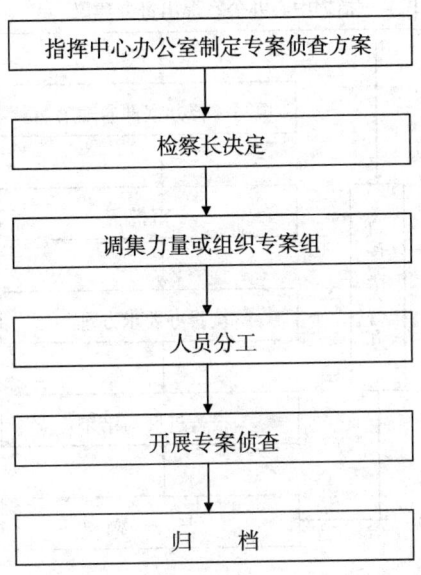

参办流程图

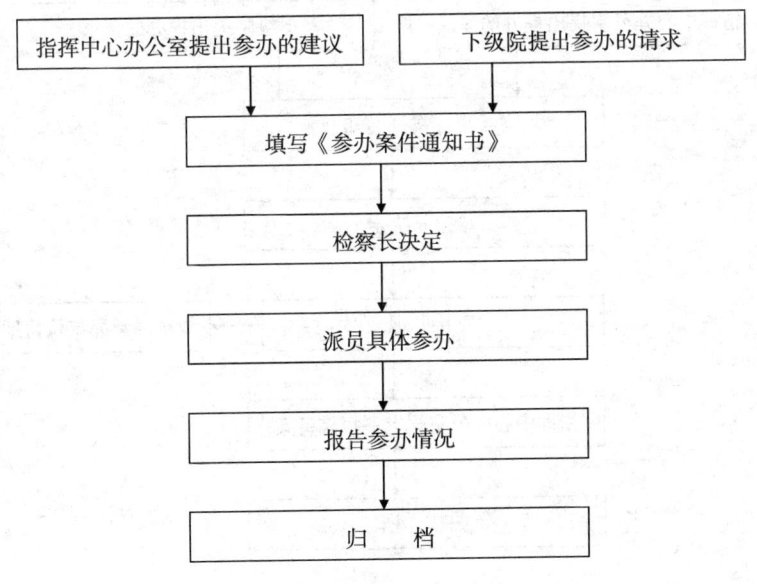

督办流程图

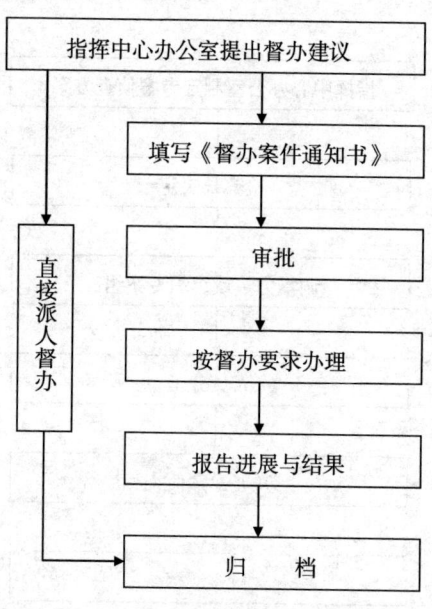

提办流程图

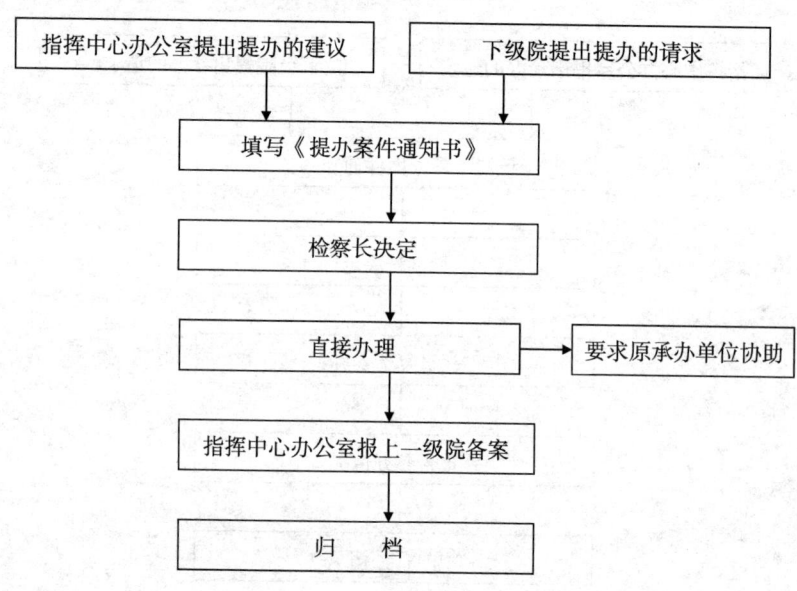

交办流程图

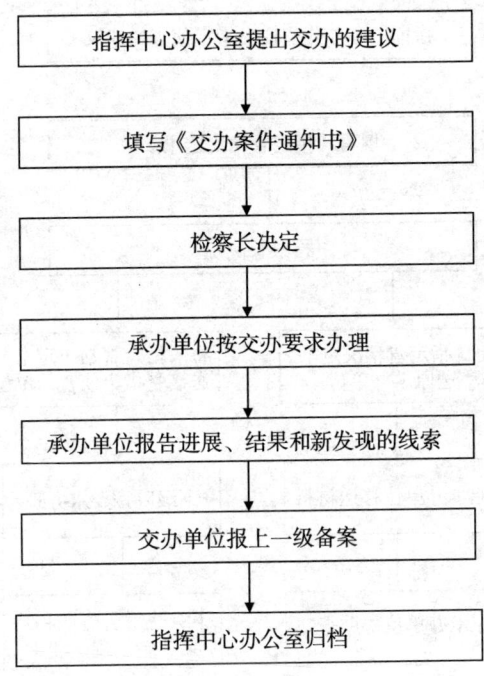

指定侦查流程图

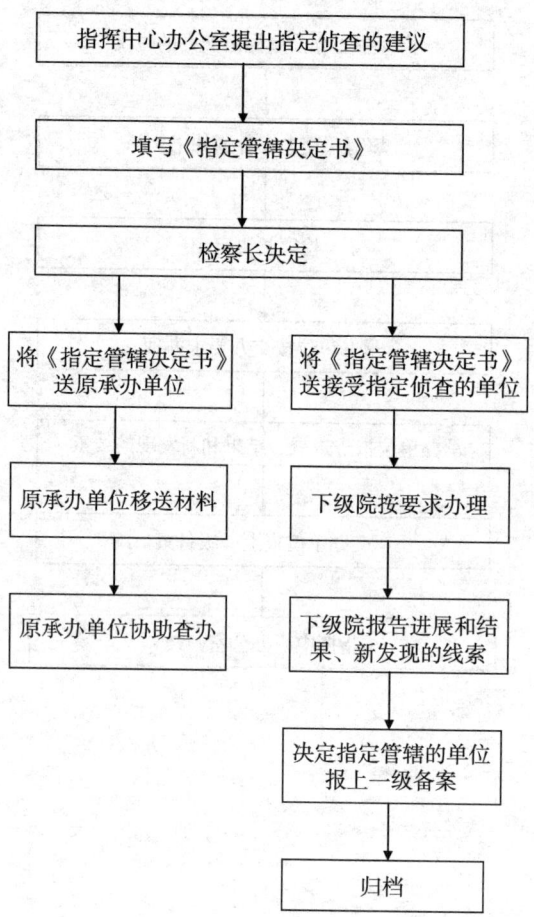

××人民检察院 指定管辖决定书

检指辖〔 〕 号

××人民检察院：

　　　　　人民检察院以犯罪嫌疑人　　　　　涉嫌　　　　　一案，根据《人民检察院刑事诉讼规则（试行）》第　　条的规定，经本院审查，指定你院管辖。

年　月　日
（院印）

第三联　送达被指定管辖的人民检察院

××人民检察院 指定管辖决定书

检指辖〔 〕 号

××人民检察院：

　　　　　人民检察院以犯罪嫌疑人　　　　　涉嫌　　　　　一案，根据《人民检察院刑事诉讼规则（试行）》第　　条的规定，经本院审查，指定　　　　　人民检察院管辖。

年　月　日
（院印）

第二联　送达其他对管辖有争议的人民检察院

××人民检察院 指定管辖决定书
（存　根）

检指辖〔 〕 号

案由
犯罪嫌疑人基本情况（姓名、性别、年龄、身份证号码、工作单位、住址、是否人大代表、政协委员）
送达单位
被指定管辖单位
批准人
承办人
填发人
填发时间

第一联　统一保存

××人民检察院
督办案件决定书

检督办〔 〕 号

：

　　涉嫌————犯罪一案已列为我院督办案件。请你院于——年——月——日前将查办情况（结果）书面报我室。

年　月　日
（指挥中心办公室印）

检督办〔 〕 号

××人民检察院
督办案件决定书
（存根）

检督办〔 〕 号

案由：
犯罪嫌疑人：
单位及职务：
督办原因：
承办单位：
督办人姓名：
批准人：
批准时间：
填发人：
填发时间：

××人民检察院
交办案件决定书

检交办〔　〕　号

＿＿＿＿＿＿：

现将＿＿＿＿＿涉嫌＿＿＿＿＿犯罪的线索（案件）交由你院查办。请你院于　　年　　月　　日前将查办情况（结果）书面报我室。

年　月　日
（指挥中心办公室印）

第二联 送达被交办的人民检察院并附卷

检交办〔　〕　号

××人民检察院
交办案件决定书
（存根）

检交办〔　〕　号

被举报人（犯罪嫌疑人）：
单位及职务（涉嫌罪名）：
线索内容：
承办单位：
批准人与批准时间：
填发人：
填发时间：

第一联 统一保存

××人民检察院
提办案件决定书

检 提办〔 〕 号

：

涉嫌＿＿＿＿＿犯罪的线索（案件）已决定由我院提办。请你院于＿＿年＿＿月＿＿日前将该（线索）案件有关材料报送我中心。

年 月 日
（指挥中心办公室印）

第二联 送达原承办的人民检察院并附卷

检 提办〔 〕 号

××人民检察院
提办案件决定书
（存 根）

检 提办〔 〕 号

犯罪嫌疑人：
单位及职务：
涉嫌罪名（线索内容）：
原承办单位：
提办原因：
批准人与批准时间：
填发人：
填发时间：

第一联 统一保存

××人民检察院
参办案件决定书

检 参办 〔 〕 号

_____:

涉嫌 _____ 犯罪一案，我院已决定参办。

参办人_____

年 月 日
（指挥中心办公室印）

第二联 交承办案件的人民检察院并附卷

××人民检察院
参办案件决定书
（存 根）

检 参办 〔 〕 号

案由：
犯罪嫌疑人姓名：
单位及职务：
承办单位：
参办原因：
批准人与批准时间：
填发人：
填发时间：

第一联 统一保存

第九章 侦查协作与侦查配合

第一节 侦查协作

侦查协作是指检察机关在依法查办贪污贿赂、渎职侵权等职务犯罪案件的过程中,为了整合优势,提高办案效率。对需要核实案情、调查取证、采取强制措施等事宜所进行的协调、配合和合作。办理职务案件的人民检察院,遇有与侦查相关的事宜,确有必要请求有关人民检察院予以协助的,可以请求侦查协作。

一、侦查协作的原则

在侦查协作中,应遵守以下原则:

(一)依法请求与配合原则

该原则包含两方面的含义:一是请求方的请求要符合法律的规定,并具备以下条件:(1)法律手续完备。法律手续包括立案决定书、请求协作函及法律规定采取强制措施等必需的法律文书和手续。(2)协作事项具体明确。协作事项包括协查的目的、协查的要求、协查的对象、协查的内容等。二是协作方应当按照法律规定履行相关的协作义务。协作方人民检察院收到侦查协作请求后,应当根据法律和有关规定进行程序性审查,并分别作出以下处理:(1)对符合侦查协作条件,法律手续及有关材料完备的,应当予以协作;(2)对法律手续及有关材料不完备的,应当告知请求方予以补充;(3)对不符合侦查协作条件的,应当说明理由,不予协作,并将有关材料退回请求方。

(二)协作义务原则

协作义务原则指依法提供协作是协作方的一项任务和义不容辞的责任。从法律上讲,协作义务是协作方的作为义务,以协作方提供协作为要件,如果不依法履行相应的协作行为,将受到责任追究。根据《人民检察院侦查协作的暂行规定》(以下简称《协作规定》)第十三条第二款规定:对不履行侦查协作职责或者阻碍侦查协作进行,给办案工作造成严重影响或者其他严重后果的,应当对有关单位予以通报批评,并责令改正;对直接负责的主管人员和其他直接责任人员,应当依照有关规定给予党纪政纪处分。

(三)各负其责原则

根据《协作规定》第十三条第一款规定:"协作方依照协作请求履行协作事

宜，其引起的法律后果由请求方承担；协作方超越协作请求范围的行为所产生的法律后果，由协作方承担"；第十四条规定："人民检察院依照规定履行协作职责不得收取费用。侦查协作经费列入办案业务经费预算统筹开支。最高人民检察院、省级人民检察院对提供侦查协作业务繁重、经费开支较大的地方人民检察院予以适当补助。"责任自负原则的内容如下：一是案件错误及由此引起的赔偿由请求方承担责任。这里的案件错误，既包括请求方对案件的事实认定、适用法律错误，也包括请求方的请求协作内容错误，如调查对象错误等。二是协作手段违法及由此引起的后果由协作方承担。协作方提供协作也应当依法进行，如果采用非法的手段提供协助，违法后果就应由协作方承担。

（四）争议请示原则

《协作规定》第十二条规定："侦查协作中的争议，由有关各方协商解决。协商不成的，报各自上级人民检察院或者共同的上级人民检察院协调。经上级院协调确定的意见，有关人民检察院应当执行，不得拖延。"从实践中看，侦查争议主要源于管辖争议。而争议请示原则，是解决争议的有效途径之一，其根本方法就是协商。运用协商的办法，能充分体现争议双方的平等和谅解，对于公正执法、密切合作、服务大局均具有独特的作用。

（五）快速有效原则

请求协作的事项办理完毕后，协作方应当及时将情况和材料及时向请求方反馈，协作事项属上级院交办的，应当向上级院报告。提供侦查协作一般应当在收到侦查协作请求后十日内完成，情况紧急的，应当及时完成并反馈结果；情况复杂的，可以适当延长。由于客观原因无法提供协作的，应当在十日内通知请求方。

（六）保守秘密原则

协作方应当依照协作请求依法履行协作事宜，在协作中应当保守秘密，不得通风报信。对玩忽职守、滥用职权、泄露秘密、通风报信构成犯罪的，依法追究其刑事责任。

二、侦查协作的内容

1. 协助受理线索。根据《刑事诉讼法》第八十四条、《刑诉规则（试行）》第一百二十四条的规定，人民检察院对不属于本院管辖的有关犯罪的报案、控告、举报和自首，也应当接受；对于不属于本院管辖又必须采取紧急措施的，应当先采取紧急措施，然后移送主管机关。

2. 协助调查取证。异地调取证据可以采取信函协查的方式。使用信函协查的，请求方应当将根据案情制作详细的调查提纲（包括需调查的对象、内容、要达到的目的、时间要求等）并附该案的相关法律手续。协作方应当根据调查提纲的要求，及时调查取证。

3. 协助采取紧急措施。《刑事诉讼法》第八十四条规定，人民检察院对不属于自己管辖而又必须采取紧急措施的，应当先采取紧急措施，然后移送主管机关。这里所说的紧急措施，既包括侦查措施，也包括强制措施。《协作规定》第八条规定，请求方派员到异地协助公安机关执行拘留、逮捕的，原则上应由请求方检察机关与当地公安机关取得联系后，通过公安协作渠道办理。必要时，协作方检察机关也要予以配合。根据最高人民检察院《关于对携款潜逃的贪污、贿赂等案犯及时立案、报告的通知》（1992年6月18日），各地检察机关要密切配合，加强对携款潜逃案件的查办工作。凡发现与潜逃案犯有关的情况应及时向承办单位通报，并配合缉捕，不得延误。

三、侦查协作的程序

1. 承办人提出协作请求。需进行侦查协作的案件，应由案件承办人提出请求，层报主管检察长批准，并加盖院章。

2. 准备相关的法律文书和案件材料。根据最高人民检察院《关于重申检察机关赴外地办案的几项规定》（1992年9月12日）的有关规定精神，各级检察机关在办理案件过程中，需自行到外地拘留、逮捕犯罪嫌疑人的，应当携带有关的法律文书，以及工作证、介绍信和犯罪嫌疑人犯罪的主要材料等。到外地执行搜查和讯问的，应携带有关法律文书、工作证，以及有介绍案情和执行搜查、讯问目的、要求等内容的公函。到外地追缴赃款赃物的，应出示有关的法律文书和案件材料。

3. 发出协作函件或直接派员前往。侦查协作一般由办理案件的人民检察院（以下简称请求方）直接向负有协作义务的人民检察院（以下简称协作方）提出请求函件，并填写请求侦查协作表。涉及厅级以上领导干部、省级以上人大代表（政协委员）的侦查协作事项，应当通过省级以上人民检察院予以安排；涉及担任实职的县（处）级领导干部的侦查协作事项，应当通过分、州、市以上人民检察院进行安排。

请求方办理案件遇有紧急事项需要请求方协作，无法及时办理有关请求协作手续的，可以商请协作方紧急协作，但是有关请求协作手续必须及时予以补办。

请求方派员到异地协助公安机关执行拘留、逮捕的，原则上应由请求方检察机关与当地公安机关取得联系后，通过公安协作渠道办理。必要时协作方检察机关也要予以配合。请求方到异地执行搜查、扣押、追缴涉案款物等，应当请当地检察机关协作，协作方应当予以配合。

4. 协作方对协作事项进行审查。看是否属于自己的管辖范围，法律文书、相关材料是否齐全。对法律手续及有关材料不完备的，应当告知请求方补充，如遇特殊情况，可先予以协助，事后再补充材料。

5. 开展侦查协作。一般应当在收到协作请求后十日内完成；情况紧急的，应当及时完成；情况复杂的，可以适当延长；由于客观原因无法提供协作的，应当在十日内通知请求方。

6. 结果反馈。对书面请求的，应当按规定时间及时以书面形式反馈结果。请求方派员的，当面告知结果。

四、侦查协作的要求

1. 人民检察院依照规定履行协作职责不得收取费用。侦查协作费列入办案业务经费预算统筹开支。最高人民检察院、省级人民检察院对提供侦查协作业繁重、经费开支较大的地方人民检察院予以适当补助。

2. 侦查协作工作就纳入考核侦查部门办案成绩的重要内容和指标，各级人民检察院侦查部门应当确立专门机构或者指派专人具体负责侦查协作。上级检察院要加强对侦查协作工作的指导、协调和检查。

3. 人民检察院初查案件需要协作的，参照此节有关规定办理。

第二节　侦查配合

查办职务犯罪案件，除了全国检察机关内部的协调合作之外，还需要各有关机关、企事业单位、社会各界以及各部门的支持和配合。

侦查配合是指检察机关在办理职务犯罪案件的过程中，因工作需要，与其他侦查机关、有关国家机关、有关单位就核实案情、调查取证、采取强制措施等事宜进行的协调、配合和合作。配合单位主要有：一是享有侦查权的公安机关、国家安全机关、监狱、军队保卫部门和海关走私犯罪侦查机关；二是行政执法机关，即依照法律、法规或规章的规定，对破坏社会市场经济秩序、妨害社会管理秩序以及其他违法行为具有行政处罚权的行政机关，以及法律、法规授权的具有管理公共事物职能、在法定授权范围内行使行政处罚权的组织，如审计机关、财政机关、税务机关等；三是法院；四是各级党的纪检监察机关；五是其他单位，如银行、电信、移动、鉴定机构等。

一、侦查配合的内容

（一）移送职务犯罪案件线索

根据最高人民检察院、海关总署《关于在海关系统共同开展预防职务犯罪工作中加强联系配合的通知》（2001年4月26日）规定，海关在工作中发现或者收到群众举报的海关工作人员涉嫌贪污贿赂、渎职等线索，经审核认为涉嫌职务犯罪的，应当依照有关规定及时移送有管辖权的检察机关，检察机关应当依法及时办理。最高人民检察院、审计署《关于建立案件移送和加强工作协作配合制度的通知》（2000年3月23日）规定，审计机关在审计监督过程中，发现被审计单位及有关人员违反刑事法律，按照人民检察院直接受理立案侦查案件立案标准的规定涉嫌构成犯罪，需要追究刑事责任的，应当将犯罪案件线索移送有管辖权的检察机关处理。此外，国务院《行政执法机关移送涉嫌犯罪案件的规定》（2001年7月9日）、最高人民检察院、财政部、审计署、监察部《关于严肃追究扰乱财经秩序违法违纪人员责任的通知》（1998年1月19日）、最高人民检察院、公安部、国土资源部、海关总署、国家税务总局、国家环境保护总局、国家工商行政管理局、国家林业局、国家质量技术监督局、国家保密局《关于在查办渎职案件中加强协调配合建立案件移送制度的意见》（1999年12月30日）、最高人民检察院、国家税务总局《关于在税务系统中共同做好预防职务犯罪工作的通知》（2001年4月30日）、最高人民检察院、中央金融工委、中国人民银行、证监会、保监会《关于在金融系统共同开展预防职务犯罪工作的通知》（2001年8月10日）等规定中，都对有关机关发现职务犯罪案件线索需要及时向检察机关移送作出了明确的规定。

（二）配合提供证据材料

《刑事诉讼法》第五十二条规定，人民检察院有权向有关单位和个人收集、调取证据。有关单位或个人应当如实提供。《刑事诉讼法》第一百三十五条规定，任何单位和个人有义务按照人民检察院的要求，交出可以证明犯罪嫌疑人有罪或者无罪的物证、书证、视听资料等证据。这里的任何单位当然包括其他侦查机关、行政执法机关以及其他有关的任何单位。

（三）执行强制措施

可协助的强制措施包括：取保候审、监视居住、拘留和逮捕。《刑事诉讼法》第六十五条、第七十二条、第七十九条、第八十条、第一百六十三条规定，检察机关决定对犯罪嫌疑人适用取保候审、监视居住、拘留和逮捕的强制措施的，由人民检察院作出决定，由公安机关执行。需要注意的是，在决定和执行这些强制措施的过程中，还应遵循《刑诉规则（试行）》、最高人民法院、最高人民检察院、公安部、国家安全部《关于取保候审若干问题的规定》（1999年8月4日）、最高人民检察院、公安部《关于适用刑事强制措施有关问题的规定》（2000年8月28日）、最高人民检察院、公安部《关于依法适用逮捕措施有关问题的规定》（2001年8月6日）、最高人民检察院《关于检察机关反贪污贿赂工作若干问题的决定》（1999年11月8日）、《关于人民检察院办理直接受理立案侦查案件实行内部制约的若干规定》（2004年6月24日）等规定。

（四）协助采取侦查措施

可协助的侦查措施包括：讯问犯罪嫌疑人、询问证人、勘验、检查、搜查、调取、扣押书证、物证和视听资料、查询、扣押、冻结存款、汇款、鉴定、辨认、通缉、追逃等。如根据最高人民检察院《关于对携款潜逃的贪污、贿赂等案犯及时立案、报告的通知》（1992年6月18日）规定，对已经潜逃应当逮捕的案犯，要商请公安部门发布通缉令；对已经逃往境外的案犯，应通过我国的国际刑警组织缉捕。根据最高人民检察院、公安部、中国人民银行、海关总署《关于查处携款潜逃的经济犯罪分子的通知》（1993年8月9日）规定，对携款潜逃的经济犯罪分子，应迅速立案，及时通报有关部门，并由公安机关发布通缉令。海关在监管工作中发现国内人员非法携带大量现金出境，有携款潜逃嫌疑的，应采取监控措施，并及时将有关情况通知海关所在地的检察机关和公安机关。需要对犯罪嫌疑人的精神状况进行司法精神病鉴定时，应遵循最高人民法院、最高人民检察院、公安部、司法部、卫生部《关于精神疾病司法鉴定暂行规定》（1989年7月11日）。

二、侦查配合的事项及程序

（一）与行政执法机关的配合

1. 检察机关商请行政执法机关协助配合的主要内容包括以下方面：

（1）向检察机关移送贪污贿赂、渎职侵权等职务犯罪案件及其证据材料。例如，《关于建立案件移送和加强工作协作配合制度的通知》规定，审计机关在审计监督过程中，发现被审计单位及有关人员违反刑事法律，按照人民检察院直接受理立案侦查案件立案标准的规定涉嫌构成犯罪，需要追究刑事责任的，应当将犯罪案件线索移送有管辖权的检察机关处理。审计机关向检察机关移送涉嫌犯罪案件线索时，应当将审计机关移送处理书和有关证据移送给检察机关；《关于严肃追究扰乱财经秩序违法违纪人员责任的通知》规定："各级财政、审计机关和税收财务物价大检查办公室在监督检查和审计工作中，……需要依法追究有关人员刑事责任的及时移送司法机关依法处理"；《关于在查办渎职案件中加强协调配合建立案件移送制度的意见》规定："公安、国土资源等部门发现或经调查，认为本部门工作人员触犯《中华人民共和国刑法》分则第九章中有关条款的规定，涉嫌渎职犯罪，需要追究刑事责任的案件，应将有关材料移送相应的检察机关，发现其他国家机关工作人员的渎职犯罪案件线索，也应将有关材料移送相应的检察机关。"

（2）加强联系，互通情况，协调配合。例如，《关于建立案件移送和加强工作协作配合制度的通知》规定，在查办贪污贿赂、渎职和其他违法犯罪案件工作中，检察机关和审计机关要加强工作联系，密切配合，建立案件移送制度，经常交流通报情况，研究解决工作中出现的问题，加大查办和打击贪污贿赂、渎职和其他违法犯罪活动的力度。也可根据工作需要，建立联席会议制度；《关于在查办渎职案件中加强直辖市配合建立案件移送制度的意见》规定："在查办渎职案件工作中，检察机关与各部门之间要加强联系、协调和配合，根据情况可采取不同形式互通信息，研究问题，交换意见。"

（3）协助初查、侦查。例如，《关于在查办渎职案件中加强协调配合建立案件移送制度的意见》规定："检察机关接受群众举报或侦查中自行发现的公安、国土资源等部门工作人员的渎职案件，经查认为涉嫌渎职犯罪的，应向有关单位通报，并请求提供相关材料和协助侦查，有关单位应当协助。"

2. 行政执法机关向检察机关移送贪污贿赂、渎职侵权等职务犯罪案件的程序、方式和方法。根据国务院《行政执法机关移送涉嫌犯罪的规定》第十八条规定，行政执法机关在依法查处违法行为过程中，发现贪污贿赂、国家工作人员渎职或者国家机关工作人员利用职权侵犯公民人身权利和民主权利等违法行为，涉嫌构成犯罪的，应当按照下列程序、方式和方法及时将案件移送给相关的检察机关：

（1）行政执法机关在查处违法行为过程中，必须妥善保存所收集的与违法行为有关的证据。对查获的涉案物品，应当如实填写涉案物品清单，并按照国家有关规定予以处理。对易腐烂、变质等或者不易保管的涉案物品，应当采取必要措施，留取证据；对需要进行检验、鉴定的涉案物品，应当由法定检验、鉴定机构进行检验、鉴定，并出具检验报告或者鉴定结论。

（2）行政执法机关对应当向检察机关移送的涉嫌犯罪案件，应当立即指定两名或者两名以上行政执法人员组成专案组专门负责，核实情况后提出移送涉嫌犯罪案件的书面报告，报经本机关正职负责人或者主持工作的负责人审批。正职负责人或者主持工作的负责人应当自接到报告之日起三日内作出批准移送或者不批准移送的决定。决定批准的，应当在二十四小时内向同级检察机关移送；决定不批准的，应当将不予批准的理由记录在案。

（3）行政执法机关向检察机关移送涉嫌犯罪案件，应当附有下列材料：一是涉嫌犯罪案件移送书；二是涉嫌犯罪案件情况的调查报告；三是涉案物品清单；四是有关检验报告或者鉴定结论；五是其他有关涉嫌犯罪的材料。

（4）行政执法机关接到检察机关不予立案的通知书后，认为依法应当由检察机关决定立案的，可以自接到不予立案通知书之日起三日内，提请作出不予立案决定的检察机关复议。

（5）行政执法机关对检察机关决定不予立案的案件，应当依法作出处理。其中，依照有关法律、法规或者规章的规定应当给予行政处罚的，应当依法实施行政处罚。

（6）行政执法机关对应当向检察机关移送的涉嫌犯罪案件，不得以行政处罚代替移送。行政执法机关向检察机关移送涉嫌犯罪案件前已经作出的警告，责令停产停业，暂扣或者吊销许可证、暂扣或者吊销执照的行政处罚决定，不停止执行。

（7）行政执法机关对检察机关决定立案的案件，应当自接到立案通知书之日起三日内将涉案物品以及与案件有关的其他材料移交检察机关，并办结交接手续。

（8）行政执法机关移送涉嫌犯罪案件，应当接受人民检察院和监察机关依法实施的监督。任何单位和个人对行政执法机关违反规定，应当向公安或者检察机关移送涉嫌犯罪案件而不移送的，有权向人民检察院、监察机关或者上级行政执法机关举报。

（9）行政执法机关违反规定，隐匿、私分、销毁涉案物品的，由本级或者上级人民政府，或者实行垂直管理的上级行政执法机关，对其正职负责人根据情节轻重，给予降级以上的行政处分；构成犯罪的，依法追究刑事责任。对前款所列行为直接负责的主管人员和其他直接责任人员，比照前款的规定给予行政处分；构成犯罪的，依法追究刑事责任。

（10）行政执法机关违反规定，逾期不将案件移送公安或者检察机关的，由本级或者上级人民政府，或者实行垂直管理的上级行政执法机关，责令限期移送，并对其正职负责人或者主持工作的负责人根据情节轻重，给予记过以上的行政处分；构成犯罪的，依法追究刑事责任。行政执法机关违反本规定，对应当向公安或者检察机关移送的案件不移送，或者以行政处罚代替移送的，由本级或者上级人民政府，或者实行垂直管理的上级行政执法机关，责令改正，给予通报；拒不改正的，对其正职负责人或者主持工作的负责人给予记过以上的行政处分；构成犯罪的，依法追究刑事责任。

（二）与纪检监察机关的配合

1. 配合的主要内容。检察机关商请纪检监察机关协查的主要内容：一是向检察机关移送贪污贿赂、渎职侵权等职务犯罪案件及其证据材料；二是加强联系，互通情况，协调配合。但检察机关不得借用其他机关的行政、纪律措施控制犯罪嫌疑人、被告人，不得参与其他机关对违法违纪人员的看管。

2. 配合的主要规则。第一，根据中共中央《中国共产党纪律处分条例》（2003年12月31日）第三十二条规定："党员受到党纪追究，需要给予行政处分或者其他纪律处分的，作出或者批准作出决定的党组织应当向有关机关或者组织提出建议；涉嫌犯罪的，应当移送司法机关。"第二，根据最高人民检察院、中央纪律检查委员会《关于党的纪律检查委员会与国家检察机关建立联系制度的通知》（1988年11月21日）规定，一是党的纪检机关和检察机关应加强工作联系，及时交流信息。确定双方负责联系的部门和联系人，建立双方负责同志定期和不定期的联席会议制度。联席会议的主要内容：交流打击经济犯罪以及其他违法乱纪案件的情况和线索；研究、协调有关政策和法律问题；研究重大案件的查处和需要协调解决的问题。二是建立案件移送制度。党的纪检机关查处的违犯党纪的案件，经审查已触犯刑律，需要追究刑事责任的，按照《刑事诉讼法》关于案件管辖的规定，及时将有关材料（复制件）移送相应的检察机关。三是移送检察机关立案侦查尚未终结的案件，一般不要公开报道，需要公开报道时由双方协商决定。四是纪检机关和检察机关在查处案件中要相互配合，相互支持，对于经济犯罪与党纪政纪问题交织在一起的大案要案，检察机关可提前介入，协同办案。检察机关在查处案件中遇到阻力和困难时，纪检机关应支持检察机关依法办案，保护检察人员的工作积极性；对于利用职权打击报复办案人或举报人的，一定要严肃处理。第三，根据《中华人民共和国行政监察法》（1997年5月9日，以下简称《行政监察法》）第四十三条规定："监察机关在办理监察事项中，发现所调查的事项不属于监察机关职责范围内的，应当移送有处理权的单位处理；涉嫌犯罪的，应当移送司法机关处理。接受移送的单位或者机关应当将处理结果告知监察机关。"第四，中央纪律检查委员会、最高人民检察院、监察部《关于纪检监察机关和检察机关在反腐败斗争中加强协作的通知》（1993年11月5日）规定，一是各级纪检监察机关和检察机关也应建立相应的联席会议制度，加强在反腐败斗争中的协作和配合。二是纪检监察机关查处的违纪案件经审查认为已触犯刑法，需要追究刑事责任的，应按照《刑事诉讼法》有关案件管辖的规定，及时将有关证据材料（或复印件）移送相应的检察机关。三是纪检监察机关和检察机关要及时转送属于对方管辖的有关举报材料。四是对于查处有阻力或涉及党纪、政纪、渎职侵权检察交叉的大案要案，经纪检监察机关和检察机关协商，可由一个部门为主调查，另一个部门进行配合，必要时由联席会议决定由纪检监察机关和检察机关联合调查，对触犯刑法的，由检察机关依照法律程序办理。五是纪检监察机关查处的可能构成犯罪需要移送检察机关的案件或移送检察机关尚未侦结的案件，一般不要公开报道，如需公开报道，应由双方协商决定。六是纪检监察机关和检察机关在反腐败斗争中要依法办案，严格区分违反党纪政纪和刑事犯罪的界限，各司其职，相互配合，协调一致。遇到问题不能协调一致的，提交联席会议协商，协商仍不一致的，分别报上一级纪检监察机关和检察机关。第五，根据中央纪律检查委员会、最高人民法院、最高人民检察院、公安部《关于纪律检查机关与法院检察院公安机关在查处案件过程中互相提供有关案件材料的通知》（1989年9月17日）规定，一是由县级以上纪检或党委（党组）立案检查的案件，在检查过程中，发现需由检察机关依法查处的违法犯罪案件，或在党纪处理之后，仍需追究刑事责任的，应与所在地的检察机关取得联系，把立案材料（正在检查的案件，提供主要证据；已处理的案件，提供处分决定、调查报告、主要证据和本人交代材料）移送检察机关。二是纪检与检察机关互相交接案件的有关材料时，必须办理正式手续。第六，根据最高人民检察院《安全规定》第十条规定："不得借用其他机关的行政、纪律措施控制犯罪嫌疑人、被告人，不得参与其他机关对违法违纪人员的看管。"这里的行政、纪律措施包括"两规"、"两指"。

（三）与银行、邮电等单位的配合

1. 配合的主要内容

检察机关与银行等企业事业单位的配合内容主要有：一是企事业单位包括发案单位，有义务向检察机关移送职务犯罪案件及其证据材料；二是商业银行等金融机构有义务协助检察机关查询、冻结、扣划涉案存款；三是邮电机关有义务协助检察机关检交、扣押涉案邮件、电报；四是省级医院等鉴定机构有义务协助检察机关对专门问题进行鉴定。

2. 配合的主要规则

（1）《刑事诉讼法》第五十二条规定，人民检察院有权向有关单位和个人收集、调取证据。有关单位和个人应当如实提供证据；第一百三十五条规定任何单位和个人，有义务按照人民检察院的要求，交出可以证明犯罪嫌疑人有罪或无罪的物证、书证、视听资料；第一百四十一条规定侦查人员认为需要扣押犯罪嫌疑人的邮件、电报的时候，经人民检察院批准，即可通知邮电机关将有关的邮件、电报检交扣押。不需要继续扣押的时候，应即刻通知邮电机关；第一百四十二条规定人民检察院根据侦查犯罪的需要，可以依照规定查询、冻结犯罪嫌疑人的存款、汇款、债券、股票、基金份额等财产；第一百四十四条规定为了查明案情，需要解决案件中某些专门性问题的时候，应当指派、聘请有专门知识的人进行鉴定。《商业银行法》（2003年12月27日修正）第二十九条规定："对个人储蓄存款，商业银行有权拒绝任何单位或者个人查询、冻结、扣划，但法律另有规定的除外"；第三十条规定："对单位存款，商业银行有权拒绝任何单位或个人查询。但法律、行政法规另有规定的除外；有权拒绝任何单位或者个人冻结、扣划，但法律另有规定的除外。"国务院《储蓄管理条例》（1992年12月11日）第三十二条规定："储蓄机构及其工作人员对储户的储蓄情况负有保密责任。储蓄机构不代任何单位和个人查询、冻结或者划拨储蓄存款，国家法律、行政法规另有规定的除外。"

（2）《刑诉规则（试行）》规定，检察人员可以凭人民检察院的证明文件，向有关单位和个人调取能够证实犯罪嫌疑人有罪或无罪的证据材料，并且可以根据需要拍照、录像、复印和复制；扣押犯罪嫌疑人的邮件、电报或者电子邮件，应当经检察长批准，通知邮电机关或者网络服务机构将有关的邮件、电报或者电

职务犯罪侦查流程与规范

子邮件检交扣押；人民检察院根据侦查犯罪的需要，可以依照规定查询、冻结犯罪嫌疑人的存款、汇款；向银行或者其他金融机构、邮电机关查询或者要求冻结犯罪嫌疑人存款、汇款，应当经检察长批准，通知银行或者其他金融机构、邮电机关执行；人民检察院为了查明案情，解决案件中某些专门性问题，应当进行鉴定。鉴定由检察长批准，由人民检察院技术部门具有鉴定资格的人员进行。必要的时候，也可以聘请其他有鉴定资格的人员进行，但是应当征得鉴定人所在单位的同意。

（3）根据最高人民检察院、公安部、中国人民银行、海关总署《关于查处携款潜逃的经济犯罪分子的通知》（1993年8月9日）规定，对于确有可能携款潜逃的重大经济犯罪分子，县级以上检察机关应当及时向有关银行制作协助冻结存款通知书，银行接到通知书后要立即冻结其存款；对于不需要继续冻结的存款，检察机关要及时通知银行解冻。

（4）根据中国人民银行、最高人民法院、最高人民检察院、公安部、司法部《关于查询、停止支付和没收个人在银行的存款以及存款人死亡后的存款过户或支付手续的联合通知》（1980年11月22日）规定，一是检察机关因侦查、起诉，需要向银行查询与案件直接相关的个人存款时，必须向银行提出县级以上检察机关正式查询公函，并提供存款人的有关线索，如存款人的姓名、存款日期、金额等情况；经银行县、市支行或市分行区办一级核对，指定所属储蓄所提供资料，查询单位不能直接到储蓄所查阅账册；对银行提供的存款情况，应当保守秘密。二是检察机关在侦查案件中，发现当事人存款与案件直接有关，要求停止支付存款时，必须向银行提供县级或县级以上检察机关的正式通知，经银行县、市支行或市分行区办一级核对后，通知储蓄所办理暂停支付手续。停止支付的期限最长不超过六个月。

（5）根据中国人民银行、最高人民法院、最高人民检察院、公安部《关于查询、冻结、扣划企业事业单位、机关、团体银行存款的通知》（1993年12月11日）规定，一是检察机关因查处经济违法犯罪案件，需要向银行查询企事业单位、机关、团体与案件有关的银行存款或查阅有关的会计算凭证、账本等资料时，银行应积极配合。查询人员必须出示本人工作证或执行公务证和出具县级以上检察机关签发的协助查询存款通知书。由银行行长或其他负责人（包括城市分理处、农村营业所和城乡信用社主任）签字后指定银行有关业务部门凭此提供情况和资料，并派专人接待。查询人对原件不得借走，需要的资料可以抄录、复制或照相，并经银行盖章。检察机关对银行提供的情况和资料，应当依法保守秘密。二是检察机关因查处经济犯罪案件，需要冻结企事业单位、机关、团体与案件直接有关的一定数额的银行存款，必须出具县级以上检察机关签发的协助冻结存款通知书及本人工作证或执行公务证。经银行行长（主任）签字后，银行

第九章 侦查协作与侦查配合

应当立即凭此并按照应冻结资金的性质，冻结当日单位银行账户上的同额存款。如遇被冻结单位银行账户不足冻结数额时，银行应在六个月的冻结期内冻结该单位银行账户可以冻结的存款，直至达到需要冻结的数额。被冻结的款项在冻结期限内如需解冻，应以作出冻结决定的检察机关签发的解除冻结存款通知书为凭，银行不得自行解冻。冻结单位存款的期限不得超过六个月，有特殊原因需要延长的，检察机关应在冻结期满前办理继续冻结手续。每次续冻期最长不超过六个月。逾期不办理继续冻结手续的，视为自动撤销冻结。三是作出查询、冻结、扣划决定的检察机关和协助执行的银行不在同一辖区的，可以直接到协助执行的银行办理查询、冻结、扣划单位存款的手续，不受辖区范围的限制。四是军队、武警部队一类保密单位开设的"特种预算存款"、"特种其他存款"和连队账户的存款，原则上不采取冻结或扣划等项诉讼保全措施。但军队、武警部队的其余存款可以冻结和扣划。五是检察机关因查处经济违法犯罪案件，需要执行专业银行、其他银行和非银行金融机构在人民银行的款项，应通知被执行的银行和非银行金融机构自动履行。六是两家以上的人民法院、人民检察院、公安机关对同一存款冻结、扣划时，银行应根据最先收取的"协助执行通知书"办理冻结和扣划。在协助执行时，如对具体执行哪一个机关的冻结、扣划通知有争议，由争议的机关协商解决或者由其上级机关决定。七是检察机关、银行要依法行使职权和履行协助义务，积极配合。遇有问题或检察机关与协助执行的银行意见不一致时，应提请双方的上级部门共同协商解决。

职务犯罪侦查流程与规范

第十章 刑事司法协助与个案协查

　　刑事司法协助是指不同国家司法机关之间为惩治跨国犯罪,根据两国缔结的双边条约或参加的多边公约或者互惠关系,彼此互相协助,代为对方行使一定的刑事诉讼行为(如通缉、逮捕、引渡逃犯、送达司法文书、传唤证人、收集和移送证据、提供情报等)的司法制度。建立和实行人民检察院刑事司法协助,是我国检察机关与国外司法机关在打击刑事犯罪方面的交流,共同惩治国家性犯罪的重要手段。

第一节 刑事司法协助的一般规定

一、刑事司法协助的依据

　　刑事司法协助的宗旨是有效地实现对跨国犯罪行为的惩罚,由于各国主权独立平等,一国司法机关只能在本国领域内行使司法权,刑事司法协助实际上是平等的国家主体之间在交往合作的前提下,在司法领域内进行的一种互助行为,它的基础是基于双边条约或参加的多边条约或者是根据互惠原则进行的。根据《刑事诉讼法》第十七条和《刑诉规则(试行)》第六百七十六条的规定,我国检察机关开展刑事司法协助的依据主要是两个:一是我国参加或者缔结的国际条约,包括我国缔结或参加的专门规定刑事司法协助、合作协议事项的双边条约、协定以及包含有刑事司法协助和合作内容的其他国际多边公约。二是无相应条约规定的,按照互惠原则通过外交途径办理。

二、刑事司法协助的原则

　　经过长期的司法实践,国际司法协助逐渐积累了一些基础性、概括性的原则,主要有:

　　1. 国家主权原则。在司法协助中,国家主权原则表现为:一是国家司法权的专属性;二是国家对国际条约的善意信守与遵循;三是司法豁免权在司法协助中受到尊重;四是治外法权的排除;五是对本国利益的特殊保护。

　　2. 平等互惠原则。在司法协助中,平等互惠原则表现为:一是主体资格的平等;二是参加、缔结国际条约的自愿性;三是权利义务的对等;四是国民待遇上的平等;五是国家豁免权的适用;六是平等协商;七是对等限制。

　　3. 法制平等原则。由于司法协助必须是两个或两个以上国家的配合与协作,

第十章　刑事司法协助与个案协查

当事国除了要遵守本国的法律及基本原则外，还要遵守对方国家的法律，因而派生两项原则：一是双重犯罪原则的适用。即只有当事国双方都认为所需办理的事项符合本国的法律规定，司法协助才能进行。二是一事不再理原则。即对于同一犯罪事实，根据请求方和被请求方的法律，双方都有刑事管辖权的，当请求方提出司法协助时，被请求方可根据一事不再理原则，作出拒绝的回应。

4. 特定性原则。它是对司法协助的案件范围和请求方对被请求方具体协助行为在刑事诉讼中的具体适用上作出特殊限制的规则：一是政治犯罪、军事犯罪的例外；二是引渡案件刑罚的最低标准；三是司法协助事项在诉讼中适用的特定性。具体包括引渡对象诉讼行为的特定限度，证人、鉴定人的特殊保护等。

5. 人权保护原则。一是死刑不引渡，国际间对死刑不引渡制度的执行着重于人权保护；二是民族、种族、国籍和宗教、政治信仰方面的案件作出不予协助的例外；三是年龄、健康状况的人道主义考虑；四是有关人员诉讼权利的最低限度保障。

三、刑事司法协助的范围

根据不同国家和地区之间的关系和司法合作的实践，可分为初级合作和高级合作。初级合作主要包括：诉讼文书的委托送达，委托勘验、检查、鉴定、搜查和扣押，代为询问证人、鉴定人、传唤证人和鉴定人出庭等。高级合作主要包括：引渡、诉讼移管、承认与执行外国的刑事判决等。根据《刑诉规则（试行）》第六百七十九条的规定，人民检察院司法协助的范围主要包括以下内容：

1. 刑事方面的调查取证。相互代为询问证人、被害人，相互委托勘验、检查、鉴定、搜查、查封和扣押，相互代为通知证人和鉴定人出庭等。

2. 送达刑事诉讼文书，通报刑事诉讼结果。相互代为送达在刑事诉讼过程中制作的各种法律文件和文书，以及与刑事诉讼程序相关的文书或者文字材料，如身份证明、来往信函等。

3. 移交物证、书证和视听资料。将与犯罪相关联，能够证实案件情况和犯罪嫌疑人情况的实物或者痕迹，能够以其内容证明案件真实情况的文字、图表等资料，载有与案件相关内容的录像带、录音带等移交给对刑事案件行使管辖权的请求国。

4. 扣押、移交赃款、赃物。将依法代为扣押的赃款、赃物移交给对刑事案件行使管辖权的请求国。

5. 法律和国际条约规定的其他司法协助事宜。如情报信息的交流和合作，有关犯罪活动的情况通报；有关犯罪对象的情况通报，协助提供对请求国刑事案件的侦查必要的证据等。

四、刑事司法协助的办理机关

刑事司法协助中的有权机关,是指有权向外国提出刑事司法协助请求并有权执行外国提出的刑事司法协助请求的机关。在我国,人民检察院作为国家司法机关,在执行司法协助中具有重要的地位。最高人民检察院1997年4月23日发布的《关于检察机关办理司法协助案件有关问题的通知》规定,最高人民检察院是全国检察机关司法协助的最高主管机关,最高人民检察院外事局负责检察机关司法协助工作的管理、协调和对外联络,最高人民检察院有关业务部门负责检察机关司法协助案件的审查和办理。

刑事司法协助中的中央机关是一国为进行司法协助而设立或者指定的,在司法协助中起联系、转递作用的机关。刑事司法协助中的中央机关和主管机关的划分实质上是一种司法协助职能的划分,中央机关的职能主要是为国家之间的司法协助进行联系和协调工作,主管机关的职能主要是负责具体处理和执行司法协助请求。在我国,国际司法协助的中央机关在大多数情况下是司法部,在我国已缔结的47个双边刑事司法协助或包含双边刑事司法协助内容的双边条约或者协定中,有31个双边协定或条约是把司法部一个机关指定为中央机关。

五、刑事司法协助的途径

根据人民检察院刑事诉讼规则的规定,人民检察院与有关国家相互提供司法协助,应当按照我国与有关国家缔结的司法协助条约规定的联系途径或者外交途径进行。根据我国已缔结或者参加的国家条约的规定和我国人民检察院刑事司法协助工作实践,刑事司法协助的联系途径主要有以下几种:

1. 通过中央机关联系。最高人民检察院是和司法部一起作为我国的中央机关,负责与有关国家对应的中央机关联系和转递司法协助文件及其他材料。根据《刑诉规则(试行)》第六百八十五条的规定,有关司法协助条约规定最高人民检察院为司法协助的中方中央机关的,地方各级人民检察院办理司法协助,一律通过最高人民检察院直接与有关国家对应的中央机关联系和转递司法协助文件及其他材料。凡有关条约规定其他机关为中方中央机关的,地方各级人民检察院办理司法协助事务一律通过最高人民检察院与中方中央机关联系和转递司法协助文件,在联系司法协助事务中既要通过最高主管机关,也要按照有关条约规定的联系途径进行。

2. 通过外交途径联系。这一联系方式主要是用来办理引渡案件。办理引渡案件应当依照国家关于引渡的法律和规定执行,这是人民检察院在办理引渡案件中应当遵守的一个基本原则。引渡是一种国家行为,一国是否接受他国引渡的请求，除非附有条约义务，由被请求国政府自行决定。在通过外交途径办理引渡案件时，我国外交部是联系机关。《引渡法》第四条第一款规定："中华人民共和国和外国之间的引渡，通过外交途径联系。中华人民共和国外交部为指定的进行引渡的联系机关。"检察机关向外国提出引渡请求，应当通过最高人民检察院将请求以及有关材料转交外交部，由外交部向被请求国提出。在紧急情况下，检察机关可以在正式提出引渡请求前，由最高人民检察院通过外交途径或者国际刑警组织，或者通过邮寄、电报、电传等联系方式，请求外国司法机关对被要求引渡人采取临时强制措施。外国请求我国引渡也应当通过外交途径书面提出请求。

3. 边境地区检察机关直接联系。根据《刑诉规则（试行）》第六百八十九条的规定，"我国边境地区人民检察院与相邻国家的司法机关相互进行司法合作，在不违背有关条约、协议和我国法律的前提下，可以按惯例或者遵照有关规定进行，但应当报最高人民检察院备案"。根据这条规定，边境地区检察机关在不通过我国刑事司法协助的中央机关或者外交途径的情况下，在不违背有关条约、协议和我国法律的前提下，可以按惯例或者遵照有关规定与相邻国家边境地区司法机关进行联系从事司法合作。

六、刑事司法协助的期限与费用

人民检察院提供司法协助，请求书中附有办理期限的，应当按期完成。未附办理期限的，调查取证一般应当在三个月以内完成；送达刑事诉讼文书一般应当在三十日以内完成。不能按期完成的，应当说明情况和理由，层报最高人民检察院，以便转告请求方。

人民检察院提供刑事司法协助，根据有关条约规定需要向请求方收取费用的，应当将费用和账单连同执行司法协助的结果一并报送最高人民检察院转递请求方。最高人民检察院收到上述费用后应当立即转交有关人民检察院。人民检察院请求外国提供司法协助，根据条约规定应当支付费用的，最高人民检察院收到被请求方开具的收费账单后，应当立即转交有关人民检察院支付。

第二节　刑事司法协助的程序

一、检察机关向外国提供司法协助的一般程序

开展刑事司法协助应当按一定的法定程序进行，一般来说，主要有以下几个步骤：

1. 接受请求。开展区际刑事司法协助首先必须由请求方提交请求委托书及其附件。最高人民检察院通过有关国际条约规定的联系途径或外交途径，接受外国提出的司法协助请求。外国有关机关请求人民检察院提供司法协助的请求书及所附文件，应当附有中文译本或者国际条约规定的其他文字文本。

2. 审查。被请求协助单位根据协助请求书及其支持的法律文书的附件，进行实质和形式的双重审查。实质审查以"国家主权和平等互利原则"为指导，审查协助的内容、方式、途径是否符合原则的规定。形式审查主要审查提交的法律文件是否齐全、是否合乎刑事司法协助协议的约定。最高人民检察院收到缔约的外国一方提出的司法协助请求后，应当依据我国法律和有关司法协助条约进行审查。对符合条约规定并且所附材料齐全的，交由有关省、自治区、直辖市人民检察院办理或者指定有关人民检察院办理，或者交由其他有关最高主管机关指定有关机关办理。对不符合条约或者有关法律规定的，应当通过接受请求的途径退回请求方不予执行；对所附材料不齐全的，应当要求请求方予以补充。

3. 办理。在接受请求后应及时执行，在执行时要严格按照协助请求书约定的协助内容和协助方式执行，如果被请求协助的司法机关在执行过程中发现无权请求协助请求的，应及时移送有权执行的机关，并函告委托方。根据《刑诉规则（试行）》第六百九十四条、第六百九十五条规定，有关省、自治区、直辖市人民检察院收到最高人民检察院转交的司法协助请求书和所附材料后，可以直接办理，也可以指定有关的人民检察院办理。负责执行司法协助请求的人民检察院收到司法协助请求书和所附材料后，应立即安排执行，并按条约规定的格式和语言文字将执行结果及有关材料报经省、自治区、直辖市人民检察院审查后，报送最高人民检察院。

对于不能执行的，应当将司法协助请求书和所附材料，连同不能执行的理由通过省、自治区、直辖市人民检察院报送最高人民检察院。

人民检察院因请求书提供的地址不详或材料不齐全难以执行该项请求的，应当立即通过最高人民检察院要求请求方补充提供材料。

4. 回复。在执行完毕后，地方有关办理协助事项的检察机关应当将结果报送最高人民检察院，最高人民检察院对执行结果进行审查。对于符合请求要求和

有关规定的,由最高人民检察院转递请求协助的缔约外国一方。如果根据有关条约规定其他机关为中方中央机关的,由最高人民检察院转送中央机关,再由其转递提出请求的外国方。

二、检察机关向外国提出司法协助请求的一般程序

1. 提出请求。地方各级人民检察院需要向缔约的外国一方请求提供司法协助,应当按有关条约的规定提出司法协助请求书、调查提纲及所附文件和相应的译文。请求书及其附件应当提供具体、准确的线索、证据和其他材料。我国与被请求国有条约的,请求书及所附材料按条约规定的语言译制文本;我国与被请求国没有签订条约的,按被请求国官方语言或者可以接受的语言译制文本。

刑事司法请求书应当依照有关条约和协议中对于请求书的内容和格式进行制作,如没有规定的,实践中可以参照联合国1990年通过的《刑事事件互助示范条约》的规定制作,请求书一般包含以下内容:(1)请求机构的名称和进行请求所涉及的侦查或者起诉当局的名称;(2)该项请求的目的和所需协助的简要说明;(3)请求所涉及的犯罪事实及相关法律的规定或者文本;(4)必要情况下收件人的姓名和地址;(5)希望遵守的任何特定程序或者要求的理由和细节;(6)对希望在任何期限内执行请求的说明;(7)执行请求所必需的其他资料。除此之外,请求书及其他函件应当附有被请求国文字的译文或者该国可接受的另一种文字的译文。

2. 层报。地方各级人民检察院的司法协助请求书、调查提纲及所附文件和相应的译文,经省级人民检察院审核后,一律层报报送最高人民检察院。

3. 审查。最高人民检察院收到地方各级人民检察院请求缔约的外国一方提供司法协助的材料后,应当依照有关条约进行审查。主要审查各级检察机关提出的协助请求是否属于请求外国提供司法协助的范围、有无请求必要、请求的内容是否完备,有无请求所涉及的调查的主管机关的名称,案件事实、法律的概念是否清楚、准确,是否涉及国家秘密以及有关程序要素等。对不符合条约规定或者材料不齐全的,应当退回提出请求的人民检察院补充或者修正。

4. 转递办理。最高人民检察院对符合条约有关规定、所附材料齐全的请求材料进行审查后,应当连同上述材料一并转递缔约另一方的中央机关,或者交由其他中方中央机关办理。

需要派员赴国外调查取证的,承办案件的人民检察院应当查明在国外证人、犯罪嫌疑人的具体居住地点或者地址、通信方式等基本情况,制作调查提纲,层报省级人民检察院审核后报送最高人民检察院,通过司法协助或者外交途径向被请求国发出请求书,在被请求国同意后按照有关程序办理赴国外取证事宜。

第三节　几种具体的涉外刑事司法协助

一、境外缉捕

（一）境外缉捕的概念

境外缉捕，是指对于潜逃境外的追捕对象，通过特定的程序和途径将其缉捕归案的国际（或区际）司法协助行动。境外缉捕具有司法和行政双重属性，就犯罪的认定和犯罪嫌疑人身份的确定而言，境外缉捕是一种司法行为；就具体的实施过程而言，通常要经由外交渠道以及行政部门的操作。境外缉捕与境内追捕相比具有质的区别。境外缉捕要坚持国家主权原则，依条约、依法办理原则，相互对等原则等。

对于潜逃出境的追捕对象，通常以我们发现或确定其所在国家和地区的具体位置为一侦查阶段，以后的工作属于司法协助的程序。发布"红色通缉令"的首要目的在于发现追捕对象所在国家或地区，以便启动国际警务合作、国际检务合作、具体的国际刑事司法协助、引渡等涉外办案程序。这些程序通常由相应的业务部门操作，立案的检察机关通常要予以配合，比如提供犯罪证据、相关资料等。需要强调的是，境内追捕与境外缉捕有着密切的联系，正如前面追捕程序和要求中所提到的一样，追捕对象在境内的犯罪事实、证据、国籍资料、个人基本情况等都是实施引渡、司法协助等行为不可缺少的材料。

对贪污贿赂、渎职侵权等职务犯罪案件犯罪嫌疑人的国际通缉，通常采取ICPO协查法。即通过国际刑警组织的关系，对逃往国外的职务犯罪嫌疑人及其罪行进行侦查和取证的方法。

我国检察机关在办理特别重大的涉外职务犯罪案件，其主要罪犯、重要同案犯（或证人）以及关键的证据材料等在国外，确需通过国际刑警组织协查的，应将主要案情、请求协查的事项等逐级上报至最高人民检察院审查决定。然后，由最高人民检察院与国际刑警中国国家中心局联系，通过国际刑警组织的关系将需要协查的事项同时转达给有关国家或地区的国际刑警机构，请求协助。目前办理的涉外职务犯罪案件，与有关的国际刑警机构侦查协作的形式主要有联查和代查两种。

1. 联查。其是一种直接协作的形式，即中国检察机关派员会同国际刑警中国国家中心局的人员，以国际刑警联络官的名义，前往涉案国和地区，与其国际刑警机构合作，在国外开展侦查活动。联查的具体程序：一是由中国检察机关和国际刑警中国国家中心局人员同涉案国际刑警机构人员共同商定调查提纲和有关事宜。二是由涉案国国际刑警机构同调查对象约定见面谈话的时间、地点。三是调查询问时以中国检察机关为主，涉案国国际刑警机构人员配合，询问材料形成后，由中国检察机关、国际刑警中国国家中心局和涉案国国际刑警机构人员共同签字，完善法律手续，保证证据的法律效力。

2. 代查。其是一种间接合作的形式，即中国检察机关不直接派员出国调查，而是通过国际刑警国家中心局利用国际刑警组织的关系，请求有关国家或地区的国际刑警机构协助，收集有关证据材料，直接侦讯、缉捕国外罪犯。代查的具体程序：一是由中国检察机关和国际刑警中国国家中心局向涉案国国际刑警机构发出请求协助调查函，协助调查函应详细列明需要调查的问题及收集证据。二是涉案国国际刑警机构将完成的调查任务和收集的证据复函给中国检察机关和国际刑警中国国家中心局。三是对重大外逃的职务犯罪案件犯利用国际刑警组织发布红色通缉令。所谓红色通缉令，即是因在通缉令右上角标有一小块红色方块而得名。该通缉令有一定的格式。题头标明国家和案别。红色通缉令是一种临时授权文件。对于发布国来说，这意味着该国将逮捕某一特定被告人的权力临时授予国际刑警组织各会员国。对于接到红色通缉令的国家来讲，这是该国拘留逮捕被告人的法律依据。

（二）境外缉捕的主要方法及简要程序

1. 查明情况。对于犯罪嫌疑人已经潜逃出境，需要进行境外缉捕的，承办案件的人民检察院应当迅速查明犯罪嫌疑人的个人基本情况、主要犯罪事实、出逃时间、出逃时所持的出入境证件号码、可能逃往的国家（地区）境外居住地址、电话以及犯罪嫌疑人在境外的亲友等情况，以便开展境外缉捕工作。

2. 发布红色通缉令。需要通过国际刑警组织缉捕犯罪嫌疑人的，承办案件的人民检察院应当填报《红色通缉令申请表》，并备齐相关法律文书、犯罪嫌疑人的身份证明、涉嫌犯罪的主要证据等材料，以本院名义层报最高人民检察院，商请国际刑警组织中国国家中心局办理。

3. 进行引渡。人民检察院开展境外缉捕工作，可以根据我国与犯罪嫌疑人所在国签订的引渡条约进行引渡。承办案件的人民检察院应当按照引渡法规定，以本院名义通过省级人民检察院向最高人民检察院提出引渡请求书，并附相关法律文书、犯罪嫌疑人的身份证明、涉嫌犯罪的主要证据等材料以及经过公证的译文，由最高人民检察院会同外交部审核同意后，由外交部向犯罪嫌疑人所在国提出引渡请求。

对于犯罪嫌疑人逃往国与我国尚未签订引渡条约的，最高人民检察院可通过外交、国际刑警组织或者被请求国同意的其他途径，请求犯罪嫌疑人所在国对犯罪嫌疑人先行采取强制措施，保证对个案进行引渡。

4. 采取遣返、驱逐出境。对于不能以引渡方式移交犯罪嫌疑人的，承办案件的人民检察院可以通过查明犯罪嫌疑人有犯罪前科、持假证件出逃、以假婚姻等欺诈手段向国外移民以及持无效、作废、过期等证件非法入境、在境外非法滞留、居留或者偷渡出境等情况，以本院名义层报最高人民检察院，商请有关部门将上述情况通报犯罪嫌疑人所在国的移民管理机关或司法机关，促使犯罪嫌疑人所在国采取遣返、驱逐出境等方式移交犯罪嫌疑人，并同时通报中国驻该国使领馆。

被请求国对犯罪嫌疑人非法入境、居留情况进行审查、审理的，承办案件的人民检察院应当根据需要，及时递交有关证据和出具书面证明材料，必要时还应当派员出庭作证。

被请求国决定将犯罪嫌疑人遣返回国或驱逐出境的，由最高人民检察院协调有关部门，商请外交部、公安部、司法部等部门加强与该国有关部门的联系，争取被请求国尽快将犯罪嫌疑人遣返回国或由我国司法人员将其押解回国；犯罪嫌疑人被遣返或驱逐到第三国（地区）时，最高人民检察院应当及时通过有关部门与第三国（地区）联系，协商引渡、遣返等事宜。

5. 边境区域性合作。犯罪嫌疑人潜逃到与我国相邻国家的，承办案件的人民检察院可以与边境省份的人民检察院或其他机关联系，利用边境区域性合作渠道，在当地有关部门协助下，查找、缉捕潜逃境外的犯罪嫌疑人。

二、境外追缴赃款赃物

1. 对于犯罪嫌疑人携款潜逃境外或将赃款、赃物转移到境外的，承办案件的人民检察院应当尽快查清赃款、赃物的去向。

赃款、赃物去向不明的，可以商请外汇管理部门、金融机构以及发案单位进行协查；可以商请省级公安机关或省华侨机构协查。

必要时，层报省级人民检察院，由省级人民检察院书面报最高人民检察院，商请外交部通过我国驻外使领馆或商事机构协查；或商请国际刑警组织中国国家中心局、司法部，通过国际刑事司法协助渠道进行协查。

2. 需要通过国际刑警组织或其他国际刑事司法协助渠道追缴犯罪嫌疑人转移到境外的赃款、赃物的，承办案件的人民检察院应当以本院名义层报省级人民检察院，由省级人民检察院制作请求书，连同请求事项和有关材料报最高人民检察院商请有关部门办理。

需要通过民事诉讼渠道在境外追缴赃款、赃物的，承办案件的人民检察院可以建议由发案单位或有关部门委托赃款、赃物所在国的律师向当地法庭提交起诉状，提出退还赃款、赃物的诉讼请求。

在发案单位或有关部门参与境外诉讼过程中，承办案件的人民检察院应当主动给予指导、支持和帮助。

3. 赃款、赃物被转移到与我国相邻国家的，承办案件的人民检察院可与边境省份的检察机关或其他机关联系，利用边境区域性合作渠道，在当地有关部门协助下,进行追缴。

三、境外取证

1. 需要获取境外相关证据的,人民检察院可以根据我国与有关国家签订的刑事司法协助条约或通过外交等其他途径进行。

地方人民检察院请求代为取证的,应层报省级人民检察院,由省级人民检察院制作请求书,连同调查提纲和有关材料报最高人民检察院,商请有关部门通过刑事司法协助或者外交途径办理。

承办案件的人民检察院应当尽量提供具体、准确的线索、资料。

2. 需要派员赴境外取证的,承办案件的人民检察院可根据我国与相关国家签订刑事司法协助条约的检察院直接公派渠道、外交途径等赴境外取证,也可请求国际刑警组织中国国家中心局协助联系赴境外取证。

派员赴境外取证,承办案件的人民检察院应当将已核查清楚的境外证人、犯罪嫌疑人的具体居住地点或地址、联系电话等基本情况,制定的调查提纲,确定的取证人员及其相关情况,以本院名义层报省级人民检察院,由省级人民检察院书面报最高人民检察院,商请有关部门通过外交途径或者刑事司法协助途径向被请求国发出正式函件,提出拟派员赴该国调查取证的请求。

待有关国家或者地区正式邀请我方后,赴境外取证。

派员赴与我国相邻国家取证,承办案件的人民检察院可以与边境省份的人民检察院或者其他机关联系,利用边境区域性合作渠道,在当地有关部门协助下进行。

第四节 涉港澳刑事个案协查

涉港澳刑事协查是我国区际司法协助的一种重要模式,涉港澳刑事协查是指内地检察机关在办理职务犯罪案件过程中,需要港澳特别行政区司法和行政部门予以配合的一种跨境职务犯罪个案协查机制。

一、协查的内容

内地人民检察院提请香港特别行政区、澳门特别行政区有关部门进行刑事个案协查的事项主要包括:

1. 查找和辨认有关人员;
2. 向有关人员录取证言;
3. 安排证人和鉴定人出庭作证;
4. 查询银行账户等有关文件;
5. 交换犯罪情报、法律资料、提供有关司法记录;

6. 其他需要协查的事项。

二、协查的程序

（一）提出个案协查请求

地方各级人民检察院办理的案件需要向香港特别行政区、澳门特别行政区有关部门提出个案协查请求的，应当提出报告书，逐级上报至最高人民检察院国际合作部门。

（二）制作个案协查请求报告书

刑事个案协查请求应当一案一报，案件同时涉及我国香港、澳门两地区的，可以同时报告。个案协查请求报告书应当包括以下内容：

1. 犯罪嫌疑人或被告人基本情况；
2. 主要犯罪事实和法律依据；
3. 是否采取强制措施；
4. 提出请求的理由；
5. 请求协助的事项；
6. 已经掌握的被调查人的姓名、性别、国籍、住址、联系电话、身份证号码或港澳居民往来内地通行证号码、被调查单位的名称、地址、电话等，以及其他有利于查找的线索资料；
7. 提出请求的人民检察院联系人和联系电话；
8. 请求派员赴港澳调查取证的，列出拟赴港澳人员名单。

报告书应当附详细调查提纲和有关法律文书复印件。

（三）初步审查

省级人民检察院应当对下级人民检察院的个案协查请求进行审查，符合规定的，报送最高人民检察院国际合作部门，同时抄送最高人民检察院有关业务部门；材料不齐全的，退回提出请求的人民检察院补充材料；不符合规定的，退回提出请求的人民检察院，并说明理由。

（四）呈报转递

最高人民检察院国际合作部门收到省级人民检察院报送的个案协查请求报告后，应按照下列情形分别处理：

1. 请求香港特别行政区、澳门特别行政区有关部门协助查询简单事项的，由国际合作部门负责人签发个案协查请求书，由最高人民检察院国际合作部门将案件材料转香港特别行政区、澳门特别行政区有关部门；在得到香港特别行政区、澳门特别行政区有关部门的答复后，回复有关省级人民检察院。

2. 对于请求派员赴港澳调查取证的，应立即征求有关业务部门意见。

对符合派员赴香港特别行政区、澳门特别行政区调查取证条件的，报请分管检察长审批同意后,由最高人民检察院国际合作部门将案件材料转送香港特别行政区、澳门特别行政区有关部门,并联系落实有关赴香港特别行政区、澳门特别行政区调查取证事宜;在得到香港特别行政区、澳门特别行政区有关部门同意后,批复有关省级人民检察院;报送材料不齐全的,通知报送的省级人民检察院补充材料;不符合规定的,退回报送的省级人民检察院,并说明理由。

(五)办理

省级人民检察院根据最高人民检察院的批复在当地办理赴香港特别行政区、澳门特别行政区手续。

赴香港、澳门调查取证的,由最高人民检察院或者最高人民检察院指定广东省人民检察院派员陪同。

需广东省人民检察院派员的,应当将有关材料同时抄送广东省人民检察院个案协查办公室。

三、协查的方式

个案协查请求一般采取由香港特别行政区、澳门特别行政区有关部门代为调查取证的方式,派员赴香港特别行政区、澳门特别行政区调查取证的案件,应当符合以下条件:

1. 案件属于重特大案件;
2. 案件的主要证人或重要证据在香港特别行政区、澳门特别行政区;
3. 案件的协查需办案人员在场提供补充信息和建议。

第十一章 侦查羁押期限

第一节 侦查羁押期限概述

侦查羁押期限是指在侦查阶段的犯罪嫌疑人被逮捕后至侦查终结前的羁押期限。侦查羁押期限与侦查期限不同,二者的主要区别在于:一是起点不同。侦查期限是指案件自立案后至侦查终结时的期限,始于立案之日。侦查羁押期限是指犯罪嫌疑人被逮捕后至侦查终结前的羁押期限,始于犯罪嫌疑人被逮捕之日。二是对人身的强制程度不同。在侦查期限内,犯罪嫌疑人的人身自由可能受到限制,也可能未受到限制。但侦查羁押期限内犯罪嫌疑人的人身自由是被严格限制的。三是期限不同。侦查羁押期限一般不得超过两个月,如果经过法定程序延长,除经全国人民代表大会常务委员会批准延期审理和重新计算等特殊情况外,最长为七个月。侦查期限的长短则有两种情况:一种是人民检察院直接立案侦查案件,对犯罪嫌疑人没有采取取保候审、监视居住、拘留或者逮捕措施的,侦查部门应当在立案后两年以内提出移送审查起诉、移送审查不起诉或者撤销案件的意见;另一种是对犯罪嫌疑人采取取保候审、监视居住、拘留或者逮捕措施的,侦查部门应当在解除或者撤销强制措施一年以内提出移送审查起诉、移送审查不起诉或者撤销案件的意见。四是期限届满后的处理不同。侦查羁押期限届满后,必须对犯罪嫌疑人变更强制措施或者释放,但是可以继续侦查。而侦查期限届满后,侦查工作必须停止,不得继续开展侦查,侦查部门应当在侦查期限届满前对案件侦查终结,提出移送审查起诉、移送审查不起诉或者撤销案件的意见。

依据刑事诉讼法对侦查羁押期限时间规定的不同,可以将侦查羁押期限分为三种:一般的侦查羁押期限、延长的侦查羁押期限、重新计算的侦查羁押期限。

一般的侦查羁押期限,即指《刑事诉讼法》第一百五十四条规定的,对犯罪嫌疑人逮捕后的侦查羁押期限不得超过两个月。

延长侦查羁押期限是指检察机关对具有法定情形的案件,在一般侦查羁押期限内难以侦查终结时,通过相应的程序获得批准,将侦查羁押期限加以延长。

第二节　侦查羁押期限的计算

根据《刑事诉讼法》的有关规定，侦查羁押期限从逮捕之日开始计算。侦查羁押期限的计算以日为单位，从决定并实施羁押之日的次日起，计算至决定到期之日。

1. 侦查羁押期限从逮捕后的次日起开始计算，逮捕前的拘留时间不计算在内。

2. 延长侦查羁押期限的起始日，应当与延长前的侦查羁押期限的截止日连续计算，不得重叠，也不得出现空当。

3. 根据最高人民法院、最高人民检察院等六部委《关于刑事诉讼法实施中若干问题的规定》，犯罪嫌疑人的羁押期间包含节假日，不得以节假日进行顺延。

4. 根据《刑事诉讼法》第一百四十七条的规定，对被羁押的犯罪嫌疑人做精神病鉴定的时间，不计入办案期限，其他鉴定时间则应当计入羁押期限。精神病鉴定的时间自鉴定工作开始计算至作出鉴定意见为止，而不是从申请鉴定开始计算。鉴定意见作出后，应恢复计算侦查羁押期限，并与中断前的期限连续计算。

5. 根据《刑事诉讼法》第一百五十八条的规定，犯罪嫌疑人不讲真实姓名、住址，身份不明的，应当对其身份进行调查，侦查羁押期限自查清其身份之日起计算，但不得停止对其犯罪行为的侦查取证。

6. 对于符合延长侦查羁押期限或者重新计算重新侦查羁押期限的，必须在羁押期限届满前及时办理完毕审批手续。

7. 侦查部门必须在规定的时限内报请延长或者重新计算侦查羁押期限，不得借用审查起诉时间变相延长侦查羁押期限。

第三节　延长侦查羁押期限

一、延长侦查羁押期限的情形

根据《刑事诉讼法》的规定，对犯罪嫌疑人逮捕后的侦查羁押期限不得超过两个月。特殊情形下，可以经过法定程序予以延长。延长侦查羁押期限可以分为四类：

1. 第一次延长侦查羁押期限。根据《刑事诉讼法》第一百五十四条的规定，即指对案情复杂，在一般侦查羁押期限届满后不能终结的案件，报经上一级人民检察院审查批准后，可以再延长一个月的侦查羁押期限。这里的"案情复杂"，包括案件涉及人员较多，案件事实繁杂，作案手段复杂，作案范围较广、过程较长等情况。

2. 第二次延长侦查羁押期限。根据《刑事诉讼法》第一百五十六条的规定，即指对交通十分不便的边远地区的重大复杂案件、重大的犯罪集团案件、流窜作案的重大复杂案件和犯罪涉及面广、取证困难的重大复杂案件四类案件在第一次延长侦查羁押期限届满仍不能终结的，经省、自治区、直辖市人民检察院批准或者决定，可以再延长两个月的侦查羁押期限。

3. 第三次延长侦查羁押期限。根据《刑事诉讼法》第一百五十七条的规定，即指对犯罪嫌疑人可能判处十年有期徒刑以上刑罚，依照第二次延长侦查羁押期限届满，仍不能终结的，经省、自治区、直辖市人民检察院批准或者决定，可以再延长两个月的侦查羁押期限。此类案件必须符合两个条件：一是属于第二次延长侦查羁押期限中规定的四类特殊案件之一；二是对犯罪嫌疑人可能判处十年以上有期徒刑的刑罚。

4. 特殊延长的侦查羁押期限。根据《刑事诉讼法》第一百五十五条的规定，即指因为特殊原因，在较长时间内不宜交付审判的特别重大复杂的案件，由最高人民检察院报请全国人民代表大会常务委员会批准延期审理的侦查羁押期限。此类案件必须同时具备两个条件：一是"特别重大复杂"，涉及的是全国性的犯罪或者是在全国甚至于国际上将产生重大影响、关系社会稳定、国计民生的犯罪；二是因"特殊原因"在较长时间内不宜交付审判。这里的"特殊原因"是指关系国家政治、外交或涉及国家、社会重大利益等方面的原因，应由最高人民检察院认定。

延长侦查羁押期限的相关图表

表一：延长侦查羁押期限适用范围、时限及法律规定

序号	适用范围	时限	累计	决定、批准机关	注意事项	法律规定
1	犯罪嫌疑人逮捕后的羁押期限	二个月	二个月			刑事诉讼法第一百五十四条
2	案情复杂、期限届满不能终结案件的延长期限	延长一个月	三个月	经上一级人民检察院批准	省级以上检察院直接侦查的案件，可以直接决定	刑事诉讼法第一百五十四条

续表

序号	适用范围	时限	累计	决定、批准机关	注意事项	法律规定
3	交通十分不便的边远地区的重大复杂案件；重大的犯罪集团案件；流窜作案的重大复杂案件；犯罪涉及面广，取证困难的重大复杂案件再延长的期限	延长二个月	五个月	经省级人民检察院批准	省级以上人民检察院直接侦查的案件，可以直接决定	刑事诉讼法第一百五十六条
4	对犯罪嫌疑人可能判处十年有期徒刑以上刑罚案件再次延长的期限	延长二个月	七个月	经省级人民检察院批准	省级以上人民检察院直接侦查的案件，可以直接决定	刑事诉讼法第一百五十七条
5	因为特殊原因，在较长时间内不宜交付审判的特别重大复杂的案件	延期审理		全国人民代表大会常务委员会批准	由最高人民检察院报请	刑事诉讼法第一百五十五条

表二：延长侦查羁押期限部分办理程序及时限规定

序号	内容	时限	注意事项	规定
1	人民检察院直接立案侦查的案件，侦查部门认为需要延长侦查羁押期限的，向本院侦查监督部门移送延长侦查羁押期限的意见及有关材料的时限	侦查羁押期限届满七日前		《人民检察院刑事诉讼规则（试行）》第二百七十八条
2	决定对犯罪嫌疑人延长侦查羁押期限侦查部门书面通知监所检察部门的时限	三日内		《人民检察院办理直接受理立案侦查案件实行内部制约的若干规定》第十四条

二、延长侦查羁押期限的程序

侦查部门在办案中需要延长侦查羁押期限的，应当依照法定程序，报请人民检察院侦查监督部门审批。

属于本级检察院有决定权的案件，侦查部门应当在侦查羁押期限届满七日前，由案件承办人员制作《延长侦查羁押期限意见书》，写明案件的主要案情、延长侦查羁押期限的具体理由和法律依据以及羁押必要性说明等，报经部门负责人审批后，加盖部门印章。连同有关案件材料（包括《逮捕决定书》、《逮捕证》、此前的《延长侦查羁押期限决定书》复印件等），通过案件管理部门报送至本院侦查监督部门审查。侦查监督部门应当在侦查羁押期限届满前作出是否延长侦查羁押期限的决定，并送达本院侦查部门执行。

属于上级检察院有决定权的案件，侦查部门应当在侦查羁押期限届满七日前，由案件承办人员制作《提请批准延长侦查羁押期限报告书》，写明案件的主要案情、延长侦查羁押期限的具体理由和法律依据以及羁押必要性说明等，移送本院侦查监督部门，由本院侦查监督部门提出意见，经检察长批准后，连同逮捕的相关资料（包括《逮捕决定书》、《逮捕证》、此前的《批准延长侦查羁押期限决定书》复印件等），层报有决定权的人民检察院审查决定。受理案件的人民检察院侦查监督部门对延长侦查羁押期限的意见审查后，应当提出是否同意延长侦查羁押期限的意见，报检察长决定后，层报有决定权的人民检察院审查决定。有决定权的人民检察院应当在侦查羁押期限届满前作出是否批准延长侦查羁押期限的决定，并交由受理案件的人民检察院侦查监督部门送达本院侦查部门。

侦查部门收到侦查监督部门送达的《批准延长侦查羁押期限决定书》或《延长侦查羁押期限决定书》后，案件承办人应当开具《延长侦查羁押期限通知书》报分管副检察长审批后，加盖院章，在侦查羁押期限届满前将相关文书连同《延长侦查羁押期限通知书》告知犯罪嫌疑人并送达看守所。同时应当在二十四小时以内通知犯罪嫌疑人的家属或所在单位，并在三日内告知本院监所检察部门。收到侦查监督部门送达的《不批准延长侦查羁押期限决定书》后，办案人员应当在侦查羁押期限届满前变更强制措施或者解除强制措施释放犯罪嫌疑人。

第四节　重新计算侦查羁押期限

重新计算侦查羁押期限，是指依据《刑事诉讼法》第一百五十八条的规定，人民检察院在侦查期间，发现犯罪嫌疑人另有重要罪行的，自发现之日起依照《刑事诉讼法》第一百五十四条的规定重新计算侦查羁押期限。

一、重新计算侦查羁押期限的条件

重新计算的侦查羁押期限，应当符合以下两个基本条件：

1. 发现的必须是"重要"罪行。所谓"重要"罪行是指重大犯罪案件，如果发现犯罪嫌疑人另有罪行，但发现的罪行都没有达到重大犯罪标准的，则不应当重新计算侦查羁押期限。

2. 必须是"另有"重要罪行。所谓"另有"重要罪行是指与逮捕时的罪行不同种的重大犯罪或同种的将影响罪名认定、量刑档次的重大犯罪。其中，不同种的重大犯罪是指新发现的犯罪行为与逮捕时发现的罪行性质不同，触犯不同刑法条文，应定不同罪名的重大犯罪。同种的将影响罪名认定、量刑档次的重大犯罪，是指新发现的犯罪行为虽然与逮捕时发现的罪行性质相同或有关联，但可能导致罪名和适用刑法条文发生变化。如逮捕时发现犯罪嫌疑人有贪污行为，数额不满一万元，适用刑法第三百八十三条第一款第三项量刑，但在之后的侦查中发现犯罪嫌疑人另有重要贪污行为，数额在十万元以上，应适用刑法第三百八十三条第一款第一项量刑。需要引起注意的是，规定中表述的是影响"量刑档次"而不是影响"量刑"，所以在具体适用当中，发现的另外重要罪行必须达到量刑时适用不同档次法定刑的程度，而不仅仅只是影响量刑。

二、重新计算羁押期限的程序

侦查部门发现案件符合重新计算侦查羁押期限条件，需要重新计算侦查羁押期限的，由案件承办人员提出重新计算侦查羁押期限的意见，制作《重新计算侦查羁押期限意见书》，写明犯罪嫌疑人基本情况、案由、案件基本事实与证据、重新计算侦查羁押期限的原因及法律依据等，报部门负责人审批，加盖部门印章后，将《重新计算侦查羁押期限意见书》连同《立案决定书》复印件一并通过案件管理部门移送本院侦查监督部门审查。

本院侦查监督部门安排专人负责审查，提出审查意见，经部门负责人审批、报请分管副检察长批准同意后，制作《重新计算侦查羁押期限决定书》，并及时送达侦查部门。

侦查部门案件承办人收到《重新计算侦查羁押期限决定书》后，应当及时将重新计算侦查羁押期限的决定、法律依据、羁押期限书面告知犯罪嫌疑人，并同时将《重新计算侦查羁押期限决定书》送达看守所。此外，侦查部门还应当在二十四小时以内通知犯罪嫌疑人的家属或所在单位，在三日内告知本院监所检察部门。

三、重新计算羁押期限的要求

在重新计算侦查羁押期限过程中还应当注意并遵循以下原则和制度规范：

1. 各级人民检察院都有决定重新计算侦查羁押期限的法定权力，无层级限制，不需要报上级人民检察院审查或审批。

2. 发现犯罪嫌疑人另有重要罪行中的"发现"，既包括主动发现也包括被动发现，所以侦查人员通过调查发现、犯罪嫌疑人主动交代、同案犯供述以及举报人、证人等知情人士提供的都属于发现的范围。

3. 在侦查期间，发现犯罪嫌疑人另有重要罪行的，是"可以"重新计算侦查羁押期限而不是"应当"，因此，人民检察院在侦查过程中应当本着提高诉讼效率和保障犯罪嫌疑人权利的原则，对于符合重新计算侦查羁押期限条件但能在侦查羁押期限内办结的案件，则应尽快办结，不必再重新计算侦查羁押期限。

4. 侦查监督部门依法不同意重新计算侦查羁押期限的，侦查部门应当严格遵守法定办案期限，不得超期羁押。羁押期限届满案件尚未办结需要继续侦查的，应当释放犯罪嫌疑人或变更强制措施。

5. 重新计算侦查羁押期限以后，侦查部门办案人员应当在三日内将有关情况书面通知本院监所检察部门。对犯罪嫌疑人异地羁押的，办案人员应当将羁押情况书面通知羁押地人民检察院监所检察部门。

6. 重新计算侦查羁押期限的申请、审查以及审批过程中，侦查部门都不得停止对案件的侦查。

第五节　侦查羁押期限监督

为加强侦查羁押期限监督，防止超期或者变相超期羁押，人民检察院在逮捕、延长侦查羁押期限、重新计算侦查羁押期限等程序中，应当实行并严格执行以下监督制约规定和制度。

一、侦查羁押期限的提示及通报

人民检察院在犯罪嫌疑人被逮捕或者在决定、批准延长侦查羁押期限、重新计算侦查羁押期限以后，侦查部门应当在三日以内将有关情况书面通知本院监所检察部门。

刑事执行检察部门应当对本院办理职务犯罪案件犯罪嫌疑人的羁押情况实行一人一卡登记。案卡应当记明犯罪嫌疑人的基本情况、羁押起止时间以及变更情况等。刑事执行检察部门应当在犯罪嫌疑人羁押期限届满前七日制发《犯罪嫌疑人羁押期满提示函》，通知本院侦查部门犯罪嫌疑人羁押期限即将届满，督促其依法及时办结案件。《犯罪嫌疑人羁押期满提示函》应当载明犯罪嫌疑人的基本情况、案由、逮捕时间、期限届满时间、是否已经延长办案期限等内容。侦查部门案件承办人接到提示后，应当检查案件的办理情况并向本部门负责人报告，严格依法在法定期限内办结案件。如果需要延长羁押期限、变更强制措施，应当及时提出意见，按照有关规定办理审批手续。

对犯罪嫌疑人异地羁押的，办案部门应当将羁押情况书面通知羁押地人民检察院的刑事执行检察部门。羁押地人民检察院刑事执行检察部门发现羁押超期的，应当及时报告、通知作出羁押决定的人民检察院刑事执行检察部门，由作出羁押决定的人民检察院的刑事执行检察部门对超期羁押提出纠正意见。

案件管理部门负责对本院办理案件的羁押期限进行监督。对人民检察院办理的直接受理立案侦查案件或者审查逮捕、审查起诉案件，在犯罪嫌疑人侦查羁押期限届满前，案件管理部门应当依照有关规定向本院侦查部门进行期限届满提示。发现侦查部门羁押超过规定期限的，应当向侦查部门发出案件流程监控通知书，提示侦查部门及时查明情况并予以纠正。侦查部门收到案件流程监控通知书后，应当在十日以内将核查情况书面回复案件管理部门。

二、侦查羁押的告知和听取意见

人民检察院在办理直接受理立案侦查的案件中，对于被逮捕的人，应当由侦查部门办案人员在逮捕后的二十四小时以内进行讯问，讯问时应当把逮捕的原因、决定机关、羁押起止日期、羁押处所以及在羁押期间的权利、义务用犯罪嫌疑人能听（看）懂的语言和文书告知犯罪嫌疑人。人民检察院在逮捕犯罪嫌疑人以后，除有碍侦查或者无法通知的情形以外，应当把逮捕的原因和羁押的处所，在二十四小时以内通知被逮捕人的家属或者他的所在单位，并告知其家属有权为犯罪嫌疑人申请变更强制措施，对超期羁押有权向人民检察院投诉。

人民检察院依法延长或者重新计算羁押期限，应当将法律根据、羁押期限书面告知犯罪嫌疑人、被告人及其委托的人。

人民检察院在审查决定、批准逮捕中，应当讯问犯罪嫌疑人。检察人员在讯问犯罪嫌疑人的时候，应当认真听取犯罪嫌疑人的陈述或者无罪、罪轻的辩解。犯罪嫌疑人委托律师提供法律帮助或者委托辩护人的，检察人员应当注意听取律师以及其他辩护人关于适用逮捕措施的意见。

人民检察院应当将听取和告知记入笔录，并将上述告知文书副本存工作卷中。

三、超期羁押的投诉和纠正

犯罪嫌疑人及其法定代理人、近亲属或者犯罪嫌疑人委托的律师及其他辩护人认为超期羁押的，有权向作出逮捕决定的人民检察院或者其上级人民检察院投诉，要求解除有关强制措施。在押的犯罪嫌疑人可以约见驻所检察人员对超期羁押进行投诉。

人民检察院刑事执行检察部门负责受理关于超期羁押的投诉，接受投诉材料或者将投诉内容记入笔录，并及时对投诉进行审查，提出处理意见报请检察长决定。检察长对于确属超期羁押的，应当立即作出释放犯罪嫌疑人或者变更强制措施的决定。

人民检察院刑事执行检察部门在投诉处理以后，应当及时向投诉人反馈处理意见。

四、侦查羁押必要性审查

对报请延长侦查羁押期限的，侦查监督部门应当同时进行羁押必要性审查，对于已经没有社会危害性而不符合羁押条件的，应当依法作出不批准延长侦查羁押期限的决定。在侦查阶段，侦查监督部门可以依职权主动启动，也可以依犯罪嫌疑人及其法定代理人、近亲属、辩护人等提出的申请启动羁押必要性审查，通过分析各方面的情况和证据，判断犯罪嫌疑人有无继续羁押的必要。经审查认为不需要继续羁押的，应当提出意见经分管副检察长同意后，建议侦查部门予以释放或者变更强制措施。侦查部门应当在十日内将处理情况通知侦查监督部门。

五、侦查羁押的定期检查和通报

各级人民检察院应当将检察环节遵守法定羁押期限情况作为执法检查工作的重点之一。检察长对本院办理案件的羁押情况、上级检察机关对下级检察机关办理案件的羁押情况应当定期进行检查；对办案期限即将届满的，应当加强督办。职务犯罪侦查部门负责人应当定期了解、检查本部门办理案件的犯罪嫌疑人羁押情况，督促办案人员在法定期限内办结。

六、超期羁押的责任追究

检察机关应当严格落实超期羁押责任追究制，对超期羁押有关责任人员进行严肃查处。对于违规违纪或者严重不负责任，造成犯罪嫌疑人超期羁押的，应当追究直接负责的主管人员和其他直接责任人员的纪律责任；构成犯罪的，依照法律规定追究刑事责任。

附件：

一、本章流程图

1. 延长侦查羁押期限流程图
2. 重新计算侦查羁押期限流程图

二、法律文书、工作文书格式样本

1. 延长侦查羁押期限意见书

2. 提请批准延长侦查羁押期限报告书
3. 批准延长侦查羁押期限决定书
4. 不批准延长侦查羁押期限决定书
5. 延长侦查羁押期限通知书
6. 延长侦查羁押期限决定书、通知书
7. 提请重新计算侦查羁押期限意见书
8. 重新计算侦查羁押期限决定书
9. 变更羁押期限通知书
10. 决定释放通知书

延长侦查羁押期限流程图

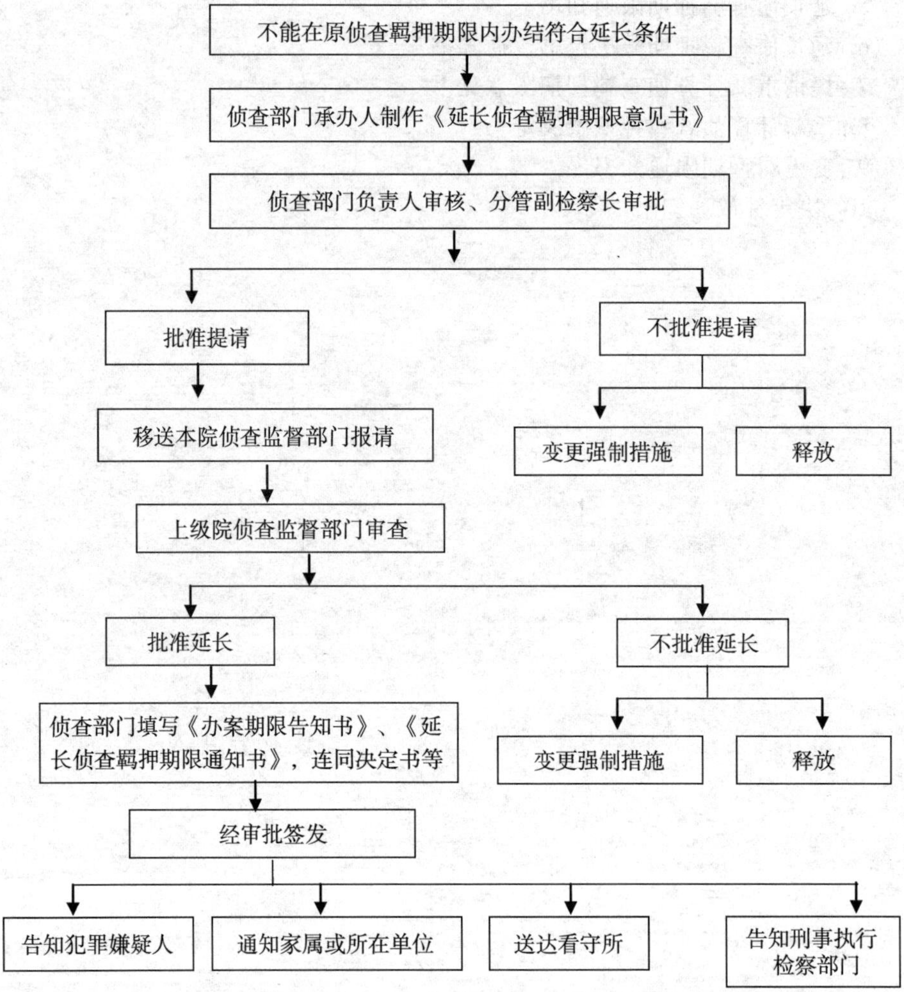

```
不能在原侦查羁押期限内办结符合延长条件
            ↓
侦查部门承办人制作《延长侦查羁押期限意见书》
            ↓
侦查部门负责人审核、分管副检察长审批
            ↓
    ┌───────┴───────┐
  批准提请         不批准提请
    ↓               ↓
移送本院侦查     ┌───┴───┐
监督部门报请   变更强制   释放
    ↓          措施
上级院侦查监督部门审查
    ↓
┌───┴────┐
批准延长  不批准延长
  ↓        ↓
侦查部门填写   ┌───┴───┐
《办案期限告  变更强制  释放
知书》、《延  措施
长侦查羁押期
限通知书》,
连同决定书等
  ↓
经审批签发
  ↓
┌──────┬──────┬──────┐
告知犯罪  通知家属   送达看守所  告知刑事执行
嫌疑人   或所在单位              检察部门
```

重新计算侦查羁押期限流程图

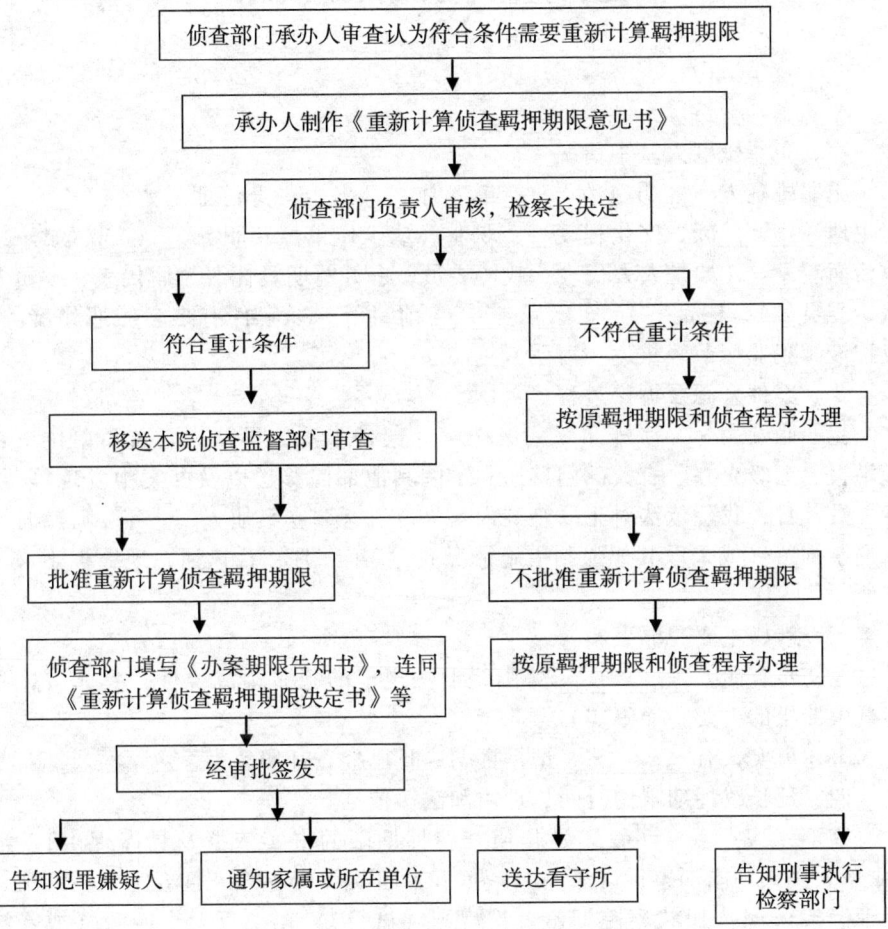

职务犯罪侦查流程与规范

××人民检察院
延长侦查羁押期限意见书

检延〔　〕号

一、犯罪嫌疑人基本情况

犯罪嫌疑人__，男（女），__年__月__日出生，身份证号码_____，出生地____，__族，文化程度__，职业（或工作单位及职务）____，职级____，政治面貌____（如是人大代表、政协委员，一并写明具体级、届代表、委员及代表、委员号），住址_____，_____前科等。（案件有多名犯罪嫌疑人的，应按涉嫌犯罪情节轻重逐一写明）

二、案件来源及诉讼过程

犯罪嫌疑人××涉嫌××一案……（案件来源，具体为自首、单位或者公民举报、上级交办、有关部门移送、本院其他部门移送以及办案中发现等）。　年　月　日，我院依法对犯罪嫌疑人××以××罪立案侦查，　年　月　日对××刑事拘留（或采取其他强制措施情况），　年　月　日逮捕，现羁押于××看守所。

三、涉嫌主要犯罪事实

经初步查明，_____（围绕刑法规定的犯罪构成要件，具体叙述犯罪嫌疑人涉嫌的主要犯罪事实）。

上述事实，有_____证据证明，且已经查证属实。

四、延长羁押期限的时间、理由和法律依据

鉴于_____（叙述延长侦查羁押期限的事实依据及具体理由）。根据《中华人民共和国刑事诉讼法》第一百五十四条（或者第一百五十六条、第一百五十七条），《人民检察院刑事诉讼规则（试行）》第二百七十四条（或者第二百七十五条、第二百七十六条）、第二百七十八条第二款之规定。移送审查延长侦查羁押期限。

此致
本院侦查监督部门

承办人：
（局印）
　年　月　日

第十一章 侦查羁押期限

××人民检察院
提请批准延长侦查羁押期限报告书
（存　根）

检请延〔　〕　号

案由
犯罪嫌疑人基本情况
提请批准延长理由
提请批准延长期限
批准人
承办人
填发时间

第一联　统一保存

××人民检察院
提请批准延长侦查羁押期限报告书
（副　本）

检请延〔　〕　号

　　　人民检察院：
　　　　　人民检察院　　年　　月　　日以　　　号逮捕决定书决定逮捕并于　　年　　月　　日以执行的涉嫌　　　罪的犯罪嫌疑人　　　，因　　　，期限届满不能侦查终结，经本院审查认为该犯罪嫌疑人　　　（说明继续羁押必要性的理由和依据），仍有继续羁押的必要，根据《中华人民共和国刑事诉讼法》第　　条的规定，特提请批准对该犯罪嫌疑人延长侦查羁押期限　　个月，自　年　月　日至　年　月　日。

　　　　　　　　　　　　（院　印）
　　　　　　　　　　　年　　月　　日

第二联　附卷

××人民检察院
提请批准延长侦查羁押期限报告书

检请延〔　〕　号

　　　人民检察院：
　　　　　人民检察院　　年　　月　　日以　　　号逮捕决定书决定逮捕并于　　年　　月　　日以执行的涉嫌　　　罪的犯罪嫌疑人　　　，因　　　，期限届满不能侦查终结，经本院审查认为该犯罪嫌疑人　　　（说明继续羁押必要性的理由和依据），仍有继续羁押的必要，根据《中华人民共和国刑事诉讼法》第　　条的规定，特提请批准对该犯罪嫌疑人延长侦查羁押期限　　个月，自　年　月　日至　年　月　日。

　　　　　　　　　　　　（院　印）
　　　　　　　　　　　年　　月　　日

第三联　报送有权批准的人民检察院

制作说明

一、本文书根据《刑事诉讼法》第一百五十四条、第一百五十六条、第一百五十七条的规定制作。为人民检察院在报请上级人民检察院批准延长侦查羁押期限时使用。

二、本文书共三联，第一联为存根，统一保存备查；第二联附卷；第三联报送有权批准的人民检察院。

××人民检察院
批准延长侦查羁押期限决定书

检准延〔 〕 号

你____于____年____月____日以____号文书提请批准延长侦查羁押期限犯罪嫌疑人____的侦查羁押期限，经审查认为____（延长羁押期限的理由），且____（说明继续羁押必要性的理由），确有羁押的必要，根据《中华人民共和国刑事诉讼法》第____条的规定，延长羁押期限____个月，批准对犯罪嫌疑人____的羁押期限，自____年____月____日至____年____月____日。

年 月 日
（院印）

第三联 送达提请机关

××人民检察院
批准延长侦查羁押期限决定书
（副 本）

检准延〔 〕 号

你____于____年____月____日以____号文书提请批准延长侦查羁押期限犯罪嫌疑人____的侦查羁押期限，经审查认为____（延长羁押期限的理由），且____（说明继续羁押必要性的理由），确有羁押的必要，根据《中华人民共和国刑事诉讼法》第____条的规定，延长羁押期限____个月，批准对犯罪嫌疑人____的羁押期限，自____年____月____日至____年____月____日。

年 月 日
（院印）

第二联 附卷

××人民检察院
批准延长侦查羁押期限决定书
（存 根）

检准延〔 〕 号

案由____
犯罪嫌疑人基本情况____
送达机关____
批准延长理由____
延长期限自____年____月____日起至____年____月____日止，共____个月。
批准人____
承办人____
填发时间____

第一联 统一保存

制作说明

一、本文书根据《刑事诉讼法》第一百五十四条、第一百五十六条、第一百五十七条的规定制作。为上级人民检察院批准下级人民检察院或侦查机关提请批准延长侦查羁押期限时使用。

二、本文书共三联，第一联为存根，统一保存备查；第二联附卷；第三联送达提请机关。

第十一章 侦查羁押期限

××人民检察院 不批准延长侦查羁押期限决定书

检 不准延 〔 〕 号

_____：

你_____于____年____月____日以____号文书提请批准延长犯罪嫌疑人____的侦查羁押期限，经审查认为____，决定不批准延长该犯罪嫌疑人侦查羁押期限。

____年____月____日
（院 印）

第三联 送达提请机关

××人民检察院 不批准延长侦查羁押期限决定书（副本）

检 不准延 〔 〕 号

_____：

你_____于____年____月____日以____号文书提请批准延长犯罪嫌疑人____的侦查羁押期限，经审查认为____，决定不批准延长该犯罪嫌疑人侦查羁押期限。

____年____月____日
（院 印）

第二联 附卷

××人民检察院 不批准延长侦查羁押期限决定书（存根）

检 不准延 〔 〕 号

案由____
犯罪嫌疑人基本情况____
送达机关____
不批准理由____
审批人____
承办人____
填发人____
填发时间____

第一联 统一保存

制作说明

一、本文书根据《刑事诉讼法》第一百五十四条、第一百五十六条、第一百五十七条的规定制作。为上级人民检察院不批准下级人民检察院或者侦查机关提请批准延长侦查羁押期限时使用。

二、本文书共三联,第一联为存根,统一保存备查;第二联附卷;第三联送达提请机关。

第十一章 侦查羁押期限

××人民检察院
延长侦查羁押期限通知书

检延通〔　〕　号

（看守所/监狱名称）：

本院　　年　月　日以涉嫌　　　罪决定逮捕决定书以涉嫌　　　罪决定的逮捕犯罪嫌疑人　　　，因　　　　期限届满不能侦查终结，根据《中华人民共和国刑事诉讼法》第　　条的规定，经　　　批准，延长侦查羁押期限　　个月，自　　年　月　日起至　　年　月　日止。

特此通知

（院印）
年　月　日

第三联 送达看守所

××人民检察院
延长侦查羁押期限通知书

检延通〔　〕　号

本院　　年　月　日以涉嫌　　　罪决定书以涉嫌　　　罪决定的逮捕犯罪嫌疑人　　　，因　　　　期限届满不能侦查终结，根据《中华人民共和国刑事诉讼法》第　　条的规定，经　　　批准，延长犯罪嫌疑人的侦查羁押期限　　个月，自　　年　月　日起至　　年　月　日止。

特此通知

（院印）
年　月　日

本决定已于　年　月　日向我宣告。
犯罪嫌疑人：
宣告人：

第二联 向犯罪嫌疑人宣告后附卷

××人民检察院
延长侦查羁押期限通知书
（存　根）

检延通〔　〕　号

案由
犯罪嫌疑人基本情况
送达机关
延长原因
延长期限自　年　月　日起至　年　月　日止，共　　个月。
批准人
承办人
填发人
填发时间

第一联 统一保存

487

制作说明

一、本文书根据《刑事诉讼法》第一百五十四条、第一百五十五条、第一百五十六条和第一百五十七条的规定制作。为人民检察院在办理自侦案件过程中，经批准对已被逮捕的犯罪嫌疑人延长侦查羁押期限后，通知犯罪嫌疑人、看守所时使用。

二、本文书中延长后的羁押期限开始时间应填写为上次侦查羁押期限届满之日后的第二日。

三、本文书共三联，第一联统一保存备查，第二联向犯罪嫌疑人宣告后附卷，第三联送达看守所。

第十一章 侦查羁押期限

××人民检察院 延长侦查羁押期限通知书

检延决〔　〕　号

（看守所/监狱名称）：

本院于　年　月　日以　号逮捕决定书逮捕犯罪嫌疑人　　，涉嫌　　一案，因　　　　　，期限届满不能侦查终结，根据《中华人民共和国刑事诉讼法》第　　条的规定，决定延长犯罪嫌疑人　　的侦查羁押期限　个月，自　年　月　日起至　年　月　日止。

（院印）
　年　月　日

第四联　送达看守所

××人民检察院 延长侦查羁押期限决定书

检延决〔　〕　号

本院于　年　月　日以　号逮捕决定书以涉嫌逮捕犯罪嫌疑人　　一案，因　　　　　期限届满审查认为不能侦查终结，（说明继续羁押必要性的理由和依据），仍有继续羁押的必要，根据《中华人民共和国刑事诉讼法》第　条的规定，决定延长犯罪嫌疑人　　的侦查羁押期限　个月，自　年　月　日起至　年　月　日止。

（院印）
　年　月　日

本决定已于　年　月　日向犯罪嫌疑人：
宣告人：
犯罪嫌疑人：

第三联　向犯罪嫌疑人宣告后侦查部门附卷

××人民检察院 延长侦查羁押期限决定书（副本）

检延决〔　〕　号

本院于　年　月　日以　号逮捕决定书以涉嫌逮捕犯罪嫌疑人　　一案，因　　　　　期限届满不能侦查终结，经本院审查认为（说明继续羁押的理由和依据），仍有继续羁押必要，根据《中华人民共和国刑事诉讼法》第　　条的规定，决定延长犯罪嫌疑人　　的侦查羁押期限　个月，自　年　月　日起至　年　月　日止。

（院印）
　年　月　日

第二联　侦查监督部门附卷

××人民检察院 延长侦查羁押期限决定书（存根）

检延决〔　〕　号

案由
犯罪嫌疑人基本情况
送达机关
延长原因
延长期限自　年　月　日起至　年　月　日止，共　个月。
批准人
承办人
填发人
填发时间

第一联　统一保存

制作说明

一、本文书根据《刑事诉讼法》第一百五十四条、第一百五十六条、第一百五十七条的规定制作。为省级以上人民检察院对本院直接侦查的案件决定延长侦查羁押期限时使用。

二、本文书共四联，第一联为存根，统一保存备查；第二联由侦查监督部门附卷；第三联向犯罪嫌疑人宣告后由侦查部门附卷；第四联送达看守所。

××人民检察院
提请重新计算侦查羁押期限意见书

(第 次)

检 请重计〔 〕 号

一、犯罪嫌疑人基本情况

姓名____，性别____，出生__年__月__日，身份证号码____，出生地____，民族____，文化程度____，职业或工作单位及职务、职级____，政治面貌____，现住址____，____前科等。犯罪嫌疑人××于 年 月 日，因涉嫌××罪被我院立案侦查；年 月 日，因涉嫌××罪由我院决定，并由××公安局执行刑事拘留；年 月 日，因涉嫌××罪由××检察院决定，并由××公安局执行逮捕，现羁押于××看守所。

二、新发现的重要罪行

在侦查××涉嫌××犯罪期间，年 月 日，发现其另有重要罪行，____
_____。

三、重新计算侦查羁押期限的理由及起始时间

综上所述，侦查过程中发现的犯罪嫌疑人××的行为，涉嫌××罪，且属与逮捕时的罪行不同种的重大犯罪（或虽与逮捕时同种罪行，但属将影响罪名认定、量刑档次的重大犯罪），依照《中华人民共和国刑事诉讼法》第一百五十八条第一款之规定，特提请批准对犯罪嫌疑人××自____年____月____日起重新计算侦查羁押期限。

此致

侦查监督科（处、厅）

××局

年 月 日

××人民检察院重新计算侦查羁押期限决定书

（存根）

检重计〔　〕　号

案由　　　　　　　　　　　　　
犯罪嫌疑人基本情况　　　　　　
逮捕时间　　　　　　　　　　　
涉嫌罪名　　　　　　　　　　　
侦查中发现另有重要罪行　　　　
重新计算羁押期限开始时间　　　
批准人　　　　　　　　　　　　
承办人　　　　　　　　　　　　
填发时间　　　　　　　　　　　

第一联　统一保存

××人民检察院重新计算侦查羁押期限决定书

（副本）

检重计〔　〕　号

　　　　　　　　　　　院　　　年　　月　　日以涉嫌　　　　罪逮捕犯罪嫌疑人　　　，侦查中发现其另有犯罪行为　　　　　　罪行，根据《中华人民共和国刑事诉讼法》第一百五十八条的规定，决定自　　　年　　月　　日起重新计算侦查羁押期限。

　　　　　　　　　　　　年　月　日
　　　　　　　　　　　　　（院印）

第二联　侦查监督部门附卷

××人民检察院重新计算侦查羁押期限决定书

检重计〔　〕　号

　　　　　　　　　　　院　　　年　　月　　日以涉嫌　　　　罪逮捕犯罪嫌疑人　　　，侦查中发现其另有犯罪行为　　　　　　罪行，根据《中华人民共和国刑事诉讼法》第一百五十八条的规定，决定自　　　年　　月　　日起重新计算侦查羁押期限。

本决定已于　　　年　　月　　日向我宣告。
犯罪嫌疑人：
宣告人：

　　　　　　　　　　　　年　月　日
　　　　　　　　　　　　　（院印）

第三联　向犯罪嫌疑人宣告后侦查部门附卷

××人民检察院重新计算侦查羁押期限决定书

检重计〔　〕　号

　　　　　　　　　　　院　　　年　　月　　日以涉嫌　　　　罪逮捕犯罪嫌疑人　　　，侦查中发现其另有犯罪行为　　　　　　罪行，根据《中华人民共和国刑事诉讼法》第一百五十八条的规定，决定自　　　年　　月　　日起重新计算侦查羁押期限。

特此通知　　　看守所。

　　　　　　　　　　　　年　月　日
　　　　　　　　　　　　　（院印）

第四联　送达看守所

制作说明

一、本文书根据《刑事诉讼法》第一百五十八条的规定制作。为人民检察院在侦查期间,发现已被逮捕的犯罪嫌疑人另有重要罪行,决定自发现之日起重新计算侦查羁押期限,并告知犯罪嫌疑人和通知看守所时使用。

二、本文书共四联,第一联为存根,统一保存备查;第二联由侦查监督部门附卷;第三联向犯罪嫌疑人宣告后由侦查部门附卷;第四联送达看守所。

变更羁押期限通知书

变字〔 〕号

犯罪嫌疑人（被告人）＿＿，性别＿＿，＿年＿月＿日出生，涉嫌＿＿＿＿＿＿＿＿被采取强制措施。原羁押期限自＿年＿月＿日至＿年＿月＿日，羁押送往单位＿＿＿看守所。

现羁押期限自＿年＿月＿日至＿年＿月＿日，变更原因＿＿＿＿＿＿＿＿＿＿。

办案单位
办案人
填发时间＿年＿月＿日
批准人
批准时间＿年＿月＿日

（存　根）

××局（院）变更羁押期限通知书

变字〔 〕号

＿＿＿看守所：
我局/院正在办理的＿＿＿＿案件，被告人＿＿＿（性别＿＿，＿年＿月＿日出生），因＿＿＿＿＿＿。根据《中华人民共和国刑事诉讼法》第＿＿条之规定，经＿＿＿批准（决定），其羁押期限＿＿。

现羁押期限自＿年＿月＿日至＿年＿月＿日。

（办案机关印）
＿年＿月＿日

第一联　办案机关附卷

××局（院）变更羁押期限通知书

变字〔 〕号

＿＿＿看守所：
我局/院正在办理的＿＿＿＿案件，被告人＿＿＿（性别＿＿，＿年＿月＿日出生），因＿＿＿＿＿＿。根据《中华人民共和国刑事诉讼法》第＿＿条之规定，经＿＿＿批准（决定），其羁押期限＿＿。

现羁押期限自＿年＿月＿日至＿年＿月＿日。

（办案机关印）
＿年＿月＿日

第二联　看守所附卷

××局（院）变更羁押期限通知书

变字〔 〕号

＿＿＿看守所：
我局/院正在办理的＿＿＿＿案件，（被告人）＿＿＿（性别＿＿，＿年＿月＿日出生），因＿＿＿＿＿＿。根据《中华人民共和国刑事诉讼法》第＿＿条之规定，经＿＿＿批准（决定），其羁押期限＿＿。

现羁押期限自＿年＿月＿日至＿年＿月＿日。

（办案机关印）
＿年＿月＿日

第三联　在押人员留存

第十一章 侦查羁押期限

××人民检察院决定释放通知书（回执）

检释〔 〕 号

_____：

现将_____号决定释放通知书的执行情况通知如下：

（公章）

年 月 日

第三联 执行机关退回后附卷

××人民检察院决定释放通知书

检释〔 〕 号

_____人民检察院____年____月____日决定逮捕（拘留）的犯罪嫌疑人_____，性别____，现年____岁，因_____，现羁押于_____，根据《中华人民共和国刑事诉讼法》第____条的规定决定释放，请即执行。

此致

年 月 日

第二联 送达执行机关

××人民检察院决定释放通知书（副本）

检释〔 〕 号

_____人民检察院____年____月____日决定逮捕（拘留）的犯罪嫌疑人_____，性别____，现年____岁，住（住所地详细地址），因_____（羁押处所），现羁押于_____，根据《中华人民共和国刑事诉讼法》第____条的规定决定释放，请即执行。

此致

年 月 日

第一联 附卷

第十二章　侦查终结

　　侦查终结是指侦查部门经过侦查，认为案件事实已经查清，证据确实、充分，足以认定犯罪嫌疑人是否犯罪和应否追究其刑事责任而决定结束侦查，依法对案件作出结论和处理的一种诉讼活动。侦查终结是职务犯罪侦查活动的最后一道程序，通过对案件事实和证据的审查，有利于确保案件质量；通过对案件的处理，能够及时准确地打击犯罪；能够有效地保障无罪的人不受追究。

　　侦查终结具有以下特点：

　　1. 诉讼性。侦查终结是刑事诉讼法规定的法定程序之一，人民检察院必须按照规定的程序对符合侦查终结条件的案件进行处理。侦查终结是刑事诉讼中的一个环节，具有诉讼性。

　　2. 实体性。在职务犯罪案件侦查终结时，如发现案件具有《刑事诉讼法》第十五条规定情形之一的，人民检察院就应当作出撤案处理，刑事诉讼程序就此结束。因此，侦查终结具有一定的实体性。

　　3. 连接性。侦查终结后，除撤案之外，案件必须移送公诉部门进行审查，因此，侦查终结是连接侦查程序和审查起诉程序的一个重要环节，具有连接性。

第一节　侦查终结的条件

　　职务犯罪案件侦查终结必须符合一定的条件。

一、案件事实、情节清楚

　　案件事实、情节清楚指犯罪嫌疑人有罪或无罪、罪重或罪轻以及是否应受刑事处罚的全部事实和情节均已查清。具体来说：

　　1. 构成犯罪的事实清楚。指犯罪事实是否发生、犯罪是否为犯罪嫌疑人所为、犯罪行为的实施过程、犯罪造成的危害后果、犯罪嫌疑人是否达到刑事责任年龄及有无刑事责任能力、犯罪的主观罪过、是否追究刑事责任的事实清楚。共同犯罪的案件，还应当查清每个犯罪嫌疑人在共同犯罪中的地位和作用，并且没有遗漏其他应当追究刑事责任的同案人。

　　2. 程序性事实清楚。指初查、立案、采取强制措施、侦查措施、证据的收集固定等均依照法律规定的程序进行，没有遗漏或违反程序的情形。

3. 影响犯罪嫌疑人定罪处罚的情节清楚。主要包括犯罪嫌疑人没有不应追究刑事责任的情形，所具有的法定从重、从轻、减轻、免除处罚的情节，应当或者可以从重、从轻、减轻、免除处罚的情节。如有逃跑、串供、毁灭证据等行为，犯罪行为造成的经济损失或社会影响恶劣，犯罪数额特别巨大，有自首、立功表现，能主动如实交代犯罪行为、积极退赃等。

二、证据确实、充分

证据确实、充分指认定或否定某一犯罪行为、情节都要有确实、充分的证据。证据确实指证据应当具备证据客观性、合法性、关联性。作为认定案件事实的每一个证据都必须是客观存在的事实，都必须是侦查人员按照法定的程序收集，证据与案件事实之间存在一定的联系。证据充分指每一犯罪行为、侦查程序均有相应的证据证实，所有收集的证据能够形成一个完整的证据体系，并排除了一切其他可能性，能够确认犯罪嫌疑人有罪或无罪、罪重或罪轻。

三、法律手续完备

法律手续完备指侦查机关对案件的立案，采取拘传、取保候审、监视居住、拘留、逮捕的强制措施，进行搜查、查封、扣押、冻结、鉴定、查询、冻结、讯问犯罪嫌疑人、询问证人、询问被害人等均按要求制作了相应的法律文书，侦查人员在开展相应的侦查工作时均按照规定制作了讯问笔录、询问笔录、搜查笔录、勘验、检查笔录等，所有的法律文书和工作文书均按要求制作，没有遗漏或不符合法律规定的情形。所有收集的证据均符合法律规定的形式要件，没有违法取证或瑕疵证据。

四、案件定性准确

在侦查终结时，侦查人员必须根据案件的事实和证据，正确地认定案件的性质，严格按照犯罪的构成要件来区分罪与非罪、此罪与彼罪。对影响案件定性的是否明知，是否情节严重，数额是否较大，后果是否严重等必须严格依照法律规定的条件执行。

第二节　侦查终结的程序

案件侦查终结必须按照法律规定的程序进行。

一、侦查终结前的审查

侦查终结前，案件承办人员要依据侦查终结的条件对查明的事实和证据等进行全面系统的审查。

1. 对案件事实的审查。重点是审查犯罪嫌疑人构成某一犯罪或几种犯罪的事实是否清楚，是否符合犯罪构成要件的要求，犯罪嫌疑人有多次犯罪行为的，每一次犯罪行为的事实是否清楚，共同犯罪中的犯罪嫌疑人是否均已到案，共同犯罪的事实是否清楚，已到案的犯罪嫌疑人涉嫌的犯罪事实是否清楚，犯罪嫌疑人未到案是否会影响到案件的侦查终结，犯罪嫌疑人是否存在加重、从重、减轻、从轻、免除处罚的情节，犯罪嫌疑人是否存在自首、立功情节，相关材料是否齐全，等等。

2. 证据是否确实、充分。重点是审查犯罪嫌疑人涉嫌的犯罪事实是否均有证据证明，犯罪嫌疑人的加重、从重、减轻、从轻、免除处罚情节是否有证据证明，证据是否均按照法律规定的程序取得，能够证实犯罪有无、轻重的证据是否全部收集，全案证据能否形成锁链，能否得出唯一性的结论。

3. 证据是否合法。是否存在非法证据、瑕疵证据，对非法证据、瑕疵证据的处理是否合法等。确实存在侦查人员以非法方法收集犯罪嫌疑人供述、被害人供述、证人证言等证据材料的，应当依法予以排除，并另行指派侦查人员以合法的方式重新调查取证。

4. 程序是否合法。重点是审查立案、采取强制措施是否依法进行，是否按要求进行通报、报告和许可、备案，侦查行为的开展是否依法进行，是否按程序收集、固定证据，罪名认定是否准确、有无遗漏罪行，同步录音录像资料是否规范、完整，涉案款物的查封、扣押、冻结、保管、使用、移送是否合法，是否按程序保障了犯罪嫌疑人、证人、被害人、律师的合法权益，对犯罪嫌疑人的羁押及羁押期限的延长是否符合规定，等等。

5. 文书是否完备。重点是审查初查、立案、采取强制措施、侦查措施的文书是否齐全、是否按要求制作，收集、固定证据的文书是否齐全、是否按要求制作，对案件的请示、通报、报告、许可、备案的文书是否齐全、是否按要求制作，等等。

二、听取律师意见

辩护律师在侦查期间可以为犯罪嫌疑人提供法律援助；代理申诉、控告；申请变更强制措施；向侦查机关了解犯罪嫌疑人涉嫌的罪名和案件有关情况，提出意见。《刑事诉讼法》第一百五十九条规定："在案件侦查终结前，辩护律师提出要求的，侦查机关应当听取辩护律师的意见，并记录在案。辩护律师提出书面意见的，应当附卷。"因此，在侦查过程中，律师可以随时提出意见，检察人员也应当随时听取律师的意见；在侦查终结前，检察人员应当听取律师对案件事实和证据提出的意见，包括侦查活动是否合法的意见并记录在案，律师提交书面材料的，书面材料应当入卷。

三、撰写侦查终结报告

案件侦查终结前，承办人员应当根据全案的事实和证据等情况制作《侦查终结报告》。侦查终结报告的主要内容包括：（1）犯罪嫌疑人的基本情况；（2）案件的来源、立案时间，是否对犯罪嫌疑人采取强制措施或采取强制措施的理由及羁押场所；（3）侦查查明的犯罪嫌疑人的犯罪事实及证据；（4）犯罪嫌疑人在侦查期间的表现，有无从重、从轻、减轻、免除处罚的情节；（5）查封、扣押、冻结涉案款物、文件、视听资料、电子资料的保管、移送、处理情况；（6）根据相关法律提出的处理意见；（7）如果侦查阶段犯罪嫌疑人已聘请律师的，律师对案件事实、证据及侦查活动是否合法的意见。

四、集体研究讨论

侦查部门应当对拟侦查终结的案件组织集体研究讨论。集体研究讨论前，案件承办人员应当准备好相关的书面汇报材料，重点写明案件的事实和证据以及需要经集体讨论确定的事项，并提出自己的处理意见。讨论一般由分管副检察长或部门负责人主持，侦查部门人员原则上都应参与案件集体研究讨论。参加讨论人员应逐一发表自己的意见，个别意见与集体意见不一样时，应当服从集体意见。当集体意见不能统一时，由检察长决定。对集体讨论案件的情况应制作讨论笔录，并由参加人签名后存档。相关事项需报请检察长决定的，由承办人员制作书面材料，层报检察长，由检察长作出决定。

承办人员应当根据集体讨论或者检察长的决定，对相关事项进行处理；同意侦查终结的，及时办理侦查终结的相关手续；不同意侦查终结的，应继续侦查，案件即将到期或者同案犯罪嫌疑人潜逃导致犯罪事实无法查清的，应当根据案件的不同情况分别报请延长侦查羁押期限、变更或者解除强制措施。

五、制作法律文书

对经过集体讨论同意侦查终结的案件，案件承办人员应当按照集体讨论的决定，对相关事项进行处理，对《侦查终结报告》进行相应修改，经侦查部门负责人审核后，报请分管副检察长审批。侦查人员要根据集体研究讨论或者检察长决定，分别制作相应的法律文书：决定移送审查起诉的，制作《起诉意见书》；决定移送审查不起诉的，制作《不起诉意见书》，连同侦查终结报告和案卷材料一起，经侦查部门负责人审核后，报检察长批准后移送公诉部门。决定撤案的，侦查人员要写出《拟撤销案件决定书》，经侦查部门负责人审核后，报检察长决定。对于重大、复杂、疑难案件决定撤案的，应报检察长提请检察委员会讨论决定。经人民监督员评议后移送上级人民检察院审查。

六、报送备案审查

所查办的职务犯罪案件属于大案要案的，人民检察院应当按照规定，在案件侦查终结后三日内，将相关法律文书、材料、手续等一并报送上一级人民检察院备案。上级人民检察院对备案案件要及时进行审查，发现错误的，应当及时通知报送备案的下级人民检察院，下级人民检察院应将办理情况及时报告。

七、提出检察建议

在侦查终结后十五日内，人民检察院应就侦查中发现的发案单位在经营管理、财务制度、基本建设等方面存在的问题或者个别人或部门存在的违纪违规问题提出检察建议。检察建议的提出，由案件承办人制作《检察建议书》，经部门负责人、检察长决定后送达发案单位，督促发案单位进行整改，并有针对性地开展预防工作。

八、整卷归档

职务犯罪案件应当在侦查终结后一个月内，按照《人民检察院诉讼档案管理办法》、《检察机关诉讼档案案卷格式标准》等相关规定的要求，整理好侦查内卷，并归档备查。

九、侦查终结的要求

1. 在职务犯罪侦查过程中，要坚持查办要案的党内请示报告制度。侦查终结时，案情发生重大变化的要向党委报告。其他重要案件，在查办的同时也要主动争取党委的领导和支持。

2. 人民检察院在立案侦查中指定异地管辖，需要在异地起诉、审判的，应当在移送审查起诉前与人民法院协商指定管辖的相关事宜。

3. 案件侦查终结移送审查起诉时，人民检察院应当同时将案件移送情况告知犯罪嫌疑人及其辩护律师。

4. 对于重大、疑难、复杂案件侦查终结前，可以报经检察长批准，通知公诉部门、侦查监督部门派员提前介入侦查。公诉部门、侦查监督部门介入侦查后，应当对案件证据进行审查，并就证据收集和法律适用等问题向侦查部门提出意见，监督侦查活动是否合法。

5. 人民检察院办理的职务犯罪案件，如果同案的犯罪嫌疑人在逃，但在案的犯罪嫌疑人犯罪事实清楚，证据确实、充分的，对在案的犯罪嫌疑人应当侦查终结，分别移送审查起诉或不起诉。

由于同案犯罪嫌疑人在逃，导致在案的犯罪嫌疑人的犯罪事实无法查清的，对在案的犯罪嫌疑人应当根据案件的不同情况分别报请延长侦查羁押期限、变更强制措施或解除强制措施。

6. 人民检察院直接受理立案侦查的案件，对犯罪嫌疑人没有采取取保候审、监视居住、拘留或者逮捕措施的，侦查部门应当在立案后二年以内提出移送审查起诉、移送审查不起诉或者撤销案件的意见；对犯罪嫌疑人采取取保候审、监视居住、拘留或者逮捕措施的，侦查部门应当在解除或者撤销强制措施后一年以内提出移送审查起诉、移送审查不起诉或者撤销案件的意见。

7. 对于可以作为证据使用的录音、录像带、电子数据存储介质，应当记明案由、对象、内容、录取、复制的时间、地点、规格、类别、应用长度、文件格式及长度等，妥为保管，并制作清单，随案移送。

第三节　侦查终结后的处理

由于案件的处理结果不同，侦查终结后的处理程序也有所不同，主要有：

一、移送审查起诉

对于犯罪事实清楚，证据确实、充分，依法应当追究刑事责任的案件，应当在侦查终结后及时移送案件管理部门，由案件管理部门审查后移送公诉部门审查起诉。移送的材料包括：一是《起诉意见书》、《侦查终结报告》；二是案卷材料；三是同步录音录像资料；四是查封、扣押、冻结的涉案款物。

对于国家或集体财产遭受损失的，为挽回国家或集体资产的流失，在提出起诉意见的同时，可以提出提起附带民事诉讼的意见。

为了与审判管辖保持一致，对于上级人民检察院侦查部门在侦查终结阶段发现依照刑事诉讼法应由下级人民检察院起诉的案件，应将检察委员会的决定、侦查终结报告连同案卷材料、证据移送下级人民检察院，由下级人民检察院侦查部门制作起诉意见书，移送本院案件管理部门统一受理。下级人民检察院侦查部门对上级人民检察院侦查部门的侦查终结报告不能进行实质性审查，只需按照要求制作起诉意见；下级人民检察院认为上级人民检察院的决定有错误的，可以向上级人民检察院提请复议，上级人民检察院审查后维持原决定的，下级人民检察院必须执行。

人民检察院直接受理立案侦查的共同犯罪案件，如果同案犯罪嫌疑人在逃，但在案犯罪嫌疑人犯罪事实清楚，证据确实、充分，符合起诉条件的，对在案犯罪嫌疑人应当根据移送审查起诉。

公诉部门发现应当起诉而未移送审查起诉的，应当报经分管检察长同意，建议侦查部门移送审查起诉。侦查部门采纳的，应当及时移送审查起诉；不采纳的，应当书面说明理由，报经分管检察长同意后回复公诉部门。公诉部门仍坚持移送审查起诉意见的，应当报检察长或者检察委员会决定。

公诉部门应当将人民法院开庭审理人民检察院直接受理立案侦查案件的时间、地点于开庭前二日通知侦查部门。侦查部门可以派员旁听法庭审理。公诉部门收到人民法院的裁判文书后，应当在七日以内将裁判文书的副本或者复印件送交侦查部门。

二、移送审查不起诉

对于案件事实清楚，证据确实、充分，但犯罪情节轻微，依照刑法规定不需要判处刑罚或者可以免予刑事处罚的，应当移送审查不起诉。移送的材料包括：一是《不起诉意见书》、《侦查终结报告》；二是案卷材料；三是同步录音录像资料；四是查封、扣押、冻结的涉案款物。

人民检察院决定不起诉的案件，应当同时对侦查中查封、扣押、冻结的财物解除查封、扣押、冻结。对被不起诉人需要给予行政处罚、行政处分或者需要没收其违法所得的，人民检察院应当提出检察意见，移送有关主管机关处理。有关主管机关应当将处理结果及时通知人民检察院。

人民检察院直接受理立案侦查的共同犯罪案件，如果同案犯罪嫌疑人在逃，但在案犯罪嫌疑人犯罪事实清楚，证据确实、充分，符合不起诉条件的，对在案犯罪嫌疑人应当移送审查不起诉。

三、撤销案件

（一）撤案的条件

人民检察院在侦查过程中或者侦查终结后，发现具有下列情形之一的，侦查部门应当制作《拟撤销案件决定书》，报检察长或检察委员会决定。

1. 具有《刑事诉讼法》第十五条规定情形之一的；
2. 没有犯罪事实的，或者依照法律规定不负刑事责任或者不是犯罪的；
3. 虽有犯罪事实，但不是犯罪嫌疑人所为的。

（二）撤案的程序

1. 人民监督员评议。对拟撤案的案件，侦查部门应当制作《拟撤销案件决定书》，连同有关案件材料报送本院人民监督工作办公室，由其组织人民监督员对拟撤案的案件进行监督评议。

经人民监督员履行监督程序、提出表决意见后的拟撤案案件，侦查部门应当报请检察长或者检察委员会决定。检察长或者检察委员会同意拟撤销案件意见的，侦查部门应当由将拟撤销案件意见书、人民监督员的表决意见，连同本案全部卷宗材料，在法定期限届满七日之前报上一级人民检察院审查；重大、复杂案件，在法定期限届满十日之前报上一级人民检察院审查，由其出具审查意见。对于共同犯罪案件，应当将处理同案犯罪嫌疑人的有关法律文书以及案件事实、证据材料复印件等，一并报送上一级人民检察院。

2. 上级人民检察院进行审查。对于下级人民检察院报请审批的拟撤销案件，由上一级人民检察院相应侦查部门承办。上一级人民检察院侦查部门应当指定专人办理，对案件事实、证据和法律适用进行全面审查，必要时可以讯问犯罪嫌疑人。上一级人民检察院侦查部门审查下级人民检察院报送的拟撤销案件，应当提出是否同意撤销案件的意见，同意撤销案件的，应当制作《批准撤销案件决定书》；不同意撤销案件的，应当制作《不批准撤销案件决定书》，连同下级人民检察院人民监督员的表决意见，报请检察长或者检察委员会决定。上一级人民检察院审查下一级人民检察院报送的拟撤销案件，应当于收到案件后七日内书面批复下级人民检察院；重大、复杂案件，应当于收到案件后十日内书面批复下级人民检察院。因紧急情况或者其他特殊原因不能在规定期限内送达的，可以先通知下级人民检察院执行，随后送达书面批复。

3. 作出撤案决定。上一级人民检察院同意做撤案处理的，下级人民检察院侦查部门应当制作《撤销案件决定书》，决定书中必须写明对扣押、冻结款物的处理情况。上一级人民检察院不批准撤销案件的，下级人民检察院应当执行上一级人民检察院的决定，作出移送审查起诉或者移送审查不起诉的决定。

4. 送达《撤销案件决定书》。《撤销案件决定书》在送达犯罪嫌疑人的同时，还应送达犯罪嫌疑人所在单位；对于犯罪嫌疑人在侦查过程中已死亡的，在送达其家庭成年家属后，也要送达其原所在单位。

（三）撤案后的处理

1. 送达法律文书，释放犯罪嫌疑人。作出撤案决定后，应当将《撤销案件决定书》分别送达犯罪嫌疑人所在单位和犯罪嫌疑人。犯罪嫌疑人死亡的，应当送达犯罪嫌疑人原所在单位。如果犯罪嫌疑人在押的，应当制作《决定释放通知书》，通知公安机关依法立即释放。

2. 处理查封、扣押、冻结款物。人民检察院作出撤销案件决定的，侦查部门应当在三十日以内对犯罪嫌疑人的违法所得作出处理，并制作查封、扣押、冻结款物的处理报告，详细列明每一项款物的来源、去向并附有关法律文书复印件，报检察长审核后存入案卷，并在撤销案件决定书中写明对查封、扣押、冻结的涉案款物的处理结果。情况特殊的，经检察长决定，可以延长三十日。具体规定详见本章第五节查封、扣押、冻结款物的处理。

3. 职务犯罪案件撤销以后，原承办单位又发现新的事实或者证据，认为犯罪嫌疑人有犯罪事实需要追究刑事责任的，应当重新立案侦查。

第四节　侦查特殊情形处理

侦查特殊情形处理，是指在侦查过程中，因发生犯罪嫌疑人长期潜逃、患有严重疾病不能接受讯问以及自然灾害等影响侦查工作的情形时的处理。

侦查特殊情形处理，主要包括犯罪嫌疑人长期潜逃、犯罪嫌疑人患有精神病及其他严重疾病不能接受讯问、出现自然灾害等不可抗力、同案犯罪嫌疑人在逃四种。

一、犯罪嫌疑人长期潜逃的处理

对于侦查期间犯罪嫌疑人长期潜逃的，应当采取有效追捕措施进行追捕，并继续进行其他可能的侦查活动。如可以依法启动没收违法所得程序，对有关犯罪事实、违法所得情况进行调查。犯罪嫌疑人长期潜逃，对"长期"的时间，法律未作具体规定，但结合侦查期限的规定，一般不应少于两年。如果是在侦查期限内抓获到案的，就理应按照法定程序继续正常的侦查活动。

二、犯罪嫌疑人患严重疾病丧失诉讼行为能力的处理

犯罪嫌疑人患严重疾病丧失诉讼行为能力的情形，是指犯罪嫌疑人患有精神病及其他严重疾病不能接受讯问，丧失诉讼行为能力。丧失诉讼行为能力的犯罪嫌疑人，无法接受检察机关侦查部门的讯问，因此无法进入相关诉讼程序使侦查工作难以顺利进行，必须待其恢复诉讼能力后，方可继续参与诉讼。在侦查阶段犯罪嫌疑人丧失诉讼行为能力期间，可以变更强制措施，犯罪嫌疑人不在押的可以适当延长办案期限。对于实施暴力行为依法不负刑事责任的精神病人，可以依法提出强制医疗的申请。

三、出现自然灾害等不可抗力情形的处理

在侦查过程中出现自然灾害等不可抗力，属于特殊的极个别情况，因自然灾害等不可抗力导致侦查活动无法继续进行的，检察机关应当待自然灾害等不可抗力消失后，再继续进行正常的侦查活动。

四、同案犯罪嫌疑人在逃的处理

人民检察院直接受理立案侦查的共同犯罪案件，如果同案犯罪嫌疑人在逃，但在案犯罪嫌疑人犯罪事实清楚，证据确实、充分的，符合起诉或者不起诉条件的，对在案犯罪嫌疑人应当分别移送审查起诉或者移送审查不起诉。

由于同案犯罪嫌疑人在逃，在案犯罪嫌疑人的犯罪事实无法查清的，对在案犯罪嫌疑人应当根据案件的不同情况分别报请延长侦查羁押期限、变更强制措施或者解除强制措施。

第五节 查封、扣押、冻结款物的处理

一、处理的程序

(一) 处理的时限

人民检察院作出撤销案件决定、不起诉决定或者收到人民法院作出的生效判决、裁定后，应当在三十日以内对涉案财物作出处理，并制作涉案财物处理报告，详细列明每一项财物的来源、去向并附有关法律文书复印件，报检察长批准后存入案卷。情况特殊的，经检察长批准，可以延长三十日。

(二) 处理的部门

对于人民检察院直接受理立案侦查的案件，在侦查期间查封、扣押、冻结的涉案财物，由侦查部门提出处理意见；对于审查起诉期间查封、扣押、冻结的涉案财物以及公安机关等其他办案机关移送审查起诉随案移送的涉案财物，由公诉部门提出处理意见。

(三) 具体情况下的处理

负责处理涉案财物的办案部门应当严格按照《刑事诉讼法》、《刑诉规则（试行）》等有关规定的要求，对涉案财物区分不同情形，及时作出相应处理：

1. 因犯罪嫌疑人死亡而撤销案件、决定不起诉，依照刑法规定应当追缴其违法所得及其他涉案财产的，按照犯罪嫌疑人、被告人逃匿、死亡案件违法所得的没收程序办理；对于不需要没收的涉案财物，应当按照规定及时返还犯罪嫌疑人的合法继承人。

2. 因其他原因撤销案件、决定不起诉，对于查封、扣押、冻结的犯罪嫌疑人违法所得及其他涉案财产需要没收的，应当提出检察建议，移送有关主管机关处理；未认定需要没收并移送有关主管机关处理的，应当按照规定及时返还犯罪嫌疑人或者其合法继承人。

3. 提起公诉的案件，在人民法院作出生效判决、裁定后，对于冻结在金融机构的涉案财物，由人民法院通知该金融机构上缴国库；对于查封、扣押且依法未随案移送人民法院的涉案财物，由人民检察院根据人民法院的通知上缴国库。

4. 提起公诉的案件，起诉书中未认定或者起诉书中虽然认定但人民法院生效判决、裁定中未认定为犯罪数额的涉案财物，应当按照规定移送有关主管机关处理或者及时返还犯罪嫌疑人、被告人或者其合法继承人。

5. 对于需要返还被害人的涉案财物，应当及时按照有关规定返还被害人。对于应当返还被害人的涉案财物，应当及时返还，无人认领的，应当公告通知。公告满一年无人认领的，依法上缴国库。在上缴国库后有人认领，经查证属实的，人民检察院应当向人民政府财政部门申请退库或者返还。原物已经拍卖、变卖的，应当退回价款。办案部门应当及时办理返还、上缴、申请退库等手续。

6. 对于贪污、挪用公款犯罪案件中查封、扣押、冻结的涉案财物，除法院判决上缴国库的以外，应当归还原单位。原单位已不存在或者虽然存在但对被贪污、挪用的款项已经作为损失核销的，应当上缴国库。办案部门应当及时办理返还或者上缴手续。

（四）对投诉的处理

人民检察院查封、扣押、冻结、保管、处理涉案财物，应当书面告知当事人或者其近亲属有权按照有关规定进行投诉。接到投诉的人民检察院应当按照有关规定及时进行审查并作出处理和答复。

刑事诉讼程序终结后，当事人认为人民检察院违法查封、扣押、冻结涉案财物而申请刑事赔偿的，尚未办结的投诉程序应当终止，负责办理投诉的部门应当将相关材料移交国家赔偿工作部门。

二、处理的要求

1. 查封、扣押、冻结的涉案财物应当依法上缴国库或者返还有关单位和个人的，如果有孳息，应当一并上缴或者返还。

2. 人民检察院查封、扣押、冻结、保管、处理涉案财物，应当按照有关规定接受人民监督员的监督。

3. 对于查封、扣押、冻结的涉案财物，除依法应当返还被害人或者经查明确实与案件无关的以外，不得在诉讼程序终结之前上缴国库或者作其他处理。法律和有关规定另有规定的除外。

4. 侦查部门处理查封、扣押、冻结的涉案财物,应当制作查封、扣押、冻结涉案财物处理决定书并送达当事人或者其近亲属,由当事人或者其近亲属在处理清单上签名或者盖章。当事人或者其近亲属不签名的,应当在处理清单上注明。处理查封、扣押、冻结的单位涉案财物,应当由单位有关负责人签名并加盖公章,单位负责人不签名的,应当在处理清单上注明。

5. 人民检察院查封、扣押、冻结、保管、处理涉案财物的相关法律文书送达或者制作完成后,侦查部门应当在五日以内将法律文书复印件送本院案件管理部门和纪检监察部门。纪检监察部门应当及时进行审查,认为违法的,及时提出纠正意见;必要时报请检察长处理或者向上一级人民检察院纪检监察部门报告。

附件:

一、侦查终结流程图

二、法律文书、工作文书格式样本

1. 侦查终结报告
2. 起诉意见书
3. 案件侦查终结移送审查起诉告知书
4. 涉案财物处理意见表
5. 随案移送物品、文件清单
6. 不起诉意见书
7. 复议案件审查报告
8. 复议决定书
9. 分案审批表
10. 并案审批表
11. 拟撤销案件意见书
12. 关于对××拟撤销案件的批复
13. 撤销案件决定书
14. 没收违法所得意见书
15. 违法所得及其他涉案财产清单
16. 提请以事立案终止侦查报告
17. 终止对犯罪嫌疑人侦查决定书
18. 启动违法所得没收程序决定书

19. 关于××事项（案件）的审查意见
20. 关于××事项（案件）请示
21. 讨论案件笔录
22. 换押证
23. 检察建议书

侦查终结流程图

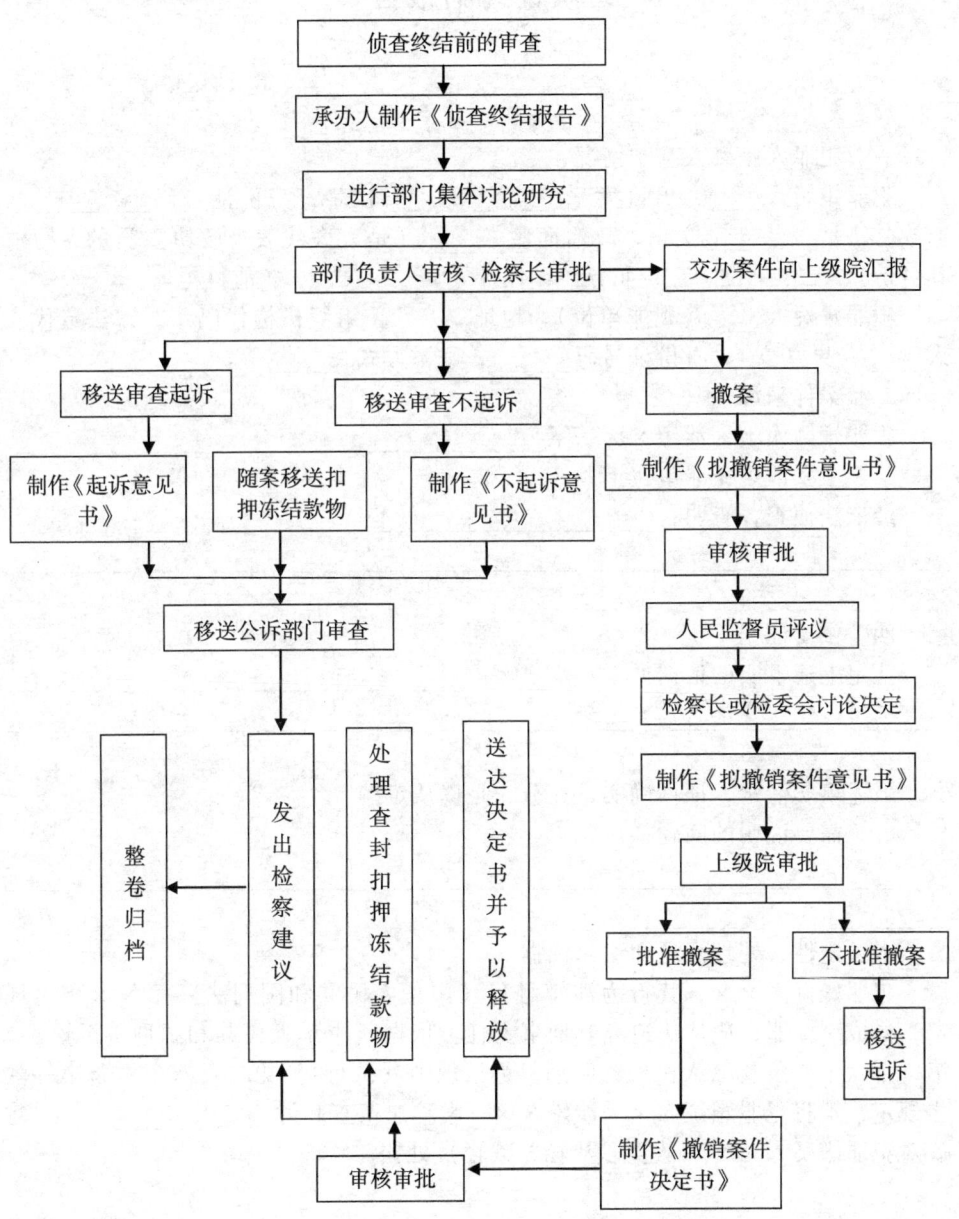

××人民检察院
侦查终结报告

检 侦终〔 〕 号

一、犯罪人嫌疑人基本情况

犯罪嫌疑人____，男（女），__年__月__日出生，身份证号码_____，__族，籍贯__，____文化，政治面貌_____（是人大代表、政协委员的，写清其身份），工作单位____，职务__，住址_____，____前科等。

犯罪嫌疑人____（犯罪单位），地址_____，组织机构代码____，法定代表人____，男（女），身份证号码_____，联系方式_____等。

二、案件来源

犯罪嫌疑人××涉嫌××一案_____。

三、主要涉嫌犯罪事实

经依法侦查，查明：_____
_____
_____。

四、主要证据

认定上述事实的证据如下：_____
_____
_____。

上述事实清楚，证据确实、充分，足以认定。

五、需要说明的问题

_____
_____。

六、定性、处理意见和法律依据

犯罪嫌疑人××，其行为涉嫌触犯《中华人民共和国刑法》第××条之规定，构成××罪，应依法追究其刑事责任。依据《中华人民共和国刑事诉讼法》第一百六十六条及《人民检察院刑事诉讼规则（试行）》第二百八十六条第一款之规定，拟将犯罪嫌疑人××涉嫌××一案移送审查起诉。鉴于_____，建议对犯罪嫌疑人××（从重、从轻、减轻）处罚。

承办人：

年 月 日

××人民检察院
侦查终结报告

检 侦 终〔　　〕　号

一、犯罪嫌疑人基本情况

犯罪嫌疑人____，男（女），__年__月__日出生，身份证号码__，__族，籍贯____，____文化，政治面貌_____（是人大代表、政协委员的，写清其身份），工作单位____，职务____，住址_____，____前科等。

犯罪嫌疑人____（犯罪单位），地址_____，组织机构代码____，法定代表人____，男（女），身份证号码_____，联系方式_____等。

二、案件来源

犯罪嫌疑人××涉嫌××一案_____。

三、主要案件事实

经依法侦查，查明：_____

_____

_____。

四、主要证据

认定上述事实的证据如下：_____

_____

_____。

上述事实清楚，证据确实、充分，足以认定。

五、需要说明的问题

_____

_____。

六、定性、处理意见和法律依据

犯罪嫌疑人××其行为涉嫌触犯《中华人民共和国刑法》第××条之规定，构成××罪，但是_____。根据《中华人民共和国刑事诉讼法》第十五条第××项、第一百六十六条以及《人民检察院刑事诉讼规则（试行）》第二百八十六条第二、三款之规定，拟将本案移送审查不起诉。

承办人：
年　月　日

××人民检察院
侦查终结报告

检 侦终〔 〕 号

一、犯罪嫌疑人基本情况

犯罪嫌疑人__,男(女),__年__月__日出生,身份证号码__,__族,籍贯____,____文化,政治面貌_____(是人大代表、政协委员的,写清其身份),工作单位____,职务____,住址_____,____前科等。

犯罪嫌疑人____(犯罪单位),地址_____,组织机构代码____,法定代表人____,男(女),身份证号码_____,联系方式_____等。

二、案件来源

犯罪嫌疑人××涉嫌××一案_____。

三、主要案件事实

经依法侦查,查明:_____
_____
_____。

四、主要证据

认定上述事实的证据如下:_____。

上述事实清楚,证据确实、充分,足以认定。

五、需要说明的问题

_____
_____。

六、定性、处理意见和法律依据

犯罪嫌疑人××,根据《中华人民共和国刑事诉讼法》第十五条第××项、第一百六十一条、第一百六十六条、第一百七十三条以及《人民检察院刑事诉讼规则(试行)》第二百八十六条、第二百九十条之规定,拟将本案作撤销案件处理。

承办人:
年 月 日

××人民检察院
起诉意见书

检移诉〔 〕 号

犯罪嫌疑人……〔犯罪嫌疑人姓名、性别、出生年月日、身份证号码、出生地、民族、文化程度、职业或工作单位及职务（作案时在何单位任何职务）、政治面貌、如是人大代表、政协委员，一并写明具体级、届代表、委员及代表、委员号，现住址，犯罪嫌疑人简历及前科情况；案件有多名犯罪嫌疑人的，应逐一写明〕

犯罪嫌疑人××（姓名）涉嫌××（罪名）一案；……（写明案由和案件来源，具体为单位或者公民举报、上级交办、有关部门移送、本院其他部门移交以及办案中发现等。简要写明案件侦查过程中的各个法律程序开始的时间，如初查、立案、侦查终结的时间。具体写明采取的强制措施种类、采取的时间、强制措施变更情况及延长侦查羁押期限的情况等）

犯罪嫌疑人××（姓名）涉嫌××（罪名）一案，现已侦查终结。

经依法侦查查明：……（概括叙写经检察机关侦查认定的犯罪事实，包括犯罪时间、地点、经过、手段、目的、动机、危害后果等与定罪有关的事实要素。应当根据具体案件情况；围绕刑法规定的该罪构成要件，特别是犯罪特征，简明扼要叙写）

（对于只有一个犯罪嫌疑人的案件，犯罪嫌疑人实施多次犯罪的犯罪事实应逐一列举；同时触犯数个罪名的犯罪嫌疑人的犯罪事实应该按照主次顺序分类列举。对于共同犯罪的案件，写明犯罪嫌疑人的共同犯罪事实及各自在共同犯罪中的地位和作用后，按照犯罪嫌疑人的主次顺序，分别叙明各个犯罪嫌疑人的单独犯罪事实）

认定上述事实的证据如下：

……（针对上述犯罪事实，分列相关证据）

上述犯罪事实清楚，证据确实、充分，足以认定。

犯罪嫌疑人××（姓名）……（具体写明是否有立功、自首等影响量刑的从重、从轻、减轻等犯罪情节）

综上所述，犯罪嫌疑人××（姓名）……（根据犯罪构成简要说明罪状），其行为已触犯《中华人民共和国刑法》第××条的规定，涉嫌××犯罪。依照《中华人民共和国刑事诉讼法》第××条、《人民检察院刑事诉讼规则（试行）》

第××条的规定,移送审查起诉。扣押的款物随案移送。

此致
审查起诉部门

侦查部门(印)
年　月　日

附:
1. 随案移送案件材料、证据;
2. 犯罪嫌疑人现在处所;
3. 扣押物品、文件清单×份附后。
(附注根据需要填写)

××人民检察院
案件侦查终结移送审查起诉告知书

_____（犯罪嫌疑人姓名）：

　　我院对你涉嫌的_____一案已侦查终结，拟移送_____人民检察院/我院审查起诉。根据《中华人民共和国刑事诉讼法》第一百六十条、《人民检察院刑事诉讼规则（试行）》第二百八十八条的规定，现将移送审查起诉情况向你告知。

年　月　日
（院印）

本告知书已收到。
犯罪嫌疑人：
　　年　月　日

注：本告知书一式两份，一份附卷，一份交犯罪嫌疑人。

××人民检察院
案件侦查终结移送审查起诉告知书

_____ 辩护律师（填写律师姓名、身份证号和律师证编号）：

我院对犯罪嫌疑人_____ 涉嫌_____罪一案，现已侦查终结，拟移送_____ 人民检察院/我院审查起诉。根据《中华人民共和国刑事诉讼法》第一百六十条、《人民检察院刑事诉讼规则（试行）》第二百八十八条的规定，现将移送审查起诉情况向你告知。

年 月 日
（院印）

本告知书已收到。
辩护律师：
　　年 月 日

注：本告知书一式两份，一份附卷，一份交辩护律师。

制作说明

一、本文书依据《刑事诉讼法》第一百六十条、《刑诉规则（试行）》第二百八十八条的规定制作。为人民检察院办理直接受理立案侦查的案件侦查终结后移送审查起诉时，必要时将移送审查起诉情况书面告知犯罪嫌疑人及其辩护律师时使用。

二、本文书为二联，分别送达犯罪嫌疑人及其辩护律师，并各留一份附卷。

××人民检察院
涉案财物处理意见表

统一受案号	
案　名	
办案部门	
涉案财物名称、数量	详见后面清单
已确认赃证款物	是　　　否
案件承办人意见	
科（室）领导意见	
局领导意见	
检察长意见	

××人民检察院
随案移送物品、文件清单

案名：　　　　　　　　　　编号：

序号	物品、文件名称	数量（金额）	单位/特征

移送单位：　　　　　接收（移送）单位：　　　　接收单位：
移送人：　　　　　　接收（移送）人：　　　　　接收人：
时间：　　　　　　　时间：　　　　　　　　　　时间：

注：本清单一式六份，两份由移送单位存留，两份由检察院存留，两份由法院存留。

××人民检察院
不起诉意见书

检 移 不 诉〔 〕 号

　　犯罪嫌疑人……〔犯罪嫌疑人姓名（别名、曾用名、绰号等），性别，出生年月日，出生地，身份证号码，民族，文化程度，职业或工作单位及职务（作案时在何单位任何职务），住址，政治面貌，如是人大代表、政协委员，一并写明具体级、届代表、委员及代表、委员号，现住址，犯罪嫌疑人简历及前科情况。案件有多名犯罪嫌疑人的，逐一写明。单位犯罪案件中，应当写明单位的名称、地址、组织机构代码、法定代表人姓名、性别、身份证号码、联系方式〕

　　犯罪嫌疑人××涉嫌××一案，本院于××年××月××日立案侦查（采取强制措施、变更强制措施及延长侦查羁押期限的情况），现已侦查终结。

　　经依法侦查查明：……（概括叙写经检察机关侦查认定的犯罪事实，包括犯罪时间、地点、经过、手段、目的、动机、危害后果等与定罪有关的事实要素。应当根据具体案件情况，围绕刑法规定的该罪构成要件，特别是犯罪特征，简明扼要叙述。叙述犯罪嫌疑人的犯罪事实时，先按照其触犯罪名的犯罪构成作概括性的叙述，然后再逐一列举，最后列举相关证据。证据包括经侦查获取的能够证明犯罪嫌疑人的行为构成犯罪且需要追究刑事责任的证据）

　　综上所述，犯罪嫌疑人××的行为触犯了《中华人民共和国刑法》第××条之规定，涉嫌××罪，但是……（具体写明犯罪情节轻微，不需要判处刑罚或免除刑罚的具体情形）根据《中华人民共和国刑事诉讼法》第××条之规定，不需要判处刑罚（或免除刑罚），根据《中华人民共和国刑事诉讼法》第一百六十六条和第一百七十三条第二款之规定，移送审查不起诉。……（对查封、扣押、冻结物品、文件提出处理建议）

　　此致
公诉部门

侦查部门（印）
年 月 日

附：1. 随案移送案件材料、证据；
　　2. 犯罪嫌疑人现在处所；
　　3. 查封、扣押、冻结物品、文件清单×份附后。
　　（所附项目根据需要填写）

××人民检察院
复议案件审查报告

一、犯罪嫌疑人基本情况

犯罪嫌疑人__，男（女），__年__月__日出生，身份证号码__，__族，籍贯____，____文化，政治面貌_____（是人大代表、政协委员的，写清其身份），工作单位____，职务____，住址__等。

二、案件基本情况

_____
_____
_____。

三、办案单位意见

_____
_____
_____。

四、审查意见

_____
_____
_____。

承办人：
年 月 日

××人民检察院
复议决定书
检议〔 〕 号

你___对本院___号
检议书要求复议的意见书收悉。经本
院复议认为：___
___。根据《中华人民共和
国刑事诉讼法》第___条的规定，本院决
定___
此致

年 月 日
（院印）

第三联 送达侦查机关

××人民检察院
复议决定书
（副本）
检议〔 〕 号

你___对本院___号
检议书要求复议的意见书收悉。经本院复议认
为：___
___。根据
《中华人民共和国刑事诉讼法》第___条
的规定，本院决定___
此致

年 月 日
（院印）

第二联 附卷

××人民检察院
复议决定书
（存 根）
检议〔 〕 号

案由
犯罪嫌疑人基本情况
复议决定内容
送达单位
批准人
承办人
填发人
填发时间

第一联 统一保存

××人民检察院
分案审批表

检 分案〔　〕号

原案名称	
现案名称	
案件拆分到的机关或部门	
分案的理由和目的	
承办人意见	
科（室）领导意见	
局领导意见	

××人民检察院
并案审批表

检 并案〔 〕号

原案名称	
现案名称	
并案的理由和目的	
承办人意见	
科（室）领导意见	
局领导意见	

××人民检察院
拟撤销案件意见书

一、犯罪嫌疑人基本情况

犯罪嫌疑人__，男（女），__年__月__日出生，身份证号码_____，__族，籍贯____，____文化，政治面貌____（如是人大代表、政协委员，一并写明具体级、届代表、委员及代表、委员号），工作单位____，职务____，职级____，住址____，____前科等。（案件有多名犯罪嫌疑人的，应按涉嫌犯罪情节轻重逐一写明）

二、查明的案件事实和证据情况

犯罪嫌疑人××涉嫌××一案，系……（写明案件来源。如果案件是其他人民检察院移送的，此处应当将指定管辖、移送单位以及移送时间等写清楚），本院于××年××月××日立案侦查……（采取和变更强制措施情况）（侦查终结时间、拟撤销案件的时间等）

经查明：××（犯罪嫌疑人姓名）……（简要叙述涉嫌犯罪的事实、后果及不作有罪认定的理由）

三、拟撤案的理由和法律依据

（主体问题、证据问题、《刑事诉讼法》第十五条的6种情形等）……（撤案理由：依据《刑事诉讼法》第十五条和第一百六十一条的规定，没有犯罪事实的，或者依照刑法规定不负刑事责任和不是犯罪的；证据不足，不能证明犯罪事实系犯罪嫌疑人所为的；在侦查过程中，发现不应对犯罪嫌疑人追究刑事责任的等。）

根据……（具体法律依据）不构成犯罪（或者为不应当追究刑事责任），建议撤销此案并提请人民监督员监督评议。

以上意见妥否，请批示。

承办人：
年　月　日

××人民检察院（批复）
关于对××拟撤销案件的批复

检 复〔 〕 号

_____人民检察院：

　　你院对____一案提请撤销案件意见书收悉。经研究，同意（或不同意）你院对××作撤销案件处理。

　　此复

人民检察院
（印章）
年 月 日

第十二章 侦查终结

××人民检察院撤销案件决定书（副本）

检撤〔 〕 号

我院办理的_____案，案由_____，根据《中华人民共和国刑事诉讼法》第____条的规定，决定撤销此案。

检察长：
年 月 日
（检察院印）

第四联 交原案件犯罪嫌疑人（原案件犯罪嫌疑人死亡的交其单位）

××人民检察院撤销案件决定书（副本）

检撤〔 〕 号

我院办理的_____案，案由_____，根据《中华人民共和国刑事诉讼法》第____条的规定，决定撤销此案。

检察长：
年 月 日
（检察院印）

第三联 交原案件犯罪嫌疑人所在单位

××人民检察院撤销案件决定书

检撤〔 〕 号

我院办理的_____案，案由_____，根据《中华人民共和国刑事诉讼法》第____条的规定，决定撤销此案。

检察长：
年 月 日
（检察院印）

本决定书副本已收到
原案件犯罪嫌疑人或其家属
年 月 日

第二联 附卷

××人民检察院撤销案件决定书（存根）

检撤〔 〕 号

案由
犯罪嫌疑人基本情况（姓名、性别、年龄、身份证号码、工作单位、住址、是否人大代表、政协委员）
撤销案件原因_____
批准人
批准时间
办案人
办案部门
填发人
填发时间

第一联 统一保存

没收违法所得意见书

检 没移〔 〕号

犯罪嫌疑人……（写明姓名、性别、出生年月日、出生地、户籍地、身份证号码、民族、文化程度、职业或者工作单位及职务、住址、曾受到行政处罚、刑事处罚的情况）

犯罪嫌疑人××涉嫌××罪……（写明案由和案件来源）犯罪嫌疑人××于××年××月××日逃匿。本院于××年××月××日决定通缉，至今不能到案。（如果死亡的，写明于××年××月××日死亡）

对犯罪嫌疑人××的违法所得及其他涉案财产，现已调查终结。

经依法调查查明：……（概括叙写经检察机关调查认定的犯罪事实，依照刑法规定应当追缴的违法所得及其他涉案财产的来源、种类、数量、所在地以及查封、扣押、冻结等情况）

写明犯罪嫌疑人的近亲属或者其他利害关系人的姓名、住址、联系方式及其要求。

认定上述事实的证据如下：

……（针对上述犯罪事实和违法所得，分别列举证据）

上述犯罪事实和违法所得事实清楚，证据确实、充分，足以认定。

综上所述，犯罪嫌疑人××涉嫌××罪，逃匿一年后不能到案（或者于××年××月××日死亡），……（概述其违法所得及其他涉案财产的来源、种类和数量等）。根据《中华人民共和国刑事诉讼法》第二百八十条、《人民检察院刑事诉讼规则（试行）》第××条的规定，移送没收违法所得意见书。扣押的款物随案移送。

此致
公诉部门

侦查部门（印）
年 月 日

附：
1. 通缉令或者死亡证明书。
2. 违法所得及其他涉案财产清单以及查封、扣押、冻结的情况。
3. 随案移送案件材料、证据。
4. 其他需要附注的事项。

××人民检察院
违法所得及其他涉案财产清单

编号:

第 页,共 页

编号	名称	数量	基本特征	来源或权属人	备注

注:本清单一式两份,一份附卷,一份由办案单位留存。

批准人:　　　　承办人:　　　　　　　　　　　年 月 日　公章

职务犯罪侦查流程与规范

××人民检察院
提请以事立案终止侦查报告

检 终 侦〔 〕 号

以事立案的时间和案由：_____
_____
_____。

事实和证据：_____
_____
_____。

终止侦查的理由和结论：_____
_____
_____。

承办人：
年 月 日

第十二章 侦查终结

××人民检察院
终止对犯罪嫌疑人侦查决定书

检终〔 〕 号

姓名：　　，性别　　，
年龄　　岁，住址　　　，
单位及职业　　　　　。

我院办理的　　案，因　　　，现决定终止对　　　的侦查。

年　月　日
（检察院印）

第四联 送达当事人所在单位

××人民检察院
终止对犯罪嫌疑人侦查决定书

检终〔 〕 号

姓名：　　，性别　　，
年龄　　岁，住址　　　，
单位及职业　　　　　。

我院办理的　　案，因　　　，现决定终止对　　　的侦查。

年　月　日
（院印）

第三联 交当事人
（当事人死亡的交其家属）

××人民检察院
终止对犯罪嫌疑人侦查决定书

检终〔 〕 号

姓名：　　，性别　　，
年龄　　岁，住址　　　，
单位及职业　　　　　。

我院办理的　　案，因　　　，现决定终止对　　　的侦查。

年　月　日
（院印）

本决定书副本已收到
当事人或其家属
年　月　日

第二联 附卷

××人民检察院
终止对犯罪嫌疑人侦查决定书
（存　根）

检终〔 〕 号

案由
犯罪嫌疑人基本情况（姓名、性别、年龄、工作单位、住址、身份证号码、是否人大代表、政协委员）
终止侦查原因
批准人
批准时间
办案人
办案部门
填发人
填发时间

第一联 统一保存

××人民检察院

启动违法所得没收程序决定书

检没启〔 〕号

根据《中华人民共和国刑事诉讼法》第二百八十条的规定，本院决定对_____启动违法所得没收程序进行调查。

检察长（印）

年 月 日

第二联 附卷

检没启〔 〕号

××人民检察院

启动违法所得没收程序决定书
（存　根）

检没启〔 〕号

犯罪嫌疑人基本情况_____
批准人_____
承办人_____
填发人_____
填发时间_____

第一联 统一保存

××人民检察院
关于××事项(案件)的审查意见

一、事项内容或案件基本情况

_____

_____

_____。

二、审查意见

_____

_____

_____。

三、处理建议

_____

_____

_____。

承办人:
年 月 日

××人民检察院
关于××事项(案件)请示

检 请〔 〕号

_____(上一级人民检察院名称):
（简要说明请示因由）（说明请示的原因、遇到的问题）
一、……（案情以及证据的基本情况）
二、……（理由、依据；分歧意见及检委会讨论的情况）
三、……（需要请示的具体事项）
特此请示。

人民检察院
（院印）
年 月 日

××人民检察院
讨论案件笔录

时　　间	年　月　日	地　　点	
会议名称		主持人	
参加人员			
承办人		记录人	
案　　由			
犯罪嫌疑人（当事人）			

讨论情况记录如下：

案情简介：……

承办人：……（摘要记录承办人汇报内容）

参加人员：（详细记录发言人提问或发表意见内容）

承办人意见：……

提交讨论问题：……

……

主持人：（提出具体处理意见）

结论意见：……

参加人签名：

年　月　日

××人民检察院
换 押 证

（ ）换字〔 〕 号

_____看守所：

犯罪嫌疑人（被告人）_____，性别_____，_____年_____月_____日出生，涉嫌_____（同案人_____），现羁押于_____看守所。该案现因_____，于_____年_____月_____日以_____形式移送_____院（退回_____局）。

_____年_____月_____日
（移送机关印）

第二联 看守所附卷

××人民检察院
换 押 证

（ ）换字〔 〕 号

_____看守所：

犯罪嫌疑人（被告人）_____，性别_____，_____年_____月_____日出生，涉嫌_____（同案人_____），现羁押于_____看守所。该案现因_____，于_____年_____月_____日以_____形式移送_____院（退回_____局）。

_____年_____月_____日
（移送机关印）

第一联 移送机关附卷

××人民检察院
换 押 证

（ ）换字〔 〕 号

犯罪嫌疑人（被告人）_____，性别_____，_____年_____月_____日出生，涉嫌_____（同案人_____），现羁押于_____，该案现因_____，于_____年_____月_____日以_____形式移送_____院（退回_____局）。

填发人：
_____年_____月_____日
（移送机关印）

（存 根）

××人民检察院

换 押 证

( )换字〔 〕 号

_____院（局）：

犯罪嫌疑人（被告人）_____，性别_____，_____年_____月_____日出生，涉嫌_____，（同案人_____）。该案现因_____，于_____年_____月_____日以_____形式移送_____院（局）。

接收机关收案时间：_____年_____月_____日，羁押期限至_____年_____月_____日。该案已办理完毕换押手续。

（看守所印）

_____年_____月_____日

第五联 看守所回执

××人民检察院

换 押 证

( )换字〔 〕 号

_____院（局）：

犯罪嫌疑人（被告人）_____，性别_____，_____年_____月_____日出生，涉嫌_____，（同案人_____）。该案现因_____，于_____年_____月_____日以_____形式移送_____院（局）。

接收机关收案时间：_____年_____月_____日，羁押期限至_____年_____月_____日。

填发人：_____

（接收机关印）

_____年_____月_____日

第四联 在押人员留存

××人民检察院

换 押 证

( )换字〔 〕 号

_____看守所：

犯罪嫌疑人（被告人）_____，性别_____，_____年_____月_____日出生，涉嫌_____，（同案人_____）。该案现因_____，于_____年_____月_____日以_____形式移送_____院（局）。

接收机关收案时间：_____年_____月_____日，羁押期限至_____年_____月_____日。

（移送机关印） （接收机关印）

_____年_____月_____日

第三联 看守所附卷

××人民检察院
检 察 建 议 书

检 建〔 〕 号

一、发往单位

二、问题的来源或提出建议的起因

三、应当消除的隐患及违法现象

四、治理防范的具体意见

五、提出建议所依据的事实和法律、法规及有关规定

六、被建议单位书面回复落实情况的期限等其他建议事项

年 月 日
（院印）

职务犯罪侦查流程与规范

第十三章 补充侦查

补充侦查是指人民检察院在审查决定逮捕、审查起诉和人民法院法庭审理过程中，认为案件事实不清、证据不足，需要进一步查清事实、补充证据，根据人民检察院的决定或申请，将案件退回本院侦查部门或由人民检察院公诉部门自行侦查的诉讼活动。补充侦查并不是每个刑事案件都必须经过的法定程序，其是在特殊情况下对侦查的必要补充。

一、补充侦查概述

补充侦查主要具有以下几个方面的特点：

1. 侦查性。补充侦查性质上仍属于侦查的范畴，可以根据相关法律规定，采取相应的侦查措施，有针对性地就案件事实进行调查，补充收集、完善相关证据。

2. 重点性。补充侦查的重点是解决前期侦查过程中在案件事实、证据方面存在的问题，是在原有事实、证据的基础上对事实的进一步澄清，对证据的进一步完善，而不是去全面地收集证据。

3. 救济性。补充侦查是一种事后救济措施，是对原有侦查工作的不足之处进行补救，以达到查明案件事实，固定、完善证据的目的，实现打击犯罪与保护无罪的人的有机统一。

依据诉讼阶段的不同，补充侦查可划分为审查逮捕阶段的补充侦查、审查起诉阶段的补充侦查和法庭审理阶段的补充侦查。

1. 审查逮捕阶段的补充侦查。《刑诉规则（试行）》第三百三十四条第二款规定：上一级人民检察院作出不予逮捕决定，认为需要补充侦查的，应当制作补充侦查提纲，送达下级人民检察院侦查部门。

2. 审查起诉阶段的补充侦查。《刑诉规则（试行）》第三百八十一条规定：人民检察院公诉部门对本院侦查部门移送审查起诉的案件审查后，认为犯罪事实不清、证据不足或者遗漏罪行、遗漏同案犯罪嫌疑人等情形需要补充侦查的，应当向侦查部门提出补充侦查的书面意见，连同案卷材料一并退回侦查部门补充侦查。

3. 法庭审理阶段的补充侦查。《刑诉规则（试行）》第四百五十七条规定：在审判过程中，对于需要补充提供法庭审判所必需的证据或者补充侦查的，人民检察院应当自行收集证据和进行侦查，必要时可以要求侦查机关提供协助；也可以书面要求侦查机关补充提供证据。

二、补充侦查的条件

补充侦查的条件即理由，归纳起来讲，主要有以下几种：

1. 事实不清。主要是指控的犯罪事实不清或者是指控的多笔犯罪事实中有部分事实不清。如贿赂案件中犯罪嫌疑人的主体身份不明，是否利用职务便利实施犯罪的事实不清，缺少贿赂的时间、地点、数额等方面的具体情节等。

2. 证据不足。主要指证明犯罪嫌疑人涉嫌犯罪的证据不足或者是证据之间存在矛盾，没有达到确实、充分的标准。如犯罪嫌疑人供述和证人证言出现反复，其他证据又不能证明；共同犯罪中证明犯罪嫌疑人责任的证据不足；犯罪嫌疑人提出了足以影响案件定罪量刑的新证据等。

3. 遗漏罪行或同案犯罪嫌疑人。主要指侦查部门对犯罪嫌疑人构成的其他犯罪没有移送审查起诉，或者是应当移送审查起诉的同案犯罪嫌疑人而没有移送审查起诉。如认为移送审查起诉的贪污案件中，遗漏了犯罪嫌疑人挪用公款的犯罪事实；审理共同贪污案件时，发现同案的主要案犯没有提起公诉等。

4. 证据非法。主要指案件中存在非法证据或瑕疵证据，影响到对犯罪嫌疑人的定罪处罚。人民检察院公诉部门在审查中发现侦查人员以非法方法收集犯罪嫌疑人供述、被害人陈述、证人证言等证据材料的，应当依法排除非法证据并提出纠正意见，同时可以要求侦查机关另行指派侦查人员重新调查取证。

三、补充侦查的程序

1. 补充侦查的启动。下级人民检察院侦查部门在收到上一级人民检察院作出不予逮捕决定后，应当及时变更强制措施，并针对补充侦查提纲提出的问题进行侦查，证据收集齐全后，认为需要逮捕的，应当重新报请审查逮捕。

公诉部门对本院侦查部门移送审查起诉的案件审查后，认为需要退回补充侦查的，应当向侦查部门提出补充侦查的书面意见，详细列出需要补充侦查的事实、证据等事项，必要时提供有关的情况和线索，说明需要补充侦查的理由和法律依据等，连同案卷材料一并退回侦查部门补充侦查。侦查部门自收到公诉部门的《补充侦查决定书》后开始补充侦查。

法庭审理阶段，法院宣布延期审理后，人民检察院公诉部门应当自行收集证据和进行侦查，必要时可以要求侦查机关提供协助，也可以书面要求侦查机关补充提供证据。侦查部门在收到公诉部门的书面通知后进行补充侦查。

2. 补充侦查的实施。侦查部门应当根据侦查监督部门、公诉部门的补充侦查提纲制作补充侦查计划，经审核批准后实施。补充侦查期间，侦查部门可以采取讯问犯罪嫌疑人、询问证人、查询、调取等刑事诉讼法规定的侦查措施。需要补充侦查的事项侦查完毕后，侦查部门承办人应当制作《补充侦查报告》，经部门负责人审核后报分管副检察长批准，将《补充侦查报告》或者补充侦查的情况说明及补充的证据一并移送公诉部门审查。

3. 补充侦查后的处理。侦查部门在补充侦查后，要根据不同的补充侦查结果，提出不同的处理意见。一是对犯罪事实清楚，证据确实、充分，依法应当追究刑事责任的，移送审查起诉；二是对犯罪情节轻微，依照刑法规定不需要判处刑罚或者免除刑罚的，移送审查不起诉；三是对原认定犯罪事实发生重大变化的，应当重新提出处理意见；四是对符合撤案条件的，提出撤案处理的意见；五是对于证据确实难以补充的案件，办案人应当作出书面说明，经部门负责人审核，报分管副检察长同意后移送公诉部门；六是在补充侦查过程中，发现新的同案犯罪嫌疑人或者新的罪行，需要追究刑事责任的，应当重新制作《起诉意见书》移送审查起诉部门审查。

四、补充侦查的要求

1. 对于退回补充侦查的案件，侦查部门应当在一个月以内补充侦查完毕。补充侦查以两次为限。

2. 公诉部门在退回补充侦查时，应当详细列明需要补充侦查的事项，提出明确、具体的书面意见和要求，侦查部门应当按照公诉部门的的要求补充收集有关证据。

3. 对于退回补充侦查的案件，侦查部门应当采取相应的侦查措施进行调查核实，严禁补充侦查工作流于形式，或者以退回补充侦查为借口延长羁押期限。

附件：

一、补充侦查流程图

二、法律文书、工作文书格式样本

1. 补充侦查报告
2. 补充侦查说明

补充侦查流程图

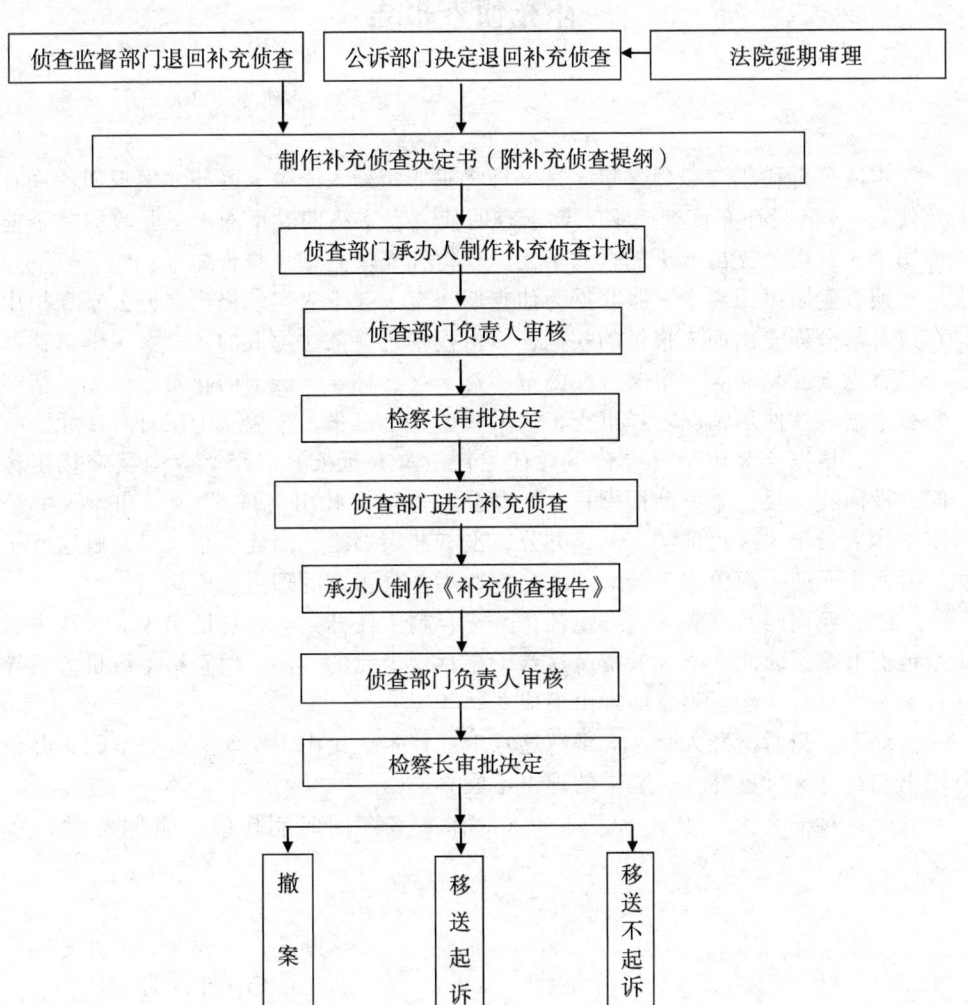

职务犯罪侦查流程与规范

××市××区人民检察院
补充侦查报告

×检反贪补侦字〔200×〕×号

本院公诉科于二○○×年×月×日将犯罪嫌疑人李××受贿一案退回我局补充侦查,《退回补充侦查提纲》要求查明侦查卷宗第四卷里的十三张收据是否能证明李××因公支出八千三百六十元,现将补充侦查结果报告如下:

侦查卷宗第四卷十三张收据为侦查期间李××本人主动提出在办公室卷柜中存放有部分因支出而未报销的收据,后由检察机关依法提取的。李××辩解这八千三百六十元是为××市××办公室、肖××、林××购书的花费,但无法指明每张票据具体使用情况。经审查,购书收据共十三张,金额八千三百六十元。

一、根据××市××办公室现任主任王××证实:"李××向我交接工作时,没向我交接一本办公用书;××办公室也没有共用书籍。"××市××办公室工作人员于××也证实,××办公室没有共用书籍。因此,李××辩解这八千三百六十元的一部分用于给××办公室购买办公用书的理由不成立。

二、经询问××省××办主任肖××、副主任林××,均证实李××从未送给他们书籍。因此,李××辩解这八千三百六十元的一部分用于给上级机关领导肖××、林××购买书籍的理由不成立。

综上,犯罪嫌疑人李××辩解这八千三百六十元用于给××办公室购买办公用书和给肖××、林××购书的理由不成立。

附:对王××、于××、肖××、林××询问时制作的《询问笔录》各一份。

承办人:×××、×××

二○○×年×月×日

××人民检察院
补充侦查说明

一、案件具体情况

_____

_____

_____。

二、公诉部门退回补充侦查提纲

_____

_____

_____。

三、补充侦查情况

_____

_____

_____。

四、处理意见

_____

_____。

承办人：
年 月 日

第十四章 侦查阶段诉讼参与人的权利义务

诉讼参与人是指刑事诉讼中除司法人员以外的享有一定诉讼权利，负有一定诉讼义务的人。根据《刑事诉讼法》第一百零六条规定，诉讼参与人是指当事人、法定代理人、诉讼代理人、辩护人、证人、鉴定人和翻译人员。根据诉讼参与人与案件结局的利害关系以及对刑事诉讼进程的影响，诉讼参与人可以被区分为当事人和其他诉讼参与人。当事人是与案件结局有直接的利害关系的人，对刑事诉讼程序进程发挥较大作用。其他诉讼参与人包括法定代理人、诉讼代理人、辩护人、证人、鉴定人和翻译人员。其他诉讼参与人与案件没有直接利害关系，而是基于其他原因参与刑事诉讼，或是为了协助一方当事人行使充分有效的刑事诉讼职能，或为诉讼一方提供证据材料，或为诉讼的顺利进行服务。诉讼的结果不会对其产生有利或不利影响。

在刑事诉讼侦查环节中，依法保障诉讼参与人的权利，监督其履行法定义务，既有利于促进刑事诉讼活动的依法有序进行，又能保障诉讼参与人的合法权益不受到侵犯。诉讼权利人依据其法定义务参与诉讼，有利于全面查明案件事实，准确适用法律，促进司法公正。而诉讼参与人的权利及其保障则有利于规范侦查人员的侦查行为，促使检察执法人员依法公正办事，有利于促进执法规范和确保案件质量。

第一节 侦查阶段犯罪嫌疑人的权利义务

一、犯罪嫌疑人的权利

根据《刑事诉讼法》、《刑诉规则（试行）》等有关规定，侦查阶段犯罪嫌疑人的主要权利有：

1. 自我辩护的权利

辩护权是犯罪嫌疑人的一项基本权利。在刑事诉讼的任何阶段，犯罪嫌疑人都有进行自我辩护的权利，用以证明自己无罪、罪轻或应当减轻、免除处罚。为保障犯罪嫌疑人的自我辩护权，依照刑事诉讼法的规定，侦查人员在讯问犯罪嫌疑人的时候，应当首先讯问犯罪嫌疑人是否有犯罪行为，让他陈述有罪的情节或者无罪的辩解，然后向他提出问题。讯问聋、哑或者不通晓当地语言文字的犯罪嫌疑人，人民检察院应当为其聘请通晓聋、哑手势或者当地语言文字且与本案无利害关系的人员进行翻译，使犯罪嫌疑人顺利了解基本情况，正确理解侦查人员问题的意思，充分行使辩护权。

2. 被告知的权利

犯罪嫌疑人在人民检察院侦查过程中被采取强制措施、侦查措施等行为时，有知晓相应情况及权利义务并获得相关法律文书的权利。如侦查过程中进行传唤、拘传、取保候审、监视居住、拘留、逮捕、搜查、查封、扣押、冻结等，依法需要出示、送达相关法律文书的，应当向犯罪嫌疑人出示、送达，并告知相应的内容。涉及犯罪嫌疑人依法申请事项应依照程序进行处理并及时予以告知，如回避申请、变更与解除强制措施申请、补充与重新鉴定申请、委托辩护律师与要求提供法律援助的申请等。另外，对讯问进行同步录音录像的，讯问开始时，应当告知犯罪嫌疑人；鉴定意见将作为证据使用的，应当告知犯罪嫌疑人；侦查羁押期限的延长、重新计算等情况，应当在侦查羁押期限届满前告知犯罪嫌疑人；在逮捕后二十四小时以内应当讯问犯罪嫌疑人，讯问时应把逮捕的原因、决定机关、羁押起止日期、羁押处所以及在羁押期间的权利、义务告知犯罪嫌疑人。

3. 获得法律帮助的权利

犯罪嫌疑人在侦查过程中有依法获得法律帮助的权利。检察机关在第一次讯问犯罪嫌疑人或者对其采取强制措施时，应当告知犯罪嫌疑人可以聘请律师为其提供法律咨询、代理申诉、控告或者为其申请取保候审，如其因经济困难无力聘请律师，也可以通过人民检察院向当地法律援助机构申请法律援助。

人民检察院收到在押或者被指定居所监视居住的犯罪嫌疑人提出的法律援助申请，应当在三日以内将其申请材料转交法律援助机构，并通知犯罪嫌疑人的监护人、近亲属或者其委托的其他人员协助提供有关证件、证明等相关材料。

人民检察院办理直接受理立案侦查案件，发现犯罪嫌疑人是盲、聋、哑人或者是尚未完全丧失辨认或者控制自己行为能力的精神病人，或者可能被判处无期徒刑、死刑，没有委托辩护人的，应当及时书面通知法律援助机构指派律师为其提供辩护。

在押的犯罪嫌疑人可以自行提出聘请一至二名律师提供法律帮助的要求，人民检察院应当记入笔录，并按照以下规定依法进行处理：

对于不涉及国家秘密的案件，如果提出明确的律师事务所名称或者律师姓名直接委托的，人民检察院应当将犯罪嫌疑人的委托意见及时转递到该律师事务所；如果提出由亲友代为聘请的，人民检察院应当将聘请意见及时转递到该亲友；如果犯罪嫌疑人提出聘请律师，但没有具体聘请对象和代为聘请的人的，人民检察院应当通知当地律师协会或者司法行政机关为其推荐律师。聘请意见可以书面提出，也可以口头提出。口头提出的，应当记入笔录，由犯罪嫌疑人签名或者盖章。

对于涉及国家秘密的案件，人民检察院应当在三日以内作出是否批准的决定。人民检察院作出不批准决定的，应当向犯罪嫌疑人说明理由。对于犯罪嫌疑人已经聘请律师，但人民检察院在侦查过程中发现案件涉及国家秘密的，应当及时告知犯罪嫌疑人所聘请的律师暂时停止参与诉讼活动，并且通知犯罪嫌疑人。在不涉及国家秘密的时候，可以允许其继续聘请律师。

在共同犯罪案件中，两名以上的同案犯罪嫌疑人不得同时委托一名律师同时作为他们的共同辩护人。

4. 申请回避的权利

回避是指在法律规定的情形下，与案件当事人或案件有利害关系的或其他关系的特殊人员不得参与该案件的一项诉讼制度。回避也是当事人享有的基本诉讼权利，对于刑事诉讼的公正进行、提高案件处理结果的可接受性、维护司法机关权威有着重要的意义。

回避适用于审判人员、检察人员、侦查人员、书记员、鉴定人、翻译人。在法定情形下，这些人员应主动或依当事人及其法定代理人申请予以回避。当事人及其法定代理人的回避要求，应当书面或者口头向人民检察院提出，并说明理由，属于下列第（5）种情况的，应当提供有关证明材料。回避的法定情形包括：

（1）是本案当事人或是当事人近亲属的；

（2）本人或他的近亲属和本案有利害关系的；

（3）担任过本案的证人、鉴定人、辩护人、诉讼代理人的；

（4）与本案当事人有其他关系，可能影响公正处理的；

（5）接受当事人及其委托的人的请客送礼，违反规定会见当事人及其委托人的。

犯罪嫌疑人在进入诉讼程序后，可以随时以口头或书面方式提出回避申请，人民检察院检察人员、书记员、司法警察和人民检察院聘请或指派的翻译人员和鉴定人的回避由检察长决定，检察长的回避，由检察委员会讨论决定。人民检察院作出驳回申请回避的决定后，应当告知当事人及其法定代理人，如不服本决定，有权在收到驳回申请回避的决定书后五日以内向原决定机关申请复议一次。当事人及其法定代理人对驳回申请回避的决定不服申请复议的，检察院应当在三日内作出复议决定，并书面通知申请人。

5. 使用本民族语言文字进行诉讼的权利

根据《刑事诉讼法》第九条规定，各民族公民都有用本民族语言文字进行诉讼的权利。人民法院、人民检察院和公安机关对于不通晓当地通用的语言文字的诉讼参与人，应当为他们翻译。在少数民族聚居或者多民族杂居的地区，应当

第十四章 侦查阶段诉讼参与人的权利义务

用当地通用的语言进行审讯,用当地通用的文字发布判决书、布告和其他文件。因此,在职务犯罪侦查中,检察机关应当为不通晓当地通用语言的犯罪嫌疑人提供翻译,少数民族聚居或者多民族杂居的地区检察机关应当用当地通用的语言进行审讯,用当地通用的文字发布文书、文件。

6. 申请取保候审的权利

根据《刑诉规则(试行)》规定,被羁押或者监视居住的犯罪嫌疑人及其法定代理人、近亲属或者辩护人申请取保候审的,人民检察院应当在三日以内作出是否同意的答复,经审查符合取保候审条件的,经检察长决定后,可以对犯罪嫌疑人取保候审,依法办理取保候审手续;经审查不符合取保候审条件的,应当告知申请人,并说明不同意取保候审的理由。取保候审最长不得超过十二个月,取保候审期限届满或者发现不应当追究犯罪嫌疑人的刑事责任的,应当及时解除或者撤销取保候审。解除或者撤销取保候审的决定,应当及时通知执行机关,并将解除或者撤销取保候审的决定书送达犯罪嫌疑人;有保证人的,还应当通知保证人解除担保义务。

7. 请求变更、解除强制措施的权利

根据《刑事诉讼法》第九十五条和《刑诉规则(试行)》第一百四十八条规定,犯罪嫌疑人、被告人及其法定代理人、近亲属或者辩护人有权申请变更强制措施。在侦查阶段,犯罪嫌疑人及其法定代理人、近亲属或者辩护人向人民检察院提出变更强制措施申请的,由人民检察院侦查部门审查后报请检察长决定。人民检察院应当在收到申请后三日内作出决定。经审查同意变更强制措施的,在作出决定的同时通知公安机关执行;不同意变更强制措施的,应当告知申请人,并说明不同意的理由。犯罪嫌疑人及其法定代理人、近亲属或者辩护人提出变更强制措施申请的,应当说明理由,有证据和其他材料的,应当附上相关材料。

根据《刑事诉讼法》第九十七条和《刑诉规则(试行)》第一百四十七条规定,犯罪嫌疑人、被告人及其法定代理人、近亲属或者辩护人对于人民检察院采取强制措施法定期限届满的,有权要求解除强制措施。在侦查阶段,犯罪嫌疑人及其法定代理人、近亲属或者辩护人认为人民检察院采取强制措施法定期限届满,要求解除强制措施的,由人民检察院侦查部门审查后报请检察长决定。人民检察院应当在收到申请后三日以内作出决定。经审查,认为法定期限届满的,应当决定解除或者依法变更强制措施,并通知公安机关执行;认为未满法定期限的,书面答复申请人。

8. 知悉、核对、补正笔录的权利

根据《刑事诉讼法》、《刑诉规则(试行)》的规定,讯问笔录应当交犯罪嫌疑人核对,对于没有阅读能力的,应当向其宣读。如果记载有遗漏或者差错,犯罪嫌疑人可以提出补充或者改正。犯罪嫌疑人认为讯问笔录没有错误的,由犯罪嫌疑人在笔录上逐页签名或者盖章。如果犯罪嫌疑人拒绝签名或者盖章的，应当在笔录上注明。检察人员也应当在笔录上签名。

9. 自行书写笔录的权利

根据《刑诉规则（试行）》第二百条规定，犯罪嫌疑人请求自行书写供述的，检察人员应当准许。必要的时候，检察人员也可以要求犯罪嫌疑人亲笔书写供述。犯罪嫌疑人应当在亲笔供述的末页签名、捺指印，并注明书写日期。检察人员收到后，应当在首页右上方写明"于某年某月某日收到"，并签名。

10. 申请补充鉴定或者重新鉴定的权利

根据《刑事诉讼法》第一百四十六条规定，侦查机关应当将用作证据的鉴定意见告知犯罪嫌疑人、被害人。如果犯罪嫌疑人、被害人提出申请，可以补充鉴定或者重新鉴定。

根据《刑诉规则（试行）》第二百五十三条规定，用作证据的鉴定意见，人民检察院办案部门应当告知犯罪嫌疑人、被害人；被害人死亡或者没有诉讼行为能力的，应当告知其法定代理人、近亲属或诉讼代理人。犯罪嫌疑人、被害人或被害人的法定代理人、近亲属、诉讼代理人提出申请，经检察长批准，可以补充鉴定或者重新鉴定，鉴定费用由请求方承担，但原鉴定违反法定程序的，由人民检察院承担。犯罪嫌疑人的辩护人或者近亲属以犯罪嫌疑人有患精神病可能而申请对犯罪嫌疑人进行鉴定的，鉴定费用由请求方承担。

11. 要求出示证件、法律文书的权利

依照法律规定，在非特殊情况下，犯罪嫌疑人在侦查阶段被检察机关拘传、取保候审、监视居住、拘留、逮捕、搜查等时有要求侦查人员出示证件以及相关法律文书的权利。

12. 拒绝回答与案件无关问题的权利

根据《刑事诉讼法》第一百一十八条规定，犯罪嫌疑人对侦查人员的提问，应当如实回答，但是对与本案无关的问题，有拒绝回答的权利。

13. 对侵权提出控告的权利

犯罪嫌疑人对于在侦查阶段检察人员侵犯其诉讼权利和人身权利的行为，有提出控告的权利。有管辖权的人民检察院及其相关部门应当受理，并及时审查，依法处理。

14. 拒绝非法定人员检查、搜查身体的权利

依照法律规定，检查妇女的身体，应当由女工作人员或者医师进行；搜查妇女的身体，应当由女工作人员进行。因此在检察机关侦查阶段，女性犯罪嫌疑人只接受女性检察人员或者医师检查身体以及女性检察人员搜查身体，有拒绝其他人员搜查、检查身体的权利。

第十四章 侦查阶段诉讼参与人的权利义务

15. 拒绝法律援助的权利

根据《刑诉规则（试行）》第四十三条规定，犯罪嫌疑人拒绝法律援助机构指派的律师作为辩护人的，人民检察院应当查明拒绝的原因，有正当理由的，予以准许，但犯罪嫌疑人需另行委托辩护人；犯罪嫌疑人未另行委托辩护人的，应当书面通知法律援助机构另行指派律师为其提供辩护。因此，犯罪嫌疑人有拒绝法律援助机构指派的律师作为辩护人的权利。

16. 无关的物品不受查封、扣押的权利

根据《刑事诉讼法》第一百三十九条规定，在侦查活动中发现的可用以证明犯罪嫌疑人有罪或者无罪的各种财物、文件，应当查封、扣押；与案件无关的财物、文件，不得查封、扣押。因此，犯罪嫌疑人有与案件无关物品不受查封、扣押的权利。

17. 被扣押物品文件不被使用、调换、损毁的权利

根据《刑事诉讼法》第一百三十九条规定，检察机关对查封、扣押的财物、文件，要妥善保管或者封存，不得使用、调换或者损毁。

18. 申请出售债券、股票、基金份额等财产的权利

根据相关规定，人民检察院扣押、冻结债券、股票、基金份额等财产的，应当书面告知当事人或者其法定代理人、委托代理人有权申请出售。对于被扣押、冻结的债券、股票、基金份额等财产，在扣押、冻结期间权利人申请出售，经审查认为不损害国家利益、被害人利益，不影响诉讼正常进行的，以及扣押、冻结的汇票、本票、支票的有效期即将届满的，经检察长批准，可以在案件办结前依法出售或者变现，所得价款由检察机关指定专门的银行账户保管，并及时告知当事人或者其近亲属。

19. 存款、汇款等不被重复冻结的权利

根据《刑事诉讼法》第一百四十二条规定，犯罪嫌疑人的存款、汇款、债券、股票、基金份额等财产已被冻结的，不得重复冻结。因此犯罪嫌疑人有存款、汇款等不被重复冻结的权利。

20. 无关扣押、冻结款物及时解除并退还的权利

根据《刑事诉讼法》第一百四十三条规定，对查封、扣押的财物、文件、邮件、电报或者冻结的存款、汇款、债券、股票、基金份额等财产，经查明确实与案件无关的，应当在三日以内解除查封、扣押、冻结，予以退还。

21. 在固定场所接受传唤的权利

按照法律规定，对不需要逮捕、拘留的犯罪嫌疑人，可以传唤到犯罪嫌疑人所在市、县内的指定地点或者到他的住处进行讯问，但是应当出示人民检察院或者公安机关的证明文件。对在现场发现的犯罪嫌疑人，经出示工作证件，可以口头传唤，但应当在讯问笔录中注明。

22. 在规定的时限内接受传唤、据传的权利

按照法律规定,传唤、拘传持续的时间不得超过十二小时;案情特别重大、复杂,需要采取拘留、逮捕措施的,传唤、拘传持续的时间不得超过二十四小时。不得以连续传唤、拘传的形式变相拘禁犯罪嫌疑人。

23. 必要的饮食和休息的权利

人民检察院在传唤、拘传犯罪嫌疑人,或者在看守所提讯犯罪嫌疑人等情况下,都应当按照规定,保证犯罪嫌疑人的饮食和必要的休息时间。

24. 在固定场所接受监视居住的权利

根据《刑事诉讼法》第七十三条规定,监视居住应当在犯罪嫌疑人、被告人的住处执行;无固定住处的,可以在指定的居所执行。对于涉嫌危害国家安全犯罪、恐怖活动犯罪、特别重大贿赂犯罪,在住处执行可能有碍侦查的,经上一级人民检察院批准,也可以在指定的居所执行。但是,不得在羁押场所、专门的办案场所执行。

25. 在规定场所接受讯问的权利

犯罪嫌疑人被送交看守所羁押后,检察人员对其进行讯问,应当填写提讯、提解证,在看守所讯问室进行。因侦查工作需要,需要提押犯罪嫌疑人出所辨认或者追缴犯罪有关财物的,经检察长批准,可以提押犯罪嫌疑人出所,并应当由两名以上司法警察押解。不得以讯问为目的将犯罪嫌疑人提押出所进行讯问。

26. 获得赔偿的权利

犯罪嫌疑人的人身权利、财产权利因人民检察院及其工作人员违法行使职权受到侵犯的,有取得赔偿的权利。

27. 领取退还保证金的权利

犯罪嫌疑人在取保候审时采取了交纳保证金方式的,在取保候审期间没有违反有关规定,或者不应当追究其刑事责任的,变更、解除或者撤销取保候审时,犯罪嫌疑人有凭变更、解除或者撤销取保候审的通知或者有关法律文书到银行领取退还保证金的权利。

28. 享有外交特权和豁免权的权利

外国人犯罪应当追究刑事责任的案件,如果犯罪嫌疑人符合我国法律规定享有外交特权和豁免权身份的,可以依法享有外交特权和豁免权。

二、犯罪嫌疑人的义务

根据《刑事诉讼法》、《刑诉规则(试行)》等有关规定,侦查阶段犯罪嫌疑人的主要义务有:

1. 如实回答问题的义务

在讯问过程中,对于侦查人员提出的与案件有关的问题,犯罪嫌疑人应当进

第十四章　侦查阶段诉讼参与人的权利义务

行回答并应当如实回答。

2. 依法接受强制措施的义务

在符合法律规定的条件下接受逮捕、拘留、监视居住、取保候审、拘传等强制措施。

3. 依法接受侦查措施的义务

在符合法律规定的条件下接受检察人员实施的讯问、搜查、扣押等侦查措施或行为。

4. 提出保证人或交纳保证金的义务

人民检察院决定对犯罪嫌疑人取保候审，应当责令犯罪嫌疑人提出保证人或者交纳保证金，犯罪嫌疑人应当按照要求提出保证人或者交纳保证金。

第二节　侦查阶段证人的权利义务

一、证人的权利

在刑事诉讼中，证人证言作为一种法定的证据形式，对查明事实有着重要的证明作用，在侦查阶段充分尊重和保障证人的权利对于证人敢于作证、稳定作证有着积极的促进作用。

1. 被告知的权利

人民检察院在侦查过程中，应当及时询问证人，并且告知证人履行作证的权利和义务。询问证人，应当问明证人的基本情况以及与当事人的关系，并且告知证人应当如实提供证据、证言和故意作伪证或者隐匿罪证应当承担的法律责任。

2. 使用本民族语言文字进行诉讼的权利

根据《刑事诉讼法》第九条规定，各民族公民都有用本民族语言文字进行诉讼的权利。人民检察院对于不通晓当地通用的语言文字的证人，应当为他们翻译。

3. 提出控告的权利

证人对于检察人员侵犯公民诉讼权利和人身侮辱的行为，有权提出控告。

4. 获得保护的权利

根据《刑事诉讼法》第六十二条规定，证人认为因在诉讼中作证，本人或者其近亲属的人身安全面临危险的，可以向人民检察院请求予以保护。人民检察院依法采取保护措施，有关单位和个人应当配合。

根据《刑诉规则（试行）》第七十六条规定，对于危害国家安全犯罪、恐怖活动犯罪、黑社会性质的组织犯罪、毒品犯罪等案件，人民检察院在办理案件过程中，证人、鉴定人、被害人因在诉讼中作证，本人或者其近亲属人身安全面临危险，向人民检察院请求保护的，人民检察院应当受理并及时进行审查，对于确实存在人身安全危险的，应当立即采取必要的保护措施。人民检察院发现存在上述情形的，可以主动采取保护措施。人民检察院可以采取以下一项或者多项保护措施：

（1）不公开真实姓名、住址和工作单位等个人信息；

（2）建议法庭采取不暴露外貌、真实声音等出庭作证措施；

（3）禁止特定的人员接触证人、鉴定人、被害人及其近亲属；

（4）对人身和住宅采取专门性保护措施；

（5）其他必要的保护措施。

人民检察院依法决定不公开证人、鉴定人、被害人的真实姓名、住址和工作单位等个人信息的，可以在起诉书、询问笔录等法律文书、证据材料中使用化名代替证人、鉴定人、被害人的个人信息。但是应当另行书面说明使用化名的情况并标明密级。

人民检察院依法采取保护措施，可以要求有关单位和个人予以配合。

对证人及其近亲属进行威胁、侮辱、殴打或者打击报复，构成犯罪或者应当给予治安管理处罚的，人民检察院应当移送公安机关处理；情节轻微的，予以批评教育、训诫。

5. 获得补助的权利

根据《刑诉规则（试行）》第七十七条规定，证人在人民检察院侦查阶段因履行作证义务而支出的交通、住宿、就餐等费用，人民检察院应当给予补助。

6. 不被克扣福利待遇的权利

根据《刑事诉讼法》第六十三条规定，有工作单位的证人作证，所在单位不得克扣或者变相克扣其工资、奖金及其他福利待遇。

7. 要求保密的权利

在侦查阶段，证人有权要求侦查机关为其保密，办案人员应当为其保密。询问中涉及证人隐私的，应当保守秘密。

8. 充分陈述的权利

根据《刑事诉讼法》第五十条规定，检察人员必须保证一切与案件有关或者了解案情的公民，有客观地、充分地提供证据的条件，除特殊情况外，可以吸收他们协助调查。

9. 获得翻译的权利

根据《刑诉规则（试行）》第二百零七条规定，询问聋、哑或者不通晓当地通用语言文字的证人，人民检察院应当为其聘请通晓聋、哑手势或者当地通用语言文字且与本案无利害关系的人员进行翻译。翻译人员的姓名、性别、工作单位和职业应当记录在案。翻译人员应当在讯问笔录上签字。

第十四章 侦查阶段诉讼参与人的权利义务

10. 知悉、核对、补正笔录的权利

根据《刑诉规则（试行）》第二百零七条规定，询问证人，应当制作询问笔录。询问笔录应当交证人核对，证人如果没有阅读能力的，应当向他宣读，如果记载有遗漏或差错，证人可以提出补充或者改正。证人请求自行书写的，侦查人员应允许自行书写。

11. 在法定地点接受询问的权利

根据《刑诉规则（试行）》第二百零五条规定，询问证人，可以在现场进行，也可以到证人所在单位、住处或者证人提出的地点进行。必要时，也可以通知证人到人民检察院提供证言。到证人提出的地点进行询问的，应当在笔录中记明。

12. 知悉证件的权利

根据《刑诉规则（试行）》第二百零五条规定，在现场询问证人，应当出示工作证件。到证人所在单位、住处或者证人提出的地点询问证人，应当出示人民检察院的证明文件。

13. 被个别询问的权利

根据《刑诉规则（试行）》第二百零五条规定，询问证人应当个别进行。

二、证人的义务

1. 作证的义务

凡是知道案件情况的人，都有作证的义务。

2. 如实作证的义务

证人应当客观、如实地提供证据，不得捏告事实，伪造证据进行诬告。诬告陷害和有意作伪证或者隐匿罪证，应负法律责任。

3. 接受律师调查的义务

根据律师法的规定，受委托的律师根据案情的需要，可以自行调查取证，凭律师执业证书和律师事务所证明，向有关单位或者个人调查与承办法律事务有关的情况。

第三节 侦查阶段律师的权利义务

一、律师的权利

根据《刑事诉讼法》、《刑诉规则（试行）》、《律师法》、《关于人民检察院保障律师在刑事诉讼中依法执业的规定》等有关规定，侦查阶段律师的主要权利有：

1. 执业行为受保护的权利

律师依法执业受法律保护,任何组织和个人不得侵害律师的合法权益。辩护人有权根据事实和法律独立地进行辩护,受国家法律保护,不受任何机关、团体和个人的非法限制和干涉。

2. 提供法律帮助的权利

律师接受刑事案件犯罪嫌疑人的委托,为其提供法律咨询,代理申诉、控告,为被逮捕的犯罪嫌疑人申请取保候审,接受犯罪嫌疑人、被告人的委托或者人民法院的指定,担任辩护人,接受自诉案件自诉人、公诉案件被害人或者其近亲属的委托,担任代理人,参加诉讼。

在检察机关第一次讯问犯罪嫌疑人后或者对其采取强制措施之日起,律师事务所可以接受犯罪嫌疑人或其近亲属,或犯罪嫌疑人委托的其他人的聘请,指派律师为犯罪嫌疑人提供法律咨询,代理申诉、控告。犯罪嫌疑人被羁押的,可以为其申请取保候审。

人民检察院立案侦查案件,犯罪嫌疑人被决定逮捕的,受犯罪嫌疑人委托的律师可以为其申请取保候审,受委托的律师对于人民检察院采取强制措施超过法定期限的,有权要求解除强制措施。人民检察院对于解除强制措施的申请,应当在收到申请后三日以内作出决定。经审查,认为法定期限届满的,应当决定解除或者依法变更强制措施,并通知公安机关执行;认为未满法定期限的,书面答复受委托的律师。

3. 会见的权利

根据《刑事诉讼法》第三十七条规定,辩护律师可以同在押的犯罪嫌疑人、被告人会见和通信。其他辩护人经人民法院、人民检察院许可,也可以同在押的犯罪嫌疑人、被告人会见和通信。辩护律师持律师执业证书、律师事务所证明和委托书或者法律援助公函要求会见在押的犯罪嫌疑人、被告人的,看守所应当及时安排会见,至迟不得超过四十八小时。危害国家安全犯罪、恐怖活动犯罪、特别重大贿赂犯罪案件,在侦查期间辩护律师会见在押的犯罪嫌疑人,应当经侦查机关许可。上述案件,侦查机关应当事先通知看守所。辩护律师会见在押的犯罪嫌疑人、被告人,可以了解案件有关情况,提供法律咨询等;自案件移送审查起诉之日起,可以向犯罪嫌疑人、被告人核实有关证据。辩护律师会见犯罪嫌疑人、被告人时不被监听。

根据《刑诉规则(试行)》第四十五条、第四十六条规定,对于特别重大贿赂犯罪案件,犯罪嫌疑人被羁押或者监视居住的,人民检察院侦查部门应当在将犯罪嫌疑人送交看守所或者送交公安机关执行时书面通知看守所或者公安机关,在侦查期间辩护律师会见犯罪嫌疑人的,应当经人民检察院许可。对于特别重大贿赂犯罪案件,辩护律师在侦查期间提出会见在押或者被监视居住的犯罪嫌疑人的，人民检察院侦查部门应当提出是否许可的意见，在三日以内报检察长决定并答复辩护律师。人民检察院办理特别重大贿赂犯罪案件，在有碍侦查的情形消失后，应当通知看守所或者执行监视居住的公安机关和辩护律师，辩护律师可以不经许可会见犯罪嫌疑人。对于特别重大贿赂犯罪案件，人民检察院在侦查终结前应当许可辩护律师会见犯罪嫌疑人。有下列情形之一的，属于特别重大贿赂犯罪：

（1）涉嫌贿赂犯罪数额在五十万元以上，犯罪情节恶劣的；

（2）有重大社会影响的；

（3）涉及国家重大利益的。

律师会见在押犯罪嫌疑人一律在监管场所内进行。

律师会见在押犯罪嫌疑人时，可以了解案件以下情况：①犯罪嫌疑人的基本情况；②犯罪嫌疑人是否实施或参与所涉嫌的犯罪；③犯罪嫌疑人关于案件事实和情节的陈述；④犯罪嫌疑人关于其无罪、罪轻的辩解；⑤被采取强制措施的法律手续是否完备，程序是否合法；⑥被采取强制措施后其人身权利、诉讼权利是否受到侵犯；⑦其他需要了解的与案件有关的情况。

4. 申请取保候审的权利

根据《刑诉规则（试行）》第八十三条、第八十六条规定，被羁押或者监视居住的犯罪嫌疑人及其法定代理人、近亲属或者辩护人向人民检察院申请取保候审，人民检察院应当在三日以内作出是否同意的答复。经审查符合取保候审情形的，对被羁押的犯罪嫌疑人依法办理取保候审手续；经审查不符合取保候审条件的，应当告知申请人，并说明不同意取保候审的理由。人民检察院对于有下列情形之一的犯罪嫌疑人，可以取保候审：

（1）可能判处管制、拘役或者独立适用附加刑的；

（2）可能判处有期徒刑以上刑罚，采取取保候审不致发生社会危险性的；

（3）患有严重疾病、生活不能自理，怀孕或者正在哺乳自己婴儿的妇女，采取取保候审不致发生社会危险性的；

（4）犯罪嫌疑人羁押期限届满，案件尚未办结，需要取保候审的。

5. 拒绝继续接受委托的权利

根据《律师法》第三十二条规定，委托事项违法、委托人利用律师提供的服务从事违法活动或者委托人故意隐瞒与案件有关的重要事实的，律师有权拒绝辩护或者代理。

6. 了解案件情况的权利

根据《律师法》第三十三条规定，犯罪嫌疑人被侦查机关第一次讯问或者采取强制措施之日起，受委托的律师凭律师执业证书、律师事务所证明和委托书或者法律援助公函，有权会见犯罪嫌疑人、被告人并了解有关案件情况。

7. 阅卷的权利

根据《律师法》第三十四条规定，受委托的律师自案件审查起诉之日起，有权查阅、摘抄和复制与案件有关的诉讼文书及案卷材料。受委托的律师自案件被人民法院受理之日起，有权查阅、摘抄和复制与案件有关的所有材料。

8. 调查取证的权利

根据《律师法》第三十五条规定，受委托的律师根据案情的需要，可以申请人民检察院、人民法院收集、调取证据或者申请人民法院通知证人出庭作证。律师自行调查取证的，凭律师执业证书和律师事务所证明，可以向有关单位或者个人调查与承办法律事务有关的情况。

9. 发表意见的权利

根据《关于人民检察院保障律师在刑事诉讼中依法执业的规定》，人民检察院在侦查终结前，案件承办人应当听取受委托的律师关于案件的意见，并记入笔录附卷。受委托的律师提出书面意见的，应当附卷。人民检察院对律师提出的证明犯罪嫌疑人无罪、罪轻或者减轻、免除其刑事责任的意见，办案人员应当认真进行审查。

10. 人身不受侵犯的权利

根据《律师法》第三十七条规定，律师在执业活动中的人身权利不受侵犯。律师在法庭上发表的代理、辩护意见不受法律追究。但是，发表危害国家安全、恶意诽谤他人、严重扰乱法庭秩序的言论除外。律师在参与诉讼活动中因涉嫌犯罪被依法拘留、逮捕的，拘留、逮捕机关应当在拘留、逮捕实施后的二十四小时内通知该律师的家属、所在的律师事务所以及所属的律师协会。

二、律师的义务

1. 忠于职守的义务

根据《律师法》第三十一条、第三十二条规定，律师担任辩护人的，应当根据事实和法律，提出犯罪嫌疑人、被告人无罪、罪轻或者减轻、免除其刑事责任的材料和意见，维护犯罪嫌疑人、被告人的合法权益。律师接受委托后，无正当理由的，不得拒绝辩护或者代理。但是，委托事项违法、委托人利用律师提供的服务从事违法活动或者委托人故意隐瞒与案件有关的重要事实的，律师有权拒绝辩护或者代理。

2. 保守秘密的义务

根据《律师法》第三十八条规定，律师应当保守在执业活动中知悉的国家秘密、商业秘密，不得泄露当事人的隐私。律师对在执业活动中知悉的委托人和其他人不愿泄露的情况和信息，应当予以保密。但是委托人或者其他人准备或者正在实施的危害国家安全、公共安全以及其他严重危害他人人身、财产安全的犯

第十四章 侦查阶段诉讼参与人的权利义务

罪事实和信息除外。

3. 不得干扰诉讼活动的义务

根据《刑事诉讼法》第四十二条规定，辩护人或者其他任何人，不得帮助犯罪嫌疑人、被告人隐匿、毁灭、伪造证据或者串供，不得威胁、引诱证人作伪证以及进行其他干扰司法机关诉讼活动的行为。违反前款规定的，应当依法追究法律责任，辩护人涉嫌犯罪的，应当由办理辩护人所承办案件的侦查机关以外的侦查机关办理。辩护人是律师的，应当及时通知其所在的律师事务所或者所属的律师协会。

4. 正当执业的义务

根据《律师法》第四十条规定，在检察机关侦查阶段律师在执业活动中不得有下列行为：

（1）私自接受委托、收取费用，接受委托人的财物或者其他利益；

（2）利用提供法律服务的便利牟取当事人争议的权益；

（3）接受对方当事人的财物或者其他利益，与对方当事人或者第三人恶意串通，侵害委托人的权益；

（4）违反规定会见检察官以及其他有关工作人员；

（5）向检察官以及其他有关工作人员行贿，介绍贿赂或者指使、诱导当事人行贿，或者以其他不正当方式影响检察官以及其他有关工作人员依法办理案件；

（6）故意提供虚假证据或者威胁、利诱他人提供虚假证据，妨碍对方当事人合法取得证据；

（7）煽动、教唆当事人采取扰乱公共秩序、危害公共安全等非法手段解决争议；

（8）扰乱法庭、仲裁庭秩序，干扰诉讼、仲裁活动的正常进行。

5. 任职回避的义务

根据《刑诉规则（试行）》第三十九条规定，检察人员从人民检察院离任后两年以内，不得以律师身份担任辩护人。检察人员从人民检察院离任后，不得担任原任职检察院办理案件的辩护人。但作为犯罪嫌疑人的监护人、近亲属进行辩护的除外。检察人员的配偶、子女不得担任该检察人员所任职检察院办理案件的辩护人。

根据《律师法》第十一条规定，公务员不得兼任执业律师。律师担任各级人民代表大会常务委员会组成人员的，任职期间不得从事诉讼代理或者辩护业务。

根据《律师法》第四十一条规定，曾经担任法官、检察官的律师，从人民法院、人民检察院离任后两年内，不得担任诉讼代理人或者辩护人。

6. 提供法律援助的义务

根据《律师法》第四十二条规定，律师、律师事务所应当按照国家规定履行法律援助义务，为受援人提供符合标准的法律服务，维护受援人的合法权益。

7. 利益冲突回避的义务

根据《刑诉规则（试行）》第三十八条规定，一名辩护人不得为两名以上的同案犯罪嫌疑人辩护，不得为两名以上的未同案处理但实施的犯罪相互关联的犯罪嫌疑人辩护。

根据《刑诉规则（试行）》第四十条规定，一名犯罪嫌疑人可以委托一至两人作为辩护人。律师担任诉讼代理人的，不得同时接受同一案件两名以上被害人的委托，参与刑事诉讼活动。

根据《律师法》第三十九条规定，律师不得在同一案件中为双方当事人担任代理人，不得代理与本人或者其近亲属有利益冲突的法律事务。

第四节　侦查阶段法定代理人的权利义务

一、法定代理人的权利

法定代理人在诉讼中代表被代理人行使权利和承担义务。但不能代替被代理人陈述案情和作证，也不能代替被代理人承担与人身自由相关的义务，法定代理人还依法享有独立的诉讼权利。

1. 申请回避的权利

根据《刑事诉讼法》第二十八条规定，审判人员、检察人员、侦查人员有下列情形之一的，应当自行回避，当事人及其法定代理人也有权要求他们回避：

（1）是本案的当事人或者是当事人的近亲属的；
（2）本人或者他的近亲属和本案有利害关系的；
（3）担任过本案的证人、鉴定人、辩护人、诉讼代理人的；
（4）与本案当事人有其他关系，可能影响公正处理案件的。

根据《刑事诉讼法》第二十九条规定，审判人员、检察人员、侦查人员不得接受当事人及其委托的人的请客送礼，不得违反规定会见当事人及其委托的人。审判人员、检察人员、侦查人员违反规定的，应当依法追究法律责任。当事人及其法定代理人有权要求他们回避。

2. 对驳回申请回避复议的权利

根据《刑诉规则（试行）》第二十七条、第二十八条规定，人民检察院作出驳回申请回避的决定后，应当告知当事人及其法定代理人如不服本决定，有权在收到驳回申请回避的决定书后五日以内向原决定机关申请复议一次。当事人及其法定代理人对驳回申请回避的决定不服申请复议的，决定机关应当在三日以内作出复议决定并书面通知申请人。

3. 申请法律援助的权利

根据最高人民法院、最高人民检察院、公安部、司法部《关于刑事诉讼法律援助工作的规定》第二条规定，犯罪嫌疑人、被告人为限制行为能力人的，其法定代理人可代为申请法律援助。

4. 申请取保候审的权利

根据《刑诉规则（试行）》第八十六条规定，被羁押或者监视居住的犯罪嫌疑人及其法定代理人、近亲属或者辩护人向人民检察院申请取保候审，人民检察院应当在三日以内作出是否同意的答复。

5. 请求变更、解除强制措施的权利

根据《刑事诉讼法》第九十五条规定，犯罪嫌疑人的法定代理人有权申请变更强制措施。人民检察院收到申请后，应当在三日以内作出决定；不同意变更强制措施的，应当告知申请人，并说明不同意的理由。

根据《刑事诉讼法》第九十七条规定，人民检察院对被采取强制措施法定期限届满的犯罪嫌疑人，应当予以释放、解除取保候审、监视居住或者依法变更强制措施。犯罪嫌疑人的法定代理人对于人民检察院采取强制措施法定期限届满的，有权要求解除强制措施。

6. 侵权控告的权利

对侦查过程中检察人员侵犯其诉讼权利和人身侮辱等行为，有权提出控告。

7. 申请出售财产的权利

根据《刑诉规则（试行）》第二百四十四条规定，扣押、冻结债券、股票、基金份额等财产，应当书面告知当事人或者其法定代理人、委托代理人有权申请出售。对于被扣押、冻结的债券、股票、基金份额等财产，在扣押、冻结期间权利人申请出售，经审查认为不损害国家利益、被害人利益，不影响诉讼正常进行的，以及扣押、冻结的汇票、本票、支票的有效期即将届满的，经检察长批准，可以在案件办结前依法出售或者变现。

8. 申请补充鉴定或重新鉴定的权利

根据《刑诉规则（试行）》第二百五十三条规定，用作证据的鉴定意见，人民检察院办案部门应当告知犯罪嫌疑人、被害人；被害人死亡或者没有诉讼行为能力的，应当告知其法定代理人、近亲属或诉讼代理人。犯罪嫌疑人、被害人或被害人的法定代理人、近亲属、诉讼代理人提出申请，经检察长批准，可以补充鉴定或者重新鉴定，鉴定费用由请求方承担，但原鉴定违反法定程序的，由人民检察院承担。

二、法定代理人的义务

1. 根据《刑诉规则（试行）》第二十三条规定，当事人及其法定代理人的回避要求，应当书面或者口头向人民检察院提出，并说明理由；根据《刑事诉讼法》第二十九条的规定提出回避申请的，应当提供有关证明材料。人民检察院经过审查或者调查，符合回避条件的，应当作出回避决定；不符合回避条件的，应当驳回申请。

2. 根据《刑诉规则（试行）》第一百四十八条规定，犯罪嫌疑人及其法定代理人、近亲属或者辩护人提出变更强制措施申请的，应当说明理由，有证据和其他材料的，应当附上相关材料。

3. 根据《刑诉规则（试行）》第四百九十条规定，到场的法定代理人可以代为行使未成年犯罪嫌疑人的诉讼权利，行使时不得侵犯未成年犯罪嫌疑人的合法权益。

第五节 侦查阶段被害人的权利义务

一、被害人的权利

1. 请求立案的权利

被害人有请求人民检察院进行立案查处的权利，对于人民检察院不立案的决定，有申请复议的权利。

2. 申请回避的权利

对于检察人员存在法定回避情形的，被害人有权要求其回避。对驳回申请回避的决定，当事人及其法定代理人可以申请复议一次。

3. 申请补充鉴定和重新鉴定的权利

用作证据的鉴定意见，人民检察院办案部门应当告知被害人；被害人死亡或者没有诉讼行为能力的，应当告知其法定代理人、近亲属或诉讼代理人。被害人及其法定代理人、近亲属、诉讼代理人提出申请，经检察长批准，可以补充鉴定或者重新鉴定。

4. 侵权控告权

对侦查过程中检察人员侵犯其诉讼权利和人身侮辱等行为，有提出控告的权利。

5. 使用本民族语言文字进行诉讼的权利。

二、被害人的义务

1. 如实向侦查人员陈述案件事实的义务。

2. 接受检察机关对其进行人身检查的义务。
3. 提出回避申请应当说明理由并提供有关证明材料的义务。

第六节　侦查阶段鉴定人的权利义务

一、鉴定人的权利

1. 了解与鉴定有关的案件情况，要求委托单位提供鉴定所需的材料；检察院应当为鉴定人进行鉴定提供必要条件，及时向鉴定人送交有关检材和对比样本等原始材料，介绍与鉴定有关的情况。
2. 进行必要的勘验、检查。
3. 查阅与鉴定有关的案件材料，询问与鉴定事项有关的人员。
4. 对违反法律规定委托的案件、不具备鉴定条件或者提供虚假鉴定材料的案件，有权拒绝鉴定。
5. 对与鉴定无关问题的询问，有权拒绝回答。
6. 与其他鉴定人意见不一致时，有权保留意见。
7. 使用本民族语言文字进行诉讼的权利。
8. 对于侦查人员侵犯其诉讼权利和人身侮辱的行为，有权提出控告。

二、鉴定人的义务

根据《人民检察院鉴定规则》第七条，鉴定人应当履行下列义务：
1. 严格遵守法律、法规和鉴定工作规章制度。
2. 保守案件秘密。
3. 妥善保管送检的检材、样本和资料。
4. 接受委托单位与鉴定有关问题的咨询。
5. 鉴定人进行鉴定后，应当出具鉴定意见、检验报告，并且签名或者盖章。几个鉴定人意见有分歧的，应当在鉴定意见上写明分歧的内容和理由，并且分别签名或者盖章。鉴定人故意作虚假鉴定的，应当承担法律责任。
6. 出庭接受质证。
7. 在法定情形下回避。
8. 法律、法规规定的其他义务。

第七节　侦查阶段翻译人员的权利义务

一、翻译人员的权利

翻译人员参与刑事诉讼，翻译的语言文字，包括外国语、少数民族语、聋哑手语、盲文、密码等，依照法律规定，翻译人员在侦查阶段主要有以下权利：

1. 有权了解和翻译内容和有关的案件情况。
2. 有权查阅记载其翻译内容的笔录，如果笔录同实际翻译内容不符合，有权要求修改和补充。
3. 使用本民族语言文字进行诉讼的权利。
4. 对于检察人员、侦查人员侵犯公民诉讼权利和人身侮辱的行为，有权提出控告。

二、翻译人员的义务

1. 翻译人员应依语言文字的原意进行翻译，不得隐瞒、歪曲或编造，如果有意弄虚作假，应负法律责任。
2. 符合法定回避规定的情况下，应遵守回避规定的义务。

附件：

法律文书、工作文书格式样本

1. 侦查阶段委托辩护人/申请法律援助告知书
2. 提供法律援助通知书
3. 辩护律师会见犯罪嫌疑人应当经过许可通知书
4. 辩护律师可以不经许可会见犯罪嫌疑人通知书
5. 许可会见犯罪嫌疑人决定书
6. 不许可会见犯罪嫌疑人决定书
7. 批准律师以外的辩护人与犯罪嫌疑人会见和通信/查阅案卷材料决定书
8. 不批准律师以外的辩护人与犯罪嫌疑人会见和通信/查阅案卷材料决定书
9. 许可辩护律师收集案件材料决定书
10. 不许可辩护律师收集案件材料决定书
11. 调取证据决定书
12. 移交证据、材料清单
13. 不予收集、调取证据决定书

××人民检察院
侦查阶段委托辩护人／申请法律援助告知书

检 侦委辩／申援〔   〕   号

我院对_____一案已经依法立案侦查。根据《中华人民共和国刑事诉讼法》第三十三条、第三十四条之规定，现告知你有权委托辩护人，在侦查阶段只能委托律师担任辩护人。如果因经济困难或者其他原因，可以申请法律援助。

如果你属于盲、聋、哑，掌握控制自己行为能力的精神病人可能被判处无期徒刑或者死刑的人，根据《中华人民共和国刑事诉讼法》第三十四条之规定，人民检察院将通知法律援助机构指派律师提供辩护。

年 月 日
（院印）

第三联 交犯罪嫌疑人

××人民检察院
侦查阶段委托辩护人／申请法律援助告知书
（副 本）

检 侦委辩／申援〔   〕   号

我院对_____一案已经依法立案侦查。根据《中华人民共和国刑事诉讼法》第三十三条、第三十四条之规定，现告知你有权委托辩护人，在侦查阶段只能委托律师担任辩护人。如果因经济困难或者其他原因，可以申请法律援助。

如果认为或者控制自己行为能力的精神病人可能被判处无期徒刑或者死刑的人，根据《中华人民共和国刑事诉讼法》第三十四条之规定，没有委托辩护人的，人民检察院将通知法律援助机构指派律师提供辩护。

本告知书已收到。

犯罪嫌疑人：
年 月 日
（院印）
年 月 日

第二联 附卷

××人民检察院
侦查阶段委托辩护人／申请法律援助告知书
（存 根）

检 侦委辩／申援〔   〕   号

案由	
案件编号	
犯罪嫌疑人	性别____ 年龄____
批准人	
承办人	
填发人	
填发时间	

第一联 统一保存

制作说明

一、本文书根据《刑事诉讼法》第三十三条、第三十四条和《刑诉规则（试行）》第三十六条的规定制作。在人民检察院办理直接受理立案侦查的案件对犯罪嫌疑人第一次讯问或者采取强制措施时使用。

二、法律依据根据案件的具体情况，分别引用《刑事诉讼法》第三十三条和第三十四条第一款、第二款、第三款的规定。

三、本文书共三联，第一联为存根，统一保存备查，第二联附卷，第三联交犯罪嫌疑人。

××人民检察院
提供法律援助通知书

检援〔　〕　号

　　我院办理的＿＿＿＿＿＿案，犯罪嫌疑人＿＿＿＿＿＿（性别＿＿，年龄＿＿），涉嫌＿＿＿＿＿＿罪，现羁押/居住于＿＿＿＿＿＿（未被羁押的，填写其住所），其属于《中华人民共和国刑事诉讼法》第三十四条第＿＿款/第二百六十七条规定的情形，符合第三十四条第＿＿款/第二百六十七条规定的情形，请依法指派律师为其提供辩护。

我院联系人姓名：
联系方式：

年　月　日
（院印）

第三联　送法律援助机构

××人民检察院
提供法律援助通知书
（副　本）

检援〔　〕　号

　　我院办理的＿＿＿＿＿＿案，犯罪嫌疑人＿＿＿＿＿＿（性别＿＿，年龄＿＿），涉嫌＿＿＿＿＿＿罪，现羁押/居住于＿＿＿＿＿＿（未被羁押的，填写其住所），其属于《中华人民共和国刑事诉讼法》第三十四条第＿＿款/第二百六十七条规定的情形，符合第三十四条第＿＿款/第二百六十七条规定的情形，请依法指派律师为其提供辩护。

我院联系人姓名：
联系方式：

年　月　日
（院印）

本通知书已收到。
法律援助机构收件人：

年　月　日

第二联　附卷

××人民检察院
提供法律援助通知书
（存　根）

检援〔　〕　号

案由
案件编号
犯罪嫌疑人　　　　性别　　　年龄
法律援助机构
批准人
承办人
填发人
填发时间

第一联　统一保存

制作说明

一、本文书根据《刑事诉讼法》第三十四条、第二百六十七条的规定制作。在人民检察院办理直接受理立案侦查案件和审查起诉案件，通知法律援助机构指派律师为犯罪嫌疑人提供辩护时使用。

二、填制本文书时，填写"现羁押/居住于_____"时，犯罪嫌疑人被羁押的填写羁押场所，未被羁押的填写其居住地点；填写引用的法条时，法律依据根据案件的具体情况，分别引用《刑事诉讼法》第三十四条第一款、第二款、第三款或者第二百六十七条的规定。

三、本文书共三联，第一联存根统一保存备查，第二联附卷，第三联送法律援助机构。

第十四章 侦查阶段诉讼参与人的权利义务

××人民检察院
辩护律师会见犯罪嫌疑人应当经过许可通知书

检见〔 〕 号

案由：
案件编号：
犯罪嫌疑人　　　　（性别、年龄）
性别　　　年龄
执行机构
批准人
承办人
填发人
填发时间

我院办理的　　　　案，犯罪嫌疑人　　　　（性别、年龄），本案属于特别重大贿赂犯罪案件，依据《中华人民共和国刑事诉讼法》第三十七条第三款的规定，辩护律师会见犯罪嫌疑人应当经过我院许可。

特此通知。

　　　　　　　　　　　年　月　日
　　　　　　　　　　　（院印）

本通知书已收到。

执行机构收件人：
　　　　　　　年　月　日

第一联 统一保存
第二联 附卷
第三联 送执行机构

制作说明

一、本文书根据《刑事诉讼法》第三十七条第三款的规定制作。在人民检察院办理直接受理立案侦查的特别重大贿赂犯罪案件的侦查阶段使用。

二、本文书共三联，第一联存根统一保存备查，第二联附卷，第三联送执行机构。

××人民检察院 辩护律师可以不经许可会见犯罪嫌疑人通知书

（第三联 送执行机构）

检不经见〔　〕　号

　　　　　　：
　　我院办理的　　　　　　案，犯罪嫌疑人　　　　　（性别、年龄），本案有碍侦查的情形已消失，根据《中华人民共和国刑事诉讼法》第三十七条第三款的规定，辩护律师可以不经我院许可会见犯罪嫌疑人。

　　　　　　　　　　年　月　日
　　　　　　　　　　　（院印）

××人民检察院 辩护律师可以不经许可会见犯罪嫌疑人通知书（副本）

（第二联 附卷）

检不经见〔　〕　号

　　　　　　：
　　我院办理的　　　　　　案，犯罪嫌疑人　　　　　（性别、年龄），本案有碍侦查的情形已消失，根据《中华人民共和国刑事诉讼法》第三十七条第三款的规定，辩护律师可以不经我院许可会见犯罪嫌疑人。

　　　　　　　　　　年　月　日
　　　　　　　　　　　（院印）

执行机构收件人：
本通知书已收到。
　　　　　　　　　　年　月　日
　　　　　　　　　　　（印）

××人民检察院 辩护律师可以不经许可会见犯罪嫌疑人通知书（存根）

（第一联 统一保存）

检不经见〔　〕　号

案由　　　　　　　　
案件编号　　　　　　
犯罪嫌疑人　　　　　
性别　　　年龄　　　
执行机构　　　　　　
批准人　　　　　　　
承办人　　　　　　　
填发人　　　　　　　
填发时间

制作说明

一、本文书根据《刑事诉讼法》第三十七条第三款的规定制作。在人民检察院办理直接受理立案侦查的特别重大贿赂犯罪案件的侦查阶段使用。

二、本文书共三联,第一联存根统一保存备查,第二联附卷,第三联送执行机构。

第十四章 侦查阶段诉讼参与人的权利义务

××人民检察院 许可会见犯罪嫌疑人通知书

检许见〔 〕 号

：

根据《中华人民共和国刑事诉讼法》第三十七条第三款之规定，决定许可（律师执业证编号_____和身份证编号_____）会见犯罪嫌疑人_____（性别____，年龄____）于____年____月____日被执行_____，请予以安排。

年 月 日
（院印）

第四联 送看守所或者执行监视居住的公安机关

××人民检察院 许可会见犯罪嫌疑人决定书

检许见〔 〕 号

：

根据《中华人民共和国刑事诉讼法》第三十七条第三款之规定，决定批准你会见犯罪嫌疑人_____。

请持此决定书与_____联系会见事宜。

年 月 日
（院印）

第三联 交申请人

××人民检察院 许可会见犯罪嫌疑人决定书（副本）

检许见〔 〕 号

：

根据《中华人民共和国刑事诉讼法》第三十七条第三款之规定，决定许可你会见犯罪嫌疑人_____。

请持此决定书与_____联系会见事宜。

年 月 日
（院印）

本决定书已收到。
申请人：
年 月 日

第二联 附卷

××人民检察院 许可会见犯罪嫌疑人决定书（存 根）

检许见〔 〕 号

案由_____
案件编号_____
犯罪嫌疑人_____ 年龄____
性别____
申请人_____
工作单位_____
批准会见时间_____
批准人_____
承办人_____
填发人_____
填发时间_____

第一联 统一保存

制作说明

一、本文书根据《刑事诉讼法》第三十七条第三款的规定制作。在侦查阶段人民检察院许可辩护律师会见犯罪嫌疑人的申请时使用。

二、本文书共四联,第一联存根统一保存备查,第二联附卷,第三联交申请人,第四联为通知书,送负责羁押的看守所或者执行监视居住的公安机关。

第十四章 侦查阶段诉讼参与人的权利义务

××人民检察院

不许可会见犯罪嫌疑人决定书

检不许见〔 〕 号

：

因 案属于特别重大贿赂犯罪，根据《中华人民共和国刑事诉讼法》第三十七条第三款之规定，决定不许可你会见犯罪嫌疑人 。

年 月 日
（院印）

第三联 交申请人

××人民检察院

不许可会见犯罪嫌疑人决定书

（副 本）

检不许见〔 〕 号

：

因 案属于特别重大贿赂犯罪，根据《中华人民共和国刑事诉讼法》第三十七条第三款之规定，决定不许可你会见犯罪嫌疑人 。

年 月 日
（院印）

本决定书已收到。

申请人：
年 月 日

第二联 附卷

××人民检察院

不许可会见犯罪嫌疑人决定书

（存 根）

检不许见〔 〕 号

案由
案件编号
犯罪嫌疑人
性别　　　年龄
申请人
工作单位
许可会见时间
批准人
承办人
填发时间

第一联 统一保存

制作说明

一、本文书根据《刑事诉讼法》第三十七条第三款的规定制作。在侦查阶段人民检察院不许可辩护律师申请会见犯罪嫌疑人时使用。

二、本文书共三联，第一联存根统一保存备查，第二联附卷，第三联交申请人。

××人民检察院 批准律师以外的辩护人与犯罪嫌疑人会见和通信/查阅案卷材料决定书（存根）

检准见阅〔　　〕　　号

案由	
案件编号	
犯罪嫌疑人	
性别　　　　年龄	
申请人	
工作单位	
批准人	
承办人	
填发时间	

第一联　统一保存

××人民检察院 批准律师以外的辩护人与犯罪嫌疑人会见和通信/查阅案卷材料决定书（副本）

检准见阅〔　　〕　　号

根据《中华人民共和国刑事诉讼法》第三十七条第一款/第三十八条之规定，决定同意你与犯罪嫌疑人＿＿＿＿会见和通信/查阅、摘抄、复制本案的案卷材料。

本决定书已收到。

　　　　　　　年　月　日
　　　　　　　（院印）

申请人：
　　　　　　　年　月　日

第二联　附卷

××人民检察院 批准律师以外的辩护人与犯罪嫌疑人会见和通信/查阅案卷材料决定书

检准见阅〔　　〕　　号

根据《中华人民共和国刑事诉讼法》第三十七条第一款/第三十八条之规定，决定同意你与犯罪嫌疑人＿＿＿＿会见和通信/查阅、摘抄、复制本案的案卷材料。

　　　　　　　年　月　日
　　　　　　　（院印）

第三联　交申请人

××人民检察院 批准律师以外的辩护人与犯罪嫌疑人会见和通信/查阅案卷材料决定书

检准见阅〔　　〕　　号

根据《中华人民共和国刑事诉讼法》第三十七条第三款之规定，决定许可＿＿＿＿（身份证号＿＿＿＿＿＿，性别＿＿，年龄＿＿）与犯罪嫌疑人＿＿＿＿于＿年＿月＿日＿时＿分（会见/通信，请予以安排。

　　　　　　　年　月　日
　　　　　　　（院印）

第四联　送看守所或者执行监视居住的公安机关

制作说明

一、本文书根据《刑事诉讼法》第三十七条第一款和第三十八条的规定制作。案件移送审查起诉后,律师以外的辩护人申请与犯罪嫌疑人会见、通信或者查阅案卷材料,人民检察院决定批准时使用。

二、本文书共四联,第一联存根统一保存备查,第二联附卷,第三联交申请人,第四联为批准会见时交看守所或者执行监视居住的公安机关。

第十四章 侦查阶段诉讼参与人的权利义务

××人民检察院 不批准律师以外的辩护人与犯罪嫌疑人会见和通信/查阅案卷材料决定书（存根）

检不准见阅〔　　〕号

案由　_____
案件编号　_____
犯罪嫌疑人　_____　性别　_____　年龄　_____
申请人　_____
工作单位　_____
批准人　_____
承办人　_____
填发人　_____
填发时间　_____

第一联　统一保存

××人民检察院 不批准律师以外的辩护人与犯罪嫌疑人会见和通信/查阅案卷材料决定书（副本）

检不准见阅〔　　〕号

_____一案存在_____情形，根据《中华人民共和国刑事诉讼法》第三十七条第一款/第三十八条之规定，决定不批准你与犯罪嫌疑人会见和通信/查阅、摘抄、复制本案的案卷材料。

年　月　日
（院印）

本决定书已收到。
申请人：
年　月　日

第二联　附卷

××人民检察院 不批准律师以外的辩护人与犯罪嫌疑人会见和通信/查阅案卷材料决定书

检不准见阅〔　　〕号

_____一案存在_____情形，根据《中华人民共和国刑事诉讼法》第三十七条第一款/第三十八条之规定，决定不批准你与犯罪嫌疑人会见和通信/查阅、摘抄、复制本案的案卷材料。

年　月　日
（院印）

第三联　交申请人

制作说明

一、本文书根据《刑事诉讼法》第三十七条第一款和第三十八条的规定制作。案件移送审查起诉后,律师以外的辩护人申请与犯罪嫌疑人会见、通信或者查阅、摘抄、复制案卷材料,人民检察院决定不予批准时使用。

二、本文书共三联,第一联存根统一保存备查,第二联附卷,第三联交申请人。

××人民检察院
许可辩护律师收集案件材料决定书

检许收〔　〕　号

你提出的收集案件有关材料申请书收悉。经审查，根据《中华人民共和国刑事诉讼法》第四十一条第二款之规定，决定许可你向_____收集与本案有关的材料，但是必须经其本人同意。

年　月　日
（院印）

第三联　交申请人

××人民检察院
许可辩护律师收集案件材料决定书（副本）

检许收〔　〕　号

你提出的收集案件有关材料申请书收悉。经审查，根据《中华人民共和国刑事诉讼法》第四十一条第二款之规定，决定许可你向_____收集与本案有关的材料，但是必须经其本人同意。

年　月　日
（院印）

本决定书已收到。

申请人：
年　月　日

第二联　附卷

××人民检察院
许可辩护律师收集案件材料决定书（存根）

检许收〔　〕　号

案由_____
案件编号_____
犯罪嫌疑人_____
性别_____　年龄_____
申请人_____
工作单位_____
申请调取证据名称或特征_____
批准人_____
承办人_____
填发人_____
填发时间_____

第一联　统一保存

制作说明

一、本文书根据《刑事诉讼法》第四十一条第二款的规定制作。辩护律师申请向被害人或者其近亲属、被害人提供的证人收集有关案件材料，人民检察院决定许可时使用。

二、本文书共三联，第一联存根统一保存备查，第二联附卷，第三联交申请人。

第十四章 侦查阶段诉讼参与人的权利义务

××人民检察院
不许可辩护律师
收集案件材料决定书

检不许收〔　〕　号

你提出的收集案件有关材料申请书收悉。因存在_____情形，根据《中华人民共和国刑事诉讼法》第四十一条第二款之规定，决定不可向你收集与本案有关的材料。

年　月　日
（院印）

第三联 交申请人

检不许收〔　〕号

××人民检察院
不许可辩护律师
收集案件材料决定书
（副本）

检不许收〔　〕　号

你提出的收集案件有关材料申请书收悉。因存在_____情形，根据《中华人民共和国刑事诉讼法》第四十一条第二款之规定，决定不可向你收集与本案有关的材料。

年　月　日
（院印）

申请人：
年　月　日
本决定书已收到。

第二联 附卷

检不许收〔　〕号

××人民检察院
不许可辩护律师
收集案件材料决定书
（存根）

检不许收〔　〕号

案由
案件编号
犯罪嫌疑人　　　年龄
性别
申请人
工作单位
申请调取证据名称或特征
批准人
承办人
填发人
填发时间

第一联 统一保存

制作说明

一、本文书根据《刑事诉讼法》第四十一条第二款的规定制作。辩护律师申请向被害人或者其近亲属、被害人提供的证人收集有关案件材料,人民检察院决定不予许可时使用。

二、本文书共三联,第一联存根统一保存备查,第二联附卷,第三联交申请人。

第十四章 侦查阶段诉讼参与人的权利义务

××人民检察院 调取证据决定书（存根）

检调证〔　〕　号

案由　　　　　　　　　
案件编号　　　　　　　
犯罪嫌疑人　　　　　　
性别　　　年龄　　　　
申请人　　　　　　　　
工作单位　　　　　　　
申请调取证据名称或特征　　　　　　
批准人　　　　　　　　
承办人　　　　　　　　
填发人　　　　　　　　
填发时间　　　　　　　

第一联 统一保存

××人民检察院 调取证据决定书（副本）

检调证〔　〕　号

　　　　　　　　　　：
我院办理的　　　　　　案，犯罪嫌疑人　　　　　　的辩护人　　　　　　依据《中华人民共和国刑事诉讼法》第三十九条之规定，向我院申请调取你单位收集的　　　　　　证据材料，请接到本通知书三日以内，将该证据材料移交我院。

年　月　日
（院印）

侦查机关收件人：
年　月　日
本通知书已收到。

第二联 附卷

××人民检察院 调取证据决定书

检调证〔　〕　号

　　　　　　　　　　：
我院办理的　　　　　　案，犯罪嫌疑人　　　　　　的辩护人　　　　　　依据《中华人民共和国刑事诉讼法》第三十九条之规定，向我院申请调取你单位收集的　　　　　　证据材料，请接到我院知后三日以内，将该证据材料移交我院。

年　月　日
（院印）

第三联 送侦查机关

职务犯罪侦查流程与规范

××××人民检察院
移交证据、材料清单

编号：
第 页 共 页

编号	责任者	证据、材料名称	日期	页数	备注

侦查机关：　　　　　　　　　　接收单位：
移交人：　　　　　　　　　　　接收人：
　　年　月　日　　　　　　　　　年　月　日

注：本清单一式三份，一份附卷，一份交证据、材料移交单位，一份交申请调取人。

制作说明

一、本文书根据《刑事诉讼法》第三十九条的规定制作。在辩护律师申请人民检察院调取侦查机关有关无罪、罪轻证据，人民检察院决定调取时使用。

二、本文书共三联，第一联存根统一保存备查，第二联附卷，第三联送侦查机关。

××人民检察院
不予收集、调取证据决定书

检不调证〔 〕 号

_____：
因存在_____情形，根据《中华人民共和国刑事诉讼法》第三十九条/第四十一条第一款之规定，决定对你申请收集/调取的证据不予收集/调取。

年 月 日
（院印）

第三联 交申请人

××人民检察院
不予收集、调取证据决定书
（副 本）

检不调证〔 〕 号

_____：
因存在_____情形，根据《中华人民共和国刑事诉讼法》第三十九条/第四十一条第一款之规定，决定对你申请收集/调取的证据不予收集/调取。

年 月 日
（院印）

申请人：
本决定书已收到。
年 月 日

第二联 附卷

××人民检察院
不予收集、调取证据决定书
（存 根）

检不调证〔 〕 号

案由_____
案件编号_____
犯罪嫌疑人_____
性别_____ 年龄_____
申请人_____
工作单位_____
申请调取证据名称或特征_____
批准人_____
承办人_____
填发人_____
填发时间_____

第一联 统一保存

585

制作说明

一、本文书根据《刑事诉讼法》第三十九条、第四十一条第一款的规定制作。辩护律师申请人民检察院向公安机关调取有关无罪、罪轻证据或者申请人民检察院收集、调取有关证据，人民检察院决定不予收集或者调取时使用。

二、本文书共三联，第一联存根统一保存备查，第二联附卷，第三联交申请人。

第十五章 执法办案风险评估预警、办案安全与办案纪律

第一节 侦查阶段执法办案风险评估预警

执法办案风险评估预警是指检察机关业务部门和案件承办人员在执法办案过程中,对检察执法行为是否存在引发不稳定因素、激化社会矛盾等执法办案风险,进行分析研判、论证评估;对有可能发生执法办案风险的案件,提出处理意见,积极采取应对措施,及时向有关部门发出预警通报,主动做好释法说理、心理疏导、司法救助、教育稳控、协调联络等风险防范和矛盾化解工作,有效预防和减少执法办案风险发生。

执法行为不规范、处理方法不妥当、释法说理不到位、部门之间沟通不顺畅、矛盾化解不及时是引发执法办案风险的重要原因。在侦查工作中应当牢牢把握风险评估预警的基本要求,突出重点,着力抓好风险评估、预警和处置等关键环节。在作出初查、立案、不立案、采取或变更强制措施及其他侦查措施等执法行为前,要对执法办案行为是否存在引发不稳定因素、激化社会矛盾等执法办案风险,进行分析研判、论证评估,并作出正确应对、防范和处置措施,以化解可能存在的风险和引发的矛盾,有效预防和减少执法办案风险发生。要正确处理风险评估预警与加强执法办案的关系,执法办案和风险防控都应当在宪法和法律的框架内依法进行,既要切实履行宪法法律赋予的职责,把执法办案工作抓上去,又要实事求是地做好风险评估预警工作,及时预警、依法处置、化解矛盾,确保执法办案"三个效果"的有机统一。评估的风险包括:办案安全风险、健康风险、信访风险、身份风险、舆情风险、其他风险等。

一、评估预警的原则

执法办案风险评估预警应当遵循以下原则:
1. 依法办案与化解矛盾相结合;
2. 谁承办、谁评估;
3. 重点防范、依法处置、及时化解;
4. 注重释法说理;
5. 主动接受群众监督。

二、评估预警的级别

侦查阶段执法办案风险评估预警实行案件分级风险评估制度。根据侦查办案中可能发生的社会风险及其程度、性质和影响的综合评估，可以将风险等级分为重大风险、较大风险和一般风险三个等级：

1. 重大风险案件。指案情重大、社会公众和媒体高度关注、涉及被害人较多，极有可能出现当事人及其近亲属自杀、自残、实施暴力等极端行为，容易引发群体性事件，或者存在其他重大不稳定因素，需要党政机关多个部门共同解决的案件。

2. 较大风险案件。指案情相对复杂、矛盾持续时间较长、处理有一定难度，极有可能引发涉检上访问题，需要上下级检察机关或本院各部门相互协作、共同化解的案件。

3. 一般风险案件。指当事人及其近亲属对有关问题存在疑虑，对处理结果不理解，存在风险苗头，承办部门、承办人通过释法说理、协调疏导能够化解的案件。

三、评估预警的范围及内容

（一）侦查阶段执法办案风险评估预警的重点案件

1. 拟作出不通知立案或通知立案决定的立案监督案件；
2. 拟作出不立案或者撤销案件决定的职务犯罪案件；
3. 拟作出批捕、不批捕或者撤销逮捕决定的案件；
4. 拟采取或者变更强制措施的案件；
5. 拟作出扣押、冻结财产决定的案件；
6. 拟对被监管人死亡作出正常或非正常死亡鉴定的案件；
7. 拟作出查证不实或证据不足不予立案决定的反映检察人员违法违纪等问题的案件；
8. 其他可能引发执法办案风险的影响重大、与民生关系密切、涉众型或敏感案件。

（二）侦查阶段执法办案风险评估的重点事项

1. 可能引发当事人及其近亲属自杀、自残等办案安全问题的；
2. 可能引发当事人及其近亲属过激行为甚至暴力事件、群体性事件的；
3. 可能引发当事人及其近亲属上访、缠访、闹访、越级访的；
4. 可能引发新的矛盾纠纷，为下一执法办案环节埋下隐患或带来不利影响的；
5. 可能产生不良社会反映、影响当地社会稳定的；

第十五章 执法办案风险评估预警、办案安全与办案纪律

6. 可能引发社会舆论广泛关注,被少数人借机恶意炒作,影响检察执法公信力乃至党和政府形象的;

7. 可能导致发案单位停工停产、遭受重大经济损失的;

8. 可能产生的其他执法办案风险。

(三)侦查办案各环节风险评估的主要内容

1. 初查风险评估的主要内容:

(1)是否会发生泄密事件;

(2)是否会给被查单位、被查人造成不良影响;

(3)初查的证据是否客观、全面、扎实,是否会给下一步侦查工作带来不良影响;

(4)初查对象是否会潜逃、自杀、串供、毁灭证据;

(5)对不予立案的线索,是否存在应当立案而不予立案的情形;是否告知控告人、答复举报人,以免控告人、举报人采取过激行为或涉检上访。

2. 立案风险评估的主要内容:

(1)立案的条件和标准是否把握准确,是否存在该立案而未立案和不该立案而立案的情况;

(2)立案的时机是否成熟,是否有利于侦查工作的进行,是否有利于深挖犯罪,是否有利于追缴赃款;

(3)制作的安全预案、保密方案是否完善,是否会杜绝办案安全事故或泄密事件的发生。

3. 传唤、拘传犯罪嫌疑人风险评估的主要内容:

(1)是否存在犯罪嫌疑人抗拒传唤、拘传的可能;

(2)在传唤、拘传途中是否会发生犯罪嫌疑人逃跑的可能;

(3)立案后立即传唤、拘传犯罪嫌疑人,是否会导致犯罪嫌疑人家属、同案人、证人等帮助犯罪嫌疑人串供、销毁、隐匿证据、转移赃款赃物;

(4)能否在十二小时内突破犯罪嫌疑人。

4. 取保候审风险评估的主要内容:

(1)犯罪嫌疑人是否会不履行取保候审义务;

(2)犯罪嫌疑人是否可能实施逃跑、自杀、干扰证人作证、毁灭、伪造证据等妨碍侦查活动顺利进行的行为;

(3)犯罪嫌疑人是否可能实施新的犯罪行为;

(4)保证人是否有能力履行保证义务;

(5)取保候审犯罪嫌疑人是否会给检察机关的执法形象、执法公信力带来负面影响;

(6)如果有控告、举报人,取保候审犯罪嫌疑人是否会引起控告、举报人

的上访；

(7) 是否会导致案件久拖不决。

5. 监视居住风险评估的主要内容：

(1) 公安机关对犯罪嫌疑人能否有效实施监视居住；

(2) 犯罪嫌疑人是否可能实施逃跑、自杀、干扰证人作证、毁灭、伪造证据等妨碍侦查活动顺利进行的行为；

(3) 犯罪嫌疑人是否可能实施新的犯罪行为。

6. 拘留风险评估的主要内容：

(1) 犯罪嫌疑人是否存在犯罪事实；

(2) 犯罪嫌疑人的犯罪事实是否符合拘留条件；

(3) 犯罪事实是否能被证据所证明；

(4) 犯罪嫌疑人是否会在拘留期限内如实交代犯罪事实；

(5) 拘留犯罪嫌疑人后是否会导致其他共同犯罪嫌疑人和有关涉案人员逃跑、串供、毁证等。

7. 逮捕风险评估的主要内容：

(1) 是否有证据证明犯罪嫌疑人已实施了犯罪事实；

(2) 犯罪嫌疑人实施犯罪行为的证据是否已查证属实；

(3) 犯罪嫌疑人是否可能判处徒刑以上刑罚；

(4) 逮捕犯罪嫌疑人有无必要；

(5) 是否存在错捕、漏捕的可能；

(6) 通过风险决策采取逮捕强制措施的案件，能否在法定侦查期限内排除风险。

8. 讯问犯罪嫌疑人风险评估的主要内容：

(1) 是否会发生犯罪嫌疑人突发疾病、自杀、逃跑等办案安全事故；

(2) 犯罪嫌疑人是否配合审讯、是否存在翻供的可能；

(3) 是否存在危害侦查人员人身安全等意外事件；

(4) 是否存在停电和录音、录像设备故障的可能。

9. 询问证人风险评估的主要内容：

(1) 是否会发生证人突发疾病死亡的情形；

(2) 是否存在证人逃避作证、有意作伪证的情形；

(3) 获取的证人证言程序是否规范、方法是否合法，是否存在作为非法证据予以排除的可能。

10. 查封、扣押、冻结款物风险评估的主要内容：

(1) 查封、扣押、冻结企事业单位、机关团体存款、汇款是否会影响企事业单位、机关团体正常的生产、经营和工作秩序，是否会损害企事业单位、机关

第十五章 执法办案风险评估预警、办案安全与办案纪律

团体的声誉；

（2）查封、扣押、冻结企业款物是否会影响重大工程项目建设，是否会产生群体性上访事件；

（3）查封、扣押、冻结的物品是否会发生丢失、毁损、灭失的可能。

11. 搜查风险评估的主要内容：

（1）是否会发生犯罪嫌疑人及其亲属以暴力、威胁等方式抗拒、阻碍搜查、扣押的情形；

（2）是否会发生犯罪嫌疑人自杀、自残等办案安全事故；

（3）是否会发生犯罪嫌疑人及其亲朋好友隐匿、毁弃、转移犯罪证据的情形。

12. 追逃风险评估的主要内容：

（1）犯罪嫌疑人是否会潜逃境外；

（2）犯罪嫌疑人是否会抗拒抓捕；

（3）抓捕犯罪嫌疑人时是否会引发群体性事件；

（4）在押解途中是否会发生犯罪嫌疑人再次逃跑、突发疾病、死亡等情形。

13. 侦查终结决定移送审查起诉风险评估的主要内容：

（1）犯罪事实是否已经查清，定性是否正确，证据是否确实、充分；

（2）是否应当追究犯罪嫌疑人的刑事责任，有无遗漏和其他应当追究刑事责任的人等。

14. 侦查终结决定移送审查不起诉以及撤案时风险评估的主要内容：

（1）有特定被害人的，是否会引发被害人或其近亲属自杀、自残等办案安全问题的；

（2）是否会引发被害人或其近亲属过激行为甚至暴力事件、群体性事件的；

（3）是否会引发被害人或其近亲属上访、缠访、闹访、越级访的；

（4）是否会引发新的矛盾纠纷，为下一个执法办案环节埋下隐患或带来不利影响的；

（5）是否会产生不良社会反映、影响当地社会稳定的；

（6）是否会引发社会舆论广泛关注，被少数人借机恶意炒作，影响检察执法公信力乃至党和政府形象的；

（7）对采取人身、财产性强制措施的不诉、撤案案件，还应评估被不诉、被撤案的当事人是否会提出国家赔偿请求等风险。

15. 应当进行风险评估的其他内容：

（1）是否会影响执法公信力甚至损害党和政府形象；

（2）是否会影响经济发展、社会稳定；

（3）是否会引起媒体舆论炒作，造成社会不良反响，引发新的社会矛盾；

(4) 是否存在办案干警应当回避而没有回避影响证据效力的情形；

(5) 是否会发生干警违法违纪事件。

四、评估预警的程序

1. 执法办案风险评估预警实行一案一评估。承办人在办理职务犯罪案件时，在初查或者立案前，应当根据案情、当事人及其近亲属等相关人员的言行举止、情绪和以往表现等情况，对可能存在的风险的案件进行风险评估，拟定风险等级，形成风险评估意见，并填写《执法办案风险评估登记表》，及时提交部门负责人审核，较大、重大风险案件呈报分管副检察长、检察长审查。在后续侦查环节，承办人应当根据实际情况的发展变化，对可能引发执法风险的情形进行评估，及时调整风险级别。《执法办案风险评估登记表》由案件承办人负责填写，主要内容包括：

(1) 案件当事人的基本情况；

(2) 案件基本情况和主要的事实证据；

(3) 案件风险评估的情况以及承办人意见。应当具体明确案件是否存在风险、存在什么风险、风险的等级以及风险防范的措施。

2. 对确定为重大、较大、一般风险的案件，承办人和承办部门应当及时制定《执法办案风险预警工作预案》，其主要内容包括：

(1) 案件当事人的基本情况及主要诉求；

(2) 简要案情和拟作出的案件处理决定；

(3) 可能引发风险的情况及原因；

(4) 拟化解的方案及稳控息诉措施；

(5) 需要与本院其他部门及有关机关协调的问题等。

拟定为重大风险案件的，由检察长决定启动预警化解机制；拟定为较大风险案件的，由分管副检察长决定启动预警化解机制；拟定为一般风险案件的，由部门负责人决定启动预警化解机制。

3. 在侦查办案的采取或变更强制措施、讯问、询问、搜查、扣押、冻结、追逃、侦查终结等各个环节，承办人应当对可能引发执法风险的情形进行评估，对原评估未发现的风险或认为风险等级需要调整的，应当制作《个案风险预警报告表》，写明办案风险变更的情况，重新拟定风险等级，并制作《执法办案风险预警工作预案》，提出风险防范措施，按照规定报送审批。未发现新的风险或认为原风险等级不需要调整的，不需要制作《个案风险预警报告表》。《个案风险预警报告表》的主要内容包括：

(1) 预警等级及变动情况：原定风险预警等级，随案件进展发生变化的情况；

第十五章 执法办案风险评估预警、办案安全与办案纪律

（2）应对预案及实施效果：对采取的防控措施和效果进行分析，包括应对预案、实施进展、防控效果；

（3）承办人意见：对案件处理结果是否诱发或激化所存在风险的预判。

4. 侦查部门应当在《执法办案风险评估登记表》和《执法办案风险预警工作预案》审批后的当日交案件管理部门备案。

5. 侦查部门在侦查办案过程中发现可能存在当事人及其近亲属上访、缠访、闹访、越级访、网络炒作等风险的，应当书面告知控告申诉部门、新闻宣传部门。控告申诉等部门发现侦查部门正在办理的案件存在执法风险的，应当及时书面告知侦查部门。

五、侦查阶段执法办案风险的化解

1. 重大风险的化解。对重大风险案件，检察长是主要责任人，分管副检察长是风险化解的第一责任人，侦查部门的负责人是直接责任人。对情况重大、紧急、事态严重的以及可能引发群体性事件以及引发不稳定因素，应当报检察长决定启动预警化解机制。成立由控告申诉、新闻发言人及宣传等部门参加的矛盾化解领导小组，制定处置工作方案，与政府相关部门及时沟通，加大联动调处力度，充分发挥各方力量，化解矛盾纠纷。

2. 较大风险的化解。对较大风险案件，分管副检察长是主要责任人，侦查部门的负责人是风险化解的第一责任人，承办人是直接责任人。部门负责人应当认真审核侦查人提出的风险评估意见，组织集体讨论，制定矛盾化解方案。在法律、政策框架内，慎重选择适当的处理办法，及时做好检调对接、刑事和解、释法说理、司法救助、息诉稳控及舆情应对等工作。

3. 一般风险的化解。对一般风险案件，侦查部门负责人是主要责任人，也是风险化解的第一责任人，承办人是直接责任人。承办人应当按照评估预警报告中确定的方法与措施，防范执法办案风险。可以通过发案单位、网络媒体等渠道以及通过讯问犯罪嫌疑人、听取律师及被害方意见，必要时可通过走访相关社区、村民组织等形式，掌握矛盾焦点，承办人要跟踪了解各方当事人及其近亲属的诉求和意见。认真分析案情，采取释法说理，思想疏导等方法同涉案各方沟通，将不稳定因素处理在萌芽状态。发现需要对预警工作进行重大调整的因素，应及时报部门负责人。

六、评估预警的注意事项

1. 侦查人员应当树立理性、平和、文明、规范的执法理念，做到服务热情、态度公允、举止文明，避免简单、随意、粗暴执法，用群众容易接受和信服的方式执法办案；要严格遵守规定，坚决杜绝违法违规办案，避免因自身执法行为不

当引发执法办案风险。

2. 在初查、侦查中应当谨慎选择办案时机和办案方式，立案应慎重，防止因查办案件产生不必要的负面影响。在办理涉及企业和重大工程建设项目的案件时，应尽量避免影响企业的正常生产经营和重大工程的建设进度，避免引起企业职工上访。要针对发案单位管理上存在的漏洞，积极开展个案预防，延伸和巩固办案成果。

3. 检察机关及其侦查部门对于社会普遍关注、群众反映强烈、引起群众集体上访或有群体性事件苗头等直接涉及群众切身利益的案件，在抓紧查办案件工作的同时，要主动协调相关部门做好群众工作，及时化解社会矛盾，缓和社会冲突，严防引起群众集体上访或群体性事件，切实维护社会和谐稳定。

4. 检察机关对正在侦查中的职务犯罪案件要严格遵守宣传报道纪律慎重报道，对重大敏感案件，要加强与新闻媒体的联系与沟通，统一宣传口径，努力掌握舆论的主导权。积极稳妥处置新闻宣传事件，对正常报道执法过错的，要自觉接受监督和批评，尽快查明情况予以纠正，并妥善回应媒体质疑；对与事实有出入的报道应及时与媒体沟通，说明情况，迅速澄清事实真相；对恶意炒作的，应及时在主流媒体和互联网发表权威报道，说明事实真相，正面引导舆论，消除不良影响，并及时向上级检察机关和新闻媒体的主管部门报告。

5. 执法办案过程中应当特别注意加强办案安全防范，侦查人员应当严格执行办案安全防范的相关规定，避免发生办案安全事故。

6. 对于办案过程中已经发生的各类重大事件，应当及时报告上级检察机关和当地党委。坚持在党委的领导下，与宣传、公安、信访等部门一起，正确处理有关事项，防止事态扩大，减少社会影响。妥善做好善后工作，防止新的事件再次发生。

7. 侦查部门在风险事项化解中需要其他部门协调配合的，应及时与相关部门沟通，并将《执法办案风险预警工作预案》抄送相关部门，相关部门应做好协调配合工作，意见有分歧的，应上报检察长决定。侦查部门对情况重大、紧急、事态严重的风险事项，应及时通知宣传部门及新闻发言人，新闻发言人及宣传部门应加强舆情监测，由舆情处置领导小组作出舆情应对方案。控告申诉检察部门接到或者发现执法办案风险苗头信息，应及时通知相关业务部门对案件进行风险评估预警，控告申诉检察部门应协助侦查部门共同做好涉案风险的化解和稳控工作。

8. 下级检察院对办案中产生的难以化解的重大风险，应及时上报上级检察院，上级检察院应加强指导和协调。

9. 各级检察院要建立与党委政府和其他政法机关的敏感案件协调联络及舆情监测、处置机制，加强配合协作，形成化解执法办案风险的合力。

第十五章 执法办案风险评估预警、办案安全与办案纪律

10. 发生了风险事项的案件办结后，承办部门应当制作《风险事项处理情况报告》，经部门负责人审核报分管副检察长审批。《风险事项处理情况报告》应包括以下主要内容：

（1）简要案情；

（2）当事人主要诉求；

（3）处理情况和法律依据；

（4）化解疏导工作及相关善后工作的情况。

11. 案件办结后，承办人应将《执法办案风险评估登记表》、《执法办案风险预警工作预案》、《风险事项处理情况报告》归入检察内卷。

第二节 办案安全

一、办案安全概述

办案安全是指检察机关在办理职务犯罪案件过程中防止发生涉案人员自杀、自残、行凶、脱逃等安全事故的安全防范工作。在案件查办中牢固树立安全防范意识是侦查人员必备的一项基本执法理念。加强检察机关办案安全防范工作，是落实宪法关于尊重和保障人权要求、努力维护人民群众合法权益和实践文明公正执法的具体体现，也是维护社会稳定、树立检察机关良好形象的必然要求。

根据《最高人民检察院关于进一步加强检察机关办案安全防范工作的意见》（以下简称《安全防范工作意见》）、《关于人民检察院在办理直接立案侦查案件工作中加强安全防范的规定》（以下简称《安全防范规定》）、《关于办理直接立案侦查案件安全防范工作及责任追究暂行规定》，检察机关应当从以下几个方面加强安全防范工作的建设，构建科学的安全防范工作体系。

（一）加强对安全防范工作的组织领导

1. 高度重视安全防范工作。人民检察院办理直接立案侦查案件应当坚持依法、规范、文明、安全的原则，把安全防范措施和责任落实到办案的各个环节，预防和杜绝事故的发生。各级检察机关特别是检察长应当高度重视，认真抓好办案安全防范工作。

2. 健全安全防范工作机制。建立健全办案安全防范工作的领导机制，落实责任制，实行检察长负总责、分管领导具体抓、案件主办人员在个案中负全责的制度。

3. 完善安全防范设施配置。结合检察机关"两房"建设，设置符合要求的讯问室、询问室和司法警察执勤室，配备必要的警械具，保障办案所需的车辆、通信器材等装备。

4. 进行安全防范工作分析。对办案安全工作形势进行定期分析，完善安全防范工作制度，适时组织力量，督促检查安全防范工作的落实，及时发现和消除办案中的事故苗头和隐患，切实把安全防范责任落实到人，把安全防范措施落实到办案的各个环节。

5. 加强安全防范工作考核。将办案安全防范工作作为对领导班子和领导干部考核、考察的重要内容之一，并与争创先进检察院活动以及干部的工作绩效和使用挂钩。

（二）构建检察官与司法警察分工负责、相互配合的办案安全防范工作机制

1. 在办理人民检察院直接立案侦查的职务犯罪案件中，检察官与司法警察要密切协作，相互支持，形成合力。要着眼检察官和司法警察职能，明确职责分工。主办案件的检察官在全面负责对安全预案的制定与组织落实的同时，要把主要精力放在对案件的侦查上。司法警察应在检察官的指挥下，承担各项警务职责，做好安全防范工作，确保不发生安全责任事故。要充分发挥司法警察的警务保障作用，切实纠正有警不用和以检代警的问题。

2. 《人民检察院司法警察执行职务规则（试行）》（以下简称《执行职务规则》）等规定明确由司法警察履行的职责，如传唤、拘传、提押、看管、维护来访场所秩序等工作，在条件具备的前提下，应当交由司法警察负责。

3. 建立规范的用警派警制度。办案部门需要用警时，应当按规定的程序办理用警手续；警务部门接到派警命令后，必须在规定的时限内派出人员。

4. 为保证办案用警的需要，司法警察统一归口警务部门，实行编队管理，统一调配使用。必要时可以实行跨区域警务协作，在办理重大案件警力不足时，可以由上一级警务部门统一协调警力，保证办案用警需要。

（三）抓住办案中易出问题的薄弱环节加强安全防范工作

1. 办案开始时，案件主办人员应与警务部门负责人一道，精心制定安全防范工作预案，把可能出现的问题、需要采取的应对措施考虑全面，预案报经检察长或主管副检察长批准后认真组织实施。要仔细检查办案区域安全措施落实情况，发现问题及时纠正。

2. 办案中要严格依照法律规定，实行规范、文明办案。在传唤、拘传犯罪嫌疑人到检察机关接受讯问时，应当在讯问室进行，不得在讯问室以外的地点进行讯问，也不得把讯问室作为羁押室。异地传唤、拘传犯罪嫌疑人，应当在当地检察机关讯问室进行。办案过程中坚决禁止采取刑讯逼供等暴力手段违法取证，严禁以协助调查取证等名义变相限制和剥夺证人的人身自由。要严格遵守办案时限，传唤、拘传犯罪嫌疑人的持续时间不得超过法律规定的时限，参与办案的司法警察应适时提醒办案人员遵守办案时限。在执行传唤、拘传、提押、看管等工作中，必须保持有两名以上司法警察，不得出现脱节、脱岗或由一人提押、看管

第十五章 执法办案风险评估预警、办案安全与办案纪律

等情形。讯问结束后，对符合法律规定并有必要采取拘留、逮捕措施的，应当依法立即办理；对于不需采取拘留、逮捕强制措施的，应当及时通知其单位或家属领回，或派司法警察将其送回。

3. 办案后期或案件突破后，办案人员和司法警察要保持高度警惕，认真做好后续安全防范和稳定犯罪嫌疑人情绪的工作，严防松懈造成责任事故。

（四）不断提高办案人员的安全防范意识和能力

1. 加强对办案人员和司法警察的教育、管理和培训，不断提高他们的执法能力和业务素质，作为搞好安全防范的一项基础性工作。认真开展职业道德和安全保密教育，切实增强干警的事业心、责任感和依法办案、安全防范的意识。坚持依法治警、从严治警，加强对办案干警的管理，规范执法行为。

2. 对违规办案或因责任心差，造成犯罪嫌疑人自杀、自残、逃跑以及枪械具丢失、损坏、违规使用等重大责任事故的，要依纪依法追究有关人员的责任。

3. 加强对干警的业务培训，提高案件主办人员的综合素质，强化司法警察的警务技能训练，按照"一熟"（熟悉法警职责）、"两懂"（懂检察业务、懂办案程序）、"三会"（会使用枪械具、会擒拿技术、会微机操作）的标准，抓好分级培训，切实提高他们的警务保障能力。

（五）加强安全防范工作的检查、监督和责任追究

1. 各级人民检察院检察长、主管检察长和侦查部门负责人应当加强对安全防范工作的领导，纪检监察部门对本院侦查部门和司法警察部门落实安全防范措施的情况要进行监督检查，发现问题及时纠正，严肃查处。

2. 人民检察院办理直接立案侦查案件安全防范工作，坚持"谁领导谁负责，谁办案谁负责，谁看管谁负责"的原则。检察长、分管副检察长和办案部门负责人对办案安全防范工作负有组织保障和监督检查的领导责任。案件承办人和负责传唤、拘传、提押、看管等工作的人员负有直接责任。凡发生办案安全事故或违反安全防范规定的，相关人员要承担直接责任或领导责任。

3. 办案中发生涉案人员死亡事故的，应当在十二小时内层报最高人民检察院；发生自伤、自残、脱逃等其他重大安全事故的，应当在二十四小时内层报最高人民检察院。检察长是向上级检察院报告的第一责任人，凡隐瞒不报、逾期不报的，依照相关规定追究有关领导和其他责任人员的责任。办案中发生事故的，也要按照有关规定将事故的发生、处理情况及时报告上级人民检察院。

4. 因违法违规办案、玩忽职守导致涉案人员自杀、自残、脱逃的，应当分清责任分别给予党纪政纪处分，构成犯罪的依法追究刑事责任。凡经领导批准、默许违法违规办案，发生涉案人员自杀死亡事故的，相关领导应当引咎辞职或责令辞职、撤职，构成犯罪的依法追究刑事责任。相关领导对事故发生负有失职失察责任的，也要依法依纪严肃处理。各级人民检察院的纪检监察部门负责责任追

究的纪律处分；需要给予党纪处分的，由纪检监察部门提出处理意见并经党组同意后，按照干部管理权限移送有关部门或同级地方党委纪委实施；需要给予组织处理的，由政工部门按照规定办理；构成犯罪的，应依法移送有关部门追究刑事责任。

二、初查的安全防范

根据《安全防范规定》第三条之规定：

1. 初查应当秘密进行，一般不得接触被调查对象，因办案需要必须接触的应当报经分管副检察长或检察长批准，同时应当采取严密的安全防范措施。

2. 严禁在初查阶段以任何方式限制、剥夺证人和被调查对象的人身自由。

3. 准备立案需要接触被初查对象时，必须采取周密的安全防范措施，对经过初查掌握了犯罪证据，符合立案条件的，应当果断及时立案，转入侦查并采取相应强制措施，严格按照法定程序开展侦查工作。根据办案情况需要对查处受贿犯罪有重要作用的行贿人进行控制，如果初查发现符合立案条件，可以对行贿人立案，并采取强制措施。

三、传唤、拘传的安全防范

1. 根据《执行职务规则》等规定，执行传唤、拘传属于司法警察应当履行的职责，应当交由司法警察负责执行。

2. 传唤、拘传犯罪嫌疑人到检察机关接受讯问，必须严格按照法律在讯问室进行。异地传唤、拘传犯罪嫌疑人，应当在当地检察机关讯问室进行。

3. 传唤、拘传犯罪嫌疑人的持续时间不得超过法律规定的时限，不得以连续传唤、拘传的方式变相拘禁犯罪嫌疑人。

4. 传唤、拘传前要对犯罪嫌疑人的身体健康状况进行了解，对有严重疾病的要采取相应的医疗保护措施和应急措施。

5. 传唤、拘传前要对犯罪嫌疑人必须由两人以上司法警察执行，注意途中安全，实行贴身监护，防止其逃跑、自杀，不得出现脱节、脱岗或由一人提押、看管等情形。

四、讯问的安全防范

1. 使用讯问室讯问犯罪嫌疑人，应当经部门负责人或分管副检察长批准。在讯问结束后，使用人应当向批准人报告使用的起止时间和使用情况。异地办案需要使用当地人民检察院讯问室的，应当提供相关法律文书，并服从当地检察院的安排和管理。

2. 对未被羁押的犯罪嫌疑人，需要传唤、拘传到检察机关接受讯问的，应

第十五章 执法办案风险评估预警、办案安全与办案纪律

当在讯问室进行。不得将讯问室作为羁押、留宿犯罪嫌疑人或其他涉案人员的场所。

3. 讯问在押犯罪嫌疑人必须在看守所进行，因辨认、提取证据、取赃等确需提押到看守所以外的，必须报经分管副检察长或检察长批准，同时通知人民检察院驻看守所检察室对提押活动实施监督。在执行提押任务中，应当采取严密的安全防范措施，辨认、提取证据、取赃活动结束后，应当立即还押。

4. 犯罪嫌疑人进入讯问区域后，人民检察院应当对犯罪嫌疑人的人身及随身物品进行检查，对可疑物品或具有潜在危险的物品如领带、钥匙等，应当先行扣押或代为保管。

5. 讯问应由两名以上具有执法资格的检察人员进行，讯问女犯罪嫌疑人必须有女工作人员在场。未进行讯问时应有专人坐班监视，监视应由两名以上工作人员进行，非必要情况下不得将犯罪嫌疑人带离讯问室或者允许其离开讯问室。聘请其他人员监视时，要有侦查人员带班，落实责任，轮流坐班。犯罪嫌疑人洗澡、上厕所必须有监视人员监视，保证不脱管。

6. 检查并排除讯问地点的安全隐患。办案工作区及讯问室的设置、配置应当严格按照有关规定进行，符合相应的安全标准，设立的地点应在一楼或者地下室。犯罪嫌疑人进入讯问区域后，应当关闭讯问区域的对外通道。房门一般应有内锁，窗户应有护栏，卫生间应卸掉内插销，以便加强监视。进行讯问房间之前应对讯问地点进行检查、清理，有可能被犯罪嫌疑人用来行凶、自杀的危险物品，必须清理出场。

7. 严禁在讯问中对犯罪嫌疑人刑讯逼供。严禁使用威胁、引诱、欺骗的方法获取供述，严禁采用冻、饿、晒、烤、疲劳审讯、灯管照射、高音刺激、药物影响、侮辱人格等非人道的方式获取供述。

8. 讯问结束后，符合拘留、逮捕条件并有拘留、逮捕必要的，应当依法及时办理拘留、逮捕手续，并立即通知公安机关执行；对于不采取拘留、逮捕强制措施的，应当通知其单位或家属领回，或派员将其送回。发现情绪异常的犯罪嫌疑人和涉案人员，应当将其送回单位或住所，也可通知其单位或家属接回。

9. 讯问犯罪嫌疑人时，应当详细了解其身体健康状况，对有严重疾病的要采取相应的医疗保护措施和应急措施。

10. 职务犯罪案件讯问犯罪嫌疑人时，应当严格按照规定对讯问进行全程同步录音录像，并依法告知犯罪嫌疑人。

五、询问证人的安全防范

1. 对证人不能采取任何强制措施。严禁对证人采取暴力、威胁、引诱、暗

示、欺骗、人格侮辱以及其他非法手段违法进行取证，不得以协助调查取证等名义变相限制和剥夺证人的人身自由。

2. 询问证人应当个别进行。询问证人应当由检察人员进行，询问的时候，检察人员不得少于两人。

3. 询问证人，可以到证人的所在单位或者住处进行，但是必须出示人民检察院或者公安机关的证明文件。在必要的时候，也可以通知证人到人民检察院或者公安机关提供证言，但不得在讯问室内进行询问。

4. 发现情绪异常的涉案人员，应当将其送回单位或住所，也可通知其单位或家属接回。

5. 人民检察院应当保障证人及其近亲属的安全。询问中涉及证人隐私的，应当保守秘密。对证人及其近亲属进行威胁、侮辱、殴打或者打击报复，构成犯罪或者应当给予治安管理处罚的，人民检察院应当移送公安机关处理；情节轻微的，予以批评教育、训诫。

六、看管的安全防范

1. 执行看管犯罪嫌疑人的任务应当由两名以上司法警察执行，执行过程中不得出现脱节、脱岗或由一人单独提押、看管等情形。

2. 看管人员应当对看管、讯问犯罪嫌疑人的场所及周边情况进行细致的检查，排除安全隐患。

3. 执行看管任务，不得擅自离开，不得做与看管工作无关的事，当被看管人交出与案件有关材料时应及时交与办案人员，不得擅自处理。

4. 执行看管任务，不准让无关人员及被看管人的亲友进入看管场所，不准受人之托，给被看管人带食品和其他物品。

5. 侦查人员或看管人员应当依法告知犯罪嫌疑人在被看管期间的权利和应当遵守的规章制度。执行看管任务，应保持高度警惕，严防被看管人脱逃、自杀、自残、行凶、串供、传递信物和被劫持，遇紧急情况时可采取相应强制措施，必要时可使用武器。

七、监视居住的安全防范

1. 对犯罪嫌疑人采取监视居住，应当符合法定的条件，并严格履行审批程序，严禁随意采取监视居住。

2. 监视居住应当依法由公安机关执行，必要时检察机关可以协助执行，但检察机关不得自行执行监视居住，不得以监视居住的名义拘禁犯罪嫌疑人。

3. 采取指定居所监视居住的，指定的居所应当具备正常的生活、休息条件，便于监视、管理，并符合办案安全的需要。

第十五章　执法办案风险评估预警、办案安全与办案纪律

4. 应当保障被指定居所监视居住的犯罪嫌疑人正常合理的生活、饮食条件和休息时间。一次讯问不得超过十二小时。讯问一般应在白天进行。确需在晚上讯问的，一般不得超过晚上十二点，法律另有规定的，按法律规定执行。

5. 严禁对被监视居住人采用刑讯逼供或者冻、饿、晒、烤、疲劳审讯等非法方法进行讯问。

6. 被监视居住人进入指定的居所前，应当对其进行人身检查和健康检查，并做好记录。在监视居住期间，必须确保办案医疗保障绿色通道畅通。解除或者变更指定居所监视居住强制措施一般也应对犯罪嫌疑人进行健康检查。

7. 承办案件的检察机关应当商请负责执行的公安机关对被监视居住人是否遵守监视居住规定的情况进行全程电子监控和录音录像以及不定期检查，对被监视居住人的电话、信函、邮件、网络等通信进行监控。必要时，人民检察院可以协助公安机关执行。

8. 指定居所监视居住期间，执行人员和协助执行人员必须建立二十四小时值班日志和轮班交接记录制度。

9. 将犯罪嫌疑人从指定的居所传唤到讯问地点进行讯问时，负责传唤的司法警察必须与执行人员办理交接手续。需要安排犯罪嫌疑人离开指定的居所进行辨认、提取证据、追缴犯罪有关财物或者到人民检察院办案工作区接受讯问，必须安排两名以上司法警察保障途中安全。

10. 应当明确办案机关领导、办案部门负责人、办案人员、执行人员、协助执行人员、司法警察、执法安全督查员各自的责任，将责任落实到具体人员。发生安全责任事故，严格依法追究有关责任人员的责任。

八、提押、提审的安全防范

1. 提讯在押的犯罪嫌疑人，应当填写提押证，在看守所进行讯问。因侦查工作需要，需要提押犯罪嫌疑人出所辨认罪犯、罪证或者追缴犯罪有关财物的，可以提押犯罪嫌疑人到人民检察院接受讯问。

2. 提押犯罪嫌疑人到人民检察院讯问的，应当经检察长批准，由两名以上司法警察押解。

3. 提押犯罪嫌疑人凭提押证执行。

4. 提押犯罪嫌疑人要严格遵守看守所、拘留所、监狱的有关规定，核实被提押人的身份，防止错提、错押。

5. 对被提押的犯罪嫌疑人一般应戴上戒具，对老、弱、病、残可视情况处置。

6. 提押女犯罪嫌疑人应当有女司法警察在场。

7. 提押犯罪嫌疑人应向其宣布纪律，并责令其严格遵守。

8. 办案人员讯问完毕后，应及时将犯罪嫌疑人还押，并向看守人员反映被押人的动态，提押票证由看守人员签字盖章后带回。

九、搜查的安全防范

1. 参与执行搜查任务，要服从命令，听从指挥，明确搜查的对象、任务，了解搜查现场的环境等方面的情况。

2. 对犯罪嫌疑人的住所、办公室和人身进行搜查时，应向被搜查人或者其家属出示搜查证。

3. 对以暴力、威胁等方法阻碍搜查的，应立即予以制止或将其带离现场。

4. 对女犯罪嫌疑人进行人身搜查时，应该由女司法警察或者女性检察人员执行。

5. 协助执行扣押、查封任务时，应注意警戒现场，保护现场检察人员安全，防止意外事件的发生。

十、配合执行逮捕、拘留以及追逃的安全防范

1. 协助执行拘留、逮捕任务，应佩带警械或武器。

2. 执行任务前应核实犯罪嫌疑人的身份等有关情况。

3. 对于抗拒拘留、逮捕的犯罪嫌疑人，可依法采取适当的措施，必要时可以使用武器，防止犯罪嫌疑人逃跑、自杀、自残、行凶等事故的发生。

4. 根据最高人民检察院、公安部《关于印发〈关于适用刑事强制措施有关问题的规定〉的通知》第二十条规定，人民检察院对于符合《刑事诉讼法》第六十一条第（四）项或者第（五）项规定情形的犯罪嫌疑人，因情况紧急，来不及办理拘留手续的，可以先行将犯罪嫌疑人带至公安机关，同时立即办理拘留手续。

5. 协助追捕在逃犯罪嫌疑人，应详细了解在逃人员的情况，协助制定追捕计划，准备所需要的警械或武器等。

6. 协助追捕在逃犯罪嫌疑人，要采取多种方式了解在逃犯的行踪，要注意隐蔽身份，严格保密，防止走漏消息。

7. 如果捕获的犯罪嫌疑人被击伤或突发急病时，应立即通知医院急救，同时向上级报告。

十一、执行押解的安全防范

1. 执行押解任务，应告知犯罪嫌疑人相关的法律规定，并进行严密监视，严防被押人逃跑、自杀、自残、行凶、滋事或被劫持等。押解途中如果发生突发事件，应当保护犯罪嫌疑人的安全，迅速将其转移到安全地点看管，并及时报告。

第十五章 执法办案风险评估预警、办案安全与办案纪律

2. 押解犯罪嫌疑人乘坐飞机，应事先与民航安全部门联系，并按民航的有关规定执行押解。

3. 押解犯罪嫌疑人乘坐火车，应事先与列车长和乘警联系，上车后禁止被押人坐在靠窗的座位，必要时可采取相应的防范措施，防止被押人伺机脱逃。

4. 押解犯罪嫌疑人乘坐轮船，应事先与有关人员取得联系，尽可能与其他乘客隔离安置，禁止被押人上甲板活动，并严密监视，防止意外的发生。

5. 押解犯罪嫌疑人乘坐汽车，原则上应使用专用囚车，严禁将同案犯同车押解。

6. 押解犯罪嫌疑人到指定地点后，应及时交与办案人员或送羁押场所羁押。

7. 押解犯罪嫌疑人除武装押解外，在特殊情况下可以采用秘密押解的办法。

第三节　办案纪律

办案纪律是指侦查人员在履行法律职务过程中必须遵守的行为规范，其核心要求是正确行使侦查权，公正执法，廉洁从检。就当前执法中出现的问题而言，侦查人员要遵守严格、公正、文明、廉洁执法等方面的纪律、办案安全防范的纪律、案件侦查工作中的保密纪律、扣押、冻结款物的纪律以及有关羁押期限等方面的纪律。严明办案纪律，对于正确行使侦查权，经受腐蚀与反腐蚀的考验，保障职务犯罪侦查工作健康发展有重要作用。严明办案纪律是完成侦查任务的重要保证，是侦查队伍战斗力的体现，是检察机关建设高素质侦查队伍的迫切需要，是保证正确行使侦查权和保障公民、法人合法财产的需要，是促进检察机关公正、高效、规范、文明地开展职务犯罪侦查工作的需要。

一、线索受理、初查环节的办案纪律

1. 举报线索必须统一管理，个人不得私自处理，更不得瞒案不报、压案不查。

2. 绝对禁止对控告、申诉、求助群众采取冷漠、生硬、蛮横、推诿等官老爷态度。

3. 检察机关应当保护公民合法权益，奖励举报有功人员。在举报工作的各个环节都要严格保密，严禁将举报线索转给被举报人或者被举报单位。

4. 根据《人民检察院办案工作中的保密规定》规定，在线索受理、初查中要做到严守以下保密纪律：

（1）受理举报和控告申诉，应在固定或有利于保密的场所进行，有专人接待，设专用电话，无关人员不得接待、旁听、处理和询问。

（2）举报和控告、申诉材料的收发、拆阅、登记、转办、保管，当面或电

话举报的接待、接听、记录、录音等工作，应有专人负责。开通网上举报应设专用举报网站，由专门的计算机进行处理，专人负责登录。

（3）举报人的姓名、工作单位、住址和举报内容应严格保密，严禁向被控告、举报单位和个人及其他无关单位、人员泄露。

（4）不准私自摘抄和复制、扣押、销毁举报和控告申诉材料。

（5）需要向被举报单位或举报人核实情况的，应在不暴露举报人、控告人的情况下进行。讯问犯罪嫌疑人，不得出示举报材料原件或复印件。

（6）对匿名举报，除侦查工作需要并经主管检察长批准外，不准鉴定笔迹。

（7）初查以秘密调查为主，不得向被调查人和其他无关人员暴露初查意图。

（8）宣传报道和奖励举报有功人员，未征得举报人同意，不得公开举报人姓名、身份、住址和工作单位。

5. 根据《安全防范的规定》第三条规定，初查一般不接触被调查对象，必须接触的应当报经主管检察长或检察长批准，同时应当采取严密的安全防范措施。严禁在初查阶段以任何方式限制、剥夺调查对象的人身自由。

6. 根据《检察人员执法过错责任追究条例》第八条第六项、第八项规定，检察人员在执法办案活动中使举报控告材料或者其他案件材料、扣押款物遗失、损毁的或者举报控告材料内容或者其他案件秘密泄露的，应当追究执法过错责任。

7. 根据《检察人员纪律处分条例》第四十条规定，隐匿、销毁举报、控告、申诉材料，包庇被举报人、被控告人，或者滥用职权，对举报人、控告人、申诉人、批评人报复陷害的，给予记过或者记大过处分；情节较重的，给予降级或者撤职处分；情节严重的，给予开除处分。

二、立案环节的办案纪律

1. 严禁违反规定初查、立案和撤案。立案必须严格执行法定的案件管辖、立案条件和程序；撤销案件，必须严格审批手续，不得违反规定立案、撤案。严禁超越管辖范围办案，超越刑事案件管辖初查、立案的，应当追究执法过错责任。

2. 严禁徇私枉法，包庇被举报人、犯罪嫌疑人。对于包庇、放纵被举报人、犯罪嫌疑人，或者使无罪的人受到刑事追究的，应追究执法过错责任。徇私枉法，对明知是无罪的人而使他受追诉，对明知是有罪的人而故意包庇不使他受追诉的，给予开除处分，情节较轻的，给予降级或者撤职处分。

三、刑事强制措施环节的办案纪律

1. 严禁非法采取强制措施。传唤、拘传犯罪嫌疑人的持续时间不得超过法

第十五章　执法办案风险评估预警、办案安全与办案纪律

律规定的时限，不得以连续传唤、拘传的方式变相拘禁犯罪嫌疑人。一般情况下，采用拘留措施是在立案之后。在紧急情况下采取拘留措施，必须同时办理立案手续。适用监视居住、取保候审应严格依法定条件，并由公安机关执行，不得自行执行监视居住、取保候审，不得自行执行监视居住、取保候审。对同一犯罪嫌疑人决定取保候审的，不得同时使用保证人保证和保证金保证。不得利用取保候审、监视居住变相羁押犯罪嫌疑人。不得借用其他机关的行政、纪律措施控制犯罪嫌疑人，不得参与其他机关对违法违纪人员的看管。严禁对证人采取任何强制措施，立案前不得对犯罪嫌疑人采取强制措施。违法违规剥夺、限制当事人、证人人身自由的，追究执法过错责任。非法拘禁他人或者以其他方法非法剥夺他人人身自由的，给予记过或者记大过处分；情节较重的，给予降级或者撤职处分；情节严重的，给予开除处分。因办案人员玩忽职守、非法拘禁、刑讯逼供等致人死亡的，对直接责任人员，按照规定给予降级、撤职或者开除处分，构成犯罪的，依法追究刑事责任。对严重失职、渎职的部门负责人、主管副检察长、检察长，依照法定程序，给予撤职处分。因玩忽职守、非法拘禁、违法办案等致人死亡的，除依法依纪追究直接责任人员外，对于领导严重失职渎职的，要依照法定程序给予撤职处分。

2. 严禁超期羁押。检察人员在执法办案活动中不履行、不正确履行或放弃履行职责，造成错误或者超期羁押犯罪嫌疑人的，应当追究执法过错责任。严重不负责任超期羁押犯罪嫌疑人的，对主要责任者和其他直接责任人员，给予记过或者记大过处分；情节较重的，给予降级或者撤职处分；情节严重的，给予开除处分。

3. 严禁体罚、侮辱犯罪嫌疑人。办案中体罚、虐待犯罪嫌疑人，以及刑讯逼供的，一律先停止办案人员执行职务，再按照规定从重处理。体罚、侮辱犯罪嫌疑人及其他人员的，给予记过或者记大过处分；造成严重后果或者恶劣影响的，给予降级、撤职或者开除处分。违反监管法规，体罚虐待被监管人员，私自带人会见被监管人员，或者让被监管人员给自己干私活的，给予记过或者记大过处分；情节较重的，给予降级或者撤职处分；情节严重的，给予开除处分。

四、采取侦查措施环节的办案纪律

1. 规范取证行为，不得采取非法传讯、刑讯逼供或暴力取证等违法取证行为。讯问一般应在看守所进行，不得把检察院的讯问室当羁押室，必须在检察院讯问室进行的，要严格执行还押制度。非法讯问犯罪嫌疑人或者非法传讯他人的，给予记过或者记大过处分；情节较重的，给予降级或者撤职处分；情节严重的，给予开除处分。刑讯逼供的，给予开除处分；情节较轻的，给予记大过、降级或者撤职处分。

2. 严禁采取刑讯逼供等暴力手段违法取证，不得以协助调查取证等名义变相限制和剥夺证人的人身自由。刑讯逼供、暴力取证或者以其他非法方法获取证据的，违法违规限制诉讼参与人的诉讼权利，造成严重后果或者恶劣影响的，追究执法过错责任。

3. 伪造、隐瞒、涂改、调换、故意损毁证据材料、诉讼文书的，给予开除处分；情节较轻的，给予撤职处分。

4. 故意作出违背案件事实的勘验、检查、鉴定结论的，给予开除处分；情节较轻的，给予降级或者撤职处分。

5. 非法搜查他人身体、住宅，或者非法侵入他人住宅的，给予记过或者记大过处分；情节较重的，给予降级或者撤职处分；情节严重的，给予开除处分。

6. 不得违反扣押、冻结款物规定，非法处置、侵吞扣押冻结款物。不得在初查阶段查封、扣押冻结财产。非法扣押、冻结公私财产的，给予记过或者记大过处分；情节较重的，给予降级或者撤职处分；情节严重的，给予开除处分。不依法返还扣押、冻结款物，或者侵吞、挪用、私分、私存、调换、外借、压价收购或者擅自处理扣押、冻结款物及其孳息的，对主要责任者和其他直接责任人员，给予记过或者记大过处分；情节较重的，给予降级或者撤职处分；情节严重的，给予开除处分。违法对犯罪嫌疑人财产采取查封、扣押、冻结、追缴等措施或者私自挪用、处理上述财产，侵犯公民、法人和其他组织财产权的；违法进行搜查，毁损公私财物的；依据规定给予相应纪律处分，构成犯罪的，依法追究刑事责任。由于过错造成扣押、冻结款物损失或丢失，情节严重的，追究其纪律责任；构成犯罪的，依法追究刑事责任。对于决定应当及时返还当事人的款物，故意拖延不返还的，应当追究有关主管人员和直接责任人的纪律责任。违反规定侵占、挪用（使用）、私分、调换、外借扣押物品或将扣押款私存吃息的，给予直接责任人记过以上处分；部门负责人、分管副检察长、检察长决策或知情不予制止的，给予部门负责人、分管副检察长、检察长记大过以上处分。

7. 违法办案或者严重不负责任，造成犯罪嫌疑人脱逃、自杀、伤残或者证人、被害人自杀、伤残的，给予记过或者记大过处分；情节较重的，给予降级或者撤职处分，情节严重的，给予开除处分。因违法违规办案、玩忽职守导致涉案人员自杀、自残、脱逃的，应当分清责任分别给予党纪政纪处分，构成犯罪的依法追究刑事责任。凡经领导批准、默许违法违规办案，发生涉案人员自杀死亡事故的，相关领导应当引咎辞职或责令辞职、撤职，构成犯罪的依法追究刑事责任。相关领导对事故发生负有失职失察责任的，也要依法依纪严肃处理。发生涉案人员自杀、自残、脱逃事故后，逾期不报、隐瞒不报的，要依照有关规定追究相关领导和责任人员的责任。构成犯罪的，依法追究刑事责任。对严重渎职、失职的主管副检察长、检察长，依照法定程序，给予撤职处分。

五、侦查工作中的保密纪律

根据《人民检察院办案工作中的保密规定》规定,侦查工作中应当做到:

1. 立案侦查工作中的有关请示、报告、法律文书及其他有关侦查材料,应指定专人保管。

2. 制订案件侦查工作计划,要有具体保密措施。侦查大案要案要有具体保密方案。

3. 依法使用技侦手段或采取各种侦查措施,以及建立和使用多媒体示证系统等,应严格控制知情面;通过技侦手段获取的证据材料不准公开使用;不得向侦查对象暴露侦查意图和侦查手段;严禁泄露其他当事人的证言、供词等。

4. 采取强制措施、搜查、扣押邮件、电报、查询银行存款和冻结银行账户等侦查措施的具体实施时间、方法,在实施前应严格保密。

5. 外出调查不准携带案卷。如确需携带案卷,应通过机要寄出;如情况十分紧急,必须两人专管,严防丢失。

6. 不准在公共场所谈论正在侦查案件的内容,禁止携带案卷和调查材料探亲访友、游览、购物等。

7. 不得向案件当事人和非办案人员泄露案情,不得为犯罪嫌疑人及其亲属以及受其委托的人打听案情、通风报信。

8. 用于办案工作的计算机,没有安装保密设备的不得与内部局域网连接,更不得与公共网络连接,涉密存储介质要按规定严格管理。

9. 出境调查案件携带材料,严格按国家保密局、海关总署《关于国家秘密文件、资料和其他物品出境的管理规定》执行。

10. 通过国际刑警组织及中国香港、澳门特别行政区有关组织进行案件协查,不得泄露相关案件侦查的总体方案和手段。

11. 在国际司法协助中,需要提供秘密事项的,应呈报最高人民检察院批准。

六、公正廉洁执法方面的纪律

1. 不准泄露案情或为当事人打探案情。泄露国家秘密、检察工作秘密,或者为案件当事人及其代理人和亲友打探案情、通风报信的,给予记过或者记大过处分;造成严重后果的,给予降级、撤职或者开除处分。

2. 不准私自办理或干预案件。私自办理案件或者干预办案的,给予记过或者记大过处分;情节较重的,给予降级或者撤职处分;情节严重的,给予开除处分。严禁办关系案、人情案、金钱案,严禁违反法定程序干预办案。

3. 不准私自会见案件当事人及其委托人或者接受上述人员的宴请、礼物和提供的娱乐活动。不准利用工作之便占用外单位及其人员的交通、通信工具。私自会见案件当事人或其辩护人、代理人、申诉人、亲友，或者接受上述人员提供的宴请、财物、娱乐活动的，给予记过或者记大过处分；情节较重的，给予降级或者撤职处分；情节严重的，给予开除处分。利用工作之便占用外单位及其人员的交通、通信工具的给予批评教育，并支付有关费用，经教育不改的，给予警告、记过处分。

4. 在执法活动中，具有法定回避情形故意不依法回避，或者拒不服从回避决定，或者对符合回避条件的申请故意不作出回避决定的，给予记过或者记大过处分；情节较重的，给予降级或者撤职处分；情节严重的，给予开除处分。

5. 违反规定插手经济纠纷的，对主要责任者和其他直接责任人员，给予记过或者记大过处分；造成严重后果或者恶劣影响的，给予降级、撤职或者开除处分。

6. 违法使用警械、警具的，给予记过或者记大过处分，造成严重后果的，给予降级、撤职或者开除处分。检察人员因枪支滋事造成他人伤残、死亡的，对直接责任人员给予开除处分，构成刑事责任的，依法追究刑事责任。

附件：

一、侦查办案风险评估预警流程图

二、法律文书、工作文书格式样本

1. 执法办案风险评估预警表
2. 执法办案风险处置表

侦查办案风险评估预警流程图

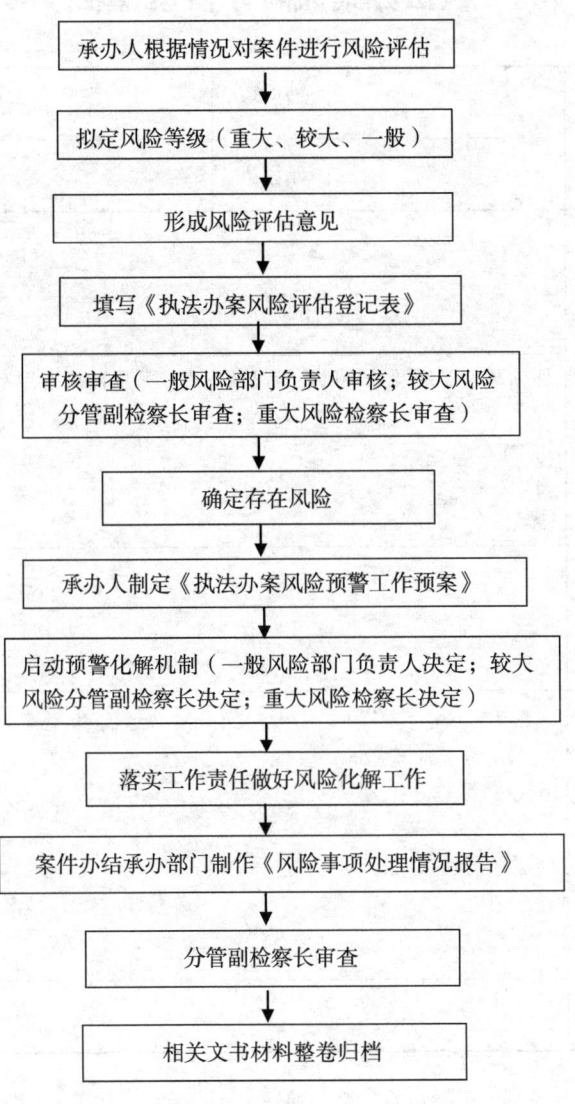

职务犯罪侦查流程与规范

××人民检察院
执法办案风险评估预警表

办案部门		评估等级	
案件名称		承办人	
基本案情			
承办人意见	评估预警等级及分析风险情况及原因、采取的应对预案、工作进展。		
部门负责人意见			
分管检察长意见			
检察长意见			
备注			

610

第十五章 执法办案风险评估预警、办案安全与办案纪律

××人民检察院
执法办案风险处置表

办案部门	
案件名称	承办人
承办人意见	
部门负责人意见	
分管副检察长意见	
检察长意见	
备注	

第十六章　执法办案监督及责任追究

第一节　执法办案内部监督

一、监督对象和监督内容

执法办案内部监督的对象是各级人民检察院及检察人员的执法办案活动。执法办案内部监督的主要内容是：

1. 在执法办案活动中遵守法律规定的情况；
2. 在执法办案活动中遵守检察纪律和规章制度的情况；
3. 在执法办案活动中履行法定职责的情况。

人民检察院在执法办案内部监督中，应当重点监督下列案件：

1. 初查后决定不立案的具有较大影响的职务犯罪案件；
2. 对犯罪嫌疑人、被告人变更强制措施的职务犯罪案件；
3. 侦查机关或者侦查部门持有异议的不予逮捕或者不予起诉的刑事案件；
4. 犯罪嫌疑人、被告人被逮捕后撤销案件、不起诉或者撤回起诉的刑事案件；
5. 人民法院作出无罪判决，或者被人民法院改变犯罪性质、改变罪名后明显影响量刑的刑事案件；
6. 当事人长期申诉、上访，经备案审查、复查、复核后改变原处理决定的刑事案件及民事、行政申诉案件，或者决定给予国家赔偿的刑事案件及民事、行政申诉案件；
7. 人民监督员提出不同意见，或者在人民检察院内部存在重大意见分歧的职务犯罪案件；
8. 社会普遍关注，或者人民群众反映强烈的刑事案件、民事、行政申诉案件；
9. 上级人民检察院要求重点监督的刑事案件、民事、行政申诉案件。

人民检察院在执法办案内部监督中，应当重点防止和纠正下列行为：

1. 侵犯举报人、控告人、申诉人合法权益，或者泄露、隐匿、毁弃、伪造举报、控告、申诉等有关材料的；
2. 违法违规剥夺、限制诉讼参与人人身自由，或者违反办案安全防范规定的；

3. 非法搜查、违法违规查封、扣押、冻结追缴款物，或者违法违规处理查封、扣押、冻结追缴财物及其孳息的；

4. 违法违规采取、变更、解除、撤销强制措施，或者超期羁押犯罪嫌疑人、被告人的；

5. 刑讯逼供、暴力取证，或者以其他非法方法获取证据的；

6. 违法使用警械警具，或者殴打、体罚虐待、侮辱诉讼参与人的；

7. 隐匿、毁弃、伪造证据，违背事实作出勘验、检查、鉴定意见，包庇、放纵被举报人、犯罪嫌疑人、被告人，或者使无罪的人受到刑事追究的；

8. 违反法定程序或者办案纪律干预办案，或者未经批准私自办案的；

9. 私自会见案件当事人及其亲友、辩护人、代理人，或者接受上述人员提供的宴请、财物、娱乐活动的；

10. 为案件当事人及其亲友、代理人打探案情、通风报信，或者泄露案件秘密的；

11. 越权办案、插手经济纠纷，利用执法办案之机拉赞助、乱收费、乱罚款，让发案单位、当事人报销费用，或者占用发案单位、当事人的交通、通信工具的；

12. 违法违规剥夺、限制当事人诉讼权利，或者妨碍律师参与刑事诉讼的；

13. 具有法定回避情形而不申请回避的；

14. 其他不履行或者不正确履行法律监督职责的。

二、监督责任主体和监督职责

执法办案内部监督工作的责任主体是各级人民检察院的检察长、分管检察长、监察部门、执法办案部门负责人及其检察人员。

（一）检察长、分管检察长在执法办案内部监督中承担以下职责：

1. 对执法办案内部监督工作实施领导，提出任务和要求，研究解决工作中的突出问题；

2. 对本院执法办案部门和下级人民检察院的执法办案活动进行监督；

3. 对本院其他领导班子成员、执法办案部门负责人、上级人民检察院检察人员和下级人民检察院领导班子成员履行执法办案职责的情况进行监督；

4. 组织查处本院和下级人民检察院发生的执法过错案件，并责令纠正；

5. 完成上级人民检察院交办的其他执法办案内部监督任务。

（二）监察部门在执法办案内部监督中承担以下职责：

1. 对执法办案内部监督工作进行归口管理，研究制定有关工作措施和规章制度，对本院执法办案部门和下级人民检察院执法办案内部监督工作进行指导、督促和检查；

2. 对本院检察人员和下级人民检察院的领导干部履行执法办案职责的情况进行监督；

3. 受理、核查、处理在执法办案内部监督中发现的执法过错和违纪违法线索；

4. 向本院领导和上级人民检察院监察部门报告执法办案内部监督工作的情况，对执法办案活动中存在的问题提出监察建议，并督促落实；

5. 完成上级人民检察院交办的其他执法办案内部监督任务。

（三）执法办案部门负责人在执法办案内部监督中承担以下职责：

1. 组织制定本部门和下级人民检察院对口部门执法办案内部监督的工作制度，明确岗位职责、办案流程和纪律要求；

2. 对本部门和下级人民检察院对口部门的执法办案活动进行监督；

3. 对本部门其他检察人员、本院领导班子成员和上级人民检察院对口部门检察人员履行执法办案职责的情况进行监督；

4. 协助有关部门调查处理本部门和下级人民检察院对口部门发生的执法过错案件，并责令纠正；

5. 完成上级人民检察院交办的其他执法办案内部监督任务。

（四）执法办案部门检察人员在执法办案内部监督中承担以下职责：

1. 对本院检察长、分管检察长和上级人民检察院对口部门检察人员履行执法办案职责的情况进行监督；

2. 对本院和下级人民检察院对口部门检察人员履行执法办案职责的情况进行监督；

3. 及时向上级人民检察院或者有关部门反映所发现的执法过错问题；

4. 完成上级人民检察院交办的执法办案内部监督任务。

（五）人民检察院的其他部门及其他检察人员发现执法办案部门及其检察人员在执法办案活动中有违纪违法行为的，应当进行监督。

（六）下级人民检察院发现上级人民检察院及其检察人员在执法办案活动中有违纪违法行为的，应当进行监督。

三、监督措施和监督方式

（一）检察长、分管检察长、执法办案部门负责人履行执法办案内部监督职责时，可以在其职责范围内组织采取下列措施：

1. 参加或者列席执法办案工作会议，审查和调阅有关文件、案件材料、办案安全防范预案、审讯同步录音录像资料及其他相关材料；

2. 查看办案现场，旁听开庭审理，或者通过局域网对执法办案活动进行网络监控；

第十六章 执法办案监督及责任追究

3. 听取有关机关、部门或者人民监督员的意见，向发案单位或者诉讼参与人了解情况；

4. 组织检务督察和专项检查；

5. 要求相关单位和人员就监督事项涉及的问题作出解释或者说明；

6. 责令相关单位和人员停止违反法律、纪律或者规章制度的行为；

7. 建议或者责令相关人员暂停执行职务，建议或者决定更换案件承办单位、案件承办人员；

8. 符合有关规定、不影响办案工作正常进行的其他措施。

（二）人民检察院监察部门履行执法办案内部监督职责时，可以采取《人民检察院监察工作条例》规定的各种监督措施。

（三）人民检察院各内设部门按照分工负责、互相制约原则，对其他部门的执法办案活动进行监督制约。

（四）人民检察院各内设部门的检察人员可以采取下列方式对其他检察人员履行执法办案职责的情况进行监督：

1. 在相关的会议及案件管理、案件评查、执法检查等活动中，对其他检察人员的执法过错行为提出纠正建议；

2. 对其他检察人员不履行或者不正确履行执法办案职责的行为予以告诫、提醒；

3. 向主管领导或者有关部门反映其他检察人员不履行或者不正确履行执法办案职责的问题；

4. 符合有关规定、不影响办案正常进行的其他方式。

（五）下级人民检察院及其检察人员在执法办案活动中，对上级人民检察院下达的明显违反法律规定的命令、指示，应当予以提醒。必要时，可以向上级人民检察院或者主管领导反映。

（六）检察人员在执法办案活动中遇到说情或者其他干扰时，应当主动向主管领导或者上级人民检察院报告。遇有需要依法回避的情形时，应当主动提出回避申请。

第二节 人民监督员监督

人民监督员制度是人民检察院主动接受社会监督的一种外部监督制度。最高人民检察院于 2004 年起开始在全国实行人民监督员制度，2010 年 10 月 26 日通过了《关于实行人民监督员制度的规定》，2014 年 9 月 4 日印发《人民监督员监督范围和监督程序改革试点工作方案》，决定开展人民监督员选任管理方式改革试点，拓展人民监督员监督案件的范围，规范和完善人民监督员监督程序，完善人民监督员知情权保障机制，进一步加强对检察权尤其是职务犯罪侦查权运行的外部监督制约。

一、人民监督员的设置和选任机关

人民监督员分为省级人民检察院人民监督员和设区的市级人民检察院人民监督员。省级人民检察院人民监督员监督省级人民检察院办理的案件,由省级司法行政机关负责选任;设区的市级人民检察院人民监督员监督设区的市级人民检察院和县级人民检察院办理的案件,由设区的市级司法行政机关负责选任。直辖市人民检察院人民监督员监督直辖市各级人民检察院办理的案件,由直辖市司法行政机关统一负责选任。县级司法行政机关按照上级司法行政机关的要求,承担本行政区域内人民监督员选任的具体组织工作。省、设区的市、县级人民检察院对人民监督员选任工作予以配合协助。

二、监督的内容

人民监督员对人民检察院办理直接受理立案侦查案件的下列情形实施监督:
(一)应当立案而不立案或者不应当立案而立案的;
(二)超期羁押或者检察机关延长羁押期限决定不正确的;
(三)违法搜查、查封、扣押、冻结或者违法处理查封、扣押、冻结财物的;
(四)拟撤销案件的;
(五)拟不起诉的;
(六)应当给予刑事赔偿而不依法予以赔偿的;
(七)检察人员在办案中有徇私舞弊、贪赃枉法、刑讯逼供、暴力取证等违法违纪情况的。

三、监督的程序

(一)监督事项的提起

1. 省级以下人民检察院承办的拟撤销案件和拟不起诉的案件,承办部门应当在提出拟处理决定之日起三日以内将拟处理决定、主要证据目录、相关法律规定等材料通过本院人民监督员办事机构或者专人报送上一级人民检察院,并做好接受监督的准备。

2. 人民监督员认为人民检察院办理直接受理立案侦查案件具有监督的内容第一、二、三、六、七项情形,要求启动人民监督员监督程序的,人民监督员办事机构或者专人应当进行审查,并在三日以内提出拟办意见报检察长批准。

不属于本院管辖的,移送有管辖权的人民检察院按本章有关规定办理;属于本院管辖的,按照下列分工移送有关部门办理:

(1)应当立案而不立案或者不应当立案而立案的,由侦查监督部门承办;

（2）办案中超期羁押的，由监所检察部门承办；延长羁押期限不当的，由侦查监督部门承办；

（3）违法搜查、查封、扣押、冻结的，根据诉讼阶段分别由侦查监督、公诉、控申部门会同管理部门承办；

（4）涉案财物处理不当的，由涉案财物处理部门会同计财部门承办；

（5）应当给予刑事赔偿而不依法予以赔偿的，由国家赔偿工作部门承办；

（6）检察人员在办案中有徇私舞弊、贪赃枉法、刑讯逼供、暴力取证等违法违纪情形的，由纪检监察部门承办。

人民监督员反映的情况不属于上述情形之一的，由人民监督员办事机构根据业务分工情况报检察长批准后移送有关部门处理。

3. 省级以下人民检察院相关部门应当在收到人民监督员办事机构或者专人移送的相关材料之日起三十日以内将拟处理意见、主要证据目录、相关法律规定等材料通过本院人民监督员办事机构或者专人报送上一级人民检察院，并做好接受监督的准备。

（二）监督事项的审查

人民监督员办事机构或者专人收到案件承办部门移送的有关案件材料后，应当及时审查。对于材料不齐备的，应当要求承办部门补充移送。上一级人民监督员办事机构在受理案件后，一般应当确定三名人民监督员参加案件监督工作。重大案件或者在当地有重大影响的案件，应当确定五名以上人民监督员参加案件监督工作。参加案件监督的人民监督员，应当以随机抽选的方式确定。参加案件监督的人民监督员确定后，人民监督员办事机构应当及时通知参加案件监督的人民监督员和案件承办部门，并告知监督案件的时间和地点。

（三）进行监督评议

人民监督员应当推举一人主持会议，并根据案件情况独立进行评议和表决。案件监督中，案件承办人必要时可以向人民监督员出示相关案件材料，或者播放相关视听资料。人民监督员在评议时，可以对案件事实、证据和法律适用情况、办案程序、是否同意检察机关拟处理决定（意见）及案件的社会反映等充分发表意见。案件监督工作应当依照下列步骤进行：

1. 人民监督员办事机构向人民监督员提交拟处理决定（意见）书、主要证据目录、相关法律规定及有关材料；

2. 案件承办人向人民监督员介绍案情，说明拟处理决定（意见）的理由和依据；

3. 案件承办人回答人民监督员提出的问题；

4. 人民监督员进行评议和表决。人民监督员在评议后，应当形成表决意见，制作《人民监督员表决意见书》，说明表决情况、结果和理由。人民监督员进行评议和表决时，案件承办人和其他工作人员应当回避。

（四）对监督事项的处理

组织案件监督的人民监督员办事机构应当及时将人民监督员评议情况和表决意见移送承办案件的人民检察院。承办案件的人民检察院应当对人民监督员的表决意见进行审查。检察长不同意人民监督员表决意见的，应当提交检察委员会讨论决定。检察委员会应当根据案件事实和法律规定，全面审查、认真研究人民监督员的评议和表决意见，依法作出决定。

（五）告知监督事项的处理结果

组织案件监督的人民监督员办事机构应当在检察长或者检察委员会作出决定之日起两日以内，将检察长或者检察委员会决定告知参加监督的人民监督员。检察委员会的决定与人民监督员表决意见不一致的，应当向参加监督的人民监督员作出必要的说明。

第三节　案件管理部门的监督

案件管理部门是执法办案内部监督工作的责任主体之一，案件管理的主要任务是对检察机关办理的案件实行统一受理、流程监控、案后评查、统计分析、信息查询、综合考评等，对办案期限、办案程序、办案质量等进行管理、监督、预警，规范执法行为，提高办案质量和效率。

一、案件受理

对于侦查机关、下级人民检察院移送的审查逮捕、审查起诉、延长侦查羁押期限、申请强制医疗、申请没收违法所得、提出或者提请抗诉、报请指定管辖等案件，由人民检察院案件管理部门统一受理。

二、办案流程管理

（一）流程监督

案件管理部门发现本院办案部门或者办案人员有下列情形之一的，应当及时提出纠正意见：

1. 查封、扣押、冻结、保管、处理涉案财物不符合有关法律和规定的；
2. 法律文书使用不当或者有明显错漏的；
3. 超过法定的办案期限仍未办结案件的；
4. 侵害当事人、辩护人、诉讼代理人的诉讼权利的；
5. 未依法对立案、侦查、审查逮捕、公诉、审判等诉讼活动以及执行活动中的违法行为履行法律监督职责的；

第十六章 执法办案监督及责任追究

6. 其他违法办理案件的情形。

对于情节轻微的,可以向办案部门或者办案人员予以口头提示;对于情节较重的,应当向办案部门发送案件流程监控通知书,提示办案部门及时查明情况并予以纠正;情节严重的,应当向办案部门发送案件流程监控通知书,并向检察长报告。

办案部门收到案件流程监控通知书后,应当在十日以内将核查情况书面回复案件管理部门。

(二)羁押期限和办案期限的监督

案件管理部门负责对本院办理案件的羁押期限和办案期限进行监督。对人民检察院办理的直接受理立案侦查案件或者审查逮捕、审查起诉案件,在犯罪嫌疑人侦查羁押期限、办案期限届满前,案件管理部门应当依照有关规定向本院侦查部门、侦查监督部门或者公诉部门进行期限届满提示。发现办案部门办理案件超过规定期限的,应当依照有关规定提出纠正意见。

(三)执法办案风险评估预警工作的督促检查

对于纳入流程监控范围的案件,案件管理部门应当对执法办案风险评估预警工作进行组织协调和督促检查。

(四)法律文书实施监管

案件管理部门对以本院名义制发的法律文书实施监督管理。涉及人身、财产等权利的法律文书,由案件管理部门集中保管、统一开具。

办案部门制发的下列文书,经检察长审批后,送案件管理部门登记编号,并自正式文书印发之日起三个工作日以内向案件管理部门备案:

1. 撤销案件决定书;
2. 起诉书,不起诉决定书,刑事抗诉书;
3. 刑事申诉复查决定书,刑事赔偿复议决定书,国家赔偿监督意见书;
4. 民事抗诉书,行政抗诉书,民事再审检察建议书;
5. 停止执行死刑意见书,撤销停止执行死刑意见通知书;
6. 纠正不当假释裁定意见书,纠正不当减刑裁定意见书,纠正不当暂予监外执行决定意见书。

办案部门办理的各类案件,应当在办结后三个工作日以内持结案文书向案件管理部门审核备案。

对于指定管辖、交办的案件,相关部门收到下级人民检察院的办结报告或者文书后,应当在三个工作日以内向案件管理部门备案。

(五)结案管理

人民检察院办理的案件,办结后需要向其他单位移送案卷材料的,统一由案件管理部门审核移送材料是否规范、齐备。

案件管理部门认为材料规范、齐备,符合移送条件的,应当立即由有关部门按照相关规定移送；认为材料不符合要求的，应当及时通知办案部门补送、更正。

（六）涉案财物管理

人民检察院办案部门查封、扣押、冻结涉案财物及其孳息后，应当立即将扣押的款项存入专门账户，将扣押的物品送案件管理部门办理入库保管手续，并将查封、扣押、冻结涉案财物的清单送案件管理部门登记，至迟不得超过三日。

案件管理部门负责对扣押的涉案财物进行保管，并对查封、扣押、冻结、处理涉案财物工作进行监督管理，对违反规定的行为提出纠正意见；对构成违法或者严重违纪的行为，移送纪检监察部门处理。

人民检察院办案部门需要调用、移送、处理查封、扣押、冻结的涉案财物的，应当按照规定办理审批手续。

案件管理部门对于审批手续齐全的，应当办理出库手续。

三、接待辩护人和诉讼代理人

辩护人、诉讼代理人向人民检察院提出有关申请、要求或者提交有关书面材料的，案件管理部门统一接收并及时移送相关办案部门或者与相关办案部门协调、联系，具体业务由办案部门负责办理。

辩护人接受委托后告知人民检察院或者法律援助机构指派律师后通知人民检察院的，人民检察院案件管理部门应当及时登记辩护人的相关信息，并将有关情况和材料及时通知、移交相关办案部门。

案件移送审查逮捕或者审查起诉后，辩护人认为在侦查期间公安机关收集的证明犯罪嫌疑人无罪或者罪轻的证据材料未提交，申请人民检察院向公安机关调取的，人民检察院案件管理部门应当及时将申请材料送侦查监督部门或者公诉部门办理。人民检察院办理直接立案侦查的案件，也照此办理。

在人民检察院侦查、审查逮捕、审查起诉过程中，辩护人提出要求听取其意见的，案件管理部门应当及时联系侦查部门、侦查监督部门或者公诉部门对听取意见作出安排。

辩护人提出书面意见的，案件管理部门应当及时移送侦查部门、侦查监督部门或者公诉部门。

四、案件质量评查

案件管理部门负责对本院各业务部门办理的案件组织定期评查；对投诉本院和下级院有关业务部门办案质量问题的案件，组织个案评查；组织、协调本院各业务部门对下级院办理的案件进行评查。办案质量评查可以采取随机评查、重点评查、专项评查等方式进行。

办案质量评查应当着重从证据采信、事实认定、法律适用、程序规范、风险评估、文书使用和制作、涉案财物处理、办案效果等方面进行,通过审阅案卷、实地调研等,发现、解决办案中存在的问题,实现提高办案质量和效率的目的。

五、案件统计信息管理

案件承办部门或者案件管理部门依据办案进展情况,全面、准确、及时地填录案件登记卡。案件登记卡填录完成后,由本院案件管理部门审核汇总。案件登记卡项目填录以法律文书和内部工作文书为依据。没有上述依据的项目内容,由案件承办人员负责提供相关材料。

案件管理部门负责审核本院填录的案件登记卡,发现统计异常情况和填录不规范问题,应当及时与业务部门沟通核实,更正案件登记卡内容。

审核完成后,生成本院业务情况统计报表,并填写《检察统计审核意见表》,注明无填录质量问题,或列举仍需要本院业务部门核实、更正的统计异常情况和填录不规范问题。案件管理部门负责人签字后,连同生成的本院业务情况的统计报表,反馈相关业务部门。

业务部门应当全面核实所反馈的统计报表,重点核实统计异常情况,核实完成后,在《检察统计审核意见表》中填写核实意见,由业务部门主要负责人签字,连同已核实的统计报表,送交本院案件管理部门。

案件管理部门根据本院业务部门的核实意见,更正案件登记卡内容,重新生成统计报表,并将《检察统计审核意见表》留存备查。

统计人员在审核案件登记卡信息时应当跟踪监督办案进展情况,对超过办案期限或应有结果而没有结果的案件,应当及时与业务部门内勤核实,防止漏填、漏报。

第四节 检务督察监督制约机制

为了加强对本级和下级人民检察院及其检察人员执行上级或本级人民检察院决议、决定、制度和重大工作部署,严格依法文明办案以及认真遵守检察纪律等情况的督察,确保上级人民检察院决议、决定和重大工作部署以及各项规章制度得到严格执行,促进执法公正和队伍廉洁,高检院在全国检察机关推行了检务督查制度。2007年10月8日,最高人民检察院制定下发了《最高人民检察院检务督察工作暂行规定》,2008年1月4日最高人民检察院通过了《最高人民检察院检务督察委员会议事规则(试行)》,2011年1月7日最高人民检察院印发了《〈最高人民检察院检务督察工作暂行规定〉实施办法》,明确了检务督察工作的主要任务是依照法律和规定对被督察对象实施督察,保障检察机关及其工作人员依法履行职责，正确行使职权，严肃检察纪律，确保检令畅通，促进严格、公正、文明、廉洁执法，维护检察机关的良好形象。这一规定的推行，加强了检察机关的内部监督，保障了检察机关及其工作人员依法履行职责，正确行使职权。

第五节　执法过错责任追究

执法过错，是指检察人员在执法办案活动中故意违反法律和有关规定，或者工作严重不负责任，导致案件实体错误、程序违法以及其他严重后果或者恶劣影响的行为。对具有执法过错的检察人员，应当依照有关法律、纪律规定追究执法过错责任。检察人员，是指人民检察院检察长、分管检察长、检察委员会委员、检察员、助理检察员、书记员、司法警察以及其他依法履行执法办案职责的人员。承办人员，是指在执法办案活动中直接承担执法办案任务的检察人员。主管人员，是指在执法办案活动中担负领导、指挥、审核职责的检察长、分管检察长和内设部门负责人。

一、责任追究范围

（一）检察人员在执法办案活动中，故意实施下列行为之一的，应当追究执法过错责任：

1. 包庇、放纵被举报人、犯罪嫌疑人、被告人，或者使无罪的人受到刑事追究的；
2. 刑讯逼供、暴力取证或者以其他非法方法获取证据的；
3. 违法违规剥夺、限制当事人、证人人身自由的；
4. 违法违规限制诉讼参与人的诉讼权利，造成严重后果或者恶劣影响的；
5. 超越刑事案件管辖初查、立案的；
6. 非法搜查或者损毁当事人财物的；
7. 违法违规查封、扣押、冻结涉案财物，或者违法违规处理扣押、冻结涉案财物及其孳息的；
8. 对已经决定给予刑事赔偿的案件拒不赔偿或者拖延赔偿的；
9. 违法违规使用武器、警械的；
10. 其他违反诉讼程序或者执法办案规定，造成严重后果或者恶劣影响的。

（二）检察人员在执法办案活动中不履行、不正确履行或放弃履行职责，造成下列后果之一的，应当追究执法过错责任：

1. 认定事实、适用法律错误，或者案件被错误处理的；
2. 重要犯罪嫌疑人或者重大罪行遗漏的；

3. 错误或者超期羁押犯罪嫌疑人、被告人的;
4. 涉案人员自杀、自伤、行凶的;
5. 犯罪嫌疑人、被告人串供、毁证、逃跑的;
6. 举报控告材料或者其他案件材料、扣押涉案财物遗失、损毁的;
7. 举报控告材料内容或者其他案件秘密泄露的;
8. 矛盾激化,引起涉检信访人多次上访、越级上访的;
9. 其他严重后果或者恶劣影响的。

(三)检察人员个人造成执法过错的,由个人承担责任。两名以上检察人员造成执法过错的,应当根据其各自所起的作用分别承担责任。

(四)承办人员的意见经主管人员审核批准造成执法过错的,由承办人员和主管人员分别承担责任。主管人员不采纳或者改变承办人员的意见造成执法过错的,由主管人员承担责任。承办人员因执行主管人员的错误命令、决定造成执法过错的,由主管人员承担责任。承办人员有过错的,也应当承担相应责任。承办人员隐瞒、遗漏案件主要事实、证据或者重要情况,导致主管人员作出错误命令、决定并造成执法过错的,由承办人员承担责任。主管人员有过错的,也应当承担相应责任。

(五)下级人民检察院的意见经上级人民检察院同意造成执法过错的,由下级人民检察院和上级人民检察院的有关人员分别承担责任。上级人民检察院不采纳或者改变下级人民检察院的意见造成执法过错的,由上级人民检察院有关人员承担责任。下级人民检察院因执行上级人民检察院的错误决定造成执法过错的,由下级人民检察院有关人员承担责任。下级人民检察院有关人员有过错的,也应当承担相应责任。下级人民检察院隐瞒、遗漏案件主要事实、证据或者重要情况,导致上级人民检察院作出错误命令、决定并造成执法过错的,由下级人民检察院有关人员承担责任。上级人民检察院有过错的,也应当承担相应责任。

(六)人民检察院及其执法办案部门经集体讨论造成执法过错的,由集体讨论的主持人和导致错误决定产生的其他人员分别承担责任。案件承办人隐瞒、遗漏案件主要事实、证据或者重要情况,导致集体讨论结果错误并造成执法过错的,由案件承办人承担责任。

(七)执法办案活动中虽有错误发生,但具有下列情形之一的,不追究检察人员的执法过错责任:
1. 检察人员没有故意或者过失的;
2. 有关法律、纪律规定免予追究或者不予追究的。

二、责任追究程序

（一）检察人员执法过错线索由人民检察院监察部门统一管理。没有设置监察部门的基层人民检察院，由政工部门统一管理。

（二）地方各级人民检察院检察长、分管检察长和检察委员会专职委员的执法过错线索，由上一级人民检察院受理、调查。其他检察人员的执法过错线索由其所在人民检察院受理、调查，必要时上级人民检察院也可以直接受理、调查。

（三）人民检察院检察长、分管检察长及内设部门通过下列途径发现执法过错线索后，应当在职责范围内进行初步审查或者初步核实，认为需要进一步调查和追究执法过错责任的，应当及时移送执法过错线索管理部门处理：

1. 受理来信来访和办理申诉、赔偿案件中发现的；
2. 执法办案内部监督和部门间相互制约中发现的；
3. 检务督察、专项检查、案件管理和业务指导中发现的；
4. 通过其他监督途径发现的。

（四）执法过错线索管理部门收到执法过错线索后，应当及时填写执法过错线索受理登记表，并在一个月以内审核完毕，分别情况作出以下处理：

1. 认为需要对执法过错线索进行调查的，报主管领导或者检察长批准后进行调查，也可以报请检察长另行指定部门进行调查；
2. 认为没有执法过错或者具有负责情形之一的，提出不予调查的审核意见，报主管领导批准后回复提供线索的部门或者人员。

（五）调查部门在调查核实执法过错线索的过程中，可以采取以下方式：

1. 查阅有关案件卷宗及其他相关资料；
2. 要求被调查人员就调查事项涉及的问题作出解释和说明；
3. 与相关知情人员谈话、了解情况；
4. 查看执法办案现场，走访相关单位；
5. 符合法律规定的其他方式。

（六）执法过错线索调查结束前，调查部门应当听取被调查人的陈述和申辩，并进行调查核实。对查证属实的申辩意见应当予以采纳，不予采纳的应当说明理由。执法过错责任调查结束后，调查部门应当制作执法过错责任调查报告，并提请检察长办公会审议。调查报告应当包括下列内容：被调查人的基本情况；线索来源及调查过程；调查认定的事实；被调查人的申辩意见及采纳情况的说明；被调查人所在单位或者部门的意见；调查结论及处理意见等。

（七）检察长办公会对检察人员涉嫌执法过错的事实、证据研究确认后，应当分别情况作出以下处理：

1. 执法过错事实清楚、证据确实充分，需要追究执法过错责任的，作出追究执法过错责任决定；

2. 执法过错事实不清、证据不足的，退回调查部门补充调查，必要时，也可以另行指定部门重新调查；

3. 虽有执法过错事实，依照本规范规定不应当追究执法过错责任的，作出不追究执法过错责任决定；

4. 不存在执法过错事实的，作出无执法过错责任决定。

（八）调查部门应当根据检察长办公会的决定制作执法过错责任追究决定书、不追究执法过错责任决定书、无执法过错责任决定书，送达被调查人及其所在单位、部门，并抄送执法过错线索管理部门。

（九）执法过错责任追究决定书应当存入执法过错责任人的个人执法档案。执法过错责任追究决定书、不追究执法过错责任决定书和无执法过错责任决定书应当报上一级人民检察院监察部门备案。

（十）检察长办公会决定给予执法过错责任人批评教育的，由检察长办公会指定的部门或者人员承办；决定给予执法过错责任人组织处理的，由政工部门承办；决定给予执法过错责任人纪律处分的，由监察部门承办。需要追究执法过错责任人刑事责任的，由执法过错线索管理部门依法移送司法机关处理。

（十一）执法过错责任人对纪律处分或者组织处理决定不服的，可以自收到处分、处理决定书之日起三十日以内向作出处分、处理决定的监察部门或者政工部门提出申诉，受理申诉的部门应当按照相关规定进行复查。执法过错责任人对复查决定仍不服的，可以自收到复查决定书之日起三十日以内向上一级人民检察院监察部门或者政工部门申请复核。上一级人民检察院监察部门、政工部门应当按照相关规定进行复核。复查、复核期间，不停止原决定的执行。

附件：

本章有关法律文书、工作文书格式样本

1. 移送函
2. 人民监督员监督案件审批表
3. 人民监督员监督案件报送表
4. 拟处理决定（意见）书
5. 补充移送材料通知书
6. 人民监督员监督案件通知书
7. 人民监督员监督案件评议记录

8. 人民监督员表决意见书
9. 人民监督员监督案件处理决定报告书
10. 人民监督员监督案件处理结果通知书

_____人民检察院
移 送 函

_____人民检察院:

  人民监督员于__年__月__日就____案件(或事项)向我院提出要求启动监督程序。经审查,该案件(或事项)不属于我院管辖,根据《最高人民检察院关于实行人民监督员制度的规定》第二十三条的规定,现移送你院处理。

  附件:(有关材料)

  联系人:_____ 联系电话:_____

年 月 日
(院印)

  说明:一、本文书根据《规定》第二十三条的规定制定,为接到人民监督员对《规定》第十七条第一项、第二项、第三项、第六项和第七项情形提出启动监督程序要求的人民检察院经审查不属于本院管辖,向有管辖权的人民检察院移送时使用。

  二、接到人民监督员提出启动监督程序要求的人民检察院在移送时,需附送人民监督员提供的全部材料。

  三、本文书一式两份,分别由移送人民检察院和被移送人民检察院存档。

_____人民检察院
人民监督员监督案件审批表

受理人：　　　　　　受理时间：　　　　　　编号：

监督事项	□人民监督员＿＿＿＿于＿＿年＿＿月＿＿日对＿＿＿＿＿＿＿一案要求启动人民监督员监督程序。 □＿＿＿＿＿＿（承办案件部门）于＿＿＿＿年＿＿月＿＿日移送＿＿＿＿＿＿＿＿＿＿一案，提交人民监督员监督。
人民监督员办事机构意见	 　　　　　　　　　　　　　　签章　　　年　月　日
检察长意见	 　　　　　　　　　　　　　　签章　　　年　月　日

说明：一、本文书根据《规定》第二十二条至第二十三条的规定制定，为人民监督员或承办案件部门向人民监督办事机构提起人民监督员监督案件时使用。

二、人民监督员办事机构收到承办案件部门对《规定》第十七条第四项至第五项情形提交监督的，或者收到人民监督员对《规定》第十七条第一项、第二项、第三项、第六项和第七项情形提起监督的，由人民监督员办事机构审查提出拟办意见报检察长批准，并分别按《规定》第二十二条或者第二十三条规定办理。

三、本文书原件由承办案件部门存档。

＿＿＿＿＿＿＿人民检察院
人民监督员监督案件报送表

报送人：　　　　　报送时间：　　　　　　　编号：

监督事项	□人民监督员＿＿＿＿于＿＿年＿＿月＿＿日对＿＿＿＿＿＿一案要求启动人民监督员监督程序。 □＿＿＿＿＿＿＿＿＿（承办案件部门）于＿＿年＿＿月＿＿日移送＿＿＿＿＿＿＿一案，提交人民监督员监督。
检察长意见	 　　　　　　　　　　　　　　签章　　　年　月　日

　　说明：一、本文书根据《规定》第二十一条至第二十三条的规定制定，为省级以下人民检察院向上一级人民检察院报送需由人民监督员监督的案件时使用。

　　二、本文书原件由上一级人民检察院人民监督员办事机构存档。

_____人民检察院
拟处理决定（意见）书

一、案件来源：……………………
二、案件事实：……………………
三、拟处理决定（意见）：……………………

附：
1. 主要证据目录
2. 相关法律规定及有关材料

年　月　日

承办案件部门（印）

说明：一、本文书根据《规定》第二十二条、第二十四条的规定制作，为承办案件部门出具拟处理决定（意见）时使用。

二、本文书主要包括案件来源及办理情况、案件事实、拟处理决定（意见）及相关法律规定等有关内容。具体内容可根据工作实际确定。

三、本文书一式两份，分别由承办案件部门和人民监督员办事机构存档。

_____人民检察院
补充移送材料通知书

_____：

　　经审查，你部门移送的_____一案相关材料不齐备。根据《最高人民检察院关于实行人民监督员制度的规定》第二十五条的规定，请于____年____月____日前补充移送下列材料：

　　……（列出所需材料）

年　月　日

人民监督员办事机构（印）

　　说明：一、本文书根据《规定》第二十五条的规定制作，为人民监督员办事机构通知承办案件部门补充移送案件相关材料时使用。

　　二、本文书一式两份，分别由承办案件部门和人民监督员办事机构存档。

_____ 人民检察院
人民监督员监督案件通知书

_____（人民监督员）：

根据《最高人民检察院关于实行人民监督员制度的规定》第二十七条的规定，经随机抽选，确定您参加有关案件的监督。请于____年____月____日____时到_____参加监督工作。如届时不能参加，请及时告知我院人民监督员办事机构。

联系人：

联系电话：

年　月　日

（人民监督员办事机构印）

说明：一、本文书根据《规定》第二十七条的规定制作，为人民监督员办事机构通知人民监督员参加案件监督的时间、地点时使用。

二、本文书一式两份，一份送达参加案件监督的人民监督员，一份由人民监督员办事机构存档。

人民监督员监督案件评议记录

时　间：　　年　月　日　　时　分至　时　分
地　点：
主持人：
参加人：
记录人：
评议内容：

　　说明：一、本文书根据《规定》第三十二条的规定制作，为人民监督员监督评议案件时使用。参加人阅后签名。
　　二、本文书原件由承办案件部门存档。

＿＿＿＿＿人民检察院
人民监督员表决意见书

表决事项：＿＿＿＿＿＿＿＿＿＿＿＿＿＿＿＿＿＿＿＿＿＿＿
人民监督员：＿＿＿＿＿＿＿＿＿＿＿＿＿＿＿＿＿＿＿＿＿＿
表决情况、结果及理由：＿＿＿＿＿＿＿＿＿＿＿＿＿＿＿＿
＿＿＿＿＿＿＿＿＿＿＿＿＿＿＿＿＿＿＿＿＿＿＿＿＿＿＿＿
＿＿＿＿＿＿＿＿＿＿＿＿＿＿＿＿＿＿＿＿＿＿＿＿＿＿＿＿
＿＿＿＿＿＿＿＿＿＿＿＿＿＿＿＿＿＿＿＿＿＿＿＿＿＿＿＿

人民监督员签名：

年　月　日

说明：一、本文书根据《规定》第三十条的规定制作，为说明人民监督员监督案件的表决情况、结果和理由时使用。
二、本文书原件由承办案件部门存档。

第十六章 执法办案监督及责任追究

＿＿＿＿＿＿人民检察院
人民监督员监督案件处理决定报告书

　　＿＿＿＿人民检察院人民监督员办公室（相关办事机构）：
　　经认真研究人民监督员的评议和表决意见，我院检察长（或检察委员会）已于＿＿年＿＿月＿＿日对＿＿＿＿＿案件（或事项）依法作出处理决定如下：
　　……

年　月　日
（人民监督员办事机构印）

　　说明：一、本文书根据《规定》第三十三条、第三十四条的规定制定，为下一级院人民监督员办事机构向上一级院人民监督员办事机构报告案件处理决定时使用。检察长或检委会决定与人民监督员表决意见不一致，应当向参加监督的人民监督员作出必要说明。
　　二、本文书原件由上一级院人民监督员办事机构存档。

＿＿＿＿＿人民检察院
人民监督员监督案件处理结果通知书

　　＿＿＿＿＿＿（人民监督员）：

　　＿＿＿＿＿＿＿＿＿＿一案，人民监督员经评议表决，认为＿＿＿＿＿＿＿＿＿＿。根据《最高人民检察院关于实行人民监督员制度的规定》第三十四条的规定，现将该监督案件处理结果通知如下：＿＿。

年　月　日

（院印）

　　说明：一、本文书根据《规定》第三十四条的规定制作，为人民检察院通知人民监督员监督案件处理结果时使用。检察长或检委会决定与人民监督员表决意见不一致，应当向参加监督的人民监督员作出必要说明。

　　二、本文书一式两份，一份送达参加案件监督的人民监督员，一份由人民监督员办事机构存档。

第十七章　诉讼档案的整理与归档

人民检察院的诉讼档案是检察活动的真实记录，是指人民检察院在办理案件过程中所形成的具有查考价值，并按照有关规定立卷归档，集中保管的诉讼文书、视听资料和其他各种载体材料。诉讼档案由专门的档案工作机构实行统一集中管理。人民检察院诉讼档案分为立案、侦查、审判、执行监督的刑事案卷、直接受理立案侦查的刑事案卷、控告申诉案卷和民事行政案卷。

第一节　立　　卷

一、立卷的内容

根据《人民检察院诉讼文书立卷归档办法》第五条、第六条规定，人民检察院在办理案件中形成的下列文书材料必须归档：

1. 法律文书的印件、签发稿及有关领导同志重新修改的文稿；
2. 有关具体案件的请示、批复（包括电报、电话记录、口头指示记录等）和讨论案件记录、阅卷笔录等材料；
3. 案件来源材料；
4. 证据材料（包括作为证据的视听资料）；
5. 处理结果；
6. 移交赃款财物清单。

以下文书材料不归档：

1. 重份文书材料（包括内容相同的信件）和未定稿的法律文书（特殊、重大案件除外）；
2. 与定罪量刑无关的材料；
3. 定罪量刑时引用过的法律及法规性文件；
4. 办案中借阅的人事档案和前科材料（应归还原单位）。

二、立卷的原则

《人民检察院诉讼文书立卷归档办法》第十条规定："诉讼文书由案件承办部门组织承办人在结案后整理立卷，按年度、程序、一案一号的原则于翌年第二季度前移送档案部门。"根据这一规定，立卷的原则主要是：

1. 一案一号原则。即无论同一案件形成了多少个卷宗，只能以这个案件为标本单位进行立卷,不能视文件材料的多寡,随意与其他案件材料分割式或合并。

2. 结案立卷原则。即案件侦查终结后,应当及时整理立卷。

3. 承办人立卷原则。由于承办人自始至终参加一个案件的侦查并负责收集、整理、保管所有材料,因此,由承办人立卷,有利于保证案卷质量。

三、立卷的方法

立卷的方法有以下几种:

（一）分册立卷法

分册立卷就是将相同名称、相同类型的材料集中分卷的立卷方法。如:(1)当某一案件形成的讯问笔录较多时,可以按照时间顺序将讯问笔录组成一卷或数卷;当某一案件会计账簿较多时,可以按照时间先后或每一笔账目的名称将其组成一卷或多卷。(2)对于材料多的共同犯罪案件可分为总册和分册,属于综合性的材料列入总册,属于犯罪嫌疑人个人责任的材料列入分册。

（二）一事一证立卷法

即根据材料的数量,将证明某一犯罪事实的材料定为一卷或数卷,或者用隔页纸将证明不同的犯罪事实的材料隔开,分层装订,如××受贿、贪污、挪用案分册。

第一册　法律文书
第二册　受贿问题的证据
第三册　贪污问题的证据
第四册　挪用问题的证据

又如:×××受贿案分的三册

第一册　法律文书
第二册　××问题的证据
第三册　××问题的证据

四、立卷的顺序

卷内材料原则上应按实际办案程序依次排列。立卷可按以下几种办法排列:

（一）按办案程序排列

卷内材料原则上应当按照实际办案程序依次排列。办案中产生的材料未列入附件排列顺序的,应按实际办案程序顺序插入。

（二）按重要程度排列

1. 重要的材料排列在前。共同犯罪案件应按犯罪嫌疑人在实施犯罪中的主次地位,分别依时间顺序排列。

2. 主要证据排列在前。各种证据应当先按材料的种类等不同特征分类,再按

第十七章 诉讼档案的整理与归档

时间顺序排列。按照证据作用的大小,将主要证据排列在前,辅助证据排列在后。

（三）按时间顺序排列

1. 各种证据,可先按材料的名称（如讯问笔录、会计账簿复制件）、问题（如同一罪行、同一笔账目）等特征分类,再按时间顺序排列。

2. 讯问笔录,单一犯罪嫌疑人案件的讯问笔录,按讯问犯罪嫌疑人的时间顺序排列；共同犯罪案件的讯问笔录,应按犯罪嫌疑人在实施犯罪中的主次地位,分别依时间顺序排列。材料多的共同犯罪案件,可分立总册和分册,属于综合性的材料列入总册,属于犯罪嫌疑人个人责任的材料列入分册。

五、立卷的要求

案卷装订是案件质量的重要内容,案件办结以后,案件承办人应当对办案过程中形成的所有材料进行系统整理,确保应当入卷的证据和诉讼文书材料齐备,内容完整、来源合法,制作过程清晰。

1. 分类组卷。要根据《人民检察院诉讼文书立卷归档办法》第三条规定进行分类、组卷,侦查部门立案的案卷还应当分为 A 卷和 B 卷。可以向律师提供的材料归入 A 卷,又称检察卷或正卷。包括案件的诉讼文书和证据材料。不能对外提供的材料归入 B 卷,又称检察内卷或副卷。包括在案件办理中有关案件的请示、报告、批复、讨论案件记录等材料,需要注意的是检察内卷的目的是事后的备查,因此,一些重要的诉讼文书、证据和处理决定文书也应当复制入卷。

2. 严格检查。在案卷组卷前,案件承办人应当对材料进行清理,确保材料完整,不遗漏。其次是要确保入卷材料和文书的质量。如入卷的法律文书制作是否符合通用格式要求,引用法律是否准确,证据是否符合法定形式和要求,等等。对遗漏或不符合要求的案卷材料,应当及时补齐和补正,无法弥补的,应当在卷内备考表中注明情况,并由承办人签名。

3. 依法组卷。案卷组卷的主要法律依据是《人民检察院诉讼文书立卷归档办法》和《检察机关执法工作基本规范》。在组卷中要严格遵循将重要案卷材料入卷的规定,并根据规定进行分类组卷,同时要按着实际办案程序入卷排列。

4. 注重细节。案卷装订不仅要求规范组卷,而且要力求美观。卷皮填写除了准确,而且字迹要工整、清晰,页码编号要清晰无误,卷内目录填写要与卷内材料相符,而且要与页码编号一致。努力做到外观整洁、美观,做到形式和内容高度一致。

六、立卷的程序

（一）材料收集

承办人从受案开始，就应收集有关的诉讼文书，严格依法制作各种检察文书和书证并分类予以收集。

（二）材料整理

1. 清理

对全案的材料进行全面清理，剔除没有价值的材料，保存应该归档的材料，清理中发现缺少的材料要及时补齐。

2. 整理、编写页码

（1）对使用铅笔、圆珠笔、红墨水等拟写的材料，要由承办人重新复制并请领导人重新签署意见。

（2）对破损褪色的材料进行修补式复制。

（3）对纸面过小的材料要加贴衬纸，纸面大的材料要折叠对齐。

（三）填写卷皮、卷内目录和备考表

1. 案卷应有卷皮、卷内目录和备考表。卷内文书材料，除卷内目录、备考表外，在有文字和图表材料正面的右上角、反面左上角逐页编号；卷皮除目录号、卷号外，都应用字迹耐久的蓝墨或碳素墨水逐项准确填写。字迹要工整、清晰规范。卷皮、卷内目录所填内容应与卷内材料相符，卷内每份材料的名称或事由均应详细填写在卷内目录上。

2. 卷皮上"案件来源"项，应填写案件移送、报送、交办机关。如系举报，可填"群众举报"。"犯罪嫌疑人（被告人）"填写齐全，"案由"项，应填写检察机关认定的罪名、案件性质。"处理结果"项应填写检察机关对本案的最后处理决定，如经人民法院判决的案件，还应注明法院认定的罪名及处理结果。

（四）案卷装订

1. 案卷装订前要拆除金属物。对残缺破损、小于或大于卷面的材料和字迹偏左、装订后影响阅卷的材料，要进行修补、裱贴和折叠。

2. 案卷每册以不超过二百页或厚度两厘米以下为宜，超过时可立分册。装订整齐，用线绳（三孔一线）系牢。

（五）验收移送

案卷装订并经档案管理部门检验合格归档后，如果又有应入卷或撤出的材料需拆卷，应经档案部门同意并在备考表中注明。诉讼案卷材料经档案管理部门检验合格后及时移送案卷归档保存。

第十七章 诉讼档案的整理与归档

第二节 归　档

一、归档的要求

1. 承办人员应将已装订好的案卷及时交本局内勤统一保管。内勤人员对承办人整理、装订移交的案件，应逐卷进行检查，发现不符合质量要求的，应退回重新整理。

2. 检察诉讼档案按年度、程序，一案一号的原则归档。

3. 归档时由立卷单位编制移交目录一式两份，一份留立卷单位备查，一份随卷交档案部门。

4. 诉讼案卷材料由案件承办部门组织承办人在结案后整理立卷，于次年二季度前移交档案管理部门。跨年度的案卷归入结案年度。侦查机关、人民法院移送的案卷，其卷内材料及外皮原则上应保持原样，并作为该案的分册编制案卷号。

5. 案件承办部门根据《人民检察院诉讼档案保管期限表》初拟每个案件的保管期限，用铅笔填于卷皮"保管期限"一栏中，经档案管理部门复核后，再正式填写。

二、视听资料的归档

办理职务犯罪案件过程中形成的证据材料及重大案件的搜查、勘查、庭审现场等音像材料必须归档。属于归档范围的音像材料，应由侦查部门的内勤或摄（录）像人员负责收集、整理并附文字说明，于办结后二十日内及时移送档案部门。

鉴定工作中形成的照片，依照检察技术档案阅卷归档管理办法，与纸质档案一并立卷，共同存放。

归档的音像材料必须完整清晰，文字材料与音像材料，所含内容相符，技术状况应符合以下要求：

归档的照片应主题鲜明、影像清晰、未加修饰剪裁等。归档的录音带、录像带要注重载体的选择，禁止使用劣质磁带。要求运转正常，清洁，无划伤，确保内容的完整准确。

照片档案的照片、底片及说明应齐全。无底片的照片应翻拍底片；无照片的底片应制作照片。

对反映同一内容的若干照片，应选择其主要照片归档。

照片档案的说明应简明概括，准确反映照片的主要人物、时间、地点、主要内容、摄影者。

录音、录像档案的形成部门应编制归档说明。

录音带：简要说明录音带的主要内容、制式、密级、规格、摄制日期、摄制人、放映长度等。

音像档案形成部门应将纸质照片及数码信息同时移交档案部门。

归档部门可以将数码信息刻录在光盘上归档，或者将存储卡信息直接存储在档案部门的计算机硬盘上。

特殊规格的录音带、录像带，还应归档一套普通规格的盒式备份带。

档案部门在接收音像档案时，必须认真检测。凡质量不符合要求的，由侦查部门重新修复后及时归档。

侦查部门对归档音像应编制移交目录一式二份。交接时，双方在移交凭证上签字。

对幅面超过底片袋尺的大幅底片，应在乳剂面垫柔软的中性纸张后，放入专用的档案袋或档案盒中，按底片号顺序排列。

照片按照片号顺序依次插入照片册。照片册放置不下的大幅照片，放入专用的档案袋或档案盒中，单独存放。

照片（底片）册应注明册内照片（底片）的起止号，按先后顺序排列。

库存的录音带、录像带的盒上应粘贴标签，标签上标明档号、参见号、题名或内容等。

归档的音像档案应打印目录。照片档案的目录应包括照片（底片）号、题名、参见号、备注等。

录音、录像档案的目录应包括录音带（录像带）盘带号、题名、参见号、备注等。

音像档案目录中应注明其所属纸质档案的档号，并在纸质档案目录的备注中，注明音像档案的档号。

光盘、胶片档案的整理方式参照录音、录像档案的整理方式执行。

三、同步录音录像的归档

"两录"技术协作卷与录制光盘资料的整理归档由技术部门承办人（录制人）负责办理，案件办结一件，即组卷装订好一件。《人民检察院讯问职务犯罪嫌疑人实行全程同步录像通知单》、《人民检察院讯问职务犯罪嫌疑人实行同步录音录像受理案件登记表》、《人民检察院讯问职务犯罪嫌疑人实行录音录像受理案件登记表》、《人民检察院讯问职务犯罪嫌疑人实行全程同步录音录像工作说明书》、《人民检察院讯问职务犯罪嫌疑人实行全程同步录音录像资料技术处理（复制）单》、《人民检察院讯问职务犯罪嫌疑人实行全程同步录音录像资料档案调用单》、《人民检察院讯问职务犯罪嫌疑人实行全程同步录音录像资料密封袋》的文书材料，应按照最高人民检察院发布的《人民检察院讯问职务犯罪嫌疑人实行全程同步录音录像技术工作流程（试行）》第十四条的要求统一规范填写编号。如××院"两录"通知单应填写×检反贪通字（200×）××号；"两录"受理案件登记表应填写×检技录字（200×）××号；"两录"工作说明书应填写×检技说字（200×）××号；"两录"资料技术处理（复制）单应填写×检技复字（200×）××号；"两录"资料档案调用单位填写×检技调字（200×）××号。

技术协作卷的文号应填写案件受理表的文号，如×检技录字（200×）××号。光盘录制编号应与全程同步录音录像技术协作卷文号为一个号，由技术部门统一按照每年一个流水号进行编号。"两录"工作的技术协作卷与录制光盘资料的用具统一由省院印制，卷内目录填写的内容可打印或以蓝黑、碳素墨水书写。

每年技术部门应按照"两录"工作技术协作卷和录制光盘资料登记目录内容要求进行登记，并将此目录于第二年二季度前向档案部门移交一份。

四、电子公文的归档

根据2003年9月1日执行的《电子公文归档管理暂行办法》规定，电子公文一般应在办理完毕后，即时向档案部门归档。

对具有永久和长期保存价值的电子公文，必须制成纸质公文与原电子公文的存储载体一同归档，并使两者建立互联。

需要永久和长期保存的电子公文，应在每一个存储载体中同时存有相应的符合规范要求的机读目录。

电子公文的收发登记表、机读目录、相关软件、其他说明等相应的电子公文一同归档保存。

电子公文的归档应在"全国政府系统办公业务资源网电子邮件系统"平台上进行。侦查部门应配置足够容易和处理能力及相对安全的系统设备。

应在运行电子公文处理系统的硬件环境中设备足够容量，以保证归档电子公文的完整、完全。

应在电子公文处理系统中设置符合安全要求的操作日志，随时自动记录对电子公文实时操作的人员、时间、设备、项目、内容等，以保证归档电子公文的真实性。

应在电子公文归档时对相关项目进行检查，检查项目包括与纸质公文核对内容、签章、审核电子公文收发登记表、操作日志及相关的著录条目等，确认电子公文及相关的信息和软件无缺损且未被非正常改动，电子公文与相应的纸质公文内容及其表现形式一致，处理过程无差错。

归档电子公文的移交形式可以是交接双方之间进行存储载体传递或通过电子公文传输系统从网上交接。

通过存储载体进行交接的归档电子公文,移交与接收部门均应对其载体和技术环境进行检验,确保载体清洁、无划痕、无病毒等。

归档电子公文应存储到符合保管要求的脱机载体上。归档保存的电子公文一般不加密,必须加密归档的电子公文应与其解密软件和说明文件一同归档。

归档的电子公文,应按本单位档案分类方案进行分类、整理,并拷贝至耐久性好的载体上,一式三套,一套封存保管,一套异地保管,一套提供利用。

附件:

案卷整理、归档流程图

案卷整理、归档流程图

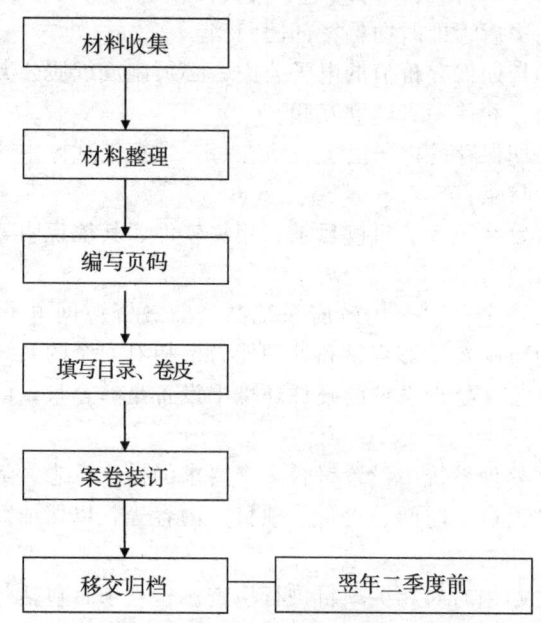

后 记

　　检察机关在加大惩治职务犯罪力度的同时，严格落实修改后的刑事诉讼法，规范行使侦查权，是新的历史时期检察机关规范司法执法行为的重要内容。基于规范检察机关职务犯罪侦查，提高职务犯罪侦查水平的目的，本书在全面梳理和整合现行法律法规、司法解释、规范性文件的基础上，以职务侦查程序为纲，详解了职务犯罪侦查中的线索受理与审查、管辖、初查、立案、强制措施、侦查措施、诉讼证据、侦查一体化与侦查指挥、侦查协作与侦查配合、司法协助与个案协查、侦查羁押期限、侦查终结、诉讼参与人的权利义务、办案安全与办案纪律、办案监督及责任追究、诉讼档案的整理与归档等各个环节的具体操作；进一步明确了检察机关对职务犯罪案件侦查内部各层级的权限，侦查人员的职责、流程、标准和责任；针对重点岗位，细化了业务标准，列明了法律依据；对实践中容易出现问题的关键环节，如初查、侦查取证、全程同步录音录像、扣押冻结财物等明确了禁止性规定和注意事项；对侦查中部分环节的方式方法进行了总结归纳。本书既是检察机关侦查人员从事职务犯罪侦查的必备指导用书，对其他从事刑事侦查工作的人员，也有积极的参考和指导价值。

　　本书在编写过程中，得到了各方的大力支持和帮助。湖南省人民检察院阮洪伟同志参与撰写了部分章节的初稿，周文艺同志对最新的法律文书和工作文书进行了收集整理，中国检察出版社庞建兵同志对本书的编写提出了很好的建议和意见，在此一并表示衷心的感谢。

　　由于编者的水平有限，加上时间仓促，书中难免有遗漏和缺陷，恳请读者和各位同行提出宝贵意见。

何旭光
2015 年 8 月长沙